J. Siegmüller, A. Fröhling

Das PräSES®-Konzept

Potenzial der Sprachförderung im Kita-Alltag

Unter Mitarbeit von:
Saskia Konopatsch
Heike Herrmann
Jeannine Schwytay
Gitta Pötter

ELSEVIER
URBAN & FISCHER

URBAN & FISCHER München

Zuschriften und Kritik an:
Elsevier GmbH, Urban & Fischer Verlag, Hackerbrücke 6, 80335 München

Autorinnen
Dr. phil. Julia Siegmüller
Logopädisches Institut für Forschung der EWS (LIN.FOR)
Werftstraße 5
18057 Rostock

Astrid Fröhling
ZaPP
Zentrum für angewandte Psycho- und Patholinguistik Potsdam
Gutenbergstr. 67
14467 Potsdam

Wichtiger Hinweis für den Benutzer
Die Erkenntnisse in der Medizin unterliegen laufendem Wandel durch Forschung und klinische Erfahrungen. Herausgeber und Autoren dieses Werkes haben große Sorgfalt darauf verwendet, dass die in diesem Werk gemachten therapeutischen Angaben (insbesondere hinsichtlich Indikation, Dosierung und unerwünschten Wirkungen) dem derzeitigen Wissensstand entsprechen. Das entbindet den Nutzer dieses Werkes aber nicht von der Verpflichtung, anhand weiterer schriftlicher Informationsquellen zu überprüfen, ob die dort gemachten Angaben von denen in diesem Buch abweichen und seine Verordnung in eigener Verantwortung zu treffen.

Bibliografische Information der Deutschen Nationalbibliothek
Die Deutsche Nationalbibliothek verzeichnet diese Publikation in der Deutschen Nationalbibliografie; detaillierte bibliografische Daten sind im Internet über http://dnb.d-nb.de abrufbar.

1. Auflage 2010

Der Urban & Fischer Verlag ist ein Imprint der Elsevier GmbH.

10 11 12 13 14 5 4 3 2 1

Um den Textfluss nicht zu stören, wurde bei Patienten und Berufsbezeichnungen die grammatikalisch maskuline Form gewählt. Selbstverständlich sind in diesen Fällen immer Frauen und Männer gemeint.

Planung und Lektorat: Anne Wiehage, Fröndenberg; Christiane Tietze, München
Herstellung: Kerstin Wilk, Leipzig
Satz: abavo GmbH, Buchloe/Deutschland; TnQ, Chennai/Indien
Gesamtherstellung: Print Consult GmbH, München
Umschlaggestaltung: SpieszDesign, Neu-Ulm
Titelfotografie: © mauritius images/age

ISBN 978-3-437-48580-0

Aktuelle Informationen finden Sie im Internet unter **www.elsevier.de** und **www.elsevier.com**

J. Siegmüller, A. Fröhling

Das PräSES®-Konzept

Vorwort

Das PräSES-Konzept ist ein Gemeinschaftsprojekt von Logopädinnen, Patholinguistinnen, Heilpädagoginnen und Erzieherinnen. Es entstand zwischen 2004 und 2006 in Potsdam und wurde im Kita-Jahr 2006/2007 in Brandenburg erprobt. Die Entwicklungsphase von PräSES wurde von Aktion Mensch finanziell unterstützt.

Der Anspruch an PräSES ist, ein Sprachförderprojekt zu schaffen, welches sich mit den modernen elementarpädagogischen Ansätzen in Einklang bringen lässt, diese vielleicht sogar erweitern und befruchten soll und gleichzeitig eine wissenschaftlich begründete Vorgehensweise darstellt, die mit modernen Ansätzen der Spracherwerbsforschung und der Kindersprachtherapie übereinstimmt.

Der in Brandenburg vorherrschende Situationsansatz bildete die wichtige elementarpädagogische Grundlage. Wir folgten dabei weitestgehend den Ausführungen von Christa Preissing und orientierten uns darüber hinaus an den Vorgaben des Bildungsplans von Brandenburg.

Durch die gleichzeitige Fertigstellung der Patholinguistischen Therapie bei Sprachentwicklungsstörungen durch Julia Siegmüller und Christina Kauschke stand für die Sprachförderung die zweite Orientierungssäule zur Verfügung: beschriebene Methoden aus der Sprachtherapie, die die Grundlage für die Entwicklung von Sprachfördermethoden bilden konnten. Darüber hinaus lieferte der PLAN – der Patholinguistische Ansatz – den theoretischen Rahmen, aus dem PräSES die Wirksamkeitsannahmen der Fördermaßnahmen sowie den Interpretationsspielraum für Fördereffekte schlussfolgerte.

Der Modelldurchgang von PräSES wurde 2007 mit Erfolg abgeschlossen. Eine zweite Erprobungsphase fand im Kita-Jahr 2009/2010 in Mecklenburg-Vorpommern statt. Beide Durchgänge erwiesen sich als gleichmäßig effektiv im Vergleich zu nicht-geförderten Kindergartenkindern im gleichen Alter. Die Evaluationsberichte sind über das Logopädische Institut für Forschung (LIN.FOR) in Rostock beziehbar. Bei beiden Untersuchungen handelt es sich um interne Evaluationen. Eine externe Evaluation von PräSES steht noch aus.

Ein weiteres Produkt neben der gelungenen Evaluation ist das vorliegende Buch, das als Arbeitsbuch konzipiert ist. Es führt in die Thematik der Sprachförderung ein und stellt die Verbindung zwischen Spracherwerb, Sprachentwicklungsstörungen, Sprachtherapie bei Kindern und Sprachförderung in der Kita her. Im Theorieteil werden diese Bereiche umfassend dargelegt. Im Praxisteil des Buches wird das PräSES-Konzept als Selbstlernkurs vorgelegt. Es ist so gestaltet, dass das Durcharbeiten des Buches die Leserin bzw. den Leser immer tiefer und konkreter in die Fördermethodik von PräSES eindringen lässt. Das Buch endet mit einem ausformulierten Projektbeispiel, anhand dessen PräSES ausprobiert werden kann.

Darüber hinaus soll das vorliegende Buch als Lehrbuch für die verschiedenen Schritte der Sprachförderung verwendet werden können. Daher gehen wir nicht davon aus, dass jede Leserin bzw. jeder Leser das Buch ganz durchliest. Die Kapitel sind so konzipiert, dass sie auch als Einzelkapitel verstehbar sind. Dafür ist eine gewisse Redundanz notwendig, von der wir hoffen, dass auch Leserinnen und Leser sie als angenehm empfinden, wenn sie das Buch ganz durchlesen.

PräSES ist eine eingetragene Marke. Die Internetseite http://www.ses-praevention.de informiert über Publikationen der Projektgruppe sowie über Möglichkeiten der Weiterbildung im PräSES-Konzept. Dort finden sich Kontakte zu zertifizierten Kolleginnen, die das PräSES-Konzept unterrichten.

Zum Abschluss wünschen wir allen Erwachsenen und Kindern, die mit PräSES arbeiten, viel Erfolg und Freude bei der Projektarbeit nach unserem Konzept.

Rostock/Potsdam, im Mai 2010
Dr. Julia Siegmüller
Astrid Fröhling

Benutzerhinweise

!

In diesem Kasten stehen wichtige inhaltliche Hinweise.

Exkurs

Lesen Sie hier weiterführende Informationen.

BEISPIEL

Beispielnennungen untermauern den Inhalt.

Grau hinterlegt sind Definitionen und Zitate.

Kopiervorlagen im Anhang

Im Anhang finden Sie alle Planungs-, Reflexions- und Beobachtungsbögen als Kopiervorlage.

Elsevier.de bietet mehr!

Mit Hilfe des PIN-Codes können Sie sich unter www.elsevier.de hilfreiche Arbeitsmaterialien und fachliche Zusatzinformationen für die praktische Arbeit freischalten:

- sämtliche Projektplanungsbögen aus Kapitel 9 zum eigenen Befüllen (direkt online oder manuell auf dem Ausdruck)
- den Beobachtungsbogen für die grammatischen Fähigkeiten von Kindern aus Kapitel 4
- einen L.O.G.O.S.-Artikel der Autorinnen zu Evaluationsergebnissen des Modellprojekts PräSES

Inhaltsverzeichnis

I Theoretischer Teil

KAPITEL

1 Bildungsort Kita

Es ist eine Tatsache, dass ein Großteil der kindlichen Entwicklung zu der Zeit abläuft, in der die Kinder in unserer Gesellschaft ihre Kindergartenzeit[1] durchleben. Neben den Eltern bilden die Erzieherinnen und die anderen Kinder eine Gruppe zunehmend wichtiger Bezugspersonen für das Kind. Die rechtliche Verantwortung für die Kitas liegt bei den Ländern. In vielen Bundesländern besteht ab dem vollendeten 3. Lebensjahr, d.h. ab dem 3. Geburtstag eines Kindes, Anspruch auf den Kitaplatz (z.B. in Brandenburg Sozialgesetzbuch II, Kita-G, § 1, 2). Über alle Bundesländer betrachtet, liegt die Kita-Versorgung bei Kindern ab 3 Jahren bei mehr als 80% (Länderübersicht Kita: Versorgungssituation, Ministerium für Bildung, Jugend und Sport – Brandenburg 2007). Es ist somit von unserer Gesellschaft gewünscht und gewollt, dass die Kita der Ort ist, in dem die Kinder zum ersten Mal Forschen, Lernen oder Explorieren außerhalb der Familie erleben.

Moderne Konzepte der Frühpädagogik stimmen darin überein, das Kind als ein selbständig denkendes und handelndes Wesen zu betrachten. Hierfür ist nach Schäfer (Schäfer 2007, 45f) v.a. die konstruktivistische Wende verantwortlich, die davon ausgeht, dass sich jeder Organismus im Laufe der Zeit selbständig nach einem „vorprogrammierten“ Weg (in Abhängigkeit von den Anforderungen der soziokulturellen Umwelt) entwickelt.

„Die (...) Wissenschaftsauffassung, die davon ausgeht, dass sich ein mit Basisprogrammen ausgestattetes Individuum entlang der Erfahrungen bildet, die eine soziale und eine kulturelle Umwelt bieten, nennt sich Konstruktivismus" (Schäfer 2007, 46).

[1] Kindergarten und Kindertagesstätte werden im Rahmen dieser Publikation unter Kita abgekürzt und weitgehend synonym verwendet.

Lange Zeit wurde das (westdeutsche) Kinderbild in der Kita von einer pädagogischen Einstellung begleitet, nach der möglichst wenig systematische wissenserweiternde Erziehung und Bildung an das Kind herangetragen werden sollte. Die Kita war ein spielerischer Interaktions- und Erziehungsraum, in dem sich jedes Kind nach seinen eigenen Wünschen entfalten und entwickeln konnte. Ein Leitgedanke war, dass das Kind in der Kita noch genug Zeit für sein persönliches Entwicklungstempo haben darf, bevor es in das strukturiertere Lernen in der Schule eintrat. Frühpädagogische Ansätze, die hier Einfluss nahmen, waren z.B. die Gedanken von Maria Montessori (Becker-Textor 2000).

In den letzten Jahren – v.a. seit der Datenerhebung und -auswertung durch PISA im Jahr 2000 und anderen europäischen Vergleichsstudien – ändert sich die Sicht auf den Ort Kita in der Lebenswelt der Kinder (Fthenakis 2003). Dies wird von einer weitreichenden Diskussion durch verschiedene Gesellschaftsschichten begleitet, sodass im Bewusstsein der Erwachsenen die oben festgestellte Tatsache, dass Kinder viel Zeit in der Kita verbringen, den *Bildungsort Kita* in ein neues Licht rückt. Die Kita als ein Ort, an dem Bildung auf eine altersadäquate Art und Weise an die Kinder herangeführt werden soll – die Idee vom Bildungsort Kita – gewinnt immer mehr Anhänger (Fthenakis 2002, 2003). Die wissenschaftliche Linie, die sich in manchen Bundesländern auch in den Bildungsplänen niederschlägt (z.B. Bayern, Hessen) steht unter dem Schlagwort der Ko-Konstruktion oder Sozialkonstruktivismus (Fthenakis 2003). Hierdurch wird ein neuer Kontrast zum sich selbst entwickelnden Individuum aufgebaut: das Kind, das sich nach dem Konstruktivismus durch soziale Konstruktion bildet, wird im Sozialkonstruktivismus durch Moderation und Steuerung zum Ziel geführt und hat weniger Raum für die individuelle Selbstbildung (Schäfer 2007, 49–51).

1

Exkurs

Gefördert wird die ko-konstruktivistische Argumentationslinie durch die Studie der OECD „Starting Strong: Early Childhood Education and Care 2001", in der deutliche pädagogisch didaktische Mängel in der deutschen Kita-Landschaft aufgedeckt werden (Fthenakis und Oberhuemer 2004). Es muss jedoch bedacht werden, dass der OECD-Begriff von Bildung bereits vor Beginn dieser Studie eng mit dem Konzept von Bildungsorten für Kinder gekoppelt war (Kunze und Gisbert 2005) und daher nicht direkt vergleichbar war mit dem Bildungsbegriff, wie er vor der Etablierung des Ko-Konstruktivismus in Deutschland vorherrschte und in vielen Bundesländern auch heute gelebt wird. Im Orientierungsplan des Landes Baden-Württemberg wird darauf hingewiesen, dass die Begriffe *Bildung* und *Erziehung* nur in wenigen Sprachen eine ähnliche Unterscheidung erfahren wie im Deutschen (Ministerium für Kultus, Jugend und Sport – Baden-Württemberg 2006). In der Regel werden sie eher synonym gebraucht. Da sich jedoch die beiden vorherrschenden Theorien in der Elementarpädagogik genau an diesen Punkten unterscheiden, muss genau bedacht werden, auf welcher Basis diese Begriffe in den verschiedenen Plänen, (Bundes-)Ländern und Diskussionen verwendet werden.

Ein einheitlicher Bildungsbegriff mit einem dahinter stehenden Konzept existiert in Deutschland momentan nicht (Schäfer 2005). Auf der Definitionsbasis, dass das Kind durch soziale Bezüge konstruiert wird, verändert sich der Konstruktivismus zum Ko-Konstruktivismus. Das macht deutlich, dass hier im Alltagsleben in der Kita vollkommen andere Basisgedanken die Interaktion zwischen Erzieherin und Kind bestimmen als in dem oben definierten Kindbild. Je nachdem, welchem Kind- und Bildungsbild sich die einzelnen Bundesländer nun annähern, ergeben sich verschiedene Definitionen für Bildung, die die Bildungspläne der Länder bestimmen. Eine Auflistung der verschiedenen Begrifflichkeiten findet sich in ➢ Tab. 1.1. Aber gemeinsam für alle Länder gilt: Bildung geschieht in der sozialen Interaktion und im Dialog. „Bildungsprozesse finden als soziale Prozesse zwischen Kindern ebenso

Tab. 1.1 Definition des Begriffs „Bildung" in den Bildungsplänen der Bundesländer

Land	Definition
Baden-Württemberg	Bildung als lebenslanger, selbsttätiger Prozess zur Weltaneignung
Bayern	Bildung in kommunikativem Austausch und im ko-konstruktiven Prozess; Bildung als Sinnkonstruktion
Berlin	Bildung als eigenaktiver Prozess; Kind bildet sich selber
Brandenburg	Kind bildet sich aktiv selbst
Bremen	Bildung als aktiver Prozess der Selbstbildung
Hamburg	Bildung als lebenslanger Prozess, Kind macht sich ein Bild von der Welt und von sich selbst, eingebettet in eine natürliche, soziale, kulturelle und religiöse Umwelt
Hessen	Bildung als ko-konstruktiver Prozess, Kind ist zunächst Rezipient, erst dann eigenaktiv
Mecklenburg-Vorpommern	Bildung sowohl als Aneignungsprozess in der Welt als auch als lebenslanger Prozess; an Aktivität gebunden: „Bildung ist, was der Mensch zu einem Bestandteil seiner selbst macht." (S. 14)
Niedersachsen	Kinder sind aktive, kompetente Akteure ihres Lernens, beruhend auf dem Konzept der „Selbstbildung". Bildungsprozess ist subjektiv
Nordrhein-Westfalen	keine direkte Definition des Bildungsbegriffs. Aussagen: Kinder sind bildungsfördernd zu begleiten; Trägereinrichtungen führen die Bildungsarbeit nach trägerspezifischen Konzepten durch
Rheinland-Pfalz	Kinder sind aktiv Lernende, Bildung wird als Selbstbildung verstanden. Die Auswahl der Bildungsthemen wird von den Erwachsenen im Bildungsprozess vorgenommen.
Saarland	Bildungsprozesse sind an sinnstiftende Fragen gebunden. Kinder gestalten den Bildungsprozess aktiv mit.
Sachsen	Kind ist Akteur seiner selbst; zugrunde liegt der Gedanke der Selbstbildung im sozialen Kontext
Sachsen-Anhalt	Bildung ist aktive Aneignung des Kindes im Sinne einer sozialen Ko-Konstruktion

Tab. 1.1 Definition des Begriffs „Bildung" in den Bildungsplänen der Bundesländer (Forts.)

Land	Definition
Schleswig-Holstein	Kinder setzen sich aktiv mit der Welt auseinander und entwickeln ihre Fragen aus Alltagszusammenhängen heraus. Bildung ist v.a. Selbstbildung.
Thüringen	Bildung als lebenslange aktive Auseinandersetzung mit der Welt

wie zwischen Erwachsenen und Kindern statt" (Der Senator für Arbeit, Frauen, Gesundheit, Jugend und Soziales – Freie Hansestadt Bremen 2004, 9).

Der Begriff „Bildung" wird in Deutschland nicht einheitlich verwendet (➤ Tab. 1.1). Was folgt aus diesen grundlegenden Definitionen für die Arbeit in der Kita?

Situationsansatz

!

Leitbild des Situationsansatzes (Preissing 2003): Kinder haben von Anfang an eigene Rechte und vollziehen die für ihre Entwicklung und Entfaltung notwendigen Schritte durch eigene Aktivität.

Einer der in Deutschland gebräuchlichsten pädagogischen Ansätze stimmt mit den Leitgedanken des Konstruktivismus überein. Im Situationsansatz – wobei es *den* Situationsansatz nicht wirklich gibt, sondern vielfältige Varianten davon (Schäfer 2006, 38) – wird Bildung als eigenaktiver, selbstbildender und vom Kind ausgehender Prozess betrachtet, der von der Erzieherin[2] lediglich aufgegriffen und individuell begleitet werden soll. Das Ziel des Situationsansatzes besteht nach Preissing (2003) in der Unterstützung der Kinder, ihre Lebenswelt zu verstehen und selbstbestimmt, kompetent und verantwortungsvoll zu gestalten[3]. Diese Selbstbildungsprozesse sind von Anfang an in Verständigungsprozesse mit der Umwelt eingebettet (Schäfer 2006, 52).

Exkurs

Konzeptionelle Grundsätze und Ziele des Situationsansatzes nach der grundlegenden Definition der Länder Brandenburg und Berlin (Preissing 2003)

- *Die pädagogische Arbeit geht von den sozialen und kulturellen Lebenssituationen der Kinder und ihrer Familie aus.* Der Erfahrungsschatz und -horizont ebenso wie die Erlebnisse oder Wünsche der Kinder sind Ausgangspunkt der pädagogischen Arbeit und Planung.
- Die Erzieherinnen *erfahren durch den kontinuierlichen Diskurs* mit Kindern und Eltern, was Schlüsselsituationen im Leben der Kinder sind.
- *Die Erzieherinnen analysieren, was Kinder können und wissen und was sie erfahren wollen.* Hieraus entwickeln sie im Rahmen von realen Lebenssituationen vielfältige Zugänge zu Wissen und Erfahrung. Die Neugierde, die Entdeckungs- und Experimentierfreude der Kinder soll wach gehalten und gefördert werden.
- *Die Erzieherinnen unterstützen Mädchen und Jungen in ihrer geschlechtsspezifischen Identitätsentwicklung.*
- *Die Erzieherinnen unterstützen Kinder, ihre Phantasie und ihre schöpferischen Kräfte im Spiel zu entfalten.* Das Ziel ist, dass sich Kinder die Welt in der ihrer Entwicklung gemäßen Weise aneignen. Welche Themen die Kinder bewegen und welche Schlüsse sie ziehen, wird durch regelmäßige Beobachtung des kindlichen Spiels erfahrbar.
- *Die Erzieherinnen ermöglichen, dass jüngere und ältere Kinder im gemeinsamen Tun ihre Erfahrungen und Kompetenzen aufeinander beziehen können und sich dadurch in ihrer Entwicklung gegenseitig stützen. Die Erzieherinnen unterstützen die Kinder in ihrer Selbständigkeitsentwicklung.* Hierbei schaffen die Erzieherinnen die Voraussetzung, dass die Kinder ihr Leben in der Einrichtung aktiv mitgestalten können. Werte und Normen des gemeinsamen Lebens im Alltag können so in der Kindergruppe vielfältig erlebt und erfahren

---

2 Angesichts der Geschlechterverteilung in dieser Berufsgruppe benutzen wir in diesem Buch die weibliche Bezeichnung als Bezeichnung von Erzieherinnen *und* Erziehern.

3 Eine Zusammenfassung des Situationsansatzes nach Preissing (2003) findet sich unter http://www.ina-fu.org/ista/content/situationsansatz.html.

werden. Die Partizipation im Alltag basiert auf wechselseitiger Achtung und Anerkennung. Die Kinder werden ihren Möglichkeiten entsprechend bei den Planungen des Alltags beteiligt, er wird mit den Kindern geplant. Die Erzieherin schätzt ab, was dem einzelnen Kind zugetraut und zugemutet werden kann.

- *Regeln werden gemeinsam mit den Kindern vereinbart.* So entsteht eine Transparenz über die erfahrenen Werte und Normen. Diese Transparenz wird auf die Eltern ausgeweitet, sodass die Eltern stärker in die Arbeit der Kita einbezogen werden können.
- *Die Arbeit in der Kita orientiert sich an den Anforderungen und Chancen einer Gesellschaft, die durch verschiedene Kulturen geprägt ist.* Durch die interkulturelle Begegnung in der Kita soll eine Kultur des wechselseitigen Respekts und der sich entwickelnden Zivilcourage entwickelt und aufrechterhalten werden.
- *Die Kita integriert Kinder mit Behinderungen und verschiedenen Entwicklungsvoraussetzungen.* Die individuellen Eigenarten jedes Kindes werden als Bereicherung des Alltags wahrgenommen und als soziale Erfahrungsmöglichkeit begriffen. Die Kita reagiert gezielt auf die Unterschiede und gewährleistet die Förderung für jedes Kind mit dem entsprechenden Bedarf.
- *Die Räumlichkeiten und Gestaltung der Einrichtung stimulieren das eigenaktive und kreative Tun der Kinder.* Die Kinder sollen bei der Gestaltung aktiv miteinbezogen werden und diese nachhaltig mit bestimmen. Die Einrichtung beinhaltet sowohl Bewegungs- und Rückzugsbereiche. Zur Förderung der eigenaktiven Kreativität stehen Materialien und Räume zur Verfügung.
- *Die Erzieherinnen verstehen sich als lehrend und lernend.* Durch die fortlaufende Reflexion ihrer Alltagserfahrungen mit den Kindern und den daraus gezogenen Schlüssen über Entwicklung und Erziehung ermöglichen die Erzieherinnen Lernprozesse und lernen selbst daran.
- *Eltern und Erzieherinnen sind Partner in Betreuung, Bildung und Erziehung der Kinder.* Die Eltern sind an maßgeblichen Entscheidungen beteiligt; die Erzieherinnen stehen in offenem Dialog mit den Eltern und sind offen für Wünsche und Kritik.
- *Die Einrichtung entwickelt ein enges Verhältnis zum sozial-räumlichen Umfeld.* Die Kita soll mit anderen pädagogischen, kulturellen und sozialen Einrichtungen der Nachbarschaft vernetzt sein. Sie beteiligt sich an der Gestaltung des sie umgebenden Gemeinwesens.
- *Die Organisationsstruktur des Situationsansatzes ist die Grundlage der pädagogischen Arbeit.* Die Erzieherinnen dokumentieren fortlaufend im Rahmen von Situationsanalysen die Entwicklung der Kinder und folgen in ihrem Konzept einer prozesshaften Planung. Dabei wird der Spontaneität der Kinder genügend Raum gelassen, um den oben aufgeführten Punkten gerecht zu werden. Ebenso werden die unterschiedlichen Entwicklungstempos und Entwicklungsstände der Kinder bei der Planung bedacht.
- *Die Kita betrachtet sich als eine lernende Organisation.*

Ein möglicher Rahmen für die verschiedenen Umsetzungen dieses Bildungsbegriffs findet sich in einem Zitat aus dem Berliner Bildungsprogramm:

„Ein aktives Kind bildet sich immer, es kann gar nicht anders. Kinder können nicht gebildet werden, sie machen sich selbst ein Bild von ihrer Welt und sie tun dies aus eigenem Antrieb" (Senatsverwaltung für Bildung, Jugend und Sport – Berlin 2004, 20).

Es entsteht somit eine Kultur des Lernens im alltäglichen Umfeld, das individuell von Kind zu Kind in Tempo, Art und Inhalt unterschiedlich ist (Schäfer 2006). In einem ganzheitlichen Konzept (➤ Abb. 1.1) folgt daraus, dass immer mehr als ein Teilbereich der kindlichen Bildung angesprochen wird (Der Senator für Arbeit, Frauen, Gesundheit, Jugend und Soziales – Freie Hansestadt Bremen 2004, 13).

Abb. 1.1 Vernetzung der Bildungsbereiche in den Leitlinien zum Bildungsauftrag in Kindertageseinrichtungen von Schleswig-Holstein (Ministerium für Bildung, Wissenschaft, Forschung und Kultur – Schleswig-Holstein 2004b, 17)

Dies stellt auch nach Preissing (2003) die Aneignungsform des Wissens und Könnens dar. Der Inhalt des Lernens und der Bildung in der Kita stammt immer aus dem realen Leben der Kinder, sodass die individuellen Erfahrungen und Fragen, die sie mitbringen, beantwortet bzw. bearbeitet werden können. Wichtig ist, dass es *die Kinder selbst* sind, die sich in einer zentralen Rolle bei der Sinngebung und Bedeutungsfindung für neue Fähigkeiten und Fertigkeiten befinden. Der Erzieherin kommt die unterstützende und wegbereitende Rolle zu.

!

Der Situationsansatz überwindet die Anonymisierung des Kindes in seinem Bildungsbegriff, indem die Erzieherin vor der Aufgabe steht, dem einzelnen Kind in seinem individuellen Bildungsprozess zu begegnen (Schäfer 2006, 39).

Kennzeichnend für den Ansatz ist, dass Kindergartenarbeit von Vorfällen, die die Kinder aktuell berühren und beschäftigen, ausgehen soll (Kunze und Gisbert 2005, 36), was bedeutet, dass die Initiative zu einem neuen Lernprozess in der idealen Umsetzung des Situationsansatzes grundsätzlich vom Kind auszugehen hat (Krenz 2004). Selbst von Kritikern wird der Situationsansatz als besonders kinderfreundlich hervorgehoben (Kunze und Gisbert 2005), da die erwachsene Bezugsperson in der spezifischen Situation den Ideen und damit „der Leitung" des Kindes folgt. Die Einflussnahme der Erzieherin auf die Themen eines Lernprozesses im Rahmen des Situationsansatzes muss dabei folgerichtig als eingeschränkt betrachtet werden. Es ist ihre Aufgabe, die selbstbildenden Prozesse des Kindes mit Erziehung zu beantworten, zu begleiten und herauszufordern; Erziehung ist die Aufgabe der Pädagogik. Hierzu werden im Situationsansatz vier aufeinanderfolgende Schritte formuliert (Preissing 2003):

- **Erkunden:** Situation analysieren und Schlüsselsituation auswählen
- **Entscheiden:** Zielformulierung vor dem Hintergrund des Leitbildes und der Situationsanalyse
- **Handeln:** ausgewählte Schlüsselsituation bearbeiten und gestalten
- **Nachdenken:** Erfahrungen auswerten, dokumentieren und weitere Schritte festlegen

In diesem Sinne werden Bildung und Erziehung im Situationsansatz grundsätzlich getrennt. Eine frühpädagogische Konzeption formuliert keine Bildungs-, sondern Erziehungsziele, wobei solche Ziele nicht standardisiert oder nach einheitlichen Maßstäben gefasst sind.

Kritiker des Situationsansatzes sehen in den Ansprüchen des Ansatzes eine Überforderung der Erzieherin, die sich der Anforderung gegenüber sieht, den Kindern ihrer Gruppe gleichmäßig auf deren individuellem Niveau zu begegnen und dieses jeweils zu begleiten. Vor allem für schwächere Kinder könnte das nachteilig sein. Das Risiko, das durch den hohen eigenaktiven Anteil des Kindes entsteht, ist, dass Kinder mit Entwicklungsstörungen und der dafür typischen weniger ausgeprägten Eigenaktivität auch weniger Entwicklungsunterstützung erhalten. Dieses Risiko scheint im Situationsansatz größer als in anderen pädagogischen Ansätzen. Ebenso wird kritisiert, dass gerade für schwächere Kinder eine gemachte Erfahrung nicht mit einem erfolgten und erfolgreichen Lernprozess gleichzusetzen ist. *Lernen stellt eine Abstraktion von gemachten, konkreten Erfahrungen dar,* ein Prozess, der Kindern im Vorschulalter sehr hohe Kompetenzen abverlangt und sicherlich einen starken Abfall zwischen kognitiv gut entwickelten und schwächeren Kindern offenbart. Elschenbroich (2001, 25f) sieht die Gefahren für schwächere Kinder noch weiter gefasst, sie bezieht auch schichtspezifische Risiken in ihre Überlegungen mit ein. Das Herantragen von entwicklungsauslösenden Reizen ist von Schicht zu Schicht unterschiedlich, das Kind wäre somit auf den Zufall seiner Geburt und seiner Schicht festgelegt, was durch den Bildungsbegriff im Situationsansatz nicht aufzufangen ist.

!

Eine niedrige Schichtzugehörigkeit und Armut werden in aktuellen frühpädagogischen Konzepten als Entwicklungsrisiko betrachtet. Im ➤ Kap. 2 zur Sprachentwicklung wird näher darauf eingegangen.

Die Gefahr für Risikokinder einer Entwicklungsstörung wird von Vertretern des Situationsansatzes bestritten (Zimmer 2000) und ist sicher in der Idealsituation durch vorsichtige Kanalisierung der kindlichen Interessen auffangbar. Das Problem entsteht durch die Kombination aus dem individuellen Bedürfnis des Kindes und der großen Anzahl Kinder pro Erzieherin. Unter diesen Bedingungen besteht das Risiko, dass stillere, weniger anspruchsvolle oder auch nur in sich gekehrte Kinder weniger Entwicklungsunterstützung erfahren als starke Kinder, die recht schnell verstehen, dass sie Unterstützung kriegen, wenn sie sich diese bei der Erzieherin abholen.

Ko-Konstruktivismus

Exkurs

Leitbild des Sozialkonstruktivismus (Fthenakis 2003): Nicht die Vermittlung von Kenntnissen, sondern von Lernkompetenzen steht im Mittelpunkt des Bildungsprozesses. Ziel ist die Vermittlung davon, wie man lernt und sein eigenes Wissen so organisiert, dass Probleme auf eine sozial verantwortliche Weise gelöst werden können. Darüber hinaus sollen die individuellen kindlichen Kernkompetenzen frühzeitig gestärkt werden: Selbstkonzept, Selbstwertgefühl, Selbstregulation etc.

Der Ko-Konstruktivismus ist als Gegenannahme zum Konstruktivismus entstanden, sodass er direkter einen kritischen Standpunkt zu dem oben beschriebenen Ansatz bezieht als umgekehrt. Zwar haben prominente Vertreter des Konstruktivismus eine Diskussion mit dem neuen Ansatz aufgenommen (z.B. Schäfer 2006), entstanden ist der Konstruktivismus jedoch in Abgrenzung gegen andere – ältere – elementarpädagogische Ansätze.

Der Bildungsbegriff des Ko-Konstruktivismus leitet sich von dem zweiten Namen dieses Ansatzes besser ab: Sozialkonstruktivismus. Als Kritikpunkt an einem Bildungsbegriff, der das Kind als weitgehend selbständigen Lerner betrachtet, nennt Fthenakis (2003, 27) die zu wenig gewichtete Rolle des sozialen Kontextes, in dem Bildung stattfindet. Da das Kind in jedem Fall in seinen sozialen Bindungen aufwächst, sind deren Rahmenbedingungen maßgebliche Einflussfaktoren für die Inhalte der kindlichen Bildungsprozesse. Der Einfluss liegt sowohl im Zeitpunkt des Lernens (Wann wird das Kind mit einem Problem konfrontiert?) als auch in seiner Umsetzung (Wie wird das Kind mit einem Problem konfrontiert?). Hiermit ist nicht nur der Unterschied von Land- und Stadtkindern gemeint, sondern gerade auch Faktoren wie Migration, soziale Ausgrenzung oder Armut. Auch stark wirkende Lebensereignisse wie Todesfälle, Scheidungen der Eltern oder deren Wiederheirat nehmen Einfluss auf das soziale Leben des Kindes und prägen sein Sich-Bilden. Insofern formulieren sog. postmoderne Curricula (Fthenakis

2003) den Bildungsprozess in einen sozialen Prozess um, der in spezifischen Kontexten stattfindet, in dem das Kind also durch die soziale Interaktion mit den Bezugspersonen lernt und sich durch den Filter der sozialen Interaktion bildet. Zu bedenken ist, dass mit dem Begriff „spezifische Kontexte" institutionelle Bildungsorte wie die Kita von vornherein vorgesehen sind. Dagegen bildet sich das Kind nach dem Situationsansatz auch außerhalb der Kita genauso gut wie in der Kita. Vorteilhaft ist dies, weil in einem institutionellen Rahmen viele sonst schwer kontrollierbare Einflussfaktoren besser vorhersagbar sind.

!

Postmodern in dieser Betrachtungsweise sind all jene Ansätze, die zeitlich nach den modernen Ansätzen, in denen das Kind als individuelles, sich selbst bildendes Wesen verstanden wird, formuliert wurden.

Im Bayerischen Bildungs- und Erziehungsplan findet sich eine Definition nach dem theoretischen Rahmen der Postmoderne:

„Kinder erwerben Kompetenzen, Werthaltungen und Wissen an vielen Bildungsorten. Damit sind alle Orte, an denen die Bildung und Erziehung der Kinder geschieht, im Blickfeld. Unterschieden wird zwischen informellen Bildungsorten (z.B. Familie, ...), nonformalen Bildungsorten (z.B. Kindertageseinrichtungen, ...) und formalen Bildungsorten (Schulen und Hochschulen). Bildung ist das Produkt eines komplexen Wechselspiels aller vor- und nachgelagerter und sich ergänzender Bildungsorte, in denen sich ein Kind von Geburt an bewegt" (Bayerisches Staatsministerium für Arbeit und Sozialordnung, Familie und Frauen 2006, 25).

Lernen geschieht ausschließlich in sozialer Interaktion und ist ein „Ko-konstruktiver Prozess" (Palinscar 1998), d.h. das Kind wird zunächst zum Empfänger einer neuen Kompetenz und versucht erst im zweiten Schritt eigenaktiv zum Voranschreiten zu kommen.

Im ersten Schritt besteht die Anforderung an das Kind im Prozess des Mit-Denkens (Schäfer 2006, 54). Im Kita-Bereich ist es die Erzieherin, die den Interaktionsprozess so gestaltet, dass er zum Erreichen eines neuen Entwicklungsniveaus für das Kind geeignet ist. In dieser Sichtweise greifen entwicklungs- und kompetenzfördernde Begriffe im Rahmen von Bildung ineinander, die durch den Erwachsenen an das Kind herangetragen werden. Dabei stehen Wissenskonstruktionen und Metakompetenzen über Wissen im Vordergrund. Die Vermittlung findet nicht auf der basalen Ebene statt. Es geht nicht um das Lehren von Inhalten, sondern um das Lehren, wie Wissensinhalte vom Kind erworben werden können (Metakompetenz).

Exkurs

Was ist eine Kompetenz?

Kompetenz ist definiert als *selbstorganisiertes Problemlösungswissen*, d.h. ein kompetenter Mensch kann sein angesammeltes Wissen auf bestimmte Sachverhalte anwenden, die auf diese Weise lösbar sind, ohne direkt Lösungen für dieses spezielle Problem geübt zu haben. Die Vermittlung von Kompetenzen ist immer auf einer Metaebene zu platzieren, da der Lernende nicht das Lösen eines einzelnen, für sich isoliert betrachteten Problems bewältigt, sondern unter Anleitung modellhaft Lösungen findet, um seine Fähigkeiten in einem bestimmten Bereich zu verbessern.

Die Begriffe Bildung und Erziehung sind nach der Definition des Ko-Konstruktivismus nicht als zwei Seiten der pädagogischen Interaktion zu verstehen, sondern bauen im Rahmen dieser Interaktion aufeinander auf. Inhaltlich betont Fthenakis (2003, 28), dass individuelle Unterschiede zwischen Kindern nicht übergangen, sondern als Bereicherung betrachtet werden sollen. Jedem Kind sollen seine Stärken und Schwächen bewusst gemacht werden, ohne diese zu werten. Als sozialer Aspekt wird dann folgend angestrebt, den Kindern modellhaft zu verdeutlichen, dass sie mit vereinten Kräften mehr erreichen können als allein, sodass die Unterschiede zwischen ihnen als Grundlage für künftige gemeinsame Erfolge verstanden werden sollen.

Insgesamt sind diese Grundsätze des Ko-Konstruktivismus mit den internationalen Definitionen von Bildung leichter in Einklang zu bringen als die Definition des Konstruktivismus. Auch sehen Vertreter des Sozialkonstruktivismus, dass die entsprechenden interaktionalen Ansätze leichter an die Bedürfnisse der heutigen globalen Wissensgesellschaft einzustellen und anzupassen sind als andere. Dies geschieht v.a. dadurch, dass die Erzieherinnen Nachteile einzelner Kinder besser durch eigene Handlungen ausgleichen können. Gerade der Aspekt, Unterschiede von Kindern so stark in den Vordergrund zu stellen und als Bereicherung direkt pädagogisch zu bearbeiten, rückt den ko-konstruktivistischen Ansatz nah an die Bedürfnisse multi-kultureller Gesellschaften.

Die Begründung, warum die neuen Ansätze – oder Curricula, wie Fthenakis es nennt – international so einheitlich sind und gegen das in Deutschland gebräuchliche Kinder- und Bildungsbild stehen, liegt in der vergrößerten Einflussnahme der Politik auf die Bildungseinrichtungen. Dies geschieht nicht nur in Deutschland, vielmehr adaptieren hiesige Ansätze aus den skandinavischen Ländern oder aus dem anglo-amerikanisch-australischen Raum. So ist es eine andere Gruppe von Autoren als früher, die entsprechende Bildungspläne verfassen. Die fachliche Diskussion erweitert sich um die gesellschaftliche und politische Dimension (Fthenakis und Oberhuemer 2004). Hierdurch erklären sich einige Aspekte, die in ko-konstruktivistisch basierten Plänen als Lernziel größeres Gewicht erhalten als bisher. Fthenakis (2003, 29f) nennt z.B. die Notwendigkeit, Kinder zum Übernehmen sozialer Mitverantwortung für sich und andere zu führen als einen Punkt, der in Schweden durch die politischen Einflüsse gesteuert ist. Das Ziel ist, Kinder dazu zu erziehen, an der Verbesserung der Lebensbedingungen aller konstruktiv mitzuwirken.

Für Eltern folgt aus der politischen Einflussnahme eine Neudefinition des Verhältnisses zwischen Institution und Familie. Die Kita will im Ko-Konstruktivismus stärker im sozialen Geschehen der Kinder verankert sein. Daraus folgt eine starke Anbindung an die Eltern. Diese werden mit dem Ziel in neue Mitwirkungsformen eingebunden, sie in die soziale Gesellschaft in der Kita hineinzutragen und ein „Kundenimage" nicht aufkommen zu lassen.

Schäfers Ausspruch, der Ko-Konstruktivismus sei als ein *wissenschaftliches Modell* zur Analyse von sozialen Dimensionen zu verstehen (Schäfer 2007, 55), zeigt sich auch in diesem Abschnitt. Ko-Konstruktivismus findet auf einer anderen Abstraktionsebene statt, als das Konzept des selbstlernenden Kindes im Situationsansatz. Es scheint schwer, die Ansätze von Fthenakis und Kollegen auf praktikable Prinzipien der Kita-Arbeit herunterzubrechen. Die Bildungspläne, die hierfür Beispiele darstellen (z.B. Bayern), fokussieren die gesellschaftlichen Veränderungen, die in einem veränderten Bildungs- und Kindbild resultieren. Am Beispiel Bayerns (Bayerisches Staatsministerium für Arbeit und Sozialordnung, Familie und Frauen 2006) werden Prinzipien aufgestellt, in denen sich die Umsetzung der ko-konstruktivistischen Rahmenbedingungen auf die konkrete Kita-Arbeit zeigen soll.

- Kinder gestalten ihre Bildung und Entwicklung von Geburt an aktiv mit und übernehmen entwicklungsangemessen Verantwortung.
- Jedes Kind ist in seiner Persönlichkeit individuell und durchläuft damit auch seine Entwicklung unter einem komplexen Bedingungsgefüge aus Anlagen, Stärken, Eigenaktivitäten und anderen Komponenten.
- Die Unterschiede zwischen Kindern werden anerkannt, erhalten eine besondere Aufmerksamkeit und werden wertgeschätzt.
- Kinder haben das Recht auf bestmögliche Bildung von Anfang an. Ziel von Bildung ist es, die geistigen und körperlichen Fähigkeiten eines Kindes voll zur Entfaltung zu bringen.
- In der Kita erhält das Kind Lernanreize von außen. An diesen kann es sich aktiv beteiligen. Zu dieser Beteiligung gehört das möglichst selbständige Explorieren, Handeln und Denken, um das kindliche Verstehen anzuregen.
- In der Kita bewegt sich das Kind in informellen und spielerischen Lernformen. Spielen und Lernen sind keine Gegensätze zueinander. Das Spiel wird als die ureigenste Ausdrucksform des Kindes anerkannt. Die Grundlagen von Lernen sind sinnliche Wahrnehmung, Bewegung, Spiel, kommunikativer Austausch.
- Das Lernen in der Kita ist ganzheitlich. Hierzu gehören bereichsübergreifende Zugänge zu einem Thema, variationsreiche Wiederholungen sowie die Verarbeitung des Lerninhalts mit allen Sinnen.
- In der Kita erlebt das Kind Unterstützung bei seinen Lernprozessen, wobei individuelles und soziales Lernen ineinandergreift. Die Erzieherin moderiert und steuert diesen Prozess.

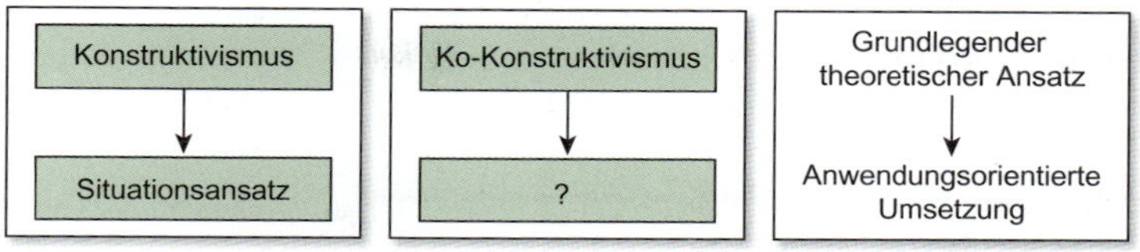

Abb. 1.2 Beziehung zwischen dem theoretischen Grundmodell und der Umsetzung in der Kita

- Die Lerninhalte in der Kita interessieren das Kind und bewegen es emotional. Das Kind lernt am Besten, wenn es sich wohl fühlt.
- Kinder und Erwachsene sind in diesem Sinne eine lernende Gemeinschaft. Es vereint sie echtes Interesse am Thema. Das Lernen der Erwachsenen findet darin statt, dass sie erlernen, wie die Kinder das gemeinsame Thema erleben und verstehen.

!

Der Sozialkonstruktivismus (oder Ko-Konstruktivismus, Anm. d. Autoren) ist ein wissenschaftliches Modell, das geeignet ist, die sozialen Dimensionen von Bildungsprozessen analytisch zu erfassen (Schäfer 2007, 55). Es hat sich jedoch noch kein handlungsorientierter Ansatz entwickelt, der – analog zum Situationsansatz – die Umsetzung des Ko-Konstruktivismus in den Kita-Alltag beschreibt. Die Umsetzung ko-konstruktivistischer Gedankengänge hängt daher aktuell vom Verständnis der einzelnen Einrichtung/Erzieherin ab (➤ Abb. 1.2).

Die Sicht der Spracherwerbsforschung auf Bildung und Entwicklung – Darstellung einer neu gefundenen Bezugswissenschaft für die Kita

Aus der Sicht der Spracherwerbsforschung verbergen sich hinter den Begriffen Bildung und Entwicklung zwei unterschiedliche Teilbereiche kindlichen Lernens. Zunächst sind da die natürlichen Entwicklungsbereiche, z.B. Sprache oder Grob- bzw. Feinmotorik, die das Kind z.T. in der Kita durchläuft. Und zwar einfach deshalb, weil es sich in der kritischen Entwicklungsperiode dort recht lange pro Tag aufhält. *Entwicklung* bedeutet in diesem Zusammenhang, dass Kinder in der Altersspanne der Kita natürliche – teilweise biologische, teilweise kulturelle – Entwicklungsprozesse durchlaufen, die auch ohne die Anreize des (Kita-)Alltags in diesem Alter ihre zeitgerechte Entfaltung finden würden. Der Auftrag der Erzieherinnen liegt in der Unterstützung, nicht aber in der Initiierung dieser Entwicklungsprozesse, die im Kind angelegt sind und *unbewusst* ihren Verlauf nehmen. So unterschiedlich die Entwicklungsbereiche sind, sie haben gemeinsam, dass sie trotz ihrer im Kind liegenden Veranlagung, auf Reize von außen angewiesen sind.

!

Das Entwicklungsprinzip der natürlichen Prozesse ist immer gleich: Reize von außen treffen auf eine Entwicklungsveranlagung im Kind und werden von ihm verarbeitet. Von außen ist diese Verarbeitung als Entwicklungsfortschritt messbar. Wichtig ist: keine der beiden Seiten – Veranlagung im Kind und Reiz von außen – kann ersetzt werden!

So kann sich die Sprache nur entwickeln, wenn das Kind auch Sprache hört (bzw. in der Gebärdensprache andere Menschen gebärden sieht). Anders können sich die im Kind innewohnenden Sprachfähigkeiten nicht entwickeln, sie warten sozusagen darauf, von außen mit Informationen versorgt zu werden (Bishop 2000; Kauschke 2007b). Ebenso ist die Entwicklung des Forscherdrangs im Kind angelegt. Dieser Bereich ist darauf angewiesen, vor eine interessante Umgebung gestellt zu werden, in der es interessante Phänomene zu beobachten gibt (Hirsh-Pasek & Golinkoff 2004). Hier gewinnt das aktuell heftig diskutierte Problem an Bedeutung, dass eine große Menge von Kindern in der Zeit, in der sie nicht in der Kita sind, recht wenig Reize erhalten, sich also in dieser Zeit eher wenig Stimulation für ihre innewohnenden Entwicklungskompetenzen abholen können. Im Falle eines solchen Kindes wird durch den Umstand der wenigen Reize außerhalb der Kita, nicht aber durch die Natur des Entwicklungsbereichs per se, die Unterstützung der Erzieherin wichtig.

In keiner therapeutischen oder Fördersituation kann eine nicht vorhandene Veranlagung hergestellt werden. Jede Intervention – egal ob Förderung oder Therapie – geht mit der kindlichen Veranlagung um und reagiert in der Veränderung der äußeren Reize.

Exkurs

Äußerer Reiz ist Input

Unter dem Begriff *äußerer Reiz* wird hier nicht der „Lernreiz" verstanden, wie z.B. im Bayerischen Bildungs- und Erziehungsplan. Vielmehr versteht man Reiz hier als Input, also als ein unbewusst gegebenes Modell, das vom Kind ebenso unbewusst und automatisch weiterverarbeitet wird. Dies wird gerade am Beispiel des Spracherwerbs deutlich. Die wichtigen Reize stellen sich gerade nicht in direkten (Sprach-)Lernsituationen dar, sondern in Momenten, in denen das Kind auf der bewussten Ebene offensichtlich mit etwas anderem beschäftigt ist (z.B. Puzzlen) und „nebenbei" ein Sprachmodell erhält.

Der Entwicklungsprozess gliedert sich in das Lernen an Einzelerfahrungen, aus denen Regeln oder Kategorien *abstrahiert* werden. So erwirbt das Kind anhand von einzelnen Erfahrungen mit Tieren das Wissen, dass viele Tiere Fell haben und auf vier Beinen laufen (Kategoriewissen). In der Folge stellt sich eine *Generalisierung* dieses Wissens ein. Es wird nun bei Tieren, die es neu kennenlernt, gezielter erforschen, ob sie auch vier Beine haben und Fell tragen. Auf einer anderen Erwerbsebene kann das Kind durch Erfahrungen mit einzelnen Hunden („Diese Hunde bellen alle") sein Wissen über Hunde generalisieren („Hunde bellen") und daraufhin annehmen, dass dies auch für Hunde gilt, die es in Zukunft trifft. Es wird diese Generalisierung jedoch nicht auf Katzen, Kühe oder Vögel ausweiten, da es weiß, dass sich dieses Merkmal nur als eines von Hunden darstellt.

Lernen bzw. Bildung als Begriff im Gegensatz zu Entwicklung bedeutet, dass Prozesse angestoßen werden, die nicht zur natürlich-biologischen kindlichen Entwicklung gehören (Lernen in gesellschaftlich-kulturellen Domänen). Hierunter fallen z.B. Englisch für Kita-Kinder, das Benutzen eines PCs, Verkehrsregeln etc. Dieses Lernen kann und muss in der Regel von der Erzieherin initiiert werden, die eigenaktive Rolle des Kindes beim Durchlaufen dieser Prozesse ist geringer und ähnelt mehr dem Empfangen von Wissen mit nachfolgender Erprobung. Hierdurch erwirbt das Kind in diesen Bereichen wichtige Kompetenzen.

Das Lernen in den gesellschaftlich-kulturellen Domänen geschieht auf einer bewussteren Ebene, ist für das Kind als solches erkennbarer, ist trainierbar und die eigenen Erfolge sind für das Kind messbar. Sie stellen sich als direkter Aufbau einer klar umgrenzten Kompetenz dar: das Kind kennt die wichtigsten Verkehrsregeln für Fußgänger und freut sich darüber. Dagegen wäre ein Entwicklungserfolg in einer natürlichen Entwicklungsdomäne: Das Kind durchläuft – völlig unbewusst – eine neue Stufe der grammatischen Entwicklung.

Mit dem Begriff des Lernens begibt man sich direkter zu einem konkreten Thema, das erlernt werden soll; es geht somit um Wissenserweiterung. Trotzdem gehören zum Lernen – wie für die natürliche Entwicklung oben dargestellt – die Fähigkeiten der Generalisierung und Abstrahierung aus den einzelnen Lernsituationen. Dies verdeutlicht folgendes Beispiel:

Das Kind muss aus den Übungssituationen in der Verkehrserziehung generelles Wissen über das Verhalten im Verkehr ziehen. Nicht jede Situation des Straßenverkehrs kann geübt werden. Das Lernziel des Kindes darf nicht sein, nur die direkt geübten Situationen zu beherrschen, sondern auch fremde. Auch bei den Verkehrsregeln generalisiert das Kind sein Wissen aus einzelnen Erlebnissen (Situation der Verkehrserziehung) zu einer umfassenderen Kompetenz in dem Bereich.

!

Lernen und Entwicklung sind in den Aspekten Generalisierung und Abstrahierung gleich: Der Prozess ist, dass aus mehreren einzelnen Situationen/mehreren einzelnen Ereignissen Informationen gezogen und behalten werden, die anschließend zu generellem Wissen abstrahiert werden können.

Einer der wesentlichen Unterschiede zwischen der natürlichen Entwicklung und dem Bildungs- bzw. Lernprozess ist der Grad der Bewusstheit. Während natürliche Entwicklungsprozesse unbewusst gesteuert sind und auch so verlaufen (teilweise sogar darauf angewiesen sind), gilt für den kulturellen Lernprozess das Gegenteil. Lernen als Bildung ist ein bewusster Prozess.

Exkurs

Die natürlichen Entwicklungsprozesse im Kind zeichnen sich über die verschiedenen Einzelbereiche durch einige gemeinsame Merkmale aus, die sie wiederum von bewussteren Lernprozessen unterscheiden:

- Sie entwickeln sich in einer bestimmten Zeit im Leben (Jusczyk 1997).
- Der Erwerb verläuft relativ mühelos.
- Der Erwerbsprozess verläuft für das Kind unbewusst, d.h. ohne bewusste Übungssequenzen (kein Training).
- Geschieht die Entwicklung in der vorbestimmten Zeitspanne nicht, so verläuft der Erwerb zu einem späteren Zeitpunkt nicht mehr so mühelos und/oder unvollständig.
- Entwicklung ist nicht umkehrbar, kann nicht wieder vergessen werden.
- Jedes (unauffällige) Kind auf der Welt entwickelt diese Fähigkeit.
- Jedes Kind entwickelt die Fähigkeit auf vergleichbare Art und Weise.

Diese Aspekte der natürlichen Entwicklung sind nicht ausschließlich ein Merkmal der menschlichen Entwicklung. Solche sog. „Zeitfenster" der Entwicklung existieren auch bei Tieren, z.B. bei Singvögeln. Diese müssen ihren Gesang während einer bestimmten Altersspanne erwerben. Geschieht dies nicht, werden sie keine profunden Sänger (Penner 2004).

1.1 Die kindlichen Entwicklungs- oder Bildungsbereiche in den Bildungsplänen der Bundesländer

In den Bildungsplänen für den Elementarbereich der einzelnen Bundesländer finden sich Zielvorgaben für pädagogische Bereiche (➤ Tab. 1.2). Bereiche kindlicher Entwicklung und kindlichen Lernens mischen sich in den Bildungsplänen. So sind Sprache, Bewegung, Sinne, Denken und Kreativität sowie soziale Kompetenz Teile der natürlichen kindlichen Entwicklung. Die wissenschaftliche Diskussion, ob mathematische Fähigkeiten zur biologischen oder kulturellen Entwicklung zu rechnen sind, ist noch nicht abgeschlossen (Karmiloff und Karmiloff-Smith 2001). Medienarbeit, Musik, Kunst, Religion sind Beispiele für gesellschaftlich-kulturelle Lernbereiche, mit anderen Worten solche Bereiche, in denen ein wesentlich bewussterer, mühevollerer und zeitlich nicht gebundener Lernprozess stattfinden wird (➤ Abb. 1.3).

Die aufgestellten pädagogischen Bereiche resultieren aus den Bildungsbegriffen der Pläne (➤ Tab. 1.1). So gelangen die jeweiligen Autoren zu unterschiedlichen Zahlen und Ausrichtungen der einzelnen pädagogischen Bereiche. Diese sind in ➤ Tab. 1.2 dargestellt.

Einheitlich über alle Bildungspläne ist nur der Bereich *Sprache*, in dem sich Dinge wie sprachliche und nichtsprachliche Kommunikation, Schriftkultur und

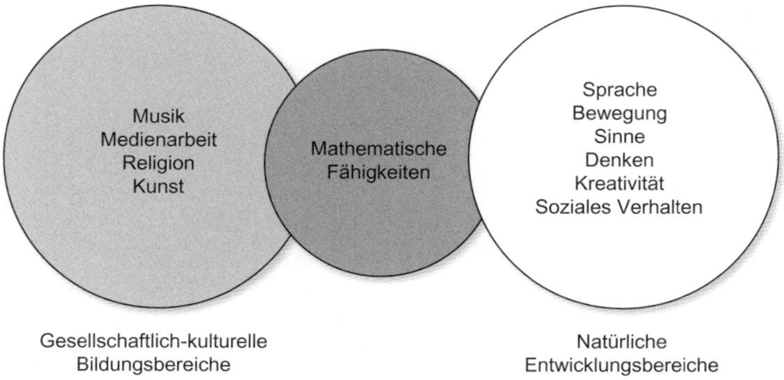

Abb. 1.3 Natürliche Entwicklungsbereiche und gesellschaftlich-kulturelle Bildungsbereiche in den Bildungsplänen

Tab. 1.2 Aufstellung der Bildungsbereiche in den Bildungsplänen der Bundesländer (Stand Juni 2008)

Land	Sprache und Sprechen[4]	Denken und Kreativität	Kultur und soziale Kompetenzen	Mathematik und Denken	Naturwissenschaften, Natur und Umwelt	Sinne	Musik, Kunst und Gestalten	Ethik und Religion	Bewegung und Körper	Gesundheit	Medien
Baden-Württemberg	×	×	×			×	×	×	×		
Bayern	×		×	×	×		×	×	×	×	×
Berlin	×		×	×	×		×		×	×	×
Brandenburg	×		×	×	×		×		×	×	
Bremen	×	×	×		×		×		×		
Hamburg	×		×	×	×		×		×	×	×
Hessen	×	×		×	×		×	×			×
Mecklenburg-Vorpommern	×		×	×	×		×		×		
Niedersachsen	×	×	×	×	×	×	×	×	×	×	
Nordrhein-Westfalen	×	×			×		×		×		×
Rheinland-Pfalz	×	×	×	×	×		×	×	×	×	×
Saarland	×		×	×	×		×	×	×		
Sachsen	×		×	×	×	×			×	×	
Sachsen-Anhalt	×	×	×	×	×				×	×	
Schleswig-Holstein	×		×	×	×	×	×	×	×	×	×
Thüringen	×	×	×				×		×		
Summe (N = 16)	**16**	**8**	**14**	**12**	**14**	**4**	**14**	**7**	**15**	**7**	**7**

[4] In einigen Bundesländern wird explizit *Literacy* (Schriftsprachkultur) als Teil des Bildungsbereichs Sprache genannt.

Sprache vereinigen. *Denken und Kreativität* als eigene Ziele des Bildungsplans – unabhängig von Sprache oder Forscherdrang – werden nur in der Hälfte der Bundesländer festgeschrieben. Dies geschieht teilweise, z.B. in Bremen, mit Hilfe von Begriffen wie Spiel und Fantasie. Kulturelle und soziale Kompetenzen gehören bei fast allen Ländern zum Bildungsplan, auch in den Ländern, in denen sie nicht explizit aufgeführt werden, klingen sie in anderen Bereichen mit an. *Mathematisches Grundwissen* im weitesten Sinne ist in zwölf Ländern explizit genannt. Häufiger genannt sind die *Naturwissenschaften*, die auch als experimentelle Fähigkeiten, Umwelterforschung oder Technik (Bremen oder Hamburg) bezeichnet werden. In einigen Ländern sind Mathematik und Naturwissenschaften in einem Bildungsbereich zusammengefasst, werden aber als gesonderte Ziele aufgeführt (Brandenburg, Rheinland-Pfalz, Niedersachsen, Schleswig-Holstein, Hessen). In Baden-Württemberg verschmelzen sie zu Inhalten des Bereichs Denken, sodass hier eine Kompetenz zur Umsetzung einer zweiten wird. Die *Sinne* als Entwicklungsbereich der Wahrnehmungsmodalitäten werden in Baden-Württemberg und Sachsen als eigene Zielbereiche genannt. *Musik, Kunst & Gestalten* werden in 14 Ländern als eigene pädagogische Bereiche genannt. Hinzu kommt Sachsen, wo Musik und Förderung des musikalischen Talents unter dem Begriff *Wahrnehmen* subsumiert wird. *Ethik & Religion* ist in der Hälfte der Länder festgeschrieben. Es ist ein Überhang bei den nördlichen Ländern zu erkennen, in denen dieser Bildungsbereich nicht aufgeführt wird. *Bewegung & Körper* ist außer in Hessen überall explizit als Bildungsbereich genannt. Es ist kaum vorstellbar, dass in Hessen dieser Bereich nicht auch gefördert werden soll. Er geht in verschiedene andere Bereiche ein, so z.B. in den Tanz (Fthenakis et al. 2007).

In Niedersachsens Orientierungsplan (Niedersächsisches Kultusministerium 2005, 22f) wird zusätzlich der Bildungsbereich *Lebenspraktische Kompetenzen* formuliert, der nicht in die ➢ Tab. 1.2 eingegangen ist. Hierunter wird die Selbständigkeitsentwicklung von Kindern verstanden. Der Bildungsbereich umfasst, nach den Aussagen des Plans, die eher traditionellen elementarpädagogischen Bereiche wie selbständiges Ankleiden, Schuhe an- und ausziehen oder Blumen gießen. Für die Autoren des niedersächsischen Orientierungsplans ist die Bewältigung alltäglicher lebenspraktischer Herausforderungen eine gute Voraussetzung für das selbsttätige Lernen in anderen Bildungsbereichen.

Im restlichen Teil dieses Kapitels werden die Inhalte der Bildungsbereiche, wie sie in ➢ Tab. 1.2 aufgeführt sind, kurz umrissen. Dabei liegen die verschiedenen Bildungspläne als Quellen zugrunde. Ziel der folgenden Abschnitte ist es, die einzelnen Bereiche mit zusammengefassten Inhalten zu füllen und den Unterschieden in den verschiedenen Plänen – abhängig vom Bildungsbegriff des Landes – Raum zu geben. Die pädagogischen Inhalte sollen so für den Leser konkreter und begreifbarer werden. Zunächst werden die gesellschaftlich-kulturellen Bildungsbereiche dargestellt, es folgt die mathematisch/naturwissenschaftliche Kompetenz. Das Kapitel endet mit den natürlichen Entwicklungsbereichen, die sich in den Bildungsplänen finden lassen. Da wir uns den Rest des Buches auf den Bildungsbereich Sprache konzentrieren, wird das Kapitel mit der Darstellung dieses Bereichs enden.

1.1.1 Gesellschaftlich-kulturelle Bildungsbereiche

Musik, Kunst und Gestalten

Diese Bildungsbereiche werden zusammengefasst in den musisch-künstlerischen Bereich, der in seinen theoretischen Zielsetzungen dem Bereich *Sinne* (vgl. ➢ Kap. 1.1.3) nahe kommt. Er bleibt jedoch auf den Erwerb der Kompetenzen in Musik, Kunst und Gestalten ausgerichtet, sodass die Einordnung der Ziele unter dieser Überschrift korrekt erscheint.

Die sinnliche Erkundung steht in enger Beziehung zum Verstehen der Welt (Senatsverwaltung für Bildung, Jugend und Sport – Berlin 2004, 71 und Niedersächsisches Kultusministerium 2005, 26) und ist damit ein Erkenntnisprozess (Ministerium für Bildung, Kultur und Wissenschaft – Saarland 2006). Hierbei werden gestalterische Elemente mit Prozessen des Erwerbs von Symbolsystemen (z.B. der Schrift) verbunden, sodass durch sinnliches Erkunden auch solche Systeme gefördert werden. Darüber hinaus soll das ästhetische Wahrnehmen einen eigenständigen Weg zur Auseinandersetzung mit der Wirklichkeit bereiten (Ministerium für Bildung, Kultur und Wissenschaft – Saarland 2006) und Gefühle angesprochen und zum Ausdruck gebracht werden (Der Senator für Arbeit, Frauen, Gesundheit, Jugend und Soziales – Freie Hansestadt Bremen 2004, 14). In Bayern steht der Bildungsbereich Kunst in Verbindung mit Ästhetik und Kultur. Kultur bedeutet in diesem Sinne Kulturkreis und wird in Zusammenhang mit der Entdeckung fremder Kunst und deren Kulturen gesetzt (Bayerisches Staatsministerium für Arbeit und Sozialordnung, Familie und Frauen 2006, 311).

Eine methodische Zielformulierung findet sich in Hamburgs Bildungsempfehlungen (Preissing 2005, 48). Es wird darauf verwiesen, dass gerade für ältere Kita-Kinder neben den stets zur Verfügung stehenden Materialen Anforderungen im Bereich des künstlerischen Gestaltens in Projektarbeit angeboten werden sollten, um gezielt künstlerische Prozesse zu ermöglichen.

Als sachorientiertes Ziel besteht das Kennenlernen verschiedener Materialien – neben Papier und Farben auch Ton, Holz, Stein etc. Erfahrungen mit einem Material sollen auf andere übertragen werden (Der Senator für Arbeit, Frauen, Gesundheit, Jugend und Soziales – Freie Hansestadt Bremen 2004, 75). Das Erfahren der unterschiedlichen Materialien steht am Beginn der Kita-Zeit (Preissing 2005). In Verbindung mit den sozialen Kompetenzen sollen die Kinder lernen, die Werke anderer wertzuschätzen. Im Bildungsplan von Rheinland-Pfalz (Ministerium für Bildung, Frauen und Jugend – Rheinland-Pfalz 2004a, 25) beginnt die Zielsetzung für diesen Bildungsbereich auf der sachorientierten Ebene: Feinmotorische Fähigkeiten werden als Entwicklungsziel neben die Kreativität und Phantasie von Kindern gesetzt.

In Bayerns Bildungsplan wird die Wertschätzung von Werken anderer fokussiert. Weitere Ziele sind die Förderung von Freude und Gestaltungslust, was als Basis für phantasievolles Spielen definiert wird. Im niedersächsischen Orientierungsplan wird formuliert, dass das Kennenlernen von künstlerischen Werken aus verschiedenen Kulturen (Musik, Malerei, Bildhauerei) sowohl zur Bildung des ästhetischen Empfindens beiträgt, als auch Kinder zu eigenen Schöpfungen ermutigen kann. Insofern soll die Kita entsprechende Materialien bereitstellen, um Techniken auszuprobieren und sie sich anzueignen. Der Erwerb der hierfür notwendigen Grundlagen im Umgang mit Materialien, Werkzeugen und Werkstoffen gehören zu dem Bereich Gestalten. Dies wird auch in der Bildungsvereinbarung Nordrhein-Westfalens so formuliert, in der Gestalten mit nicht vorgefertigten Materialien wie Ton, Lehm, Erde oder Holz gefördert werden soll (Ministerium für Schule, Jugend und Kinder – Nordrhein-Westfalen 2003, 14). Ziel ist es, den Kindern ein variantenreiches Spektrum an Gestaltungsformen zu ermöglichen.

In der Musikpädagogik steht in Berlin die Entfaltung der kindlichen Empfindungs- und Ausdrucksmöglichkeiten im Vordergrund (Senatsverwaltung für Bildung, Jugend und Sport – Berlin 2004, 81). Als wichtigstes Medium wird das gemeinsame Singen genannt. Durch Singen oder auch gemeinsames Musizieren wird die Gemeinsamkeit – über Sprachgrenzen hinweg – zum Ausdruck gebracht (Niedersächsisches Kultusministerium 2005, 27; Ministerium für Bildung, Kultur und Wissenschaft – Saarland 2006, 15). Über das Spielen von einfachen Instrumenten werden die kindlichen musikalischen Ausdrucksmöglichkeiten gefördert. In Bremen wird Musik und Rhythmik in Bezug gesetzt und zielt auf die Schulung der auditiven Wahrnehmung, die Persönlichkeitsentwicklung und die Verfeinerung des Hörens. Darüber hinaus wird eine enge Verbindung zur Sprachentwicklung gesehen (Der Senator für Arbeit, Frauen, Gesundheit, Jugend und Soziales – Freie Hansestadt Bremen 2004, 24f). Die Wahrnehmung von Klängen wird dabei nicht auf musikalische Töne beschränkt, sondern soll Kinder auch für alltägliche Klänge/Geräusche sensibilisieren.

In Bayern ist Musik ein eigener Bildungsbereich. Sein Leitgedanke ist, dass der aktive Umgang mit Musik die gesamte Persönlichkeit des Kindes fordert und fördert. Entsprechend sind die Felder dieses Bildungsbereichs umschrieben: Wohlbefinden, Ausdruck/Phantasie und Kreativität, soziale Kompetenz, kulturelle Identität und interkulturelle Kompetenz, Sprachkompetenz, aufmerksames Zuhören, kognitive Kompetenzen, Körperbewusstsein und motorische Kompetenzen (Bayerisches Staatsministerium für Arbeit und Sozialordnung, Familie und Frauen 2006, 335–337). Wie in Niedersachsen ist in Bayern Singen ein eigenes Bildungsziel. Musik soll sowohl zu eigenem Ausprobieren anregen als auch entspannen. Die bewusste Wahrnehmung von Musik soll Unterscheidungen von Klängen und Tönen, Lautstärke, Tempo etc. fördern. Das Kind soll mit Noten in Berührung kommen und einige bekannte klassische Musikstücke kennenlernen (Bayerisches Staatsministerium für Arbeit und Sozialordnung, Familie und Frauen 2006, 338). Auch in Rheinland-Pfalz wird Musik als eigener Bildungsbereich verstanden (Ministerium für Bildung, Frauen und Jugend – Rheinland-Pfalz 2004a, 26). Das Ziel ist, Kindern einen Zugang zur Musik zu ermöglichen, wodurch ein anderer Sinneskanal zum Ausdruck von Gefühlen, Erfahrungen und Kreativität geöffnet wird. Die Begründung für die Wichtigkeit von Musik liegt in der Förderung von Kreativität und Phantasie und baut auf den natürlichen Interessen der Kinder an Tönen und Geräuschen auf. Auch Hamburg sieht in Musik einen eigenen Bildungsbereich. Durch die häufige und regelmäßige Erfahrung und den Genuss von Musik und Rhythmus werden vorteilhafte Veränderungen der inneren Ausgeglichenheit bei den Kindern und Förderung der kindlichen Intelligenz sowie Auswirkungen auf mathematische Kompetenzen erhofft. Ebenso wird Musik als Möglichkeit zur Wiedererkennung von Handlungen empfohlen, was sich durch musikalische Rituale in vielen Kita-Konzepten wiederfinden lässt.

Der Bildungsbereich, in dem in Niedersachsen Musik erwähnt wird, schließt mit der Forderung, dass kein Tag in der Kita vergehen soll, ohne dass Musik in der einen oder anderen Weise selber gemacht wurde (Niedersächsisches Kultusministerium 2005, 27).

Medien

Medien sind in der modernen technischen Informationsgesellschaft Teil der erwachsenen Alltagswelt. Daher sind die Bundesländer in ihren Bildungsplänen bemüht, Medien in einer kindgerechten und kanalisierten Form in die Kita zu integrieren, um die Kinder durch den Erwerb eines adäquaten Umgangs eine souveräne Lebensführung in der technisierten erwachsenen Gesellschaft zu ermöglichen (Bayerisches Staatsministerium für Arbeit und Sozialordnung, Familie und Frauen 2006, 231). In vielen Bildungsplänen wird dies formuliert als „vorbereiten“ auf den Umgang mit Medien (Ministerium für Bildung, Frauen und Jugend – Rheinland-Pfalz 2004a, 35). Es wird verbunden mit dem Hinweis, dass die eigentlichen Wahrnehmungserlebnisse in natürlichen Umgebungen und mit den natürlichen Sinnen geschehen sollen. Medien sollen hier unterstützend, aber nicht leitend wirken. Eine Vermeidung der modernen Medien ist in der Kita nicht sinnvoll; vielmehr wird eine kontrollierte Heranführung der Kinder, die eine kritische Auseinandersetzung mit Medien und Manipulationsmöglichkeiten durch Medien erlaubt, als zielführend betrachtet.

Im Bayerischen Bildungs- und Erziehungsplan wird festgeschrieben, dass „mit der Stärkung der Medienkompetenz“ bereits in früher Kindheit zu beginnen ist (Bayerisches Staatsministerium für Arbeit und Sozialordnung, Familie und Frauen 2006, 232) und die Kinder auch selbständig ihre Kompetenzen darin erweitern. Die Kinder sollen bewusst und kontrolliert mit Medien umgehen lernen. Dazu gehört die Verarbeitung von Medienerlebnissen (Bayerisches Staatsministerium für Arbeit und Sozialordnung, Familie und Frauen 2006, 233), wofür in der Kita Raum und Zeit gelassen werden soll. Dies trägt zu einer Distanz beim medialen Erleben bei, sodass das Risiko minimiert wird, unreflektiert mit Medien umzugehen. Das Kind soll erlernen, Medien als einen Teil des Alltags zu sehen, jedoch nicht als den beherrschenden Teil anzunehmen.

In Berlin sind die Medien im Bildungsbereich „Kommunikation: Sprache, Schriftkultur und Medien“ verankert. Der Stellenwert von Medien wird wie folgt definiert:

> „Aufwachsen in einer Medien- und Informationsgesellschaft heißt unter anderem, Bilder und Texte, gesprochene und geschriebene Sprache in hoher Dichte, schneller Abfolge und variierenden Erscheinungsformen zu erleben“ (Senatsverwaltung für Bildung, Jugend und Sport – Berlin 2004, 61).

Es wird folgend als Ziel formuliert, Kindern früh den Zugang zu elektronischen Medien zu ermöglichen und sie als Vertiefung des Weltwissens zu benutzen. Medien sind nach dieser Definition Informationsquellen und stehen nicht in Verbindung zu Spielen oder Lernprogrammen. Auch in den Hamburger Bildungsempfehlungen gehört Medienerziehung zum Bildungsbereich Sprache. Es wird darauf verwiesen, dass Kinder Ängste, Phantasien, eigene Erfahrungen und Wünsche mit in den Medien auftretenden Figuren in Bezug bringen können und so die eigene Identitätsbildung vorantreiben. Medienumgang wird sehr positiv bewertet und als Teil der Lebenswirklichkeit – und damit auch als Bestandteil der Erfahrungen in der Kita – betrachtet (Preissing 2005, 41).

In Nordrhein-Westfalen wird zwar ein Bildungsbereich Medien formuliert. Dieser bleibt jedoch nicht spezifiziert, da den Autoren der Bildungsvereinbarung (Handreichung) bisher keine Aussagen über die Auswirkungen von Mediengebrauch bei Kindern im Vorschulalter vorliegen (Ministerium für Schule, Jugend und Kinder – Nordrhein-Westfalen 2003, 14).

Ethik und Religion

Der Bildungsbereich Ethik und Religion fokussiert je nachdem, wie stark das Bundesland christlich orientiert ist, die christliche Lehre oder die religionslehrefreie Ethik. In einem Bundesland – Bayern – steht die religiöse Bildung in der Verfassung des Landes festgeschrieben. Neben ethischen sind dort auch religiöse Maximen festgelegt, die sich auf die christliche Lehre beziehen (Bayerisches Staatsministerium für Arbeit und Sozialordnung, Familie und Frauen 2006, 173). Dementsprechend heißt ein Bildungs- und Erziehungsziel, dass Kita-Kinder die zentralen Elemente der christlich-abendländischen Kultur kennenlernen sowie andere Kulturkreise im Blick haben sollen (ebd., 175). Dies geschieht anhand der Erzählungen der Bibel, dem Feiern religiöser Feste und dem Kennenlernen von Ritualen.

Im Unterschied zu den anderen Bundesländern liegt damit die Gewichtung dieses Bildungsbereichs in Bayern auf der Religion; ethische Fragen sind in die christliche Lehre eingebettet (nicht umgekehrt). Das Kind soll sich anderen Religionen als Gegenüber bewusst wahrnehmen und sich seiner eigenen religiösen Weltanschauung bewusst werden (Bayerisches Staatsministerium für Arbeit und Sozialordnung, Familie und Frauen 2006, 174–176).

Im Bildungsplan von Rheinland-Pfalz sind religiöse Bildungsfragen an die christlichen Jahresfeste gebunden, durch die die Kinder Formen gelebten Glaubens und religiöse Symbole kennenlernen. Die Erzieherinnen sind in einer bestimmten Form aufgerufen, Sehnsüchte und Gestaltungswillen der Kinder aufzugreifen.

> „Religiöse Bildung als Deutung erlebter Wirklichkeit bedarf des sensiblen Mitwirkens der Erzieherinnen und Erzieher. Sie helfen den Kindern bei deren Deutungsarbeit, indem sie mit den Kindern Anlässe und Gelegenheiten aufgreifen, sich mit ihrer Lebenswelt, ihren Erfahrungen und gewonnenen Erkenntnissen auseinander zu setzen oder indem sie solche Anlässe schaffen" (Ministerium für Bildung, Frauen und Jugend – Rheinland Pfalz 2004a, 28).

So ist religiöse Bildung in Rheinland-Pfalz sehr direkt zu verstehen. Die religiöse Erziehung soll die Anleitung sein, die Fragen des Lebens zu verstehen und unter diesem Gesichtspunkt mit anderen Bildungsbereichen vernetzt zu sein.

In allen anderen Bundesländern ist die Tendenz zum religionslehre-freien Umgang mit ethischen Fragen in den Bildungsplänen erkennbar oder sogar schwerpunktsetzend. Der Vermittlungsweg von ethischen und religiösen Fragen in der Kita erschließt sich in Hessen über die Grundfragen, die Kinder im Vorschulalter zu stellen beginnen (Fthenakis et al. 2007, 79). Fragen nach Leben und Tod, Sinn und Werten formen die religionslehrefreie Basis der ethischen Bildung. Ein wichtiger Gedanke aus dem Bildungsplan Hessens ist:

> „Religiöse und ethische Bildung bieten dem Kind ein Fundament, auf dem es seine spezifische Sicht der Welt und des Menschen entfalten kann und das ihm dabei hilft, Antworten auf die Frage nach Sinn und Deutung zu finden" (Fthenakis et al. 2007, 80).

Aus diesem Zitat ergibt sich, dass ethische bzw. religiöse Gedankengänge und Grundannahmen ein philosophisches Grundelement von selbstbewussten Menschen sind. In Niedersachsen wird in Übereinstimmung mit Hessen argumentiert, dass Kinder auf der Suche nach Orientierung sind, um existenzielle Erfahrungen verarbeiten zu können (Niedersächsisches Kultusministerium 2005, 30). Kinder können nicht allein mit diesen Fragen umgehen, sondern brauchen Möglichkeiten anhand von Geschichten, diese Erfahrungen zu durchleben und sich so in einer sicheren Umgebung damit auseinanderzusetzen. In Rheinland-Pfalz werden diese Aspekte unter den Schlagwörtern „Kinder sind Fragende", „Kinder sind Suchende", „Kinder machen eigene Erfahrungen", „Kinder brauchen Hoffnung" und „Kinder gestalten ihr Zusammenleben" zusammengefasst (Ministerium für Bildung, Frauen und Jugend – Rheinland Pfalz 2004a, 27). Im Saarland wird religiöse Bildung knapp als Teil der allgemeinen Bildung beschrieben und damit als Aufgabe der Elementarpädagogik (Ministerium für Bildung, Kultur und Wissenschaft – Saarland 2006, 15).

Die Entwicklung von Wertemaßstäben wird im niedersächsischen Orientierungsplan als wichtiges Grundelement ethischer Bildung festgeschrieben. Erwachsene geben ihre Wertvorstellungen als eine Orientierungshilfe vor, an der sich die Kinder orientieren. Das gleiche Prinzip gilt auch für die religiöse Bildung (Niedersächsisches Kultusministerium 2005, 30). Hierzu ist die Vermittlung religiöser Geschichten, Rituale und Feste ein wichtiger Vermittlungsweg. Gleichzeitig muss ein Schwerpunkt auf der Toleranz gegenüber anderer Religionen liegen. Baden-Württemberg sieht in Werte-Entwicklung und Religion die Möglichkeit, Orientierung in einer Welt voller Eindrücke, Erfahrungen und Anforderungen zu vermitteln (Ministerium für Kultus, Jugend und Sport – Baden-Württemberg 2006, 114). Die Vermittlung der christlichen Prägung der westeuropäischen Kultur gehört ebenso wie das Philosophieren von Kindern und Erzieherinnen als Partner in diese Wertevorstellung (ebd. 2006, 116). Es wird jedoch darauf hingewiesen, dass das Entwicklungsfeld *Sinn, Werte und Religion* gemäß dem weltanschaulichen Hintergrund des Trägers der Kita in den Alltag der Kinder getragen werden wird (ebd. 2006, 115).

Rituale als ethischer Aspekt helfen Kindern, den Alltag zu strukturieren. Insofern ist die Nutzung von Ritualen im Kita-Alltag zu empfehlen, da sie nicht nur Sicherheit geben, sondern auch auf die nächsten Aktivitäten vorbereiten (Niedersächsisches Kultusministerium 2005, 31).

1.1.2 Mathematisch-naturwissenschaftliche Kompetenz

Mathematisches Denken

In fast allen Bundesländern wird mathematisches Denken als zentral für das Bestehen des Kindes in der Wissensgesellschaft angesehen (z.B. Bayerisches Staatsministerium für Arbeit und Sozialordnung, Familie und Frauen 2006, 251). Defizite in der Mathematik wirken sich auf die Schul- und Berufslaufbahn des Kindes genauso negativ aus wie Schwierigkeiten im Lesen und Schreiben. Aus diesem Grund ist Mathematik in vielen Bildungsplänen ein eigener Bildungsbereich, sodass Mathematik und Sprache gleichberechtigt nebeneinander stehen. In einigen anderen Bundesländern – wie in Rheinland-Pfalz – wird Mathematik mit Naturwissenschaft und Technik gemeinsam in einen Bildungsbereich platziert (Ministerium für Bildung, Frauen und Jugend Rheinland-Pfalz 2004a, 31). Aus Hessen und Berlin (Senatsverwaltung für Bildung, Jugend und Sport – Berlin 2004, 90) kommt der Hinweis, dass mathematisches Interesse bei jungen Kindern geschlechtsübergreifend ist. Mädchen interessieren sich ebenso wie Jungen für die Auseinandersetzung mit mathematischen Themen (Fthenakis et al. 2007, 75).

In den Bildungsplänen mehrerer Länder werden drei maßgebliche Teile des mathematischen Bildungsbereichs unterschieden, deren Inhalte die Zielstellung realisieren (Fthenakis et al. 2007, 76; Bayerisches Staatsministerium für Arbeit und Sozialordnung, Familie und Frauen 2006, 253–255):

- **Pränumerischer Bereich:** visuelles und räumliches Vorstellungsvermögen, Erfahren von Raum-Lage-Positionen, Sortieren nach Formen
- **Numerischer Bereich:** Eins-zu-Eins-Zuordnung, Zählkompetenz, Verständnis von Zahlen als Ausdruck von Menge
- **Sprachlicher und symbolischer Ausdruck mathematischer Inhalte:** Umgang mit relativen Begriffen wie *größer* oder *kleiner*, Kennen von Zahlenfunktionen wie Postleitzahlen, Uhrzeit.

In Hessen (Fthenakis et al. 2007, 75) und in Bayern (Bayerisches Staatsministerium für Arbeit und Sozialordnung, Familie und Frauen 2006, 251) wird mathematisches Denken als Basis für das lebenslange Lernen und als Grundlage für fast jede Wissenschaft verstanden. Die Lernvorgänge der Mathematik gehören nach Fthenakis et al. (2007) und Preissing (2005) zu der natürlichen Entwicklung des Kindes. So zeigen sich mathematische Grundzüge bereits im ganz frühen Kindesalter durch die Erfahrung von Zeit und Raum, Regelmäßigkeit, Muster, Formen, Größen etc. Die Art und Weise des mathematischen Lernens steht in Verbindung zu Rhythmus, Musik und Sprache. Als Ziele des Bildungsbereichs Mathematik in der Elementarpädagogik werden der Aufbau des Mengenverständnisses und die Zahl- bzw. Zählkompetenz formuliert.

Im Berliner Bildungsprogramm wird darauf hingewiesen, dass mathematisches Grundverständnis im Alltag sowie mit bzw. durch die Fragen des Kindes entwickelt werden muss. Insofern versteht man in Berlin die Mathematik als einen natürlichen Entwicklungsbereich, von dem sich jedes Kind durch seine eigenaktiven Entwicklungskapazitäten sein eigenes Bild macht (Senatsverwaltung für Bildung, Jugend und Sport – Berlin 2004, 89). Als konkrete Bildungsinhalte werden ähnliche Dinge vorgeschlagen wie in Hessen (s. Auflistung oben), hinzu kommt noch der Umgang mit Mehrdimensionalität wie der Umgang mit Perspektive (2004, 90). Im Berliner Bildungsprogramm wird die Mathematik mit den sozialen Kompetenzen verbunden: die Kinder sollen, indem sie sich einander zugehörig fühlen oder Unterschiede untereinander wahrnehmen, addieren und teilen wollen. Sie sollen akzeptieren lernen, dass andere Kinder zu anderen Gruppen gehören können. Ebenso sollen mathematische Kenntnisse dazu beitragen, Wünsche in konkreterer Form zu äußern (*Wie viele* Teile von etwas möchte ich haben?) (Senatsverwaltung für Bildung, Jugend und Sport – Berlin 2004, 93–95).

Neutraler vom grundlegenden Bildungsbegriff wird in Rheinland-Pfalz und im Saarland darauf verwiesen, dass Kinder häufig auf Zahlen, Mengen und geometrische Figuren stoßen. In der Kita soll das Interesse der Kinder an mathematischen Dingen spielerisch gefördert werden, um in abstrakter Form die Erlebnisse von Verlässlichkeit, Kontinuität und Beständigkeit zu vermitteln (Ministerium für Bildung, Frauen und Jugend – Rheinland-Pfalz 2004a, 32 und Ministerium für Bildung, Kultur und Wissenschaft – Saarland 2006, 16). Gerade für diese Erfahrungen sollen mathematische Zusammenhänge beispielhaft sein. Konkret äußert sich dies in Messen, Wiegen, Vergleichen, Klassifizieren, Sortieren; im Entdecken geometrischer Figuren und ihrer zunehmenden Unterscheidung sowie auch in der verbalen Beschreibung ihrer Unterschiede.

Im Bayerischen Bildungs- und Erziehungsplan wird die frühzeitige musikalische Bildung, die zu einer höheren Bereitschaft führt, Instrumente zu erlernen, mit früher mathematischer Bildung verglichen. Die Autoren des Bayerischen Plans gehen davon aus, dass sich hier ähnliche Effekte zeigen wie etwa die bessere Entfaltung von Talenten (Bayerisches Staatsministerium für Arbeit und Sozialordnung, Familie und Frauen 2006, 252). Dabei ist ausdrücklich nicht die Aufzählung von Zahlenreihen gemeint, diese werden als nicht-mathematische Leistung benannt. Als frühzeitige Bildung werden mathematische Handlungen genannt, die eine erlernte Denkweise von Regeln und bewusstem Sortieren darstellen. Dies muss das Kind vom Erwachsenen erlernen. In gleicher Weise wird im niedersächsischen Orientierungsplan (Niedersächsisches Kultusministerium 2005, 24f) argumentiert. Über sprachliche Begriffe wie *groß – klein, hoch – höchster, Ecke, Mitte* etc. wird die Auseinandersetzung mit Raum-Lage-Beziehungen angeregt. Das Raumerlebnis soll kreativ gestaltet werden und ebenfalls zur Beschäftigung mit verschiedenen Körpern anregen.

Die Dimension der Zeit als Teil der mathematischen Vorstellungswelt wird in Niedersachsen genannt. Hier wird darauf hingewiesen, dass der Zugang bis zum Schulalter eher biographisch ist (Niedersächsisches Kultusministerium 2005, 25). Reime und Lieder sollen den Erwerb von zentralen Wörtern (z.B. die Namen der Wochentage) ergänzen.

Naturwissenschaften, Natur und Umwelt

In diesem Bildungsbereich soll in allen 14 Bildungsplänen, die ihn erwähnen, übereinstimmend der Forschungs- oder Erkundungsdrang von Kindern gefördert werden. Umgangssprachlicher ausgedrückt wird die Neugierde von Kindern gefördert (Preissing 2005), wobei die spielerische Seite in den einzelnen Plänen unterschiedlich stark betont wird. In Bremen wird dieser Bildungsbereich materialorientiert definiert und benennt ihn unter den Stichworten Bauen und Gestalten, mit dem Ziel, die Selbstbildung in der Auseinandersetzung mit verschiedenen Materialien zu fördern. So soll den kindlichen Spielideen durch gegenständliche Produktion Gestalt gegeben werden (Der Senator für Arbeit, Frauen, Gesundheit, Jugend und Soziales – Freie Hansestadt Bremen 2004, 25). Im Berliner Bildungsprogramm wird explizit erwähnt, dass die Erzieherin im Bereich der sog. Analysefragen den Entwicklungsstand der Kinder in diesem Bildungsbereich zu entschlüsseln hat (Senatsverwaltung für Bildung, Jugend und Sport – Berlin 2004, 102). Ebenso wird das Erstaunen über physikalische und chemische Phänomene zum Beobachtungsgegenstand. Beides – Neugierde und Erstaunen – sind Antriebe eigenaktiver Auseinandersetzung mit den Phänomenen der Welt. Warum-Fragen als Ausdruck der kindlichen Neugierde ist die Beschreibung im Hamburger Programm. Aufgrund der Verbindung zum Neugierverhalten der Kinder kann der Bildungsbereich Naturwissenschaft auch – wie es in Nordrhein-Westfalen der Fall ist – als methodische Verarbeitungsform der anderen Bildungsbereiche verstanden werden (Ministerium für Schule, Jugend und Kinder – Nordrhein-Westfalen 2003): die Neugierde und der Forscherdrang der Kinder wird in jeder pädagogischen Aktivität als Förderziel mit genannt. Die Umsetzung der einzelnen Aktionen ist so gestaltet, dass die Kinder jeweils ihre natürliche Neugierde ausleben und entwickeln können. Durch die spielerische Erkundung werden Ursache-Wirkungs-Zusammenhänge erkannt und die Grundlage für das neugiergeleitete Erforschen naturwissenschaftlicher Regeln geschaffen (Ministerium für Bildung, Frauen und Jugend – Rheinland-Pfalz 2004a, 32f). Ein Ziel – im Bildungsprogramm des Saarlandes formuliert – ist zu fördern, dass sich das Kind in seiner Beziehung zur Welt erkennt (Ministerium für Bildung, Kultur und Wissenschaft – Saarland 2006, 16).

In Hessen wird das Aufstellen von klaren Hypothesen als Bildungsziel im Bildungsplan von 0–10 Jahren formuliert. Das bewusste Wahrnehmen und Verfolgen von naturwissenschaftlichen Vorgängen steht im Vordergrund (Fthenakis et al. 2007, 78), was so konkret gemeint ist, dass z.B. die verschiedenen Aggregatzustände von Stoffen erforscht werden sollen (dort genanntes Beispiel). Hier spiegelt sich wider, dass in Hessen der Bereich der Kreativität der künstlerischen Bildung der Kinder zugeschlagen wird und anders als in Bremen oder Baden-Württemberg die Verbindung zwischen kreativer Neugierde und Naturwissenschaft nicht formuliert wird. Insofern kann die naturwissenschaftliche Bildung in Hessens Kitas direkter in experimentelles Grundlagenverständnis hineinreichen. Das Kind nimmt eine Position als Empfänger von Wissen ein und ist nur bedingt selbst kreativ. Auch in Bayern sind Ziele dieses Bildungsbereichs, Hypothesen aufzustellen und zu belegen sowie einfache Experimente zu planen und durchzuführen. Daneben steht die Beobachtung des Alltags, verbunden mit dem Hinweis, dass Kinder vielfältigen Zugang zu naturwissenschaftlichen Themen erhalten sollen (Bayerisches Staatsministerium für Arbeit und Sozialordnung, Familie und Frauen 2006, 274). In Ländern, in denen dieser Bildungsbereich spielerischer definiert wird als in Hessen, steht der letztgenannte Aspekt im Vordergrund: Experimente und zu beobachtende Phänomene sollen dem kindlichen Alltag entspringen. Die Kinder erkunden gemeinsam Naturerscheinungen und technische Zusammenhänge. Ziel ist es, dass sie ihre Beobachtungen zu beschreiben lernen und darüber nachdenken (Ministerium für Soziales und Gesundheit – Mecklenburg-Vorpommern 2005, 46).

Der Zugang zur Forschung in Sachsens Bildungsplan (Sächsisches Staatsministerium für Soziales und Verbraucherschutz 2007; Kap. 2.5.1, 3) geht über die Bereiche Sammeln, Betrachten und Ausprobieren und weniger über analytische Vorgänge. Im Berliner Bildungsprogramm (Senatsverwaltung für Bildung, Jugend und Sport – Berlin 2004, 99) wird als Basis die sinnliche Erfahrung mit den Grundelementen Erde, Wasser, Feuer, Luft genannt. Das Kind soll an konkreten Dingen in Zusammenhang mit einem Element spürbare und beobachtbare Eigenschaften erkunden (vgl. auch Ministerium für Schule, Jugend und Kinder – Nordrhein-Westfalen 2003, 20). So werden auch in Berlin (vgl. oben den hessischen Bildungsplan) die Aggregatzustände als Beispiel für beobachtbare Veränderungen genannt. Die Kinder sollen dies z.B. an einer zugefrorenen Pfütze beobachten. In Niedersachsen wird vorgegeben, dass es weder notwendig noch sinnvoll sei, als beobachtender oder die Aktivität begleitender Erwachsener für alle Phänomene sofort Erklärungen parat zu haben (Niedersächsisches Kultusministerium 2005, 28). Die Kinder sollen stattdessen in ihren eigenen Ideen, wie sie im Beobachten fortfahren könnten, unterstützt werden. Es ist jedoch auch in Niedersachsen das Ziel, dass die Kinder selbst aufgestellte Vermutungen als Hypothesen überprüfen. Auch in Rheinland-Pfalz wird die didaktische Begleitung der Kinder durch die Erzieherinnen in diesem Bildungsbereich genau beschrieben. Gefasst in die Worte „suchend und lernend, geprägt von einem neugierigen Engagement“ (Ministerium für Bildung, Frauen und Jugend – Rheinland-Pfalz 2004a, 33), besteht die Rolle der Erzieherin bei der Vermittlung naturwissenschaftlicher Grundlagenerfahrungen darin, Erkundungssituationen zu initiieren und dann in den Hintergrund zurückzutreten, sodass der kindlichen Kreativität bei der Erforschung der aktuellen Problemstellung keine Grenzen durch den Erwachsenen gesetzt werden. Bei der Überlegung, wie Kinder an das Erkunden von Phänomen herangehen, ist es wichtig zu bedenken, dass sie eher nach einer Versuch-und-Irrtum-Strategie vorgehen als nach einem geordneten Plan. Hier kann die Erzieherin einwirken, indem sie die Vorplanung von Experimenten mit anleitet. Die Fragestellung kommt dabei von den Kindern, so wird die Erzieherin zu einer Partnerin der Kinder bei der Erforschung eines Themas und tritt aus der Rolle der Mehr-Wissenden heraus. Die Planung von Handlungen ist ein wichtiger Entwicklungsbereich, den Kinder während der Kita-Zeit durchlaufen. Ebenso ist die Beachtung von Konsequenzen aus dem Erforschten ein neuer, wichtiger Aspekt. Die Versprachlichung des Beobachteten – mit anderen Worten: das Reflektieren – schließt das geordnete Experiment ab. Auch hier wird die Erzieherin initiierend eingreifen, bevor die Kinder dies als normale Form des Erforschens einer Fragestellung begreifen.

Eine Sonderrolle nehmen die Länder ein, die Natur oder Umwelt als eigenen Bildungsbereich aufführen. Hierzu zählen Rheinland-Pfalz, wo Natur ein Bildungsbereich für sich ist und in Kombination mit Ökologie verstanden wird, als auch Bayern. In Rheinland-Pfalz erfolgt dies mit dem Vermittlungsziel, verantwortliches Handeln in Natur und Umwelt als Bestandteil menschlicher Existenz zu begreifen (Ministerium für Bildung, Frauen und Jugend – Rheinland-Pfalz 2004a, 34). Im Bayerischen Bildungs- und Erziehungsplan ist Umwelt ein eigener Bildungsbereich. Dort wird formuliert, dass der Umgang mit der Umwelt bei Kindern traditionell über die Naturbegegnung, also durch Erlebnisse mit Tieren und Pflanzen, beginnt (Bayerisches Staatsministerium für Arbeit und Sozialordnung, Familie und Frauen 2006, 292). Dies soll mit allen Sinnen geschehen. Diese Erlebnisse sollen bewusst wahrgenommen und verarbeitet werden. Fragen daraus abzuleiten und sich mit diesen auseinanderzusetzen ist die Anbahnung des Übergangs zu Ökologie und Umweltschutz. Die Kinder lernen, dass Umwelt nicht selbstverständlich ist und geschützt werden muss. Ziel ist, dass die Kinder Verantwortung für die Umwelt übernehmen und eigene Entscheidungen treffen können sowie diese mit umweltgerechtem Handeln zu verbinden (ebd. 2006, 293).

Umwelt als Lebensraum der Kinder auch als städtischer Lebensraum wird in Niedersachsen als besonders wichtig angesehen. Die Kinder sollen, wenn irgendwie möglich, die Gelegenheit erhalten, ihre nähere und weitere Wohnumgebung zu erkunden. Dies muss von den Erzieherinnen vorbereitet werden. Ziel ist es, die Selbständigkeit der Kinder zu erhöhen.

Exkurs

Im sächsischen Bildungsplan wird ein direkter Zusammenhang zwischen der naturwissenschaftlichen Erprobung der Kinder zur Projektarbeit hergestellt, die sich aus den Fragen der Kinder zu Alltagsphänomenen ergeben sollen (Sächsisches Staatsministerium für Soziales und Verbraucherschutz 2007, Kap. 2.5.1, 2). Dieser Hinweis wird bei der Beschreibung von der Projektarbeit nach PräSES noch einmal aktuell, da auch eine Projektarbeit in Kombination mit Sprachförderung notwendigerweise mit Wörtern und Themen des kindlichen Alltags umgeht.

1.1.3 Natürliche Entwicklungsbereiche

Bewegung & Körper

„Bewegung ist das Tor zum Lernen und hat im Zusammenspiel mit der Wahrnehmung eine Schlüsselfunktion für die Entwicklung“ (Niedersächsisches Kultusministerium 2005, 18).

Bewegung ist eine natürliche und grundlegende Betätigungs- und Ausdrucksform von Kindern (Bayerisches Staatsministerium für Arbeit und Sozialordnung, Familie und Frauen 2006, 354; Ministerium für Bildung, Kultur und Wissenschaft – Saarland 2006). Sie erwerben so Wissen über sich, ihren Körper, ihre Umwelt und die Möglichkeiten auf letztere einzuwirken. Kinder erschließen sich ihre Welt über Bewegung; sodass Bewegung eine Basis sowohl für die körperliche als auch geistige Entwicklung ist (Niedersächsisches Kultusministerium 2005, 18; Der Senator für Arbeit, Frauen, Gesundheit, Jugend und Soziales – Freie Hansestadt Bremen 2004, 16). Ausgereifte und sichere Bewegung erweitert den Erlebnishorizont des Kindes. Behindert oder vernachlässigt man diesen Entwicklungsbereich, so sind die Folgen somit vielfältiger als eine unkoordinierte Motorik. All dies begründet, warum Bewegung und Bewegungsentwicklung als Förderung der natürlichen Bewegungsfreude des Kindes so zentrale Bestandteile der elementarpädagogischen Pläne sind.

Zur Umsetzung des Bildungsbereichs benötigen die Kinder Erprobungs- und Trainingsmöglichkeiten, was sich in Anregungen sowohl auf dem Außengelände als auch im Innenbereich der Kindertagesstätten widerspiegeln sollte. „Sich bewegen" ist neben der motorischen auch immer eine Sinneserfahrung, die als Wahrnehmungseindruck im kindlichen Gedächtnis gespeichert wird (Preissing 2005). In einer ganzheitlichen Denkweise fließen Bewegungserfahrungen in andere Angebote ein und werden nicht isoliert angeboten, (vgl. Abb. 1.1; Ministerium für Bildung, Wissenschaft, Forschung und Kultur – Schleswig-Holstein 2004b, 18). Ebenso kann eine Bewegung Emotionen ausdrücken oder auch selbst erzeugen (Der Senator für Arbeit, Frauen, Gesundheit, Jugend und Soziales – Freie Hansestadt Bremen 2004). Im Bayerischen Bildungs- und Erziehungsplan und in Niedersachsens Orientierungsplan wird die Verbindung von Motorik zu Sensomotorik und psychischen Prozessen in den Vordergrund gerückt und als Ganzes betrachtet (Bayerisches Staatsministerium für Arbeit und Sozialordnung, Familie und Frauen 2006, 354; Niedersächsisches Kultusministerium 2005, 18). So beinhaltet jede Äußerung des Kindes Motorik (Sprechbewegungen, Mimik, Gestik) und psychische Prozesse (Emotionen, Gedanken und Bedeutung des Gesagten). Auf diese Weise entsteht eine Liste zentraler Ziele des Bildungsbereichs (Senatsverwaltung für Bildung, Jugend und Sport – Berlin 2004, 47), die so oder so ähnlich in den Bildungsplänen formuliert werden:

- Sich im eigenen Körper wohlfühlen
- Lust an Bewegung haben
- Die Möglichkeiten des eigenen Körpers kennen
- Körperliche Geschicklichkeit und Koordinationsvermögen erlangen
- Körperliche Fähigkeiten von anderen wahrnehmen und sie möglicherweise zu unterstützen
- Ein unbefangenes Verhältnis zur eigenen Sexualität entwickeln
- Wie verläuft die Entwicklung vom Baby bis zum alten Menschen?
- Seine eigenen körperlichen Bedürfnisse und Gefühle erkennen und zum Ausdruck bringen und sich mit anderen darüber verständigen
- Selbstwertgefühl und ein positives Gefühl zu sich selbst entwickeln (Bayerisches Staatsministerium für Arbeit und Sozialordnung, Familie und Frauen 2006, 356)
- Selbstwirksamkeit durch Lösen von Bewegungsaufgaben erleben (Bayerisches Staatsministerium für Arbeit und Sozialordnung, Familie und Frauen 2006, 356)
- Erfahren des Körpers als Darstellung- und Ausdrucksmittel für Kunst, Musik, Tanz (Ministerium für Kultus, Jugend und Sport – Baden-Württemberg 2006, 75).

In der Bildungsvereinbarung Nordrhein-Westfalens wird festgelegt, dass das Kind Bewegungs- und Ruhephasen seinem eigenen Rhythmus folgend erleben kann. In den Bewegungsphasen sollen Schwierigkeitsgrad, Dauer der Handlung und der benötigte Raum selbständig bestimmt werden (Ministerium für Schule, Jugend und Kinder – Nordrhein-Westfalen 2003, 13). Bewegung wird in Baden-Württemberg unter dem Bildungsbereich Körper subsumiert. Ähnlich wie in Bayern wird hier die Verbindung Körper-Bewegung-Selbstkonzept herausgestellt. Als Ziel wird formuliert, das kindliche Körper- und Selbstkonzept als Basis für die gesamte körperliche, soziale, psychische und kognitive Entwicklung zur Entfaltung zu bringen (Ministerium für Kultus, Jugend und Sport – Baden-Württemberg 2006, 75). In Mecklenburg-Vorpommerns Rahmenplan werden die in Berlin und Baden-Württemberg aufgestellten Ziele ebenfalls verfolgt. Hinzu kommen traditioneller ausgerichtete Anteile der Bewegungsförderung wie das Erfahren und Gewähren von Hilfsbereitschaft bei der Ausübung von Bewegungsaktivitäten oder der faire Umgang miteinander in Mannschafts- und Regelspielen. Das Kind soll seinen Körper in verschiedenen Bewegungs- und Spielräumen wahrnehmen und beherrschen lernen und dadurch sensorische Intelligenz aufbauen. Zu den kognitiven Fähigkeiten gehört die Vermittlung von Kenntnissen über Begriffe und Materialien im Prozess des Bewegungslernens, einfache Organisations- und Sozialformen sowie Spielregeln und Körperhygiene (Ministerium für Soziales und Gesundheit – Mecklenburg-Vorpommern 2005, 35). In Bremen wird die Verbindung Bewegung, Körper, Psychomotorik, Ernährung und Gesundheit gesehen, die im Rahmen eines stark selbstbildend ausgerichteten Konzeptes miteinander interagieren. Dabei ist es das Ziel, den eingeschränkten Bewegungsmöglichkeiten im Wohnraum entgegenzuwirken und durch Entfaltung die Aspekte Körperbeherrschung und Wohlbefinden zu unterstützen. Dies soll nicht ausschließlich in Sportveranstaltungen und auf dem Spielplatz geschehen, sondern in Exkursionen die Bewegung in verschiedenen natürlichen Geländebedingungen ermöglichen (Der Senator für Arbeit, Frauen, Gesundheit, Jugend und Soziales – Freie Hansestadt Bremen 2004, 17).

In Rheinland-Pfalz steht Körper mit Sexualität und Gesundheit in einem Bildungsbereich (Ministerium für Bildung, Frauen und Jugend – Rheinland-Pfalz 2004a) und subsumiert Bewegung. In diesem Bereich wird das Kind als von Beginn an sexuelles Wesen definiert, das Bedürfnisse und Wünsche hat. Dafür ist es wichtig, dem Kind einen liebevollen Umgang mit sich selbst zu zeigen. Ein positives Körpergefühl, die Wahrnehmung eigener Grenzen und ein starkes Selbstwertgefühl sollen vermittelt werden. In den Aussagen zur Gesundheit steht in den vielen Bundesländern einerseits das umfassende psychische, physische und soziale Wohlbefinden (Ministerium für Bildung, Kultur und Wissenschaft – Saarland 2006) und andererseits das Erlernen von gesunder Ernährung und dem Genießen einer Mahlzeit (Senatsverwaltung für Bildung, Jugend und Sport – Berlin 2004, 49) im Vordergrund. Die Reglementierung von Essen wird in Bremen als Behinderung der eigenen körperlichen Bedürfnisse erkannt, der durch Freude am Essen entgegengewirkt werden soll. Auf die Art sollen sowohl Essstörungen als auch „essen über den Hunger" präventiv aufgefangen werden (Der Senator für Arbeit, Frauen, Gesundheit, Jugend und Soziales – Freie Hansestadt Bremen 2004, 17). Dies wird in anderen Ländern in Beziehung zur sozialen Lage des Elternhauses gesetzt (Bayerisches Staatsministerium für Arbeit und Sozialordnung, Familie und Frauen 2006, 374): je benachteiligter das Kind durch den sozioökonomischen Status der Eltern ist, desto größer wird das Risiko für ungesunde Ernährungserfahrungen zu Hause bewertet.

In Berlin wird darauf hingewiesen, dass die Gesundheitserziehung im Bereich Elementarpädagogik über das Zähne putzen und Hände waschen hinausgehen muss und sowohl den Bereich der Psychomotorik als auch gesunde Ernährung, die Aspekte von Ruhe und aktiven Zeiten wie Sorge und Einsatz für eine gesunde Umwelt umfasst (Senatsverwaltung für Bildung, Jugend und Sport – Berlin 2004, 45).

In Niedersachsen und in Hamburg bilden Gesundheit sowie Bewegung und Körper einen gemeinsamen Bildungsbereich. Insbesondere soll die Kita der sog. *Verhäuslichung* von Kindern, die als Begründung von Bewegungsarmut angeführt wird, entgegenwirken (Niedersächsisches Kultusministerium 2005, 18). Das Angebot in der Kita soll verlässliche kindgerechte Bewegung und Entspannung umfassen.

Die Verletzlichkeit einer von gesunden Kindern als gegeben hingenommenen Gesundheit kann in der Kita durch Kinder mit Allergien oder anderen Krankheiten kennengelernt werden (Ministerium für Bildung, Frauen und Jugend – Rheinland-Pfalz 2004a, 34f). Hier kann die Grundlage zur präventiven Gesundheitserhaltung in Verbindung mit gesunder Ernährung, gekoppelt an ein positives Körpergefühl des einzelnen Kindes, gelegt werden. Die Auseinandersetzung mit Krank-Sein und Krankheit findet auch in den schleswig-holsteinischen Leitlinien Erwähnung. Dies wird dort in Beziehung zur Entdeckung des eigenen Körpers gesetzt (Ministerium für Bildung, Wissenschaft, Forschung und Kultur – Schleswig-Holstein 2004b, 18).

Der Bayerische Bildungs- und Erziehungsplan stellt Gesundheitsförderung bei Kindern als einen Prozess dar, der ein höheres Maß an Selbstbestimmtheit über die eigene Gesundheit ermöglichen soll. Somit steht der Bildungsbereich Gesundheit in Bayern in enger Verzahnung mit den sozialen Ressourcen und einem positiven Selbstkonzept des Kindes. Dies alles soll durch die Gesundheitserziehung gestärkt werden (Bayerisches Staatsministerium für Arbeit und Sozialordnung, Familie und Frauen 2006, 372). Psychische und körperliche Gesundheit als verbesserte Lebenskompetenz von Kindern wird als Prävention vor Suchtfaktoren verstanden. In den Hamburger Bildungsempfehlungen werden konkret die Bereiche Psychomotorik, gesunde Ernährung, Aspekte von Ruhe und Ausagieren, vielfältige Bewegungsangebote und Sorge für sich, andere und die Umwelt als körpernahe Gesundheitserziehung erwähnt (Preissing 2005, 28). Mit der Übernahme von Eigenverantwortung für den eigenen Körper und die eigene Gesundheit soll Entwicklungsrisiken wie dem Übergewicht begegnet werden. In Bayern wird der Umgang mit Stress (z.B. durch Reizüberflutung) als Eigenverantwortung für die psychische Gesundheit explizit formuliert. Es wird davon ausgegangen, dass frühe, qualitativ gute Bildung hinsichtlich des Umgangs mit einem Zuviel an Reizen Kinder nachhaltig stressresistenter macht (Bayerisches Staatsministerium für Arbeit und Sozialordnung, Familie und Frauen 2006, 373).

Sinne

Die Bezeichnung wurde aus dem *Orientierungsplan für Bildung und Erziehung für die baden-württembergischen Kitas* entnommen (Ministerium für Kultus, Jugend und Sport – Baden-Württemberg 2006). Hier umfasst dieser Bildungsbereich das Wahrnehmen und Explorieren der eigenen Fähigkeiten und der Umwelt mit allen zur Verfügung stehenden Sinnen. Wahrnehmung gehört zu den normalen Bereichen kindlicher Entwicklung, sodass Bildungsbereiche, die diesen Aspekt von Explorieren in den Vordergrund stellen, an dieser Stelle unter der natürlichen Entwicklung zusammengefasst werden.

Der Orientierungsplan Baden-Württembergs legt fest, dass die Sinne entwickelt, geschärft und geschult werden, um zur Basis für weiterführende Bildungsbereiche wie Musik, Tanz oder Kunst werden zu können. Als Beispiel wird der Hörsinn genannt, dessen differenzierte Nutzung und Entwicklung die Basis für ein musikalisches Talent ist. Das Kind erlebt die Bedeutung und die Leistung der einzelnen Sinne und nutzt sie. Es lernt, sich zu orientieren, sich als aktiver Teil der Welt in einer ästhetischen Weise zu entwickeln und die (Um-)Welt mitzugestalten (Ministerium für Kultus, Jugend und Sport – Baden-Württemberg 2006, 85). Die Wahrnehmung ist grundsätzlich mit konkreten Erfahrungen verbunden, abstrakte Vermittlung ist nicht zielführend. Auch ein Zurückgreifen auf Medien wie Geschichten, Bilder oder Videos ersetzt die unmittelbare Erfahrung nicht. Nur durch das Erleben kann das Kind in einer Weise explorieren, dass die genannten Ziele erreicht werden können. Durch gezielte Entwicklung der Wahrnehmungsbereiche im unmittelbaren Erfahrungsbereich wird das Weltwissen der Kinder erweitert.

Der sächsische Bildungsplan (Sächsisches Staatsministerium für Soziales und Verbraucherschutz 2007) weist auf die Wichtigkeit von sinnlichen Reizen hin. Eine reizarme Umgebung beinhaltet ein höheres Risiko für Entwicklungsauffälligkeiten als eine reizreiche Umgebung. So sehen die sächsischen Autoren die Ziele in diesem Bereich im ersten Schritt darin, die einzelnen Sinne zu erleben und zu erforschen. Im zweiten Schritt soll das Kind lernen, in seiner Wahrnehmungsverarbeitung von einem Sinn zum anderen überzugehen. Als Beispiel wird „hörendes sichtbar gemacht, sichtbares wird hörbar gemacht" angeführt. Die Integration von Sinnen wird als Basis für spätere kulturelle Fähigkeiten – v.a. das Lesen und Schreiben – benannt. Bereits für die ganz Kleinen wird gefordert, die Sinne insgesamt zu reizen und nicht „einseitige Sinneskost" anzubieten (➢ Kap. 2.4.5).

!

In Schleswig-Holstein wird auf die enge Verbindung zwischen Körpererfahrungen und der Entwicklung von Denkschemata hingewiesen, was sich in der Psychomotorik zeigt: Bewegung als elementare Form des Denkens und als Sinneserfahrung, in der alle Sinne immer im Rahmen von sozialen Situationen erlebt werden.

Unter dem Bereich *Ästhetische Bildung* werden in Niedersachsens Orientierungsplan (Niedersächsisches Kultusministerium 2005, 26f) Anteile der Bereiche Sinne und Musik, Kunst und Gestalten aufgeführt. Hinsichtlich der sinnlichen Wahrnehmung wird betont, dass es sich dabei um authentische Erfahrungen handelt, die das Kind nicht aus zweiter Hand erfahren kann. Solche „Wahrnehmungserfahrungen" werden als Basis für die kognitive Entwicklung des Kindes betrachtet. Die unmittelbare Förderung der Sinneswahrnehmung steht für die jungen Kinder im Vordergrund. Laut dem Plan Niedersachsens verändert das Kind seinen Zugang zur Welt mit der Zeit zu einem Zugang über Symbole. Nun wird die Sinn-Förderung als ästhetische Bildung in den Vordergrund gerückt, was sich in den künstlerischen Bildungsbereichen auswirkt.

Denken und Kreativität

Denken als alleinige Bezeichnung eines Bildungsbereiches kommt nur in Baden-Württemberg vor. Denken beginnt nach dem Orientierungsplan des Landes (Ministerium für Kultus, Jugend und Sport – Baden-Württemberg 2006) als Erkennen und Erinnern von Dingen in der Baby- und Kleinkindphase. Für die weitere Kindheit wird definiert:

> „Das Denken umfasst alle Fähigkeiten, die helfen zu erklären und vorherzusagen" (Ministerium für Kultus, Jugend und Sport – Baden-Württemberg 2006, 100).

Nach dieser Definition umfasst Denken sowohl das Problemlösen, das Finden von Regeln oder das Erkennen von Ursache-Wirkungszusammenhängen. So verbindet sich in Baden-Württemberg das Denken mit dem, was in anderen Bildungsplänen unter Naturwissenschaften gefasst wird.

Eine konkrete Definition von Kreativität findet sich im niedersächsischen Orientierungsplan:

> „An dieser Stelle ist Kreativität besonders zu verstehen als kognitive Fähigkeit zur Hypothesenbildung und als Kompetenz, Probleme zu lösen" (Niedersächsisches Kultusministerium 2005, 17).

In Bremen steht Spielen und Fantasie im Vordergrund. In der das Kapitel einleitenden Definition wird die Grundherangehensweise erklärt:

> „Im tätigen Spiel wird stets gelernt und Lernen ist da am wirksamsten, wo es spielend passiert" (Der Senator für Arbeit, Frauen, Gesundheit, Jugend und Soziales – Freie Hansestadt Bremen 2004, 18).

Das Spiel ist nach dem Bremer Rahmenplan die Umfassung, in der Vorstellungen und Bewegungen kombiniert werden. Im Spiel treten Kinder aus der Realität heraus, indem Wünsche oder Träume gespielt werden. Insofern ist das Ziel *Kreativität* elementarer Teil dieses Bildungsbereichs. Eng damit verbunden ist die *Fantasie*, die in den komplexeren Ebenen der Spielentwicklung zu einem wichtigen Element wird. Spiele von Kindern müssen ernst genommen und vom Erwachsenen begleitet oder bereichert, jedoch nicht angeleitet werden. In Bremen wird dieser Bildungsbereich – wie in Baden-Württemberg – mit dem Forscherdrang des Kindes verbunden. Der Rahmenplan geht jedoch den Umweg über Kreativität und Phantasie, wodurch das Ziel entsteht, Problemlöse-Strategien als kindliche Prozesse durch spielerisches Ausprobieren zu vermitteln.

In Nordrhein-Westfalen wird Spiel mit der Wahrnehmung über die Sinne verbunden. Hierfür sollen Erzieherinnen kreative Freiheit gewähren, sodass das einzelne Kind im Spiel seine Unabhängigkeit erleben kann. Weiter wird darauf hingewiesen, dass Spiel ein zentrales Feld kindlicher Eigenkonstruktion ist, das vom Erwachsenen mit Vertrauen im eigenen Lauf gelassen wird, ohne verbessernd oder störend einzugreifen (Ministerium für Schule, Jugend und Kinder – Nordrhein-Westfalen 2003, 14f). Kognitive Entwicklung darf nicht mit dem Vorverlegen der schulischen Situation verwechselt werden (Niedersächsisches Kultusministerium 2005, 16).

> „Es gibt (...) keinen Gegensatz zwischen dem Konzept des ganzheitlichen Lernens und kognitiven Herausforderungen" (Niedersächsisches Kultusministerium 2005, 16).

Nach den Leitlinien des Orientierungsplans von Niedersachsen (Niedersächsisches Kultusministerium 2005, 16) sind Situationen, in denen Kinder kognitiv herausgefordert werden sollen, eigenaktiv und ergebnisoffen. Die Aufgabe der Erzieherinnen ist es, die Kinder zu unterstützen und ihre phantasievolle und spielerische Erprobung von Dingen zuzulassen. Das einzelne Kind soll in der Lage sein, seinen eigenen Lernrhythmus zu finden und zu realisieren.

Exkurs

In Niedersachsen wird unter diesem Bildungsbereich auch das Gedächtnistraining gefasst. Die aufgeführten Möglichkeiten zur Förderung des Gedächtnisses stammen funktional aus anderen Bildungsbereichen, z.B. aus dem Bereich *Sprache*. So werden Mehrsprachigkeit und Reimen hier als gedächtnisförderliche Bereiche erwähnt.

Wenn das Ziel der Kreativität ohne den Verbund mit Phantasie verfolgt wird, erfolgt die kreative Entwicklung von Kindern in den musischen Bereichen und durch Erweiterung des Weltwissens. Nach dem bayerischen Plan wird Kreativität gefördert, indem das Kind mit verschiedenen Materialien umgehen soll (Weltwissen), sodass es Spiele durch selbst hergestellte Spielfiguren variieren und ergänzen kann. Auch Theaterspielen gehört in diesen Bereich, da hier der kreative Umgang mit dem Körper als Ausdrucksmittel erprobt wird (Bayerisches Staatsministerium für Arbeit und Sozialordnung, Familie und Frauen 2006, 311). In Hessens Definition wird Wahrnehmen und kreatives Gestalten als Basis von Denkfähigkeit und Vorstellungskraft (Fthenakis et al. 2007, 71). Der dazugehörige Bildungsbereich ist mit „Kreative, phantasievolle und künstlerische Kinder" betitelt. Er wird in den musischen Bereichen realisiert, sodass sich Kreativität hier nicht im Spiel sondern in strukturierten Situationen entwickeln soll.

Soziale Kompetenzen (teilweise als Kultur bezeichnet)

Soziale Kompetenzen werden in allen Bildungsplänen als Voraussetzungen für die Möglichkeit zu Bildung und zur Integration in die Gesellschaft beschrieben. Dies wird in den ersten Sätzen des Bildungsbereichs „Gestaltung von Gemeinschaft und Beziehungen" aus Rheinland-Pfalz deutlich:

„Menschliches Zusammenleben erfordert die Bereitschaft zu dessen Gelingen zu leisten, sich in Bedürfnisse Anderer hineinzuversetzen, Vereinbarungen für das Zusammenleben zu respektieren und weiterzuentwickeln. Die eigene Entfaltungsfreiheit und die Orientierung an den Rechten anderer ist eng miteinander verbunden" (Ministerium für Bildung, Frauen und Jugend – Rheinland-Pfalz 2004a, 29).

!

Durch seine grundlegende Kompetenz stellt dieser Bildungsbereich eigentlich die Grundlage für das didaktisch-methodische Vorgehen in der Kita dar.

Betrachtet man die Aufteilung des Bildungsbereichs Kultur und soziale Kompetenzen in den Ländern, in denen kein eigener ethischer Bildungsbereich formuliert ist, wird deutlich, dass sich ethische Inhalte häufig unter dem Stichwort Kultur finden lassen (vgl. auch Bildungsbereich Ethik/Religion).

Explizit erwähnt wird die *soziale Kompetenz* in Kombination mit anderen Aspekten in 14 Bundesländern. In Bremen wird darauf hingewiesen, dass das Kind zu Beginn seiner Kita-Zeit die Verhaltensregeln der Familie kennt. In der Kita muss es sich auf neue Verhaltensregeln einstellen und diese als einsichtig empfinden. Nach dem Bremer Konzept wird das Spiel als optimaler Rahmen für das Erfahren, Üben und Einhalten von Regeln und Absprachen angesehen. Auch das Schließen von Kompromissen sowie das Aushalten und konstruktive Lösen von Konflikten wird in der Kita durch den vermehrten Umgang mit Gleichaltrigen wesentlich notwendiger als in der Familie. Diese Bereiche gehören zu den wesentlichen Teilen der sozialen Fähigkeiten, die ein Kind nun erwerben soll (Der Senator für Arbeit, Frauen, Gesundheit, Jugend und Soziales – Freie Hansestadt Bremen 2004, 22).

In Bayern ist der Bereich der *sozialen Kompetenzen* mit Emotionalität und dem Umgang mit Konflikten kombiniert, während Kultur dem ethischen Bereich zugeordnet wird. Auch in Niedersachsen bilden soziales Lernen und emotionale Entwicklung einen gemeinsamen Bildungsbereich (Niedersächsisches Kultusministerium 2005, 14).

In der kulturellen Bildung besteht die wesentliche Aufgabe in diesem Bildungsbereich darin, die vielfältigen Lebenssituationen der Kinder der jeweiligen Kita-Gruppe zu vermitteln. Dies wird in den Bildungsplänen von Berlin und Hamburg besonders betont und – durch den Stadtstaat möglich – konkret auf die Situation der Großstadt bezogen. Im Bildungsprogramm Berlins werden Vorschläge gemacht, wie sich Kinder und Erzieherinnen in der Kita mit den verschiedenen Religionen, Hautfarben, Lebenssituationen, Familiengeschichten oder Fähig-

1

keiten bzw. Behinderungen beschäftigen können. In Hamburg wird auf den Hafen und die damit verbundene Tradition verwiesen, die Hamburg schon immer zu einem Anlaufpunkt verschiedenster Kulturen machte (Preissing 2005, 35). Das Lernziel für die Kinder liegt in beiden Ländern darin, die Verschiedenheit der einzelnen Lebenswirklichkeiten wahrzunehmen und anzuerkennen (Senatsverwaltung für Bildung, Jugend und Sport – Berlin 2004, 56–59). Dabei ist die Erzieherin als Verhaltensmodell in einer zentralen Rolle. Wenn sie ihre Einstellungen und Werte überzeugend vorlebt, ohne sie zu den allein gültigen zu erklären, ist sie den Kindern dabei behilflich, ihre eigene persönliche Identität zu entwickeln (Der Senator für Arbeit, Frauen, Gesundheit, Jugend und Soziales – Freie Hansestadt Bremen 2004, 23). Im Orientierungsplan Niedersachsens wird die sozial-emotionale Entwicklung auf zwei Ebenen definiert, die sich gegenseitig bedingen (Niedersächsisches Kultusministerium 2005, 14):

- auf der Ebene der Persönlichkeit die personale Kompetenz
- auf der Ebene des sozialen Lernens die interpersonale Kompetenz.

Ein wichtiger Aspekt der *personalen Kompetenzen* ist der Erwerb von Selbstvertrauen, der mit dadurch entsteht, dass Bezugspersonen dem kleinen Kind auf seinen Erkundungsgängen soviel Freiheit lassen, dass es diese selbständig beschreiten kann, aber gleichzeitig sicher weiß, dass die Eltern oder die Erzieherin bereit steht, wenn es Hilfe, Zärtlichkeit oder Trost braucht (Senatsverwaltung für Bildung, Jugend und Sport – Berlin 2004, 53). Das Kind erkennt, dass es wichtig ist und etwas bewirken kann (Niedersächsisches Kultusministerium 2005).

> „Kinder sind stolz auf ihre eigensinnigen Fortschritte und die zunehmende Eroberung ihrer Welt: indem Eltern und Erzieherinnen die Freude daran mit ihnen teilen, fördern sie das kindliche Selbstgefühl und Selbstachtung" (Preissing 2005, 34).

Eltern, religiöse Einstellungen der Familie und die Lebenswirklichkeit des einzelnen Kindes geben den Spielraum vor, in dem sich das Kind erfahren und entfalten kann. Hierbei sollen Kitas und Erzieherinnen ausgleichend wirken (Preissing 2005): ein Kind mit wenig Erfahrungsspielraum kann in der Kita neue Erkundungsräume erschließen. Ebenso werden Grenzen erkannt, die sich das Kind in der Familie nicht erschließen kann.

Soziales Verständnis entsteht durch die Übernahme der Perspektive anderer. Perspektivenwechsel unter dem Stichwort *Empathie* wird sowohl im Bayerischen Bildungs- und Erziehungsplan als auch im Orientierungsplan Niedersachsens als Schlüssel zum sozialen Handeln betrachtet, was wiederum die Basis für die Entwicklung einer sozialen Verantwortung bildet (Bayerisches Staatsministerium für Arbeit und Sozialordnung, Familie und Frauen 2006, 186; Niedersächsisches Kultusministerium 2005, 15). Insofern steht der Umgang mit Konflikten folgerichtig in enger Verbindung zur Entwicklung sozialen Handelns. Als Bildungsziel formuliert, soll das Kind das konstruktive Aushandeln von Konflikten und das Schließen von Kompromissen lernen. Dazu muss das Kind lernen, seine eigenen Interessen darzustellen, diese selbstbewusst vertreten und aufrechtzuerhalten. Es wird darauf hingewiesen, dass die Kita für Kinder ein Ort der Auseinandersetzung mit anderen und sich selbst in der Konfliktsituation ist. Ziel ist es, eine Atmosphäre der gegenseitigen Anerkennung zu schaffen, die Konfliktsituationen minimiert (ebd., 192).

In Niedersachsen geht man davon aus, dass sich soziales Verhalten als *interpersonale Kompetenz* auf der Basis einer sicheren Beziehung zu seinen Bezugspersonen entwickelt. Dies geschieht im Lebenslauf eines Kindes zunächst in der Familie und anschließend in der Kita. Die Beziehung zwischen den Kindern dagegen ist die von Gleichen unter Gleichen. Hierdurch stehen neue Aspekte wie das Aushandeln sozialer Regeln oder die Achtung persönlicher Bedürfnisse und Grenzen.

Zu diesen Überlegungen tritt im Bremer Rahmenplan der Umgang mit belastenden Umständen hinzu. Ziel ist es, Kinder für den Umgang mit Belastungs- und Stresssituationen zu stärken und damit ihre Widerstandskraft gegen widrige Verhältnisse zu entwickeln. Dies geschieht auf der Basis einer stabilen emotionalen Beziehung zu einem Erwachsenen, der dem Kind ein Vorbild beim aktiven Bewältigen von Hindernissen und dem Aushalten von Anforderungen sein kann (Der Senator für Arbeit, Frauen, Gesundheit, Jugend und Soziales – Freie Hansestadt Bremen 2004, 23f).

In Rheinland-Pfalz werden die gleichen Kompetenzen direkter als Bindungs- und Beziehungsfähigkeiten auf der einen Seite und die Entwicklung von sozialen Fähigkeiten andererseits bezeichnet (Ministerium für Bildung, Frauen und Jugend – Rheinland-Pfalz 2004a, 29). Die Aufgabe der Kita ist hierbei, die unterschiedliche Verbindlichkeit verschiedener sozialer Beziehungen herbeizuführen und dem Kind deutlich zu machen.

Die in Bayern in diesen Bildungsbereichen aufgestellten Ziele für Emotionalität umfassen die Wahrnehmung, den Ausdruck und das Mitteilen der eigenen Gefühle, oder auch das Wissen, dass man mehrere Gefühle gleichzeitig erleben kann. Diese Ziele finden sich ebenso im Orientierungsplan Baden-Württembergs (Ministerium für Kultus, Jugend und Sport – Baden-Württemberg 2006, 109), wo im Bildungsbereich Gefühl und Mitgefühl die Entfaltung der Emotionalität bei Kindern als Ziel aufgestellt wird. Hierzu gehört in Ergänzung zu den oben aufgelisteten in Bayern aufgestellten Zielen die Entwicklung eines sozial verträglichen Umgangs mit den eigenen Emotionen, die Aneignung des Einfühlungsvermögens und des Mitgefühls für die Gefühle anderer Menschen oder die Entwicklung des Mitgefühls gegenüber Tieren und der Natur. Als letztes Ziel in der Liste Baden-Württembergs ist das Erlernen eines Gefühls von positivem Nichtstun, Trödeln und „Seele-baumeln-lassen" (ebd. 2006, 110) genannt.

Im Niedersächsischen Orientierungsplan (Niedersächsisches Kultusministerium 2005) ist das Ziel die emotionale Entwicklung, dass emotional kompetente Kinder mit den vielschichtigen Gefühlen des Lebens umgehen können. Hierzu gehören die Wahrnehmung, der Ausdruck aber auch die Regulation von Gefühlen (ebd. 2005, 14).

In Mecklenburg-Vorpommern werden unter dem Bildungsbereich Gemeinschaft – Natur – Sachen Inhalte zu sozialer und dinglicher Lebenswelt sowie zu Natur und Technik zusammengeführt (Sozialministerium Mecklenburg-Vorpommern 2005, 45). Im sozialen Bereich ist die Nutzung von Regeln und Normen für das Wohlfühlen in der Gemeinschaft Zielstellung. Das Kind soll diese Regeln erkennen und respektieren. Es soll über freundschaftliche Beziehungen nachdenken und sich darüber austauschen (ebd. 2005, 46).

Im Orientierungsplan Niedersachsens endet die Beschreibung dieses Bildungsbereichs mit der Aufforderung, die Gefühle von Kindern zu akzeptieren, zu respektieren und ernst zu nehmen. Hierbei wird eine wichtige Unterscheidung gemacht, die für den Kita-Alltag von praktischer Bedeutung ist: Obwohl jedes Gefühl bei den Kindern zu akzeptieren ist, gilt dies nicht für jedes Verhalten. Der Umgang mit negativen Gefühlen muss Hilfestellung erhalten, ebenso wie die Kanalisierung dieser Gefühle in sozial angemessenes Verhalten (Niedersächsisches Kultusministerium 2005, 15). Die Kita bildet nach den Bildungsempfehlungen von Rheinland-Pfalz die einzigartige Umgebung zur Erprobung und Etablierung dieser Handlungskompetenzen. Diese werden als Grundlage des demokratischen Handelns betrachtet (Ministerium für Bildung, Frauen und Jugend – Rheinland-Pfalz 2004a, 30).

Sprache

Das Wesen des Spracherwerbs wird in Hamburgs Bildungsempfehlungen benannt: Kinder lernen Sprache, um sich zu verständigen (Preissing 2005, 35). Für die Kita sind hieraus viele Aspekte ableitbar, die sich in fast allen Bildungsplänen wiederfinden:

- Kinder benötigen ausreichend Kommunikationssituationen, um Sprache erwerben, aber auch um sich verständlich machen zu können.
- Unabhängig davon, wie viele Sprachen ein Kind gleichzeitig erwirbt, es wird sich in allen verständlich machen müssen/wollen.
- Um sich zu verständigen, müssen Kinder in ihren Wünschen und Ausdrucksformen wahrgenommen und liebevoll angenommen werden.
- Spracherwerb gehört in die Lebenswirklichkeit der Kinder, da sie sich im Alltag damit verständlich machen.

In den meisten Bildungsplänen wird Sprache unter den beiden Aspekten Kommunikation und Ausdruck von liebevollen Bindungen (gesehen als Bedingung für den Erwerb von Sprache) betrachtet. Sprache soll nicht als eine isolierte Kompetenz vermittelt werden (Ministerium für Bildung, Wissenschaft, Forschung und Kultur – Schleswig-Holstein 2004b, 18). Ein Beispiel dafür ist in den Bildungsempfehlungen Rheinland-Pfalz zu lesen:

„Kindern soll die Möglichkeit gegeben werden, zu erfahren und zu entdecken, dass Sprache eine wichtige Funktion als Medium der Kommunikation und Zuwendung hat" (Ministerium für Bildung, Frauen und Jugend – Rheinland-Pfalz 2004a, 22).

Im Bildungsplan von Thüringen ist die Beziehung zwischen Sprache und anderen Bildungsbereichen wie folgt beschrieben:

„Alle Alltagssituationen und damit alle Situationen, in denen Kinder sich bilden, sind schrift- und sprachhaltig und bilden Gelegenheit zum Lernen" (Kultusministerium – Freistaat Thüringen 2006, 42).

Die Sprache und das „Sprachliche-sich-Ausleben-Können" werden in diesem Bildungsplan als wichtiger Bestandteil der Entwicklung der Persönlichkeit definiert. Auf dieser Basis findet nach den Grundsätzen in Rheinland-Pfalz kindliches Lernen statt und wird in ihrem Erfolg dadurch mit bedingt. Schleswig-Holstein greift die Beziehung von Sprache und Sprechen auf. So wird darauf Wert gelegt, dass die Kinder viel miteinander sprechen, um ihre Sprachkompetenz in Gesprächen zu erproben und zu verbessern. Dies geschieht auf dem Basisgedanken der *Partizipation*, sodass Schleswig-Holstein den Situationsansatz in seiner Umsetzung im Bildungsbereich Sprache stark betont (Ministerium für Bildung, Wissenschaft, Forschung und Kultur – Schleswig-Holstein 2004b).

In Berlin ist Kommunikation der umfassende Begriff, der die Ziele dieses Bildungsbereichs umfasst (Senatsverwaltung für Bildung, Jugend und Sport – Berlin 2004, 61). Die Autoren des Berliner Bildungsprogramms sehen Kommunikation als Bindeglied von kindlichem Handeln, Reflektieren und der Auseinandersetzung mit Themen, sodass neben der sozialen Handlung die Kommunikation in Sprache oder auch Schrift einen zentralen Punkt in der elementarpädagogischen Arbeit einnimmt. In Niedersachsen wird darauf hingewiesen, dass der Spracherwerb ein eigenaktiver Prozess ist, in dem das Kind jedoch auf den Kontakt mit anderen, insbesondere auf gelungene Dialoge und sprachliche Anregung angewiesen ist (Niedersächsisches Kultusministerium 2005, 20). Hierdurch wird deutlich, dass das Kind zwar Sprache automatisch erwirbt, dies jedoch in Kommunikationssituationen tun muss. Als wichtigstes Ziel wird im niedersächsischen Orientierungsplan das Wecken der Sprechfreude genannt, die den eigenaktiven Anteil des Kindes am Spracherwerb fördern soll. In Thüringens Bildungsplan steht die Formulierung, dass Sprache gebraucht werden muss, um erworben zu werden. Dies soll in sinnvollen Situationen im Rahmen vertrauensvoller Beziehungen umgesetzt werden (Kultusministerium – Freistaat Thüringen 2006).

!

Der Gebrauch von Sprache ist nicht zu verwechseln mit der Sprachproduktion oder dem Sprechen. Zum Gebrauch von Sprache in einer sinnvollen Kommunikationssituation gehören jeweils Sprecher und Hörer. Dies bedeutet, dass auch das Verstehen von Sprache zu ihrem Gebrauch in einer Kommunikationssituation gehört. Sprachproduktion bezeichnet ausschließlich den Anteil des Sprechenden an der Kommunikation. Sprechen ist der motorische Akt, der den sprachlichen Wunsch bzw. die sprachliche Struktur in der Artikulation realisiert.

Kommunikation beginnt im Bremer Rahmenplan in der Säuglingszeit im nonverbalen Bereich, zu dem die Sprache als Zusatz hinzukommt, ohne die nonverbale Kommunikation abzulösen (Der Senator für Arbeit, Frauen, Gesundheit, Jugend und Soziales – Freie Hansestadt Bremen 2004, 20). In Berlin werden die *Medien* auch unter diesem Bildungsbereich gefasst (s.o.); die Begegnung mit Medien wird als Bestandteil der sprachlichen Bildung begriffen und ist Teil der modernen Kommunikation in unserer globalisierten Mediengesellschaft.

Hamburgs Bildungsempfehlungen erwähnen das *Sprachmodell* als wichtigen Faktor im Spracherwerb (Preissing 2005, 39). Sprachmodell können menschliche Sprachvorbilder, aber auch mediale sein. Spracherwerbsfortschritte werden durch das Feedback des Sprachvorbilds möglich, was die menschlichen Sprachmodelle über die Medien erhebt (➤ Kap. 3.2.2 zum Sprachmodell im PräSES-Ansatz).

Im Orientierungsplan Baden-Württembergs wird in der Einleitung dieses Bildungsbereichs darauf hingewiesen, dass Sprache ein wichtiges Werkzeug für die späteren Lernprozesse innerhalb und außerhalb von Kindergarten und Schule ist (Ministerium für Kultus, Jugend und Sport – Baden-Württemberg 2006, 92). Insofern wirken Defizite in der Sprachentwicklung über diese hinaus in andere (schulische) Bildungsbereiche hinein. Das saarländische Bildungsprogramm weist darauf hin, dass es ohne Schriftkompetenz kaum Möglichkeiten zur Partizipation an der Wissensgesellschaft gibt (Ministerium für Bildung, Kultur und Wissenschaft – Saarland 2006, 15).

Im Bayerischen Bildungs- und Erziehungsplan wird als Leitgedanke zum Bildungsbereich *Sprache und Literacy* darauf hingewiesen, dass Kinder Sprache nicht nur beim Zuhören erwerben, sondern auch zu wesentlichen Teilen durch eigene Sprachproduktion. Ebenso wird klargestellt, dass Sprache nicht über Nachahmung gelernt wird, sondern dass Kinder selbständig Regeln über die Struktur von Sprache ableiten (Bayerisches Staatsministerium für Arbeit und Sozialordnung, Familie und Frauen 2006, 207). Bildungs- und Erziehungsziele dieses Bildungsbereichs umfassen die Aktivierung der Sprechfreude und die Vermittlung von Interesse am Dialog. Funktional besteht das Ziel, Wünsche und Gefühle ausdrücken zu können ebenso wie Konflikte sprachlich auszutragen. In Bezug auf die Entwicklung der Schriftsprache (Literalität) werden u.a. Textverständnisfähigkeiten, sprachliche Abstraktionsfähigkeit, Zusammenhänge sprachlich herstellen zu können, sprachliche Stile und verschiedene Sprachen wahrnehmen und Spaß am Spielen mit Sprache wie Reimen oder Laut- und Wortspielen genannt. In Schleswig-Holstein wird die Literalität in der kindlichen Stufe gefördert. So ist die Begegnung mit Schrift auf Kritzelbriefe und das Zeichnen von Buchstaben beschränkt (Ministerium für Bildung, Wissenschaft, Forschung und Kultur – Schleswig-Holstein 2004b, 21).

Im Orientierungsplan Niedersachsens (2005, 21) wird die Literalität als Erweiterung des Spracherwerbs verstanden. Neben den oben aus Bayerns Plan zitierten Themen wird hier noch der Gebrauch der Sprache im fiktionalen Sinn, d.h. Sprache für Ausgedachtes und Vorgestelltes zu verwenden, hinzugefügt. In Rheinland-Pfalz wird neben der o.g. Basis der Sprache in sozialen und emotionalen Bindungen die Schriftkultur in der Kita betont (Ministerium für Bildung, Frauen und Jugend – Rheinland-Pfalz 2004a, 23). Die Kinder sollen Schrift und phonologische Elemente der Sprache wahrnehmen und damit umgehen lernen. Das Interesse am Schreiben soll geweckt werden. Schrift wird in Hamburgs Bildungsempfehlungen als kulturelle Errungenschaft verstanden und als solche den Kindern als Kunstform der Kultur nahegebracht (Preissing 2005, 40).

Das Thema Mehrsprachigkeit ist in vielen Bildungsplänen sehr wichtig. Es wird übergreifend betont, dass Mehrsprachigkeit als Ressource verstanden wird, die für Bildung und Bildungsfortschritte genutzt werden sollte (Senatsverwaltung für Bildung, Jugend und Sport – Berlin 2004, 61).

„(Eine) zweisprachige Erziehung stellt im Allgemeinen eine positive Voraussetzung für die gesamte Entwicklung des Kindes dar" (Preissing 2005, 40).

So wird in den Leitlinien Schleswig-Holsteins darauf hingewiesen, dass auch einsprachigen Kindern das Angebot einer zweiten Sprache zugemutet werden kann (Ministerium für Bildung, Wissenschaft, Forschung und Kultur – Schleswig-Holstein 2004b, 20). Dies gilt aufgrund der besonderen Sprachsituation dort für die Regionalsprachen Dänisch, Nordfriesisch und Plattdeutsch.

Ein problematischer Aspekt des Zweitspracherwerbs im Fadenkreuz der Integrationsproblematik wird unter dem Thema „Sprache benutzen" angeführt und in Berlins Bildungsprogramm konkret erwähnt. Die Autoren führen aus, dass Sprache kein Selbstzweck ist, man spricht nicht, um zu sprechen. Sprache will andere Dinge bewirken. Hinsichtlich des Zweitspracherwerbs muss es sich somit „lohnen", die zweite Sprache zu erwerben. Dies bedeutet, dass sich das mehrsprachige Kind als aktiver Teil der Kita-Gruppe wahrnehmen muss, sich ebenso einbringen kann wie monolinguale Kinder, und dass seiner Erstsprache und seiner Kultur Respekt und Interesse entgegengebracht wird (Senatsverwaltung für Bildung, Jugend und Sport – Berlin 2004, 62). Dieses Ziel wird auch in Niedersachsen verfolgt, wo betont wird, dass Kinder mit unzureichenden Deutschkenntnissen Deutsch lernen sollen. Jedoch muss die Erstsprache des Kindes seine identitätsstiftende Funktion erfüllen können. Hierzu ist es notwendig, den Kulturen und Erstsprachen der mehrsprachigen Kinder in der Kita entsprechend Raum zu geben (Niedersächsisches Kultusministerium 2005, 20). Deutlicher wird in der Bildungsvereinbarung Nordrhein-Westfalens festgelegt, dass Migrantenkinder zunächst ihre Erstsprache beherrschen sollen, bevor die Förderung der deutschen Sprache einsetzt (Ministerium für Schule, Jugend und Kinder – Nordrhein-Westfalen 2003, 19).

Auch in Bayern wird Mehrsprachigkeit als eigenes Thema in diesem Bildungsbereich erwähnt. Dabei wird Mehrsprachigkeit als ein Ziel des Bildungsbereichs aufgestellt. Der scheinbare Widerspruch zwischen der Akzeptanz und Wertschätzung von Mehrsprachigkeit auf der einen Seite und der Notwendigkeit Deutsch zu lernen wird in zwei sich ergänzende Ziele aufgelöst. Konkret sollen die Kinder auf fremde Sprachen neugierig gemacht werden, Mehrsprachigkeit bzw. Zweisprachigkeit soll von monolingualen Kindern als erstrebenswertes Lernziel erkannt werden. Die Kinder sollen eine sprachlich-kulturelle Identität entwickeln.

In Mecklenburg-Vorpommerns Rahmenplan werden Bildungs- und Erziehungsziele auf der Basis der individuellen sprachlichen Vorerfahrungen der Kinder aufgestellt. Diese sollen weiterentwickelt und gefördert werden. Hierzu werden unter den personalen Fähigkeiten die Entwicklung eines positiven Selbstwertgefühls im sprachlichen Handeln oder die Reflektion über eigenes Handeln und Denken aufgeführt. Im Bereich der kognitiven Fähigkeiten wird das Ziel aufgestellt, die Sprachentwicklung auf der Ebene der Grammatik zu fördern (Sozialministerium – Mecklenburg-Vorpommern 2005, 26).

Exkurs

In Bremen wurden direkte Maßgaben sprachförderlichen Verhaltens in den Rahmenplan aufgenommen. So wird darauf hingewiesen, dass die kindliche Sprachentwicklung dann gefördert wird, wenn die Sprechweise der Fachkräfte sich zwar inhaltlich nach den Kindern richtet, in der Form aber deren Sprachbeherrschung übersteigt, um genügend Anregung zur Weiterentwicklung bieten zu können. Ebenso steht bereits im Rahmenplan zu lesen, dass fehlerhafte Sprachproduktionen der Kinder nicht korrigiert werden sollen, sondern dass ihre Äußerungen im Gespräch regelgerecht zu wiederholen sind, um ein Modell für den richtigen Sprachgebrauch zu gewährleisten (Der Senator für Arbeit, Frauen, Gesundheit, Jugend und Soziales – Freie Hansestadt Bremen 2004, 21).

In Niedersachsen wird der Fokus auf die Beobachtung des kindlichen Sprachverhaltens gelegt:

„Darüber hinaus ist häufig eine gezielte Sprachförderung in besonderen Übungssituationen notwendig (regelmäßige Sprachspiele bzw. -übungen für kleinere Gruppen etc.). Differenzierte Vorgehensweisen setzen voraus, dass der jeweilige Sprachstand des Kindes berücksichtigt wird und ggf. die Eltern des Kindes miteinbezogen werden.

Erprobte Beobachtungsverfahren stehen hierfür zur Verfügung. Zur gezielten und bewussten Förderung von Sprachentwicklung in Kindertagesstätten sind Kenntnisse über den Spracherwerb (in der Erst- und Zweitsprache) unerlässlich“
(Niedersächsisches Kultusministerium 2005, 21).

Beide Aspekte finden sich im weiteren Verlauf dieses Buches. ➤ Kap. 4 zeigt die Möglichkeiten von Sprach- oder allgemeinen Entwicklungsbeobachtungen auf, ab ➤ Kap. 5 wird das Konzept der alltagsintegrierten Sprachförderung nach PräSES beschrieben.

1.1.4 Bezug zwischen den Bildungsbegriffen, dem Kindbild und PräSES

Das Sprachförderkonzept PräSES basiert auf einem konstruktivistischen Bildungsbegriff. Es ist somit leichter mit Bildungsplänen in Einklang zu bringen, die das sich lebenslang selbst bildende Kind sehen. Die Aufgabe von Erzieherinnen im Sinne von PräSES ist die Begleitung des Kindes bei der Entdeckung der Welt und die Erziehung. Jedoch kann auch in Kita-Konzepten, die auf ko-konstruktivistischen Sichtweisen basieren, das Konzept durchgeführt werden. Eventuell ist dann die Anleitung der einzelnen Aktionen etwas direkter als bei der Anwendung von PräSES im Situationsansatz.

Der konstruktivistische Bildungsbegriff geht mit den aktuellen psycho- bzw. patholinguistischen Therapieansätzen zu Sprachentwicklungsstörungen konform, die die Entwicklungsbasis für PräSES darstellten. Dies gilt v.a. für den PLAN – Patholinguistischen Therapieansatz (Siegmüller und Kauschke 2006). Grundgedanke dieses Ansatzes ist die Dynamisierung und Aktivierung des kindlichen Sprachsystems, d.h. das Kind soll zum eigenständigen Spracherwerben zurückgeführt werden. Im Rahmen von PräSES ist dies in die Sprachförderung in der Kita umgesetzt worden. Sprache als Medium wird hier (in Übereinstimmung mit Jampert 2002) benutzt, um in allen pädagogischen Situationen die selbstaktive Bildung des Kindes zu aktivieren, d.h. das Kind selbstaktiver die Welt entdecken zu lassen bzw. das selbstaktive Lernen zu aktivieren oder auch zu initiieren.

Der Grundgedanke von PräSES, der sich in der Wirkungsannahme der Maßnahme zeigt, ist die selbstaktive Bildung des Kindes. Dies bedeutet, dass die Erzieherin in den Aktionen und Handlungssituationen den Kindern Hinweise gibt, wie ein bestimmtes Problem zu lösen oder ein neues Material, eine neue Handlung auszuführen sein könnte. Dabei fungiert sie gewissermaßen als „Krücke", also als externe Begleitung des Kindes. Je mehr die Kinder in Gruppenarbeit oder auch in Paaren (vielleicht in Einzelfällen auch einzeln) über einen neuen Gegenstand oder ähnliches in Erfahrung bringen können, desto besser. Die Wege dorthin sind individuell, das Lösen des unmittelbaren Problems erfolgt somit individualisiert. Das gemeinsame Reflektieren mit der Erzieherin bringt die Kinder dazu, das Gelernte auf eine Weise zu abstrahieren, dass es als Modell für eine nächste Aufgabe stehen kann, bei der die Erzieherin nicht mehr als helfende Hand im Hintergrund steht (z.B. weil das Kind zu diesem Zeitpunkt zu Hause ist).

!

- Der Bildungsbegriff, der bei PräSES verwendet wird, ist konstruktivistisch geprägt.
- Das Kindbild definiert das sich aktiv selbstbildende Kind, das durch Erfahrung seine Welt erobert.
- Die Grundsätze für selbstaktive Bildung sind das Fundament der Interventionsmethodik bei PräSES.
- Die Lernform der konkreten Aufgabenbewältigung ist individualisiert, die Erzieherin ist eine Hilfe im Hintergrund, die neue Ideen oder Hinweise gibt, wenn die Kinder diese einfordern bzw. wenn die Aufgabe nicht lösbar erscheint.

1.2 Sprache, Sprachentwicklung, Sprachentwicklungsstörungen

1.2.1 Sprache

Sprache ist das hauptsächliche Medium zur Kommunikation zwischen Menschen jeden Alters. Eine simple Beschreibung, was Sprache aber tatsächlich ist aufzustellen, ist eine recht komplizierte Aufgabe. Harley (2008, 5) stellt folgende Definition auf: Sprache ist ein System von Symbolen und Regeln, das uns erlaubt, miteinander zu kommunizieren. Dabei stehen Symbole für mental gespeicherte Wörter, die sowohl als gesprochene (Wortbild) oder auch als geschriebene Symbole (Schriftbild) vorkommen. Regeln hingegen geben vor, wie Sätze in der jeweiligen Sprache gebildet werden, d.h. sie regeln, wie Wörter in den Sätzen angeordnet werden (Dürscheid 2009). Diese Definition bezieht sich ausschließlich auf die menschliche Sprache. Die Diskussion, ob Tiere u.U. ähnliche Systeme benutzen, soll an dieser Stelle nicht geführt werden.

!

Sprache ist eine soziale Aktivität, mit Hilfe derer Menschen in einer gemeinsamen Aktion auf ein gemeinsames Ziel hinarbeiten können.

Wörter haben grundsätzlich eine Form (Lautbild oder Schriftbild) und eine Bedeutung (➤ Abb. 1.4). Ein Wort ohne Bedeutung (z.B. die Silbenfolge *tagewo*) kann nicht dauerhaft mental repräsentiert werden. Umgekehrt ist eine Bedeutung, für die kein Name bekannt ist, ebenfalls kein Wort.

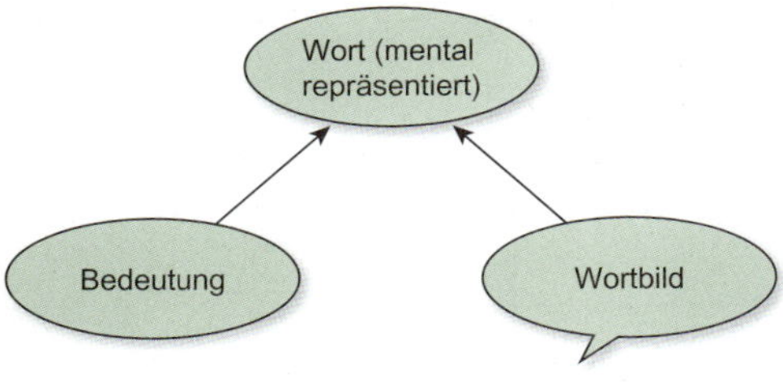

Abb. 1.4 Bedeutung und Wortbild als Anteile eines Wortes

Die Sprache wird in mehrere Ebenen unterteilt, die sich im Spracherwerb als Systeme entwickeln und miteinander in Interaktion das Sprachsystem entstehen lassen:

- **Phonologie:** Auf dieser Ebene wird beschrieben, wie die Laute einer Sprache organisiert sind und welche verwendet werden. Keine Sprache der Welt benutzt alle potenziell möglichen Laute, die ein menschlicher Artikulationsapparat bilden kann. So werden in einigen afrikanischen Sprachen Laute verwendet, die tief im Kehlkopf gebildet werden (sog. Knacklaute), die in den westeuropäischen Sprachen nicht vorkommen. Laute sind als Phoneme (mentale Symbole von Lauten) die kleinsten bedeutungsdifferenzierenden Einheiten, z.B. unterscheidet sich Kanne-Tanne durch k/t. Das System der zu verwendenden Laute einer Sprache wird im Rahmen des phonologischen Erwerbs erlernt.
- **Phonetik:** Diese Ebene beschreibt die motorische Bildung der Laute einer Sprache. Phonetik ist somit *Sprechen* im Sinne von Artikulation und basiert auf dem Wissen um das phonologische System der Muttersprache. Der phonetische Erwerb umfasst die Artikulationsmuster jedes Lautes, den die Sprache verwendet.
- **Lexikon:** Diese Ebene könnte man mit Wortschatz übersetzen. Die lexikalische Ebene beschreibt die Art und Weise, in der Wörter als Wortbild (phonologische Wortform) mental gespeichert werden. Im lexikalischen Erwerb werden Wörter erworben und das mentale Lexikon (der vom Kind beherrschte Wortschatz) gefüllt.
- **Semantik:** Die Semantik ist die Lehre der Bedeutung von Sprache. Auch semantische Einträge werden im mentalen Lexikon gespeichert (➢ Abb. 1.4). Dies erfolgt im Rahmen von semantischen Struktursystemen, den sog. semantischen Feldern (auch Kategorien). Im Semantikerwerb erwerben die Kinder somit die Bedeutungen von Wörtern und bauen das semantisches System (die Vernetzung der Begriffe in den semantischen Feldern) auf.
- **Morphologie:** Diese Ebene beschreibt die Regeln, nach denen Wörter in einem Satz gebeugt werden. Morphologische Markierungen werden im Deutschen an Verben, an Nomen und am Artikel vorgenommen. Bei Verben werden z.B. Personalendungen (ich geh*e*) verwendet, bei Nomen Pluralendungen (Hund – Hund*e*) und bei Artikeln die Markierung der Fälle Akkusativ und Dativ (ich suche *den* Mann). Der Morphologieerwerb beschreibt die Erwerbsverläufe der verschiedenen morphologischen Dimensionen.
- **Syntax:** Auf dieser Ebene werden die Regeln beschrieben, die die Wortreihenfolge im Satz organisieren. Der syntaktische Erwerb ist der sukzessive Erwerb der möglichen Wortreihenfolge im Satz, wobei bereits Kinder auf der Zweiwortebene eine grammatische Beziehung zwischen Wörtern herstellen. Diese Zwischenebenen der syntaktischen Entwicklung nennt man auch Zwischengrammatiken (Penner und Kölliker Funk 1998). Im Deutschen gibt es im Gegensatz zu vielen anderen Sprachen eine Vielzahl möglicher Reihenfolgen von Wörtern in einem Satz. Die Aussage des Satzes wird durch eine Umstellung nicht oder nur wenig verändert: „Der Mann küsst den Hund" entspricht „Den Hund küsst der Mann" (➢ Abb. 1.5).
- **Pragmatik:** Die Pragmatik ist die Lehre des Sprachgebrauchs. Sie umfasst Aspekte, wie die Gesprächssituation die Wortwahl bestimmt, wie Dialoge organisiert und strukturiert sind oder wie in einer Gesprächssituation auf Dinge Bezug genommen wird.

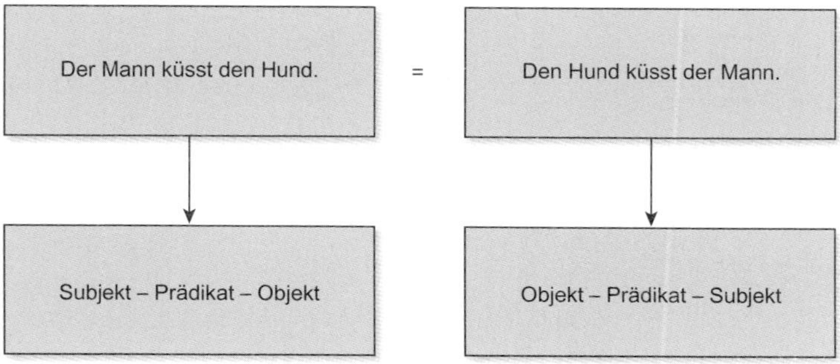

Abb. 1.5 Beispiel für eine Variation in der Wortreihenfolge ohne Veränderung der Gesamtaussage des Satzes

Der Pragmatikerwerb umfasst das Dialogverhalten, bei kleinen Kindern z.B. die Entwicklung der Fähigkeit, mit jemandem über etwas zu sprechen.

1.2.2 Sprachentwicklung

Parallel zu anderen kognitiven und sensorischen Entwicklungsbereichen entwickelt sich der kindliche Spracherwerb in den ersten 3–4 Lebensjahren. Dabei stellt die Entwicklungssequenz der Sprache sicherlich mit das komplexeste Phänomen dar, das ein Kind im frühen Lebensalter zu bewältigen hat. Es handelt sich um einen Teilbereich der biologischen Entwicklung von Kindern, Sprache entwickelt sich nach einem „vorgegebenen Plan“, der in seinen Grundsätzen für alle Kinder aller Sprachen gleich ist. So sind die einzelnen, aufeinander aufbauenden Entwicklungsschritte nicht willkürlich oder pro Kind individuell, sondern folgen einer universellen Reihenfolge. Ebenso betrifft dies die Erwerbsart: Ein bestimmter Entwicklungsmeilenstein muss auf eine bestimmte Art und Weise erreicht werden. Und schließlich sollte die Entwicklungssequenz in einer bestimmten Zeitspanne (bei der Sprache bis zum Beginn des 5. Lebensjahres) abgeschlossen sein. Eine Variation besteht für das Kind in der Hinsicht nicht (Jusczyk 1999). Solch strikte Entwicklungsbedingungen sind generell nicht ungewöhnlich, man findet sie auch für verschiedene Tiergattungen; z.B. müssen Singvögel den Gesang ihrer Art auf eine bestimmte Art und Weise zu einer bestimmten Zeit im Leben lernen. Wird diese Phase verpasst, kann der Gesang sich nicht mehr optimal entwickeln (Jusczyk 1997).

Exkurs

Voraussetzungen für den Spracherwerb aus pädagogischer Sicht (Kluge 2006, 30)

- Vorgeburtlich müssen im sensomotorischen Bereich spezifische Fähigkeiten entwickelt sein.
- Nach der Geburt braucht das Kind eine intensive und kontinuierliche Beziehung in der es soziale Interaktion erlernt.
- Das Gehirn muss einen bestimmten Reifegrad erreichen, sodass es die Steuerung der Sprachentwicklung übernehmen kann.

Im Spracherwerb besteht das besondere Lernproblem für das Kind darin, dass es – im Gegensatz zum Erwachsenen im Fremdsprachenerwerb – noch keine Muttersprache etabliert hat, auf die es sich als Erfahrungsschatz stützen kann. Mit anderen Worten, das Kind muss Struktur in die Sprache seiner Umgebung bringen, ohne bereits über ein Modell zu verfügen, das ihm Lernziel oder Lernrichtung vorgeben könnte. Dazu hat es lediglich seine Informationsverarbeitungs- und Gedächtnisfähigkeiten zur Verfügung, die ihrerseits erst am Beginn ihrer Entwicklung stehen (Jusczyk 1997). Wie Kindern dies gelingt, dabei noch angesichts der Größe der Lernaufgabe in einem geradezu halsbrecherischen Lerntempo, und was passiert, wenn es nicht gelingt, ist Inhalt des nächsten Abschnitts.

Die Entwicklungslogik

Die Art und Weise, wie Sprache sich entwickelt, ist ein Zusammenspiel aus den Kapazitäten, die ein Kind als angeborene Fähigkeit mitbringt und Informationen aus der Sprache, die es in seiner Umgebung hört. Zwischen diesen Bereichen entsteht eine Wechselwirkung, die dem Kind letztendlich seine Entwicklungsfortschritte ermöglicht. Keiner der beiden Bereiche ist allein für den erfolgreichen Erwerb hinreichend. Die Verarbeitungskapazitäten des Kindes sind von Beginn der Entwicklung an da und werden mit zunehmendem Alter größer. So können sie sich auf immer neue Informationen aus dem Input einstellen. Dies ist notwendig, da die erfolgreiche Verarbeitung einer Entwicklungsstufe gleichzeitig die Sensibilität für die relevanten Informationen des nächsten Entwicklungsschrittes ermöglicht. Die angeborenen Verarbeitungsfähigkeiten befähigen das Kind, jede potenzielle Muttersprache zu erwerben. Je nachdem, welche Umgebungssprache das Kind regelmäßig hört, konzentriert es seine Verarbeitung auf diese Sprache. So kommen aus dem Input (d.h. der Umgebungssprache) die einzelsprachlichen Informationen, die auf die grundlegenden Fähigkeiten im Kind treffen.

Das erste Lebensjahr

Das ungeborene und gerade geborene Kind ist hinsichtlich seiner Sprachentwicklung bereits aktiv. Ab der 27. Schwangerschaftswoche ist die auditive Wahrnehmung des Föten soweit entwickelt, dass Höreindrücke von Stimmen und Sprache erkannt und sprachlich weiter verarbeitet werden können. Diese gelangen gedämpft in den Uterus, doch kann ein Fötus z.B. ab der 36. Gestationswoche die Stimme der Mutter erkennen, wenn sie normal laut spricht (Überblick über vorgeburtliche Studien zur sprachlichen und auditiven Wahrnehmung vgl. Hennon et al. 2000). Der Fötus ist in der Lage größere betonte Sprachstrukturen wahrzunehmen. So gibt es Hinweise darauf, dass Neugeborene direkt nach der Geburt Betonungsmuster, die sie als Fötus besonders oft gehört haben, bevorzugen (Aslin et al. 1998). Der Fötus besitzt zu diesem Zeitpunkt bereits eine Präferenz für die Stimme, den Sprachklang sowie die Sprache der Mutter. In den nächsten sechs Monaten ist der Säugling in der Lage Sprachen unterschiedlicher Sprachfamilien zu unterscheiden (Mehler et al. 1988), egal ob eine davon seine Muttersprache ist oder nicht (universale Phase). Doch nimmt diese Fähigkeit sehr schnell ab und das Kind konzentriert seine Wahrnehmung immer mehr auf die Muttersprache (einzelsprachliche Phase). Eine sehr bekannte Fähigkeit in den ersten Lebensmonaten eines Kindes ist, dass der Säugling für die meisten Laute der natürlichen Sprachen sensibel ist und diese unterscheiden kann. Gemeinsam mit der Konzentration auf die Muttersprache nimmt die generelle Sensibilität auf der Lautebene ab und das Kind vertieft sich auch hier in die Auswahl seiner Muttersprache.

!

Diese Phase der Entwicklung ist gekennzeichnet von einer erhöhten Plastizität des Gehirns, die eine unvergleichlich hohe Lernbereitschaft und ein so hohes Lerntempo bereitstellt, wie niemals wieder im Leben (Spitzer 2005).

Die Art und Weise, wie Mütter mit ihren Babys im ersten Lebensjahr sprechen, wird vielfach als *Motherese* (Child-directed Speech) bezeichnet: Viele wichtige Informationen in der Sprache werden besonders betont, sodass der Erwachsene unbewusst den Spracherwerb seines Kindes fördert. Diese Art der Kommunikation ist für diese Altersphase adäquat, sollte danach aber langsam abgebaut werden. Hennon et al. (2000, 56) definieren folgende Merkmale der Motherese:

- Verwendung kürzerer Sätze
- Häufigere Verwendung von Wiederholungen (Wörter, Teilsätze)
- Verwendung einfacherer syntaktischer Konstruktionen
- Höhere Stimmlage
- Größerer Tonumfang der Sprache
- Verlängerung einzelner Wörter (Verniedlichungsformen).

Die fördernde Wirkung erhält das Motherese durch den verstärkten Rhythmus, den die Sprachmelodie in dieser Ansprache an das Kind bekommt. Betonungsveränderungen (prosodische Veränderungen) zeigen im Sprachfluss Grenzen zwischen Wörtern, Satzteilen und Sätzen an. Diese werden im Motherese besonders deutlich und helfen dem nun ca. 6-monatigen Kind, erste Grenzen in den einströmenden Sprachfluss/das Input zu setzen (Hennon et al. 2000).

Exkurs

Aus der Pädagogik kommt der Hinweis, dass die kontinuierliche Beziehung zu einer Pflegeperson (Mutter, Ersatzperson) die Grundbedingung für eine stabile Entwicklung der Erwerbsprozesse ist, die sich um die Sprache herum und zeitgleich mit ihr entwickeln. Diese Prozesse sind die emotionale, motorische, soziale und geistige Entwicklung (Kluge 2006).

Mit 9 bis 12 Monaten hat das Kind seine prosodische Wahrnehmung perfektioniert. Es kann nun Wörter und Sätze erkennen, auch Wortteile in Komposita oder rein grammatische Anteile eines Wortes werden verarbeitet (Penner 2000, 115). Parallel dazu hat das Kind in außersprachlichen Bereichen Fortschritte in der Symbolentwicklung gemacht. Nun ist das Kind bereit für den Wortschatzerwerb.

Die Meilensteine des ersten Lebensjahres in der frühkindlichen Sprachwahrnehmung sind also das Erkennen der Muttersprache und das Setzen von Grenzen in seinen Sprachstrom.

Die sprachlichen Äußerungen des Kindes in der gleichen Zeit lassen sich grob in die Schreiphase und die Lallphasen einteilen. In der Vergangenheit sprach man bei dieser Art der kindlichen Produktion auch von der vorsprachlichen Phase, dieser Ausdruck wird jedoch nur noch wenig benutzt. Dies begründet sich darin, dass durch vermehrte Forschung im ersten kindlichen Lebensjahr nicht nur in der Wahrnehmung, sondern auch in der Produktion des Kindes sprachstrukturelle Anteile gefunden wurden. Der wichtigste produktive Erwerbsschritt ist das Lallen, das ab dem 6. Lebensmonat einsetzt und ab dem ersten Geburtstag langsam von der lexikalischen Produktion abgelöst wird. Das Lallen zieht sich demnach über die gesamte zweite Hälfte des ersten Lebensjahres und sollte auch keine langen Unterbrechungen zeigen. Gegen Ende dieser Zeit erkennt man im Lallen teilweise ganze Sätze oder auch Fragen (kanonisches Lallen). Hier übt das Kind in der Produktion, was es einige Zeit vorher bereits rezeptiv verarbeitet hat.

Lexikonerwerb

Das Verstehen von Wörtern beginnt ungefähr zeitgleich mit dem kanonischen Lallen. Das Kind hat nun die Möglichkeit, Wörter als Symbole zu erkennen und mental zu repräsentieren. Sein Wortverständnis umfasst mit 10,7 Monaten durchschnittlich 10 Wörter (Menyuk 2000, 175), mit 13,5 Monaten sind es bereits 50 und zwei Monate später (15,8 Monate) versteht das Kind i.d.R. 100 Wörter. Zwischen dem 11. und 14. Lebensmonat wird i.d.R. das erste Wort produziert (Kauschke 2000; Menyuk 2000; Karmiloff und Karmiloff-Smith 2001). *Mama* als *d*as klassische erste Wort des Kindes wird von den meisten Forschern nicht als Wort akzeptiert, da es auch eine häufige Lallsequenz darstellt und der Übergang zum Wort kaum abzugrenzen ist. Stattdessen finden Michnick Golinkoff und Hirsh-Pasek (2000: 3) bei den Kindern ihrer Studien den Begriff *Licht* (engl. *light*) als typisches erstes Wort. Sie vermuten, dass die Kombination aus der häufigen Benennung von Licht und des eindrucksvollen Effekts, der beim Umlegen des Lichtschalters entsteht, zu der Häufung als erstes produziertes Wort führt.

In den nächsten Monaten wächst der produktive Wortschatz des Kindes nur langsam; für die nächsten sechs Monate liegt die Lernrate ungefähr bei 1–2 Wörtern die Woche. 10 Wörter werden mit ungefähr 14 Monaten, 50 Wörter mit 18 Monaten produziert (Menyuk 2000, 175). Typische Wörter dieses frühen Wortschatzes sind in ➤ Tab. 1.3 zusammengestellt. Eine wichtige Beobachtung hierbei ist, dass Nomen eine Wortart unter vielen sind, nicht aber den größten Teil des Wortschatzes ausmachen.

Tab. 1.3 Typische Zusammensetzung des Wortschatzes zum Zeitpunkt der 50-Wort-Grenze (Siegmüller und Kauschke 2006, S: 87)

Wortart	Beispiel
Nomen	• Eigennamen (Oma, Papa etc.), Namen von Familienmitgliedern und Haustieren • Arm, Bein, Gesicht, Nase etc. • Rock, Hose, Pullover, Socken etc. • Auto, Teddy, Ball etc. • Tür, Fenster, Tisch, Bett etc. • Milch, Apfel, Brot, Saft, Nudeln etc.
Verben	• machen, tun, spielen • gehen, springen, laufen etc. • schlagen, sitzen, gucken, hören etc. • haben/wollen, essen, trinken, malen, kochen, waschen, kaufen, schneiden etc.
Adjektive	• heiß, kalt, kaputt, groß, schmutzig etc.
Personal-soziale Wörter	• bitte, danke, tschüß, hallo etc.
Relationale Wörter	• da, auf, ab, auch

Zwischen dem 18. und dem 24. Lebensmonat erreichen die Kinder die *50-Wort-Grenze*, die einen bedeutsamen Einschnitt in der lexikalischen Entwicklung darstellt. Von jetzt an beschleunigt sich der Erwerb von Wörtern, die Erwerbsquote steigt von ca. 1–2 Wörtern pro Woche auf mehrere Wörter pro Tag (Kauschke 2000, 12–25; Rothweiler und Kauschke 2005). Diese Phase wird der *Wortschatzspurt (Vocabulary Spurt)* genannt und stellt einen wesentlichen Entwicklungsmeilenstein im lexikalischen Erwerb dar. Das Kind benutzt nun einen besonders schnellen Abbildungsprozess von Wortformen auf Bedeutungsreferenzen, das sog. *Fast Mapping* (Carey 1978). Hierbei lernt das Kind bereits nach einmaligem Hören der unbekannten Wortform und gleichzeitigem Sehen des Objekts/der Handlung etc. ein neues Wort. Ab dem Zeitpunkt des Wortschatzspurts ist das Kind mit allen notwendigen Mechanismen zum Lernen von Wörtern ausgerüstet. Von jetzt an baut es Wortschatz mit Hilfe des Fast Mappings auf, eine qualitative Veränderung in der Art und Weise, wie Wörter gelernt werden, findet nicht mehr statt. So wird angenommen, dass auch noch Erwachsene zum Fast Mapping in der Lage sind (Bloom 2000); d.h. dieser Entwicklungsmeilenstein manifestiert sich zum Zeitpunkt des Wortschatzspurts und begleitet den lebenslangen Wortschatzerwerb.

Grammatikerwerb

Der Grammatikerwerb basiert, wie auch der Lexikonerwerb, auf dem prosodisch erworbenen Wissen im ersten Lebensjahr. Nach dem ersten Lebensjahr wird die grammatische Produktion des Kindes zunächst als *Phase der Einwortäußerungen* (auch Einwortsätze) bezeichnet. Zwischen dem 18. und 24. Lebensmonat (meist parallel zum Wortschatzspurt) beginnen die Kinder Wörter zu kombinieren. Die ersten *Wortkombinationen* erscheinen noch recht telegraphisch (Guasti 2002, 101). Folgende Elemente fehlen in den frühen Wortkombinationen (Guasti 2002, 107):

- Artikel, Konjunktionen
- Flexionsendungen der Personalformen des Verbs
- Hilfsverben.

Rezeptiv können all diese Elemente jedoch bereits verarbeitet werden (Höhle und Weissenborn, 1998).

Die maßgeblichen Regeln der Grammatik werden von ungestörten Kindern i.d.R. zwischen 2;6 und 3 Jahren erworben (Weissenborn 2000, 143). Im Deutschen ist v.a. der Erwerb der Verbstellung im Hauptsatz, die sog. *Verbzweitstellung* zu meistern. Dieser Entwicklungsschritt stellt gleichzeitig das Ende der syntaktischen Entwicklungsfolge des Hauptsatzes dar (Penner und Kölliker Funk 1998). Zuvor durchläuft das Kind die Phase der *Verbendstellung*. Im Unterschied zu den ersten Wortkombinationen, produziert das Kind nun meist mehr als zwei Wörter und besetzt die letzte Position des Satzes mit einem Verb im Infinitiv (unflektierte Form). Gleichzeitig mit der Verbzweitstellung erwirbt das Kind das Wissen darüber, wann ein Nomen einen Artikel benötigt und wann nicht (*Artikeleinsetzungsregel*, Penner und Weissenborn 1996; Penner und Kölliker Funk 1998; Weissenborn 2000, 161). Dieser Erwerbsschritt ist die Voraussetzung dafür, dass später Kasus (Nominativ, Dativ, Akkusativ), Genus und Plural am Artikel markiert werden können.

Pluralmarkierungen gehören zu den frühesten morphologischen Markierungen, die das Kind vornimmt. Der Erwerb des Plurals – und auch der des Genus – als vollständiges System zieht sich jedoch über den gesamten Spracherwerb; fehlerfrei ist die Pluralbildung erst mit dem Grundschulalter (Pinker 1991, 1999, 2000). Tempusmarkierungen (v.a. die Vollendete Gegenwart, *hat gekocht*) folgen der Verbzweitstellung in der Entwicklungschronologie und werden im 4. Lebensjahr erworben. Anschließend lernt das Kind Objekte in Sätzen im Akkusativ zu markieren, wobei auch Dativobjekte zunächst mit Akkusativ markiert werden. Die Dreigliedrigkeit des Kasussystems wird – mit dialektalen Variationen – etwa in der zweiten Hälfte des 6. Lebensjahres erworben (Clahsen 1984).

Nicht erreichte Entwicklungsmeilensteine

Entwicklungsstörungen der Sprache gehören zu den häufigsten Defiziten, die deutsche Kinder aufweisen. Immer wieder finden sich in der Presse Berichte, nach denen Störungen der Sprache und des Sprechens Ursache dafür sind, dass Kinder von der Einschulung zurückgestellt werden. Seit längerem ist bekannt, dass Kinder, die mit Sprachauffälligkeiten die Schullaufbahn beginnen, ein hohes Risiko tragen, eine Lese-Rechtschreibstörung zu entwickeln (Siegmüller und von der Heide 2006). Die klinische Forschung und Praxis fordert daher umfassende Sprachstandserhebungen, jedoch sollten diese nicht erst die Vorschulkinder erfassen, da eine Förderung oder auch eine Therapie Zeit benötigt, die so kurz vor der Einschulung kaum mehr besteht.

Der bisherige Überblick über den ungestörten Spracherwerb vermittelt das Gefühl, dass das Kind eine recht stringente Abfolge von Lernschritten zu bewältigen hat, die mit den prosodischen Bereichen im ersten Lebensjahr beginnt und mit dem komplexen morphologischen System des Kasussystems endet. Der Hauptanteil der Lernaufgabe ist mit dem 4. Geburtstag gemeistert.

Aus der in ➢ Kap. 1.2.2 beschriebenen Entwicklungslogik folgt, dass ein Kind immer dann Schwierigkeiten bekommt, wenn seine Verarbeitungsfähigkeiten den einströmenden Input nicht in seiner neueren komplexen Form verarbeiten können (Evans 2001). Dies wird als eine häufige Wurzel der Sprachentwicklungsstörung begriffen (Bishop 2000). Die Folge ist mind. eine zeitliche Verzögerung im Erreichen des nächsten Meilensteins oder im schlimmeren Fall ein vollkommenes Steckenbleiben vor dem nächsten Entwicklungsschritt, ohne dass weitere Entwicklungsprozesse stattfinden (*Stagnation*). Stagnationen sind gerade für die grammatischen und prosodischen Bereiche die typischeren Formen der Sprachentwicklungsstörung (Leonard 1998).

Die Erfassung von Sprachentwicklungsstörungen ist bereits zum 3. Geburtstag eines Kindes, spätestens im Verlauf des 4. Lebensjahrs zuverlässig möglich (Conti-Ramsden, 2003), jedoch ist es typisch für diese Entwicklungsproblematik, dass sie ihr Gesicht über die Altersspannen der Vorschulzeit ändert, sodass oberflächlich der Eindruck entstehen kann, dass Auffälligkeiten von allein verschwinden, während andere dazukommen:

„Mit der Bestimmung des Störungsprofils zu einem bestimmten Zeitpunkt ist ein Ausgangspunkt ermittelt, der jedoch Veränderungen unterworfen sein kann. Mit und auch ohne therapeutische Intervention kann sich das Profil und damit der Störungsschwerpunkt verlagern. So kann sich die Leitsymptomatik bei einer übergreifenden Störung [eine Sprachentwicklungsstörung mit Symptomen auf mehr als einer sprachlichen Ebene, Anm. der Autorinnen] auf eine andere Ebene verschieben. Eine Störung auf mehreren Auswirkungsebenen kann sich zu einer isolierten Störung wandeln" (Kauschke und Siegmüller 2010, 5).

Als günstiger Zeitpunkt für eine grundsätzliche Sprachstandserhebung bietet sich damit das Eintrittsalter in den Kindergarten an; d.h. der Zeitraum um den 3. Geburtstag. Generell zeichnen sich Sprachentwicklungsstörungen also durch eine hohe Persistenz aus, wobei sich die Störung in verschiedenen Altersphasen durch unterschiedliche Symptome zeigt (➢ Abb. 1.6).

Der Entwicklungsverlauf der Kinder mit spezifischen Sprachentwicklungsstörungen beginnt i.d.R. verzögert, wobei das Auftreten des ersten Wortes mehr als ein Jahr verspätet sein kann (Leonard 1998, 43). Mit 24 Lebensmonaten weisen die meisten Kinder mit Sprachentwicklungsstörungen weniger als 50 Wörter im produktiven Wortschatz auf. Hier zeigen

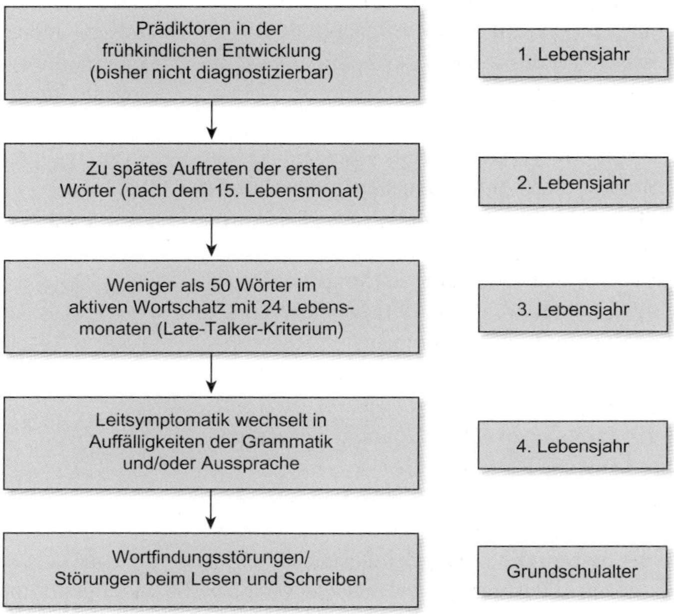

Abb. 1.6 Typischer Verlauf einer Sprachentwicklungsstörung

sich in den lexikalischen Bereichen die zeitlichen Verzögerungen im Erreichen der wesentlichen Meilensteine „erstes Wort“ und „50-Wort-Grenze“. Zu diesem Zeitpunkt werden auffällige Kinder als *Late Talker* klassifiziert, was sie zunächst zu Risikokindern für die Entwicklung einer Sprachentwicklungsstörung macht. Untersuchungen gehen von einer Spontanremissionsquote bis zu 50% zwischen 2;0 und 3;0 aus (Überblick in Kauschke 2000, 46f). Nach 3;0 sinkt die Möglichkeit der spontanen Remission allerdings auf ca. 5%, sodass man davon ausgeht, dass sich chronische Sprachentwicklungsstörungen ab diesem Alter etabliert haben (Conti-Ramsden und Botting 1999).

!

Ab dem 3. Geburtstag eines Kindes gilt eine Sprachentwicklungsstörung als chronisch. Die Chance für das Kind, die Störung ohne Therapie noch zu überwinden, ist nun sehr gering.

Holt das Kind bis zu seinem 3. Geburtstag nicht auf, so bleibt vielfach ein lexikalisches Defizit bestehen (Dollaghan 1987; McGregor und Appel 2002), doch wechselt das Leitsymptom im 4. Lebensjahr in grammatische Bereiche (Leonard 1998, 45). Ebenso treten nun Ausspracheschwierigkeiten in Bezug auf einzelne Laute in den Vordergrund, phonologische Ersetzungsprozesse werden nicht altersgerecht überwunden (Fox und Dodd 1999; Fox 2004).

Dieser Wechsel in der Leitsymptomatik ist typisch; die Sprachentwicklungsstörung ist nicht in jedem Alter von den gleichen Auffälligkeiten an der sprachlichen Oberfläche geprägt. Trotzdem liegt die „alte Störung“ noch unter der neuen und beeinflusst weiterhin nachhaltig die weitere Entwicklung. Aus diesem Grund wird in vielen modernen Therapieansätzen bei der Behandlung der Störungsanteile nach der Entwicklungschronologie vorgegangen, d.h. alte Störungsanteile werden vor neueren therapiert, auch wenn diese nicht mit der momentanen Leitsymptomatik übereinstimmen (vgl. z.B. die Prinzipien der Patholinguistischen Therapie bei Siegmüller und Kauschke 2006, Kap. 3).

Der Erwerb des Hauptsatzes wird im ungestörten Spracherwerb dadurch angezeigt, dass das Verb vom Ende des Satzes (siehe folgenden Beispielkasten) in seine „normale Position“ an zweiter Stelle im Satz wandert. Er gilt als schwierigster und wichtigster Entwicklungspunkt der kindlichen Grammatikentwicklung (Penner und Kölliker Funk 1998) und bildet damit gleichzeitig das häufigste Symptom der grammatischen Störung. Kinder mit Dysgrammatismus verbleiben zu lange in der Phase der Verbendstellung (Clahsen 1988; Penner und Kölliker Funk 1998) und weisen in späteren Altersphasen Defizite bei der Markierung der verschiedenen Flexionsformen an Artikeln und Verben auf (Grimm 2000).

BEISPIEL

Sätze in Verbendstellung

- Lisa Auto waschen.
- Papa da hingehen.
- Die Mama auch schlafen.
- Ich das auch kann.

In Sätzen mit Verbendstellung steht das Verb am Ende des Satzes. Um von dieser Struktur zu sprechen, beinhaltet der Satz mindestens drei Wörter. Ein Satz wie *Apfel essen* hat zwar auch das Verb in der hinteren Position, dies gilt aber nicht als Verbendstellung. Zweiwortsätze spiegeln die Fähigkeiten auf der Entwicklungsebene *vor* der Verbenstellungsphase wider.

Das phonologische System, d.h. die Organisation der Laute der Muttersprache und die Entdeckung ihrer Aussprache, hat sich bei ungestörten Kindern mit etwa 4 Jahren im Wesentlichen stabilisiert. Daher sind „phonologische Vereinfachungsprozesse bei Kindern, die 4 Jahre und älter sind, generell als Störungsmerkmal zu werten“ (Kauschke und Siegmüller 2010, 27). Bei jüngeren Kindern kann die beobachtete Ersetzung noch altersadäquat sein.

BEISPIEL

Typische vereinfachende Ersetzungsprozesse

- **Korrektes Wort: Blume**
- Erster Laut ausgelassen: Lume
- Zweiter Laut ausgelassen: Bume
- Konsonantenverbindung ausgelassen: Ume
- Konsonantenverbindung ersetzt: Frume
- Erster Laut ersetzt: Glume
- Zweiter Laut ersetzt: Brume
- Einzelner Konsonant ersetzt: Blune

Im Vorschulalter ab 5 Jahren kommen häufig Wortfindungsstörungen hinzu, die nun neben den syntaktischen Defiziten ko-existieren (Leonard 1998;

Lahey und Edwards 1999; McGregor und Appel 2002; McGregor et al. 2002; Newman und German 2002). Gerade die Kinder, die eine solche letztgenannte Störungskomponente entwickeln, gelten als Risikokinder für Lese-Rechtschreibstörungen.

!

Wortfindungsstörungen sind vergleichbar mit dem Gefühl „es liegt mir auf der Zunge". Das Kind mit Wortfindungsstörungen hat dieses Phänomen vermehrt und leidet unter diesem häufigen Vorkommen (Glück 1998; Siegmüller 2008c).

Die Verbindung zwischen der SES und der Lese-Rechtschreibstörung liegt vermutlich in der Phonologischen Bewusstheit, die bei SES-Kindern nicht gut genug entwickelt ist (Schnitzler 2006).

Je älter das Kind wird, desto persistenter und vielschichtiger wird die Störung insgesamt (➤ Abb. 1.6), da die Entwicklung der unauffälligen Kinder und des sprachentwicklungsauffälligen Kindes immer weiter auseinanderklafft. Ebenso bilden sich nun unterschiedliche Profile heraus, die in der Grundschulzeit als sprachliches Symptomkluster verbleiben und sich dann kaum noch verändern (Conti-Ramsden und Botting 1999). Meistens sind die Fähigkeiten im Verstehen und Produzieren von Texten davon betroffen, sodass sowohl die Grammatik als auch Erfassung von Bedeutung schwierig ist. Es ist offensichtlich, dass diese Probleme den Schulerfolg – über den Deutschunterricht hinaus – maßgeblich gefährden.

Gleichzeitig kommen langsam psychologische Faktoren wie ein Störungsbewusstsein für einige Anteile der Problematik (v.a. für Störungen der Aussprache) hinzu oder Reaktionen der Umwelt, z.B. Korrekturen der Sprache durch die Bezugspersonen. Dies kann Hemmungen im Sprechen, Kompensationen durch Aggression entstehen lassen oder auch die Entwicklung anderer Störungen wie z.B. Stottern mit bedingen. Sprachstörungen, die bis ins Erwachsenenalter bestehen bleiben, können ernsthafte Schwierigkeiten bei der Suche nach einem Arbeitsplatz verursachen. Im Laufe der zweiten Hälfte des 20. Jahrhunderts wurden durch die zunehmende Technisierung und die Entwicklung der Informationsgesellschaft die beruflichen Möglichkeiten von Menschen mit eingeschränkten Kommunikationsfähigkeiten immer mehr eingeschränkt (Hedge und Maul 2006). Die Folge ist in vielen Fällen sozialer Abstieg der Betroffenen, häufiger Abbruch von Berufsausbildungen oder Entlassungen. Aus diesem Grund treten Sprachentwicklungsstörungen häufig in Familien mit niedrigem Sozialstatus auf.

1.2.3 Wodurch Sprachentwicklungsstörungen *nicht* entstehen

Der Spracherwerb ist ein Entwicklungsbereich, in dem Kinder zwar die gleiche (oder nahezu die gleiche) Reihenfolge an Entwicklungsmeilensteinen durchlaufen (Chomsky 1988), der sich aber trotzdem eine große Spanne interindividueller Variation lässt, z.B. in der frühen Phase des Lexikonerwerbs (Szagun 2007). Während in der klassischen Betrachtung des Spracherwerbsverlaufs (nativistische Sichtweise) die Variation innerhalb der unauffälligen Kindergruppe weitgehend vernachlässigt wurde, ist mit dem Aufkommen alternativer, dynamischerer Modelle die Variation in den Blickpunkt der Forschung gerückt.

Folgende Varianten gehören zum unauffälligen Spracherwerb (Kauschke 2008):

- Monolingualer Erwerb (einsprachig) oder mehrsprachiger Erwerb
- Erwerb von Dialekten oder der Hochsprache
- Sprachliche Überflieger (besonders früh sehr gut sprechende Kinder) und „Spätblüher" (Kinder, die im Vergleich zu anderen Kindern recht spät beginnen und dann noch aufholen)
- Undeutliche Aussprache von Wörtern in frühen Phasen des Spracherwerbs
- Unterschiede in der vollständigen Erwerbsdauer zwischen Sprachen
- Gebrauch von Sätzen, die im Vergleich zur Erwachsenensprache noch unfertig erscheinen.

Exkurs

Dialekte

Dialekte gehören zu den Sprachvarianten (*language difference*), die keine pathologische Abweichung darstellen (Paul 2007, 166; Hedge und Maul 2006, 333). Eine Sprachvariante ist ein regelgeleiteter Sprachstil, der in einigen Bereichen vom Standardgebrauch der Sprachkultur abweicht (Paul 2007, 166).

1

Im Volksmund gelten Dialekte häufig als unschön oder scheinen einen niedrigen sozialen Standard anzuzeigen. Es gibt jedoch Anhaltspunkte dafür, dass sowohl prosodische als auch grammatische Hinweise von einem Sprachmodell, das eine dialektale Sprache verwendet, für Kinder deutlicher zu erkennen sind als bei der Verwendung der Hochsprache (Penner und Kölliker Funk 1998). Insofern ist ein künstliches „Umstellen" des Sprachstils in der Kita zur Erhöhung der Sprachmodell-Qualität nicht notwendig. Dialekte sind kein Grund für eine Sprachtherapie, da im Kind kein Defizit zur Sprachverarbeitung vorliegt. Stellt man sich ein Kind vor, das bis zum Kita-Eintritt ausschließlich dialektal gefärbte Sprache als Input bekam, so kennt es das hochsprachliche Deutsch nicht und kann dieses durch entsprechende Kommunikationssituationen erwerben. Gerade für diese Aspekte eignen sich Peer-Gruppen sehr gut (siehe nächster Exkurskasten). Das gezielte Angebot, hochsprachliches Deutsch zu sprechen, kann in Einzelfällen sinnvoll sein, wenn die soziale Umgebung des Kindes den Dialekt als soziales Stigma empfindet. Um dem entgegenzuwirken wird bei Paul (2007, 193) folgendes empfohlen:

- Dem betreffenden Kind soll Gelegenheit gegeben werden, in natürlichen spontanen Kommunikationssituationen mit gleichaltrigen hochsprachlich sprechenden Kindern zu interagieren.
- Durch die begleitende Erzieherin werden Situationen geschaffen, in denen Informationen fehlen. Das Kind soll dies wahrnehmen und sprachlich mit den anderen Kindern interagieren, um diese Lücke zu füllen.
- Das betreffende Kind soll in kooperativen Kontexten mit anderen Kindern gemeinsam zielgerichtete Arbeiten erledigen, z.B. als Teil von Projekten.

Durch diese Maßnahmen entsteht zwischen den Kindern das Gefühl von Gemeinsamkeit, das Kind fühlt sich in der Kindergruppe aufgefangen und empfindet die verwendete Sprache als angenehm. Dies regt dazu an, sich der „neuen" Sprache (der Hochsprache) als Erwerbsziel zuzuwenden.

Kauschke (2008) weist darauf hin, dass auch *soziale Aspekte* wie die Schichtzugehörigkeit der Eltern den Spracherwerb beeinflussen, jedoch nicht pathologisieren können. Dieser Einfluss stellt sich durch das elterliche Sprachmodell (z.B. hinsichtlich der Verwendung von Dialekten) oder den individuellen Kommunikationsstil ein. Besonders empfänglich für die individuelle Kommunikation in der Familie ist der Wortschatzerwerb: Das Kind muss alle Wörter aus seiner Umgebungssprache heraus erwerben (im Unterschied zur Grammatik, wo das Kind nicht jeden Satz, den es einmal sagen möchte, vorher gehört haben muss). Insofern zeigt sich der Einfluss der Umgebungssprache im Wortschatzerwerb stärker als in anderen sprachlichen Bereichen. Trotzdem ist es nicht möglich eine Liste „besonders wertvoller" Wörter aufzustellen, die Eltern ihren Kindern im Optimalfall beibringen sollten. Die Liste in Tab. 1.3 führt Beispiele auf, die viele Kinder in ihrem ersten Wortschatz, dem sog. frühkindlichen Lexikon, aufweisen. Auch kann nicht geschlussfolgert werden, dass einige Varianten des Spracherwerbs „besser" oder „schlechter" sind. Es handelt sich hierbei um normale Varianten, die durch die Lebenssituation des individuellen Kindes und ein kompliziertes Beziehungs- und Kommunikationsgeflecht entstehen. So wird z.B. der Mehrspracherwerb aus Forschungssicht als Vorteil für die Kinder gesehen. In verschiedenen Bereichen der Sprache wird mehr erworben als in einem monolingualen Spracherwerb, z.B. sind die Bedeutungsrepräsentationen reichhaltiger als bei einsprachigen Kindern. Rothweiler und Kroffke (2006) geben Punkte vor, die den Zwei- oder Mehrspracherwerb beeinflussen:

- *Migrationsbedingungen*: Kind erwirbt in einer Sprachkultur eine weniger wertgeschätzte Sprache als eigentliche Muttersprache. Die positive Wertschätzung der Sprachen in der Kita fördert beim Kind das Annehmen der eigenen Sprache und den Wunsch, sie zu erwerben.
- *Sprachkonstellation der Familie*: Familiäre Sprachvorbilder sprechen nicht in der Muttersprache. Das Sprachvorbild sollte möglichst muttersprachlich gegeben werden, auch wenn diese Sprache nicht der Umgebungssprache der Lebenssituation entspricht (z.B. sollte eine türkischsprachige Mutter türkisch mit ihren Kindern

sprechen, wenn sie selbst über keine erstsprachliche Kompetenz im Deutschen verfügt).

- *Zeitpunkt des Erstkontakts*: Je später der Kontakt zur zweiten Sprache erfolgt, desto höher ist das Risiko diese verlangsamt bzw. nicht mehr vollständig zu erwerben.
- Im Schulalter sollte das Kind in beiden/allen Sprachen sowohl *laut- als auch schriftsprachliche Kompetenzen* aufweisen (z.B. sollte ein russisch-deutsch sprechendes Kind über beide Schriftsysteme verfügen).

Erziehungsfehler können keine Sprachentwicklungsstörungen entstehen lassen. Jedoch können Ereignisse in der Familie (z.B. Trennung der Eltern, Todesfälle von nahen Familienmitgliedern) durchaus Einfluss auf das Sprach*verhalten* des Kindes nehmen. Dies muss von Sprachentwicklungsstörungen unterschieden werden. Sprachliche Reaktionen wie Rückgang der Sprachproduktion, ausweichendes Kommunikationsverhalten oder Verstummen des Kindes können entsprechende Ursachen haben. Sie können i.d.R. auf einen bestimmten Moment bezogen werden, ab dem das Verhalten beobachtbar war, sodass eine Erklärung für das kindliche Verhalten außerhalb der Sprache vorliegt. In diesen Fällen ist Sprachtherapie oder -förderung meist nicht die adäquate Unterstützung für das Kind.

Es soll darauf hingewiesen werden, dass es längst nicht nur die Eltern sind, die sprachlichen Einfluss auf die Kinder ausüben und eine entsprechende Vorbildfunktion ausüben. Je nachdem wo das Kind sich tagsüber lange aufhält (Kita, Tagesmutter, Krippe) wird ebenfalls Einfluss ausgeübt. Verbringt ein Kind pro Woche z.B. 30 Stunden seiner wachen Zeit in der Kita, so ist die dort geführte Sprache und Kommunikation genauso ein Einflussfaktor wie die der Mutter oder die des Vaters. Dies wird auch in verschiedenen Bildungsplänen der Bundesländer so beschrieben, in denen der Erzieherin explizit eine Sprachvorbildfunktion, d.h. die Rolle des Sprachmodells zugeschrieben wird.

Auch der Input von anderen Kindern ist für Kinder ein mögliches Sprachvorbild (*Peer-Input*). Kinder reagieren demnach besonders schnell auf sprachliche Strukturen anderer Kinder. Je näher sich die Kinder sind, desto größer ist die Gewichtung der Sprachstrukturen, die von dem Kind geäußert werden.

Exkurs

Peers

Der Ausdruck *Peers* bezeichnet Kinder, die auf dem gleichen kognitiven und sozial-moralischen Entwicklungsstand stehen. Sie nehmen in Institutionen typischerweise ähnliche Rollen ein wie ein auffälliges Kind auf dem gleichen Entwicklungsstand/im gleichen Alter (z.B. werden sie in der Kita alle betreut und gehören nicht zu den Betreuenden) und steuern auf die gleichen Entwicklungsfortschritte und Lebensereignisse (z.B. Schuleintritt) zu. Peers bilden ab dem Zeitpunkt des Kindergarten-/Krippeneintritts einen wesentlichen Teil der kindlichen Sozialwelt, die ebenso Einfluss auf die Entwicklung nimmt wie die Erwachsenenwelt (Viernickel 2006, 65f). Peer-Beziehungen können sowohl in der Familie (zu Geschwistern oder Cousins/Cousinen) bestehen wie zu nicht-verwandten Kindern im mehr oder weniger gleichem Alter. Wie auch in der Beziehung zu Erwachsenen regelt die Stabilität der Beziehung, ob ein Peer von einem Kind als interessanter Interaktionspartner empfunden wird, der dann mit der Zeit anderen Kindern vorgezogen wird. Die Peer-Beziehungen werden schon seit längerem als eigenständiger Sozialisationskontext eines Kindes anerkannt, der mit Entwicklungsprozessen verbunden ist, die ein Kind sonst nicht durchlaufen kann. Es sind qualitativ andere Erfahrungen, die das Kind in der Interaktion mit anderen Kindern macht als in der mit Erwachsenen. Im Wesentlichen ist dies an drei Punkten zu beobachten (Viernickel 2006, 67):

- Am Umgang von Kindern untereinander
- An den bedeutungsrelevanten Themen
- An den Maßstäben, durch die sich die Stellung eines Kinder in einer Kindergruppe entscheidet.

Die Peer-Kultur wird als wichtiger Anteil der kindlichen Entwicklung in erster Linie in der Pädagogik diskutiert. Ihre Rolle erhält die Peer-Kultur in den Eigenarten des sozialen Austauschs unter Kindern. Hinsichtlich der Bedeutung für die Sprachentwicklung wird erst seit einiger Zeit erkannt, dass sich auch hier spezifische Einflussfaktoren verbergen. Kinder suchen

sich ihre sprachlichen Vorbilder nach der Stabilität und Häufigkeit ihrer Anwesenheit, aber auch aufgrund von Empathie aus und dies kann auch Peers betreffen. Meistens handelt es sich dabei um etwas ältere Kinder, die in ihrer Gruppe eine – liebevolle – Führungsrolle einnehmen. Einen systematischen Versuch hinsichtlich der Wirkung des Peer-Inputs unternahmen Weiss und Nakamura (1992). Sie erprobten, ob sprachunauffällige Peers als Kommunikationsmodell für sprachauffällige Kinder zum direkten Sprachvorbild werden können und sich dieses positiv auf den Spracherwerbsfortschritt der auffälligen Kinder auswirkt. Die Idee dahinter war: Gleichaltrige Peers geben ein Sprachvorbild, dass sich zwar leicht über dem Sprachniveau des auffälligen Kindes befindet, das sich selbst jedoch immer noch in der Entwicklung befindet, d.h. nicht auf der komplexen Ebene der erwachsenen Zielsprache liegt. Die Ergebnisse ließen darauf schließen, dass die Kommunikation zwischen den Kindern natürlicher und weniger einseitig ist als mit Erwachsenen, da zwischen Peer und sprachauffälligem Kind in etwa die gleichen Interessen geteilt, die gleichen Aktivitäten ausgeführt werden und ähnliche Themen in der Konversation wichtig sind. Sprachunauffällige Peers geben ein korrektes Modell für kindliches Sprachverhalten und Sprechen, das direkter vom sprachauffälligen Kind übernommen werden kann als vom Erwachsenen.
Ein solches Einsetzen von Peers basiert auf einer vorsichtigen Auswahl geeigneter Kinder und einer guten Begleitung der Situationen durch den Erwachsenen. In diesem Sinne ist das in vielen Kita-Einrichtungen gängige Novizen-Meister-System ein Weg, um das kindliche Sprachmodell stärker in die alltägliche Kommunikationsförderung mit aufzunehmen. Setzt man ein Kind mit einer Sprachentwicklungsstörung lediglich in eine Gruppe gleichaltriger, sprachunauffälliger Kinder, hat dies keinen positiven Effekt auf das Sprachverhalten und die Entwicklung des betreffenden Kindes (Paul 2007, 410).

1.2.4 Wodurch Sprachentwicklungsstörungen entstehen können

Sprachentwicklungsstörungen sind Teil der größeren Gruppe der Sprachauffälligkeiten, die im Kindesalter auftreten können (➤ Abb. 1.7). Dabei bilden die Sprachentwicklungsstörungen nur eine Untergruppe. Sie sind die einzigen, die unter die Entwicklungsstörungen fallen.

Man unterscheidet Entwicklungsstörungen von erworbenen Störungen. Nicht nur im Bereich Sprache, auch in anderen Bereichen kann diese Unterscheidung geführt werden. Bei einer Entwicklungsstörung wird die Entwicklung eines Kindes von ihrem Beginn an beeinflusst. Dagegen liegt bei einer erworbenen Störung bis zu einem bestimmten Zeitpunkt eine unauffällige Entwicklung vor. Die unauffällige Entwicklung endet mit dem Erwerb der Störung. Ab diesem Zeitpunkt handelt es sich um einen auffälligen Entwicklungsverlauf. Bei den Sprachstörungen gehören demnach neben den Sprachentwicklungsstörungen die *erworbenen Störungen* zu den möglichen Störungsbildern (nachgeburtlich erworbene Sprachstörungen ➤ Abb. 1.7). Folgende Störungsbilder sind unter den erworbenen kindlichen Sprachstörungen zu finden (Siegmüller und Heide 2006):

- Sprachstörungen aufgrund eines kindlichen Schlaganfalls
- Sprachstörungen aufgrund von Epilepsien
- Sprachstörungen aufgrund von Unfällen mit offenen oder geschlossenen Schädel-Hirn-Traumata.

Teilweise werden auch Schädigungen, die das Baby vorgeburtlich durch eine Krankheit der Mutter erfährt, zu den erworbenen Störungen gerechnet. Hierzu gehört z.B. die Röteln-Embryopathie, die dadurch entsteht, wenn eine schwangere Frau an Röteln erkrankt (vorgeburtlich erworbene Sprachstörungen; ➤ Abb. 1.7).

Entwicklungsstörungen der Sprache können in isolierter Form auftreten (die *spezifische Sprachentwicklungsstörung*; ➤ Abb. 1.7) oder in komplexe Störungsbilder eingebettet sein. Klassischerweise können die komplexen Störungsbilder Sprachentwicklungsstörungen provozieren, in diesem Fall ist die Sprachentwicklungsstörung *sekundär*. Dies ist z.B. bei einer zentralen Hörstörung der Fall (Fellin-

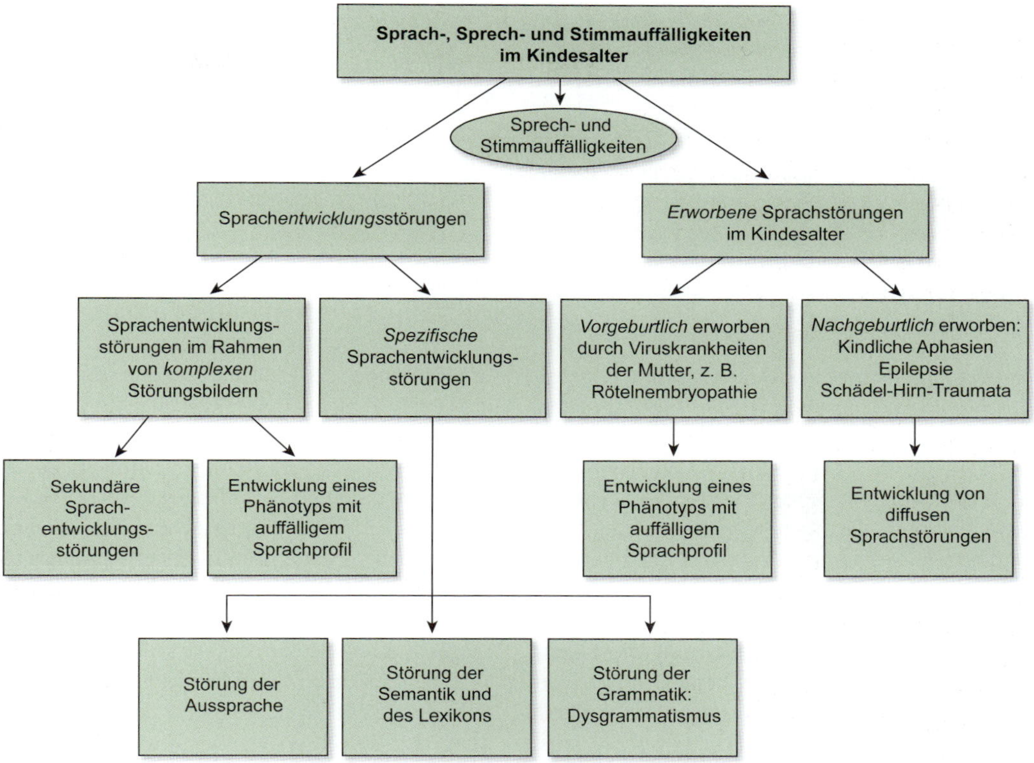

Abb. 1.7 Übersicht über die verschiedenen Formen von Sprachauffälligkeiten im Kindesalter (angelehnt an Kauschke und Siegmüller 2010)

ger 2006): das Sprachvermögen des Kindes ist eigentlich bereit, Sprache zu erwerben und zu verarbeiten. Durch das verminderte bzw. fehlende Hörvermögen dringen jedoch nur sehr wenige oder keine Reize durch. Eine Förderung der Sprache ohne eine Versorgung des Kindes mit Hilfen zum besseren Hören würde keinen Erfolg bringen.

Ein anderes Störungsbild, das eine sekundäre Sprachstörung zur Folge haben kann, ist der *Mutismus*. In diesem Fall hört das Kind aufgrund eines Schlüsselerlebnisses auf, sprachlich zu kommunizieren. Das Schlüsselerlebnis ist nicht immer von außen nachvollziehbar und kann zu einem selektiven (orts- oder personenbezogenen) oder vollständigen Mutismus führen (Fröhling 2006).

In vielen Fällen liegen jedoch komplexe Störungsbilder vor, bei denen die Sprachentwicklungsstörung im Rahmen einer größeren Beeinträchtigung auftritt, ohne dass man sicher beurteilen kann, ob sie von der nichtsprachlichen Störung hervorgerufen wird. Sie gilt daher nicht als sekundär sondern als *primär* und damit als Teil des Gesamtstörungsbildes. Dieses wird auch als Phänotyp bezeichnet.

!

Der Phänotyp ist die Gesamtheit an Symptomen, die ein Kind mit einem bestimmten Syndrom typischerweise entwickelt (Dykens 1995; Heubrock und Petermann 2000).

Geistige Behinderungen, die aufgrund von genetischen Syndromen entstehen, gehören zu dieser Art von Störungsbildern. Eine große Zahl genetisch basierter geistiger Behinderungen geht mit einer Sprachentwicklungsstörung einher, doch gilt letztere ebenso wie die geistige Behinderung als Symptom des genetischen Syndroms.

1

!

In der Vergangenheit, als die genetische Basis der Syndrome noch unbekannt war, wurde die geistige Behinderung häufig als Ursachenerkrankung benannt, die dann die Sprachentwicklungsstörung hervorrief. Diese Klassifikation ist seit dem Wissen um die Rolle der Genetik beim Ausbruch der Syndrome nicht mehr aktuell. Die geistige Behinderung ist somit nicht mehr das *Syndrom,* sondern ein *Symptom* neben vielen anderen Symptomen im organischen, sprachlichen, muskulären oder Wahrnehmungsbereich.

Liegt der komplexen Entwicklungsstörung keine genetische Ursache zugrunde, werden vielfältigere Ursachen diskutiert. Auch hier wird in gewisser Weise angenommen, dass im Kind eine Veranlagung für die Entwicklung der Störung liegt. Stößt diese auf Umweltfaktoren, die diese Prädisposition ungünstig beeinflussen, so kommt es zum Ausbruch der Entwicklungsstörung (➤ Abb. 1.8).

Straßburg und Kollegen (2003) beschreiben, dass eine Entwicklungsstörung nur dann entstehen kann, wenn im Kind entsprechende Veranlagungen vorhanden sind. Soll eine Entwicklungsstörung durch äußere Umstände allein verursacht werden, muss die Lebenswirklichkeit des Kindes in extrem ungünstigen Bedingungen liegen (z.B. Kriegserlebnisse oder Vertreibung). Normalerweise entsteht eine Entwicklungsstörung durch das Aufeinandertreffen von ungünstigen Lebensumständen des Kindes und Prädispositionen, die im Kind sowieso bestanden

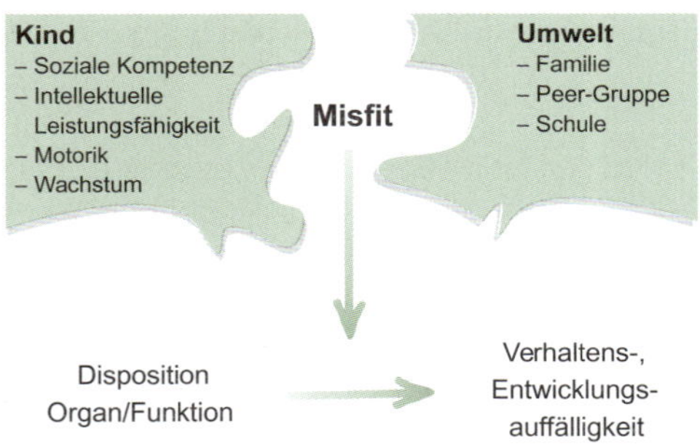

Abb. 1.8 Pathogenese von Verhaltens- und Entwicklungsauffälligkeiten (Peers = Gleichgestellte; Misfit = mangelnde Übereinstimmung) (Largo 1993, mit freundlicher Genehmigung von Springer Science and Business Media)

haben. Hierbei wird letztendlich als Prämisse gesetzt, dass die Veranlagungen im Kind bei optimalen Bedingungsfaktoren nicht zum Ausbruch einer Entwicklungsstörung geführt hätten.

Folgende Faktoren sind als begünstigend für eine Entwicklungsstörung bekannt (Risikofaktoren):

Gehäuftes Vorkommen von Auffälligkeiten in einer Familie

Die Häufungen der gleichen oder auch leicht voneinander abweichenden Auffälligkeiten in einer Familie sind in der Spracherwerbsforschung seit Jahren bekannt (van der Lely 1997). So wurde in England über Jahre die sog. KE-Familie untersucht (Vargha-Khadem et al. 1995), eine große und über das ganze Land verteilt lebende Familie, in der typische/ähnliche Symptome bei Familienmitgliedern auftraten, die kaum Kontakt miteinander hatten. So konnte ausgeschlossen werden, dass es sich um das Lernen an einem falschen Modell handelte. Bei der KE-Familie wurde ein Gen identifiziert, das für die Vererbung der Sprachstörung verantwortlich gemacht wurde.

!

In der KE-Familie wurden von 21 Familienmitgliedern 13 als sprachauffällig eingestuft. Die Verteilung wurde über vier Generationen beobachtet. Das Gen, das für die Vererbung verantwortlich gemacht wurde, heißt FOXP2.

➤ Abbildung 1.9 zeigt den Stammbaum einer deutschen Familie, die sich zum Erscheinungszeitpunkt des Buches bei der Erstautorin in therapeutischer Behandlung befand. Bei dieser Familie kann aufgrund der starken familiären Geschichte ebenfalls eine genetische Prädisposition vermutet werden. Wie in der KE-Familie ist die Sprachstörung weitgehend isoliert in ihrem Auftreten und wurde bei allen Vertretern der zweiten Generation in gleicher Form beobachtet:

- Verspätetes Auftreten der ersten Wörter
- Grammatische oder phonologische Störung zwischen 4 und 6
- Zunächst Schwierigkeiten, später abnehmende Probleme beim Lesen und Schreiben.

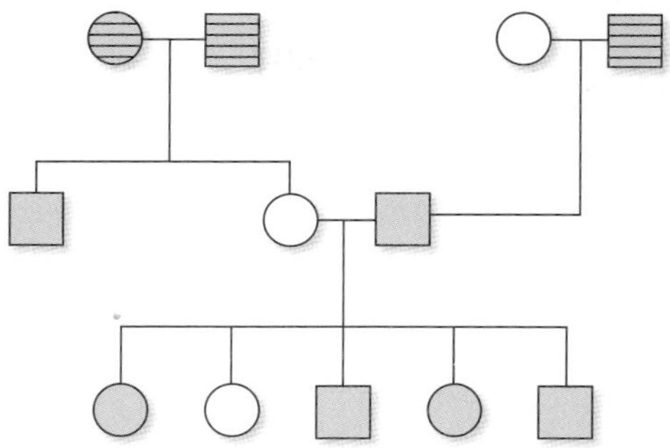

Abb. 1.9 Stammbaum einer deutschen Familie mit überzufällig häufigem Auftreten von Sprachstörungen über zwei Generationen. Kreise markieren weibliche Familienmitglieder, Quadrate männliche Familienmitglieder. Weiß bedeutet eine ungestörte Sprachentwicklung, gestreift bedeutet keine Klassifikation möglich. Blaue Felder bezeichnen von einer Sprachentwicklungsstörung betroffene Familienmitglieder.

Risikofaktor Armut/ soziale Deprivation

Ein ganz anderer Faktor liegt im sozialen Status der Familie, in der das Kind aufwächst. Bereits in den 1980er und 1990er Jahren wurde anhand des Einkommens der Familie versucht, das Aufkommen von Sprachentwicklungsstörungen auf diesen Faktor zurückzuführen. Dies gelang nicht, jedoch kann eine soziale Deprivation ungünstig auf die Entwicklung wirken, sodass die Erwerbsprozesse insgesamt mühsam wirken. Im Spracherwerb zeigen sich die Auswirkungen einer deprivierten Umgebung v.a. im Aufbau des Lexikons, sodass der Wortschatz der betroffenen Kinder verarmt und zu klein ist. Sprachentwicklungsstörungen lassen sich in Familien mit niedrigem sozialem Status häufiger beobachten als in solchen mit höherem oder hohem Sozialstatus (Hedge und Maul 2006). Ein möglicher Vorbildfaktor, der Einfluss auf das kindliche Spracherwerbsverhalten haben könnte, wird von Whitehurst und Fischel (2000) in der Häufigkeit gesehen, in der Schriftsprache in der Familie vorkommt. Je häufiger und geläufiger dem kleinen Kind bereits Bücher, Umgang mit Schrift und Lesen bzw. Schreiben durch die Beobachtung seiner Eltern und Geschwister ist, desto eher wird dies als eigene Lebensweise angenommen.

Die Forschung im Rahmen der interdisziplinären Frühförderung zu den verschiedenen Störungsbildern hat den Faktor *Verarmung von Kindern* in den letzten Jahren als starken Einflussmoment auf die allgemeine kognitive Entwicklung beschrieben (Guralnick 1998). Hier ist kontinuierliche Förderung von Nöten, die sich jedoch nicht auf die Arbeit am Kind beschränken darf. Die gesamtgesellschaftlichen Bedingungen von Familien in sozialen Misslagen sind genauso verursachend und benötigen Verbesserung wie die individuelle Situation der betroffenen Familie. Besonders komplex wird die Intervention, wenn das Kind auf der einen Seite in sozial schwachen Verhältnissen aufwächst und auf der anderen Seite von sich aus eine Prädisposition zur Entwicklung einer Störung trägt (Kauschke 2008).

Soziale Deprivation und Armut werden i.d.R. als Verursacher von breiteren Störungsbildern als der spezifischen Sprachentwicklungsstörung gesehen. Insofern sind diese Kinder eher unter der Gruppe der allgemeinen Entwicklungsstörungen zu finden, in deren Störungsprofil die Sprache einen auffälligen Bereich unter anderen darstellt.

Pränatale Risikofaktoren

Ungünstige pränatale Risikobedingungen bezeichnen Umstände, die die Entwicklung des Fötus bis zum Geburtszeitpunkt nachteilig beeinflussen (Hedge und Maul 2006). Alle diese Risiken liegen im Verhalten bzw. in der Gesundheit der Mutter während der Schwangerschaft. Jede einzelne der im Folgenden aufgeführten Faktoren kann die sprachliche und auch die allgemeine Entwicklung des Kindes beeinflussen. In Kombination auftretend können sich die Folgen summieren oder überlappen.

Verhaltensrisiken in der Schwangerschaft sind:

- Genuss von illegalen Drogen wie Heroin, Kokain etc.
- Genuss von Alkohol und Nikotin
- Vermehrter Genuss von Koffein.

Die Einnahme von Drogen in der Schwangerschaft kann zu einem abhängigen Neugeborenen führen, sodass in den ersten Lebenstagen des Säuglings ein Entzug durchlaufen werden muss. Die Symptome des Säuglings reichen von Essstörungen, Tremornei-

gung (unkontrolliertes Schütteln von Extremitäten), zu hoher Schreistimme, Anfallsleiden oder erhöhter Erregbarkeit.
Gesundheitsrisiken in der Schwangerschaft sind:

- Erkrankung an
  - Toxoplasmose (führt in vielen Fällen zu Fehlgeburten)
  - Viruserkrankungen wie Röteln, Masern, Herpes simplex
  - Nierenerkrankungen
- Einnahme von starken Medikamenten (z.B. Antibiotika).

Der Fötus erleidet bei jedem dieser Risikofaktoren häufig Wachstumsstörungen im Mutterleib, Frühgeburten sind ebenfalls oft zu beobachten. Viruserkrankungen führen darüber hinaus häufig zu Fehlgeburten, Entwicklungsstörungen oder auch Missbildungen beim Säugling. Andere Symptome sind Hörstörungen (bis hin zur Gehörlosigkeit), Herzfehler, visuelle Störungen, Mikrozephalie (zu kleiner Schädel) und Anfallsleiden. Sprachentwicklungsstörungen bilden einen sehr häufigen Teil der auftretenden Entwicklungsstörungen. Sie können, müssen aber nicht das Hauptproblem des Kindes sein.

Risikofaktoren während der Geburt

Diese Risikofaktoren werden als *perinatale Risiken* bezeichnet, d.h. als Faktoren, die in der Zeit und während des Vorgangs der Geburt eintreten. Risiken sind (Hedge und Maul 2006):

- Sehr lange Geburtsphase
- Übereilte oder unkontrollierte Geburt (z.B. Sturzgeburt)
- Geburt in Steißlage
- Kaiserschnittgeburt
- Fötaler Stress, der in einer erhöhten Herzfrequenz resultiert
- Anomalien der Plazenta
- Sauerstoffunterversorgung (kann Hirnschädigungen verursachen)
- Hirnblutungen.

Perinatale Risikofaktoren verursachen umfangreiche Entwicklungsstörungen, in denen Sprachstörungen i.d.R. zu beobachten sind. Wenn eine Schädigung des Gehirns vorliegt, verursacht die perinatale Störung keine Sprachentwicklungsstörung, sondern eine perinatale Sprachstörung, die eher einer nachgeburtlich erworbenen Störung ähneln kann (indem das Kind z.B. auf übliche therapeutische Methoden nicht reagiert).

Risikofaktoren während der Neugeborenenphase

Die Neugeborenenphase dauert vom 1. bis zum 28. Lebenstag. In dieser Zeit sind besonders folgende Faktoren ein Risiko für die kindliche Entwicklung:

- Niedriges Geburtsgewicht
- Gelbsucht
- Schlechte/mangelnde Ernährung
- Jede Art von Infektion
- Drei oder mehr kleine körperliche Anomalien (z.B. zu tief sitzende Ohren) können ein mögliches, noch nicht erkanntes angeborenes Syndrom anzeigen, das die Entwicklung in Zukunft nachhaltig beeinflusst.

Auch für die Neugeborenenphase gilt, dass diese Risiken allgemeine Entwicklungsstörungen mit hoher Beteiligung der Sprache verursachen können.

Neben den Störungsbildern, bei denen die Sprachentwicklungsstörung in ein größeres Störungsbild eingebettet ist, liegt ein weiteres zentrales Störungsbild für die nachfolgenden Ausführungen in den spezifischen Sprachentwicklungsstörungen. In vielen Fällen ist für ihr Auftreten keine Ursache zu erkennen, d.h. für das Leben des Kindes treffen die Faktoren, die oben beschrieben sind, nicht zu. Nach dem Stand der Spracherwerbsforschung können Sprachentwicklungsstörungen dadurch entstehen, dass die betroffenen Kinder Informationen aus der Umgebungssprache schlechter dafür einsetzen können, um ihre eigene Sprache zu entwickeln (Kauschke 2007a).

Das Defizit des sprachentwicklungsgestörten Kindes liegt also in ihm und nicht in seiner Umwelt (Weinert 2006). Es würde diese Sprachentwicklungsstörung mit hoher Wahrscheinlichkeit auch entwickeln, wenn man sich bemüht, seine Umweltfaktoren möglichst optimal zu gestalten (z.B. durch besonders viel Vorlesen und einem besonders guten und regelmäßigen Spielkontakt zwischen Mutter und Kind). Gleiches gilt für die Situation im mehrsprachigen Spracherwerb: Das mehrsprachig aufwachsende Kind mit der entsprechenden Veranlagung zu einer Sprachentwicklungsstörung würde diese auch entwickeln, wenn es einsprachig aufwachsen würde. Die Umgebungsfaktoren, d.h. die beiden oder mehreren Sprachen, die das Kind in der Kleinkindphase erwerben soll, sind nicht die Ursache der Sprachentwicklungsstörung. Bei mehrsprachigen Kindern sind in einem solchen Fall alle Sprachen betroffen. Sticht eine Sprache als auffällig heraus, ist die Ursache eher nicht im Kind anzunehmen (Rothweiler et al. 2004).

Kauschke (2007a) stellt folgende Risikofaktoren für eine spezifische Sprachentwicklungsstörung zusammen:

- **Perzeptuelle Defizite**: Schwierigkeiten bei der Wahrnehmung, Speicherung und Differenzierung von akustischen/auditiven Eindrücken
- **Subtile kognitive Defizite**: schlechterer Aufbau mentaler Repräsentation, Defizite Symbolfunktion/Symbolentwicklung
- **Biologische Faktoren**: genetische Veranlagung, auffällige Lateralisierung[5], verzögerte Hinreifung
- **Umwelteinflüsse, Eltern-Kind-Interaktion**.

Zusammengefasst sind Kinder mit spezifischen und eingebetteten Sprachentwicklungsstörungen eine sehr heterogene Gruppe. Im einzelnen Kind können Risikofaktoren zusammenkommen und sich überlagern bzw. ergänzen oder ganz fehlen. Eine Pauschalzuordnung zu einer Ursache verbietet sich daher. Je nachdem, welche organischen Faktoren vorliegen, sind Umweltfaktoren begleitend als Ursache. Ist die physikalische bzw. neurologische Entwicklung normal, kann ein Umweltfaktor eine zentrale Rolle einnehmen (Hedge und Maul 2006).

[5] Lateralisierung = Entwicklung zur einseitigen Verarbeitung von Sprache in der linken Großhirnhälfte des Gehirns.

Exkurs

Sprachentwicklungsstörungen, Sprachentwicklungsverzögerung, Sprachauffälligkeiten, Sprachentwicklungsprobleme

Die Verwirrung zwischen den Begrifflichkeiten ist groß. Immer wieder werden neue Begriffe eingeführt, um das gleiche oder eben nicht das gleiche Phänomen zu beschreiben. Im Folgenden werden die o.g. Begriffe abgegrenzt.

Sprachentwicklungsstörung: bezeichnet ein diagnostiziertes Störungsbild, bei dem die Entwicklung der Sprache eines Kindes von Beginn an betroffen war (unabhängig vom Zeitpunkt der Diagnose). Der Sprachentwicklungsverlauf dieser Kinder beginnt in der Regel später, ist verlangsamt bis hin zum zeitweiligen Stillstand. Ihre Sprachproduktion weist mehr Fehler auf als bei anderen Kindern.

Sprachentwicklungsverzögerung: bezeichnet das gleiche wie Sprachentwicklungsstörung, wird häufig bei leichteren Fällen verwendet oder bei jüngeren Kindern. Im Rahmen des PräSES-Ansatzes wird dieser Begriff nicht gebraucht.

Sprachauffälligkeit: bezeichnet das noch nicht diagnostizierte Phänomen. Die Verwendung dieses Begriffes sollte ausschließlich dann erfolgen, wenn einzelne Symptome beobachtet worden sind und ein konkreter Verdacht auf eine Sprachentwicklungsstörung besteht.

Sprachentwicklungsproblem: Dieser Begriff ist der allgemeinste, bewertet jedoch den Spracherwerb des Kindes bereits als „Problem“. Insofern trägt er in der Elternberatung bereits einen negativen Beigeschmack. Im Rahmen eines solchen Gespräches sollte auf den Begriff Sprachauffälligkeit zurückgegriffen werden, der anhand von sachlichen Symptomen verdeutlicht wird. Der negative Beigeschmack wird bei dem sachlicheren Begriff vermieden.

1.2.5 Abgrenzung von Sprachtherapie und Sprachförderung

In der aktuellen fachübergreifenden Diskussion werden die die Begriffe *Therapie* und *Förderung* von Sprache teilweise vermischt verwendet (Schrey-

1

Dern 2007), sodass in manchen Ansätzen Förderung sowohl die Therapie von (meist sehr jungen) Kindern bezeichnet (Straßmeier 2002), in anderen Begriffsverwendungen die pädagogische Förderung in der Kita gemeint ist (Adler 2005). Es ist wesentlich, beide Begriffe als Umsetzungen verschiedener Anteile des Sozialsystems zu begreifen und voneinander abgetrennt zu begreifen. So gelten im Rahmen dieses Buches folgende Definitionen (Kauschke und Siegmüller 2005):

- Therapien sind Interventionsmaßnahmen, die bei einer bereits manifestierten (sich ausgebildeten) Störung greifen. Es sind somit klinische Symptome zu erkennen, an denen sich die Therapiemaßnahme ausrichtet. Das Ziel der Therapie ist die Behebung dieser Symptome.
- Förderung bezeichnet eine pädagogische Maßnahme, die in Gruppensituationen durchgeführt wird. Ihr Ziel ist die Optimierung der Bildungsumgebung des Kindes. Die Tatsache von Förderung bezeichnet nicht automatisch, dass bei den Kindern eine Auffälligkeit vorliegt. Auch unauffällige Kinder profitieren von Förderung.

In der Praxis stellen sich die Versorgungswege der betroffenen Kinder – je nachdem ob sie Förderung oder Therapie erhalten – unterschiedlich dar. Bezogen auf den Ort Kindertagesstätte ist die Rolle der Erzieherin jeweils eine andere.

Sprachtherapien sind Teil des Gesundheitssystems. Sie werden durch die Krankenkassen finanziert und durch die behandelnden Kinder- oder Fachärzte ausgelöst. Unterschieden wird lediglich die Versorgung in der ambulanten Sprachtherapie oder im Rahmen einer Komplexleistung in der Interdisziplinären Frühförderung.

!

In der *ambulanten Sprachtherapie* wird von einem behandelnden Arzt (Kinderarzt, HNO-Arzt oder auch Allgemeinmediziner) eine Verordnung ausgestellt, auf der die Anzahl der Sitzungen und deren Häufigkeit (i.d.R. ein- bis zweimal pro Woche) sowie deren Dauer (30 bzw. 45 Minuten) festgeschrieben stehen. Die behandelnde sprachtherapeutische Fachkraft rechnet die Verordnung mit der Krankenkasse ab. Eine interdisziplinäre Zusammenarbeit ist eher lose und regelt sich durch telefonische oder persönliche Kontakte verschiedener Therapeuten untereinander.

Bei einer Versorgung in der *Interdisziplinären Frühförderung (Komplexleistung)* wird über eine Mischfinanzierung von Reha-Trägern und Krankenkassen ein Leistungseinheiten-Budget für eine gewisse Zeitspanne erstellt. Diese beträgt meist ein halbes oder ganzes Jahr. Das Budget richtet sich in der Anzahl der Leistungseinheiten und in seinen Förderaspekten nach den auffälligen Teilleistungen des jeweiligen Kindes. Um in der Komplexleistung versorgt zu werden, muss das Kind heilpädagogisch förderbedürftig und darüber hinaus in noch mindestens einer weiteren Teilleistung auffällig sein (gilt also nicht für Kinder, die ausschließlich eine Sprachentwicklungsstörung zeigen). In der Interdisziplinären Frühförderstelle wird ein Förder- und Behandlungsplan aller am Kind arbeitenden Fachdisziplinen erstellt, wodurch die Therapien gut aufeinander abgestimmt werden können. Die Leistungseinheiten können von den Therapeuten über den bewilligten Zeitraum frei verteilt werden, sodass auch die zeitliche Abstimmung optimiert werden kann.

Im Rahmen des Gesundheitssystems wird zwischen Kindern mit physiologischer Entwicklung und Kindern mit nicht physiologischer Entwicklung differenziert; dies gilt auch für den Bereich der Sprache. Nicht physiologische Entwicklung resultiert in Sprachentwicklungsstörungen oder einer anderen Störung, die in ➢ Abb. 1.7 dargestellt und im ➢ Kapitel 1.2.4 besprochen sind.

Eine Sprachtherapie – unabhängig vom Versorgungsweg – zielt darauf ab, mit den schlechteren Erwerbsmöglichkeiten des Kindes umzugehen. Dafür ist eine grundlegend konzipierte, kleinschrittige, auf das einzelne Kind abgestimmte Sprachtherapie notwendig, die in jedem Fall auf einer umfassenden Sprachdiagnostik beruhen muss (Siegmüller und Kauschke 2006). Die Konsequenz aus einer gründlichen Diagnostik sind systematische Einzeltherapien. Selbst strukturierte Gruppentherapien sind schwierig und in ihren Effekten meistens nicht ausreichend (Kauschke und Siegmüller 2005). Dies ist keine Aufgabe, die aus dem Gesundheitssystem heraus in die elementare Frühpädagogik übergehen sollte.

Insofern kommt der Erzieherin eine andere Aufgabe zu. Hinsichtlich sprachauffälliger Kinder besteht diese zu einem guten Teil darin, dabei mitzuwirken, die betroffenen Kinder möglichst früh zu erkennen. Wird von der Erzieherin ein Kind ihrer Gruppe als sprachauffällig erkannt oder entsteht im Kita-Alltag durch Maßnahmen wie eine Sprachstandserhebung der Verdacht, dass bei einem Kind eine Sprachentwicklungsstörung bestehen könnte, sollte die Erzieherin die Eltern des Kindes dahingehend beraten, eine sprachtherapeutische Einrichtung aufzusuchen (Schrey-Dern 2007). Die Erzieherin ist somit zwar die Initiatorin der Therapiemaßnahme, kann aufgrund ihres Blickwinkels jedoch ausschließlich einen Verdacht äußern. Steiner und Braun (2009, 200) bezeichnen diesen Prozess als „Sprachstandserfassung als Teamauftrag", was impliziert, dass Eltern, Therapeutin und Erzieherin sich gegenseitig als versorgendes Team für ein auffälliges Kind betrachten (➤ Abb. 1.10).

!

Die Aufgabe der Erzieherin im Prozess der Diagnostik von Sprachentwicklungsstörungen endet mit der Äußerung eines Verdachts.

Das Werkzeug, das der Erzieherin zur Verfügung steht, ist die Beobachtung als *freie* oder *strukturierte Beobachtung*. Letztendlich bleibt es bei der Methode des Beobachtens immer bei einem Verdacht, nach dem bei dem betreffenden Kind das Risiko für eine Auffälligkeit besteht. Auch die Bewertung auffällig/nicht auffällig sollte an dieser Stelle noch nicht formuliert werden (anders sieht diesen Punkt z.B. Schrey-Dern 2007, 8). Die Diagnose wird vom behandelnden Arzt des Kindes gestellt; zu Beginn der Therapiemaßnahme wird in einer ausführlichen Befundung das individuelle Sprachprofil erstellt, das auffällige sowie unauffällige Teilbereiche des Sprachsystems aufdecken wird.

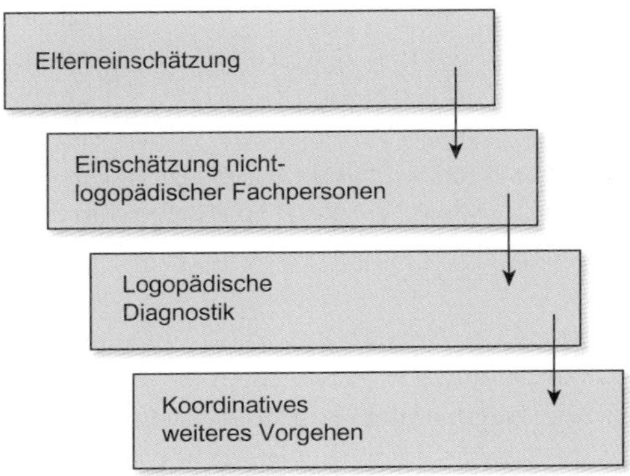

Abb. 1.10 Sprachstandserfassung als Teamauftrag (Steiner und Braun 2009, 200, mit freundlicher Genehmigung)

Trotzdem hat die Erzieherin als routinierte Beobachterin von Kindesentwicklung eine nicht zu unterschätzende Rolle einzunehmen, denn sie erkennt in vielen Fällen die ersten Verdachtsmomente. Insofern ist zur Benutzung von Beobachtungsbögen dringend anzuraten, um die eigene Beobachtung so gut wie möglich zu objektivieren (➤ Kap. 4). Jedoch endet die Zuständigkeit der Erzieherin in der Beratung der Eltern zur medizinischen Untersuchung bei Kindern mit einem Bedarf an Sprachtherapie (Fried 2006).

Sprachförderung in der Kita fügt sich in das Spektrum der Bildungsthemen und pädagogischen Programme für den Elementarbereich ein (Zehnbauer und Jampert 2007, 33). Sie ist nicht Teil des Gesundheitssystems und muss daher keine Entwicklungsstörungen auffangen, die als Krankheit gelten. Sprachförderung ist Teil des Bildungsauftrags an die Kitas und damit auch durch das Prinzip des ganzheitlichen Lernens umrissen, das durch die Jugend- und die Bildungsministerkonferenzen der Länder als grundlegende Vorgehensweise der elementaren Förderung beschlossen wurde. Fried (2006, 173) unterscheidet zwei Formen von Sprachförderung:

- Sprachförderung als Sprachbildung oder Spracherziehung: Die Förderung zielt auf eine optimale Entwicklungsanregung ab, sodass sich deren Sprache in all ihren Facetten optimal entfalten kann. Diese Form der Sprachförderung richtet sich nicht an Risikokinder oder bereits diagnostizierte Auffälligkeiten, sondern an alle Kinder.
- Kompensatorische oder präventive Sprachförderung: Die Entwicklung von Kindern wird so unterstützt, dass Risikofaktoren für die Sprachentwicklung aus den Bereichen der kindlichen Entwicklung, seiner Sozialisation und Lebenswirklichkeit gemindert oder kompensiert werden. Hierdurch sollen entstehende Sprachentwicklungsstörungen aufgefangen werden.

Gerade der Unterschied, der durch die Formulierung des Bildungsauftrags der Kitas einerseits und der Kinder, die aufgrund ihrer Sprachstörung als „krank" gelten (Schrey-Dern, 2007, 5), andererseits macht deutlich, dass es sich bei Förderung und Therapie von Sprache nicht um konkurrierende Konzepte handelt. Sie schließen sich aber auch nicht aus, sondern können sich im gut abgestimmten Fall gegenseitig befruchten. Es kann also kein Ziel einer sprachförderlichen Maßnahme sein, Kinder vor der Sprachtherapie zu bewahren oder mit einer Gruppenförderung auch als Sparmodell neben der teureren Einzeltherapie zu bestehen. Ein Ziel für die Förderung auffälliger Kinder könnte stattdessen lauten, die frühesten Ausprägungen einer möglichen, sich gerade entwickelnden Sprachstörung aufzufangen. In den frühen Ausprägungen liegen die Wurzeln der späteren Symptome, die dann nicht mehr durch Förderung allein aufgefangen werden können, sondern einer Therapie bedürfen. So könnte in der Sprachförderung sekundäre Prävention betrieben werden, bis das Kind diagnostiziert und mit einer Sprachtherapie versorgt ist. Setzt dann die Therapie ein, so muss unabdingbar eine Absprache zwischen Förderung (wenn sie in der Kita weitergeführt wird) und Sprachtherapie stattfinden. Das bloße Nebeneinander einer Therapie und einer Fördermaßnahme am gleichen Kind kann – wie Schrey-Dern (2007, 5) deutlich macht – für das sprachentwicklungsgestörte Kind kontraproduktiv sein. Für die optimale Versorgung des Kindes kann dies zur Folge haben, dass das Kind individuelle Förderinhalte benötigt und aus der „normalen" Fördersystematik ausschert. In Fällen von Nichtabstimmung kann es daher günstiger sein, auf (ein) Trainingsprogramm(e) im Rahmen der kita-internen Sprachförderung bei diesem Kind zu verzichten.

Sprachauffällige Kinder: ein Name für zwei Gruppen?

Was sind das für Kinder, die zwar Sprachförderung benötigen, die jedoch in der Sprachtherapie falsch platziert wären? Diese Frage wird zunehmend lauter gestellt und ist von großer Wichtigkeit für die inhaltliche Klärung von kita-interner Sprachförderung. Erwähnungen dieser Unterscheidung sind bisher relativ rar. Sie finden sich z.B. bei Grimm und Kollegen (2004) und Häuser (2003).

Sollte es so sein, dass es eine Gruppe Kinder gibt, bei denen Sprachförderung als alleinige Maßnahme zum Auffangen sprachlicher Entwicklungsrisiken ausreicht, so würde dies bedeuten, dass eine zweite Gruppe von auffälligen Kindern existiert, die bisher im Rahmen der Versorgung durch das Gesundheitssystem nicht als anders als Kinder mit therapiewürdigen Sprachentwicklungsstörungen erkannt wurde. Es wäre möglich, dass es sich um Kinder handelt, die sich ihrer eigentlich bestehenden Kompetenzen in unzureichendem Maße bedienen. Hierunter könnten nach dem bisherigen Stand der Fachdiskussion vor allem zwei Gruppen fallen:

- Kinder, die eine andere Muttersprache erwarben und bisher nur wenig deutschsprachigen Input erhielten.
- Kinder, die bisher insgesamt wenig sprachliche Reize in ihrer Muttersprache erhielten.

!

> Im Rahmen dieses Buches wird von Kindern mit Therapiebedarf und Kindern mit Förderbedarf gesprochen. In anderen Quellen finden sich für die Kinder mit Förderbedarf Bezeichnungen wie *spracharm* oder *sprachschwach.*

In beiden o.g. Fällen liegt das Problem in der Umgebung der Kinder, während im Kind selbst keine systematischen Erwerbsschwierigkeiten bestehen. Dies würde bedeuten, dass der Input, den das Kind erhält, sehr gering ist, vielleicht übermäßig viele Fehler beinhaltet oder aus vermischten Sprachen besteht. Kauschke (2007a) definiert, dass ein zu geringes Sprachangebot zu oberflächlich eingeschränkten Sprachleistungen führen kann, obwohl das betreffende Kind über funktionierende Mechanismen zum Erwerb der Sprache verfügt. Wird das Sprachangebot zu schwach, schmälert dies demnach die Erfolgschancen des Kindes, den Spracherwerb zu bewältigen, verhindert ihn jedoch keinesfalls grundsätzlich.

> „An dieser Stelle ist wichtig nochmals zu vermerken, dass Kinder normalerweise gute Sprachlerner sind; auch bei eingeschränktem Sprachangebot und unter schwierigen Umweltbedingungen lernen sie die grundlegenden Regeln der Sprache, an denen sprachgestörte Kinder scheitern" (Weinert 2006, 10).

Weiter führt Weinert aus, dass Sprachprobleme nicht auf bildungsferne Schichten (zu denen Kinder aus Migrantenfamilien in großem Maße zählen) reduziert werden können. Gerade die empirischen Studien aus dem englischsprachigen Raum werden meist ausschließlich mit Kindern aus Mittelschichtfamilien durchgeführt, sodass sich die Forschungsergebnisse gerade auf Kinder dieser Gruppe, einer bildungsnahen Schicht, stützen. Trotzdem gilt Armut mittlerweile als Risikofaktor für die kindliche Entwicklung und die Sprachentwicklung insbesondere (Bernegg und Brandstötter 2009).

Häufig werden Migrationskinder als Erklärung herangezogen, dies gilt v.a. für die Bundesländer der alten Bundesrepublik. Eine solche Erklärung hinkt jedoch, da sich auch in den Bundesländern, in denen der Ausländeranteil wesentlich niedriger ist als in anderen, ebensoviele sprachauffällige Kinder finden wie in den Ländern mit höherem Migrationsanteil. Migrationskinder gehören sicher zu einer Gruppe, die ein Risiko tragen, ihre Sprachfähigkeiten nicht in einen erfolgreichen Spracherwerb umsetzen zu können, sie sind jedoch nicht die Ursache der hohen Zahlen sprachauffälliger Kinder in Deutschland (Jampert 2006).

Eine pauschale Lösung wird für dieses Phänomen nicht genannt werden können. Jampert (2006, 33) weist auf die sprachlichen Ansprüche in deutschen Bildungseinrichtungen hin, mit denen eine große Gruppe Kinder nicht zurechtkommt. Hier könnte eine Ursache liegen, warum sich auch bei einsprachig aufwachsenden Kindern ohne Migrationshintergrund die Bildungsferne oder -nähe als starker Faktor für die Bewältigung der Sprachentwicklung zeigt. Das Sprachniveau in den deutschen Bildungseinrichtungen ist pauschal und unangepasst. Vor allem an die Grundschüler ist der Anspruch zu hoch. Dies wirkt in die Kita zurück, in der die Tradition noch immer besteht, Kinder in den letzten oder auch *dem* letzten Kita-Jahr „fit" für die Grundschule machen zu müssen (Schuster 2006). Die für Deutschland im internationalen Vergleich immer wieder attestierte hohe Abhängigkeit des Bildungserfolgs von der sozialen Herkunft eines Kindes würde diese Interpretation unterstützen. Natürlich wären Kinder aus sozial hochstehenden Familien eher in der Lage, dem hohen sprachlichen Anforderungsniveau einer Schule zu entsprechen.

Alternativ oder auch zusätzlich zu Jamperts Sichtweise (Jampert 2006) kann ein Blick über den Rand des Spracherwerbs und des Bildungsbereichs Sprache helfen, sich der Realität anzunähern. Der Spracherwerb steht in der Entwicklung des Kindes nicht allein oder isoliert da. Gerade die Abwendung des Kindes von der Nutzung seiner eigentlich vorhandenen sprachlichen Fähigkeiten kann durch vielfältige Gründe hervorgerufen werden. Hierzu können psychische Umwälzungen, einschneidende Erlebnisse u.ä. gehören. Die Arbeitslosigkeit der Eltern und damit verbundene soziale Folgen gehören zu solchen Ereignissen. Sie sind für das Kind eigentlich nicht zu verarbeiten. Je nachdem wie stabil die Gesamtkonstitution des Kindes ist, wird es mehr oder weniger stark auf jedwede Veränderung reagieren. So werden in der therapeutischen Praxis immer wieder Fälle bekundet, in denen Umzüge in andere Städte beim Kind temporäre Entwicklungsstillstände provozieren, auch wenn diese Kinder vorher nicht als schwach in dem entsprechenden Entwicklungsbereich betrachtet worden sind.

Das soziale Umfeld verhindert in diesem Sinne nicht den Spracherwerb (Weinert 2006). Aber die Bedingungen für das Erwerbsgelingen werden mit einem zunehmend problematischeren sozialen Umfeld schwieriger. Die Folge ist ein höherer Anteil scheiternder Kinder. Auch Kinder, die in einem ruhigen sozialen Umfeld mit ihren sprachlichen Fähigkeiten den Erwerb gut bewältigen würden, tragen unter misslicheren Bedingungen ein höheres Risiko in der Entwicklung stecken zu bleiben.

Exkurs

Haben doch die Eltern Schuld?

Es muss davor gewarnt werden, die Schuld für die Entstehung einer Förderbedürftigkeit allein bei den Hauptinputgebern, d.h. in der Regel den Eltern zu suchen. Das Kind ist in seiner Familie in ein komplexes Alltagsgeschehen eingebunden, in dem auch die Eltern leben, ohne dass letztere dies absichtlich so aufgebaut hätten oder es sofort ändern könnten, wenn eine andere Lebenswirklichkeit der Entwicklung des Kindes zuträglicher wäre. So entstehen Auffälligkeiten durch die gesamtgesellschaftlichen Umstände und nicht durch Erziehungsfehler der Eltern. Armut ist als Entwicklungsrisiko für Kinder erkannt worden. Eltern, die ihre Kinder in Armut oder an der Armutsgrenze aufziehen müssen, tun dies jedoch nicht freiwillig, sondern sind durch Umstände dazu gezwungen. Die psychische Belastung der (v.a. finanziellen) Situation und fehlende Perspektiven für eine Verbesserung legen sich nachteilig auf die Familieninteraktion. Je nachdem, wie die Eltern mit dem Druck umgehen können, fällt dem Kind die Entwicklung leichter oder schwerer.

So sollten bei Kindern mit einer reinen Förderbedürftigkeit (also Kinder, bei denen keine Sprachentwicklungsstörung vorliegt) entsprechende Familienhintergründe regelmäßig oder zumindest häufiger zu finden sein: Es sollte ein gehäuftes Auftreten mit schlechterer sozialer Herkunft, instabiler Persönlichkeit und problematischen Familienverhältnissen geben. Insgesamt ist zu erwarten, dass diese Kindergruppe in ihrer Symptomatik, ihrem Verhalten und ihrer Reaktion auf Förderung heterogener ist als die Gruppe der Kinder mit Sprachenwicklungsstörungen. Insofern könnte eine sprachanregendere Umgebung im Rahmen des Kita-Tages ihren Teil dazu beitragen, einen Stabilitätsfaktor durch starken Input zu geben, mangelnden Alltagsinput auszugleichen und den Spracherwerb der Kinder zu verbessern. Ein Allheilmittel ist sie jedoch nicht. So ist z.B. auf der Seite der Spracherwerbsforschung ungeklärt, inwieweit der zeitliche Faktor hier eine Rolle spielt:

- Wie lange kann ein Kind, das durch seine Lebensumstände im Spracherwerb zurückfällt, durch die relativ sanften Fördermaßnahmen noch aufholen?
- Wann ist der Abstand so groß, dass ein Kind trotzdem eine Therapie benötigt oder kommt dieser Zeitpunkt niemals?
- Wird aus einem Kind mit Förderbedarf mit zunehmendem Alter ein Kind mit Therapiebedarf, das eine wirkliche Sprachentwicklungsstörung ausbildet?

Die Definition einer sprachförderungswürdigen Kindergruppe, die nach den Maßstäben des Gesundheitssystems jedoch keine Sprachentwicklungsstörung hat, ist so neu, dass diese zentralen Fragen noch ungeklärt sind. Aktuell sind Bestrebungen zu beobachten, die diagnostischen Maßnahmen so zu verändern, dass Kinder mit Therapie- und Förderbedarf sicher unterschieden werden können.

!

Zum gegenwärtigen Zeitpunkt gibt es kein diagnostisches Instrument, mit dem Kinder mit Therapiebedarf und Kinder, die allein von einer pädagogischen Förderung profitieren, eindeutig und sicher differenziert werden können.

Für den momentanen Stand der Forschung und als Zusammenfassung dieses Buchabschnitts ist die Trennung zwischen internen und externen Faktoren als Auslöser für eine Sprachauffälligkeit am eindeutigsten:

- *Interne Faktoren:* Beim Kind liegen Verarbeitungsdefizite vor, die den Spracherwerb ins Stocken bringen, da die Information aus der Umgebungssprache (durch Sprachvorbilder) nur unzureichend vom kindlichen Sprachverarbeitungssystem in Spracherwerbsfortschritte umgesetzt werden kann.
- *Externe Faktoren:* Das Kind trägt kein Verarbeitungsdefizit in sich. Bedingt durch Umweltfaktoren seiner Lebenswirklichkeit ist die Bewältigung der Erwerbsaufgabe jedoch erschwert. Zu diesen externen Faktoren gehört eine ungünstige Inputsituation bei Migrationshintergrund oder auch kindliche Armut/Armut der Familie.

Abgrenzung in der Praxis?

Eine Abgrenzung dieser beiden auffälligen Kindergruppen ist mit den bisher bestehenden Diagnostikinstrumenten nur bedingt oder gar nicht möglich. Angesichts des zunehmenden Drucks von Gesellschaft und Politik auf die Kitas ist es jedoch dringend notwendig, hierfür entsprechende Instrumente zu entwickeln. Gerade die Zielsetzung von politischer Seite, eine jährliche Sprachstandserhebung bei einer bestimmten Altersgruppe in den Kitas durchzuführen, zeigt deutlich, wie wichtig die Unterscheidung ungestörter, förderbedürftiger und therapiebedürftiger Kinder ist. Eine Sprachstandserhebung soll kurz sein und den Bedarf als solchen feststellen, ohne eine ausführliche Diagnostik zu ersetzen. Insofern muss ihr Kern darin liegen, sicher eine Unterscheidung zwischen Förder- und Therapiekindern herbeizuführen.

Solange kein Instrument vorliegt, mit dem die Unterscheidung sicher getroffen werden kann, wird bei jedem sprachauffälligen Kind eine ausführliche Diagnostik notwendig. Insofern steht die Sprachstandserhebung momentan am Anfang eines diagnostischen Prozesses, der die Erzieherin, die Person, die die Sprachstandserhebung durchführt, den Kinderarzt und die behandelnde Sprachtherapeutin in enge Kooperation bringt. Wird die Sprachauffälligkeit bestätigt, verordnet der Kinderarzt eine Sprachtherapie. In der Regel verbleibt das Kind momentan aber auch dann in der Sprachtherapie, auch wenn die dortige Befunderhebung erbringt, dass ein großer Teil seiner Defizite auf zu wenig Deutschkenntnis zurückzuführen ist.

In der alltäglichen Praxis wird häufig erst im Verlaufe der Sprachtherapie der Verdacht geäußert, dass das betreffende Kind gar kein systematisches Problem im Spracherwerb aufweist, sondern lediglich nicht genug sprachliche Reize erhalten hat. Dies kann für alle Seiten sehr unbefriedigend sein, da in diesem Fall max. zwei 45-minütige Sprachtherapie-Sitzungen pro Woche eine gut durchdachte pädagogische Förderung nicht ersetzen können. Die Masse des Inputs, die das Kind in der sprachtherapeutischen Versorgung erhalten kann, ist nicht zu vergleichen mit dem, was in einer sprachförderlich gestalteten Umgebung in der Kita zu erreichen ist. Dieses Beispiel verdeutlicht noch einmal wie notwendig es ist, eine sichere Unterscheidung der beiden Gruppen herbeizuführen.

KAPITEL

2 Sprachförderung in der Elementarpädagogik

Das Thema der *Vorschulischen Förderung von Sprache* entstand nach Einschätzung von Schmidt-Denter (2008, 724) auf der Annahme, dass die Misserfolge in Kommunikation und Handeln von soziokulturell benachteiligten Kindern hauptsächlich auf sprachlichen Defiziten beruhen. Damit richteten sich Fördermaßnahmen sehr stark auf die Gruppe der Kinder mit Migrationshintergrund aus. Zunehmend richtet sich die vorschulische Sprachförderung jedoch auf die Gruppe verarmter oder von Armut bedrohter Kinder, unabhängig von der Frage, ob die Kinder ein- oder mehrsprachig aufwachsen.

Schmidt-Denter sieht eine enge Beziehung zwischen sprachlicher Förderung und Intelligenzförderung. Diese entsteht z.B. dann, wenn über Begriffsbildung Weltwissen angehäuft und kategorisiert wird, das auch sprachlich benannt wird. Die Beziehung zur Intelligenzentwicklung wird in Fördermaßnahmen zum Frühlesetraining nicht festgestellt (Schmidt-Denter 2008, 722f). In diesem Licht existieren Förderprogramme zum Lesen an sich oder auch zu Vorläuferfähigkeiten des Lesens wie der Phonologischen Bewusstheit. Der Erfolg des Lesetrainings bzw. des Trainings der Phonologischen Bewusstheit kann zu einem Vorsprung zum Einschulungszeitpunkt führen. Der Vorsprung erscheint jedoch nicht nachhaltig, d.h. er verliert sich mit zunehmender Dauer des Leselehrgangs.

Ein anderer, aktueller Gedanke rückt die Sprachförderung in die Nähe der Sprachtherapie. In dieser Diskussion wird der Ausgleich soziokultureller Defizite (wie nach Schmidt-Denter 2008) ersetzt durch ein Auffangen nicht näher beschriebener Sprachauffälligkeiten. Sprachförderung wird zum Vorbereiter oder Begleiter von Sprachtherapie (Häuser 2006), wenn nicht sogar zu ihrem Ersatz. Für diese Form der Sprachförderung werden aktuell Programme entwickelt, deren Effekte noch weitgehend unbekannt sind.

Eine weitere Gruppe von Sprachförderansätzen beruht auf dem allgemeinen Konzept, welches sich an alle Kinder richtet. Diese Maßnahmen sind in den Alltag der Kita integriert und weisen eine enge Beziehung zu den pädagogischen Inhalten auf. Diese Ansätze sind neu und beruhen auf interdisziplinären theoretischen Rahmen, die sowohl die Spracherwerbsforschung als auch die elementarpädagogischen Grundsätze umfassen. Jedes Sprachförderkonzept richtet sich somit an eine andere Kinder-Zielgruppe in der Kita. Diese werden im Folgenden beschrieben.

2.1 Zielgruppen für Sprachförderung in der Kita

Im Folgenden konzentrieren sich die Ausführungen auf Kinder mit monolingualem Spracherwerb (unabhängig von einem anderen kulturellen familiären Hintergrund, d.h. auch für Migrationskinder, die weitgehend deutsch aufwachsen). Für diese Kindergruppe ist vorschulische Sprachförderung in der Vergangenheit in verschiedenen Varianten umgesetzt worden (Jampert 2006):

- Fördereinheiten für alle Kinder einer bestimmten Altersgruppe
- Fördereinheiten für Kinder, die zuvor als sprachauffällig diagnostiziert worden sind
- Förderung für alle Kinder im Alltag.

Daraus ergeben sich verschiedene Zielgruppen, an die sich die Förderung richtet. Ebenso verfolgen die Arten der Sprachförderung verschiedene Zielstellungen.

!

Eine umfassende Auflistung verschiedener Sprachförderprogramme findet sich bei Jampert et al. (2007, 75–274).

Fördereinheiten für alle Kinder einer bestimmten Altersgruppe

Diese Form der Sprachförderung ist wahrscheinlich die in der Bundesrepublik momentan gebräuchlichste. In der Regel ist das Zielalter dieser Kinder das Vorschulalter, speziell das letzte Halbjahr vor der Einschulung. Sprachfördermaßnahmen dieser Art konzentrieren sich auf spezifische sprachliche Ziele, die als günstige, voraussetzende Fähigkeiten für den Schriftspracherwerb angesehen werden. Hierzu zählt insbesondere die Phonologische Bewusstheit.

Phonologische Bewusstheit

Phonologische Bewusstheit ist die Einsicht in die Lautstruktur der Sprache (Gasteiger Klicpera und Klicpera 2004). Die Störung der Phonologischen Bewusstheit ist die Unfähigkeit, die lautliche Struktur gesprochener Sprache zu analysieren und zu verändern, ohne auf die Bedeutung des zu analysierenden sprachlichen Materials einzugehen (Schnitzler 2006).

Das am häufigsten eingesetzte Trainingsprogramm dieser Art ist das „Würzburger Trainingsprogramm" (Küspert und Schneider 2003). Dieses gliedert sich in sechs Bereiche:

- Lauschspiele
- Reime
- Sätze und Wörter: Wörter sind Teile von Sätzen und Sätze lassen sich in Wörter zerlegen
- Analyse und Synthese von Silben: Zerlegen von Wörtern in Silben und Zusammensetzen von Silben zu Wörtern
- Identifikation von Anlauten
- Phonemanalyse und -synthese: Zerlegen von Wörtern in Einzellaute (Phoneme) und Zusammensetzen von Lauten zu Wörtern.

Das Programm wird anhand eines Handbuchs von Erzieherinnen durchgeführt, welches in der Durchführung teilweise Fragen offen lässt. So weist Schmidt-Denter (2008, 724) zu Recht darauf hin, dass die Effekte maßgeblich von der Qualität der Umsetzung des Programms in der jeweiligen Einrichtung abhängen.

Die besondere Begründung, warum ausgerechnet die Phonologische Bewusstheit bei Kindern im Vorschulalter gefördert werden sollte, liegt darin, dass sie als Präventionsmöglichkeit vor Lese-Rechtschreib-Störungen betrachtet wird. Kinder, die im Grundschulalter Schwierigkeiten mit dem Lesen und Schreiben entwickeln, zeigen gehäuft auch Probleme in der Phonologischen Bewusstheit (Schnitzler 2006, 133). Das Ziel der Förderung liegt demnach darin, durch eine Verbesserung der Phonologischen Bewusstheit das Risiko für eine Störung im Schriftspracherwerb zu vermindern. Ob dieses Ziel erreicht werden kann, wird diskutiert.

Wichtig ist, dass die Förderung der Phonologischen Bewusstheit vor dem eigentlichen Lese- und Schreiberwerb endet. Letzterer wird weiterhin in der Schule belassen. Insofern müssen diese Sprachförderprogramme von Frühleseprogrammen differenziert werden.

Fördereinheiten für sprachauffällige Kinder

Bei der Förderung dieser Zielgruppe muss zuvor eine Diagnose über eine vorliegende Sprachauffälligkeit gestellt werden. Diese kann auf unterschiedliche Weise zustande kommen. In einigen Bundesländern (z.B. Baden-Württemberg, Brandenburg, Mecklenburg-Vorpommern) werden Reihenuntersuchungen durch die Gesundheitsämter durchgeführt, die alle Kinder einer bestimmten Altersgruppe erfassen sollen. Aufgrund dieser Befunderhebung kann dann eine Sprachförderung eingeleitet werden oder eine Empfehlung zur Sprachtherapie erfolgen. Andere Möglichkeiten sind individuelle Diagnosen vor Ort durch angestellte Sprachtherapeuten. Findet Sprachförderung für diese Zielgruppe statt, muss das Verhältnis zu einer möglicherweise gleichzeitig stattfindenden oder anschließenden Sprachtherapie geklärt sein. Es sollte von vornherein klar gestellt sein, dass eine nicht individuell auf das Kind abgestimmte Förderung, die von Erzieherinnen in Kleingruppen durchgeführt wird, nicht die Effekte und Erfolge aufweisen wird, wie eine klinisch durchkonzipierte Einzeltherapie (Kauschke und Siegmüller 2005). Trotzdem kann es sinnvoll sein, sprachauffällige Kinder in Kleingruppen sprachlich zu fördern, wenn z.B. auf diese Art eine Wartezeit auf einen Therapieplatz aufgefangen werden kann (therapievorbereitende Förderung). Ein anderes Vorgehen kann die gleichzeitige Durchführung von Sprachtherapie und Sprachförderung sein (therapiebegleitende Förderung). Dies setzt eine gute Zusammenarbeit zwischen Erzieherin und Sprachtherapeutin voraus, sodass Inhalte aus der Sprachtherapie in die Förderung einfließen und dort gefestigt werden können. In Bezug auf Gruppentherapie stellen Kauschke und Siegmüller (2005, 288) fest:

> „Findet sich eine Gruppe von Kindern mit einer homogenen, gleich gelagerten Symptomatik auf vergleichbarem Entwicklungsstand, so kann sich die Gruppentherapie als durchaus effektiv erweisen. Voraussetzung ist, dass sich für alle Gruppenteilnehmer dasselbe Therapieziel entwicklungschronologisch sinnvoll ableiten lässt."

Ähnliches kann für die Sprachförderung bereits diagnostizierter Kinder gelten. Auch hier ist die Homogenität der Symptomatik der einzelnen Kinder der ausschlaggebende Faktor, der den Erfolg der Fördermaßnahme bestimmt.

Zwei Beispiele für diese Form von Sprachförderung in der Kita sind das Programm „KonLab" von Penner und Krügel (2007) und das Programm „Handlung und Sprache" (Häuser und Jülisch 2006).

Das Programm von Häuser und Jülisch (2006, 4) definiert sprachentwicklungsauffällige Kinder im Vorschulalter (4;0–6;11) als Zielgruppe. Die Zielgruppe umfasst sowohl Kinder mit Sprachentwicklungsstörungen als auch Kinder, die ihre Sprachproblematik sozialbedingt entwickelt haben (angeführt wird ungenügende sprachliche Anregung). Das Programm ist über elf Wochen geplant und hat für jeden Tag der Wochen eine Fördereinheit, die in Kleingruppen durchgeführt wird. Der Fokus ist Produktion der Zielwörter und -strukturen. Dies erfolgt laut Anweisung für Fördereinheit 1 (Häuser und Jülisch 2006, 27) im Chor.

Die abzuarbeitenden Themen reichen vom Körperbegriff im Sinne von Funktionslernen, Teil-Ganzes-Relationen des Körpers und Körperschema über Fingerspiele zu verschiedenen Themen, über Abzählreime, Ober- und Unterbegriffsrelationen zu Nachsprechen von Zungenbrechern.

Förderung für alle Kinder im Alltag

Jampert (2002, 115) formuliert: *Sprache ist keine Situation.* Diese vollkommen korrekte Äußerung bedeutet, dass Sprache an sich keinen Inhalt für eine kommunikative Situation darstellt. Sprache ist das Werkzeug, um Kommunikation herzustellen. Sprache transportiert Inhalte. Aber über Sprache sprechen ist ein hohes und abstraktes Ziel für Kinder in der Kita. So ist Sprache in unnatürlichen Situationen für Kinder untrainierbar (z.B. durch Nachsprechen oder Abfragen). Es bildet sich ein Sprachförderkonzept heraus, in dem sich die Förderung von Sprache als Mittel in den pädagogischen Alltag einpasst. Alltagsintegrierte Sprachförderung wird von interdisziplinären Forschungseinrichtungen als die optimale Form der Kita-Arbeit gesehen (Jampert et al. 2006). Jampert und Kollegen gehen davon aus, dass Sprachförderung in der Kita ein Mittel zur Verbesserung von Situationen ist, das jedem Kind zugänglich sein kann.

Alltagsintegrierte Sprachförderung bedeutet, dass jedes Kind über seine gesamte Kita-Zeit von der Förderung profitieren kann, unabhängig von seinem Alter, seinem Entwicklungsstand oder des Stundenumfangs, den es täglich in der Einrichtung verbringt. Die Zielgruppe besteht also in der Gesamtheit aller Kinder in Kita-Einrichtungen. Entsprechende Konzepte müssen daher flexibel mit den Ansprüchen der einzelnen Kinder umgehen und trotzdem spezifisch genug sein, um effektive Förderung zu erreichen. Bisher fehlen in Deutschland stärker strukturierende Ansätze für die alltagsintegrierte Sprachförderung. Bestehende Konzepte gehen kaum über die Verbesserung der Kommunikationssituation an sich hinaus. Ziel einer solchen allgemeinen Maßnahme kann nur sein, die Sprechfreudigkeit von Kindern allgemein zu erhöhen, jedoch kann hier nicht von spezifischer Förderung zur Verbesserung einzelner sprachlicher Anteile die Rede sein. Um Sprachförderung als solche intensiver zu gestalten, fordern Jampert und Kollegen, diese in jeder klassischen pädagogischen Situation einfließen zu lassen. In diesem Ansatz ist die Formulierung *Sprachförderung als Querschnittsaufgabe* (Jampert et al. 2007) zu verstehen. Damit wird der Fokus der Erzieherin zu jeder Zeit des Kita-Tages auf die Sprache gelenkt, ohne dass andere Entwicklungs- und Förderbereiche dafür zurückstecken müssen. Sprachförderung wird in die Handlungssituationen eingearbeitet oder, wie im Fall von PräSES (➤ Kap. 5ff.), strukturiert die sprachliche Situation die Handlung und intensiviert dadurch die Verbindung zwischen Sprache und Handlung noch einmal.

In einigen Bildungsplänen wird die alltägliche Sprachförderung mit mehr oder weniger starker Orientierung an Jamperts Konzept erwähnt. Dies geschieht etwa in Hamburgs Bildungsempfehlungen, wo das Zitat Sprache als Querschnittsaufgabe durch alle Bildungsbereiche übernommen wird (Preissing 2005, 41). Im Rahmenplan Bremens ist folgendes Zitat zu finden:

„Spezielle Förderstunden können die alltägliche Sprachförderung nur ergänzen, aber nicht ersetzen" (Der Senator für Arbeit, Frauen, Gesundheit, Jugend und Soziales – Freie Hansestadt Bremen 2004, 21).

2.2 Anforderungen an die Sprachförderung in der Kita

Im Folgenden soll nun ein grundsätzlicher Rahmen gesteckt werden, in dem alltagsintegrierte Sprachförderung in der Kita stattfinden kann. Dieser steht in Übereinstimmung mit den vom Deutschen Jugendinstitut aufgestellten Prinzipien, alle Kinder einer Kita – unabhängig von ihrem Entwicklungsstand oder ihrem Alter – durch ihre gesamte Kita-Zeit hindurch zu fördern (Jampert et al. 2006).

2.2.1 Kommunikationsfreundliche Situation und Atmosphäre

Grundlage jeder sprachlichen Kommunikation ist eine entsprechend einladende Situation und Atmosphäre. In der Kita-Gruppe – als ein Ort oft quirliger Lebendigkeit – müssen daher Kompromisse gefunden werden, wann und wie ruhige Situationen geschaffen werden können, in denen eine Atmosphäre entsteht, in der Kinder zum Erzählen oder auch nur zu einer kurzen sprachlichen Äußerung animiert werden können. Klassischerweise werden Erzählsituationen, in denen alle Kinder zusammenkommen, in die rituellen Anteile des Kita-Tages eingebunden, so z.B. in Morgenkreissituationen. Generell ist dieses Vorgehen auch erfolgreich, kann jedoch bei sprachschwächeren Kindern Stress auslösen, was zu weniger oder schlechteren Sprachproduktionen führt als in entspannter Situation in einer kleineren Gruppe. Das Sprechen im Morgenkreis ist für die sprachgewandten Kinder eine gute Situation zur eigenen Äußerung. Doch auch die schwächeren Kinder benötigen das Wissen, dass es grundsätzlich Raum und Zeit für das Erzählen geben kann. Um es ihnen zu erleichtern, können folgende Aspekte beachtet werden:

- Regelmäßige Situationen mit weniger Kindern zu bestimmten Zeiten des Tages herstellen, in denen erzählt werden kann.
- Diese Situation liegt in einer ruhigen Umgebung, z.B. in einem Nebenraum des Gruppenraumes, in einer Ecke des Freigeländes, in der Kuschelecke etc.
- Das Teilnehmen an dieser Situation ist freiwillig, auch wenn bestimmte Kinder von der Erzieherin direkt eingeladen werden.
- Um die Kommunikation einzuleiten, wird von der Erzieherin eine Geschichte mitgebracht (Bilderbuch, erzählte oder vorgelesene Geschichte).

Um diese Möglichkeiten zu schaffen, sind Zeitphasen im Kita-Tag notwendig, in denen die Kinder nicht alle das Gleiche tun. Damit die Gesprächssituationen von den Kindern angenommen werden, sollten sie nicht mit anderen sehr interessanten Aktionen konkurrieren. Zur Platzierung dieser Situationen in den Kita-Tag bieten sich v.a. Freispielphasen an.

Als Gegenpol zu den eingeplanten Gesprächssituationen kann es auch Zeiten im Kita-Tag geben, in denen Sprechen nicht im Vordergrund steht. Dies ist z.B. während der Mahlzeiten möglich, sodass die Kinder zur Ruhe kommen und das Essen als solches mehr genießen können. Natürlich gilt dies auch weitgehend für die anwesenden Erzieherinnen. Es wäre somit nicht wünschenswert, dass zum Essen Geschichten oder Musik gehört werden.

2.2.2 Kommunikationsförderndes Verhalten

In der Interaktion zwischen Kind und Erwachsenen kommt die Öffnung der Situation zu einem erfolgreichen Dialog nur von der Seite des Erwachsenen. Dies kann z.B. bedeuten, dass die Erzieherin den Dialog eröffnet und das Kind als Dialogpartner annimmt und als solchen akzeptiert. Ein Schlagwort, welches in diesem Zusammenhang häufig genannt wird, ist das *zugewandte Sprechen.*

Zugewandtes Sprechen

Der Begriff beschreibt das offensichtliche (d.h. ganzkörperliche) Hinwenden zum Kind. Andere Handlungen werden unterbrochen oder beendet, auch ein anderes Gespräch wird nicht gleichzeitig geführt (z.B. Zurufe zu anderen Kindern). Um die Bereitschaft zum Dialog mit dem Kind zu betonen, sollte die Situation eine möglichst gelassene und entspannte Atmosphäre haben. Auch dieses geht von dem beteiligten Erwachsenen aus, der diese Gelassenheit zunächst ausstrahlen muss. Durch eine solche „Atempause" im wahrsten Sinn des Wortes, denn gerade durch das langsame Ausatmen wird Gelassenheit ausgestrahlt, gerät die Situation in langsames Fahrwasser, welches schwache Kinder brauchen, um eine für sie komplizierte Kommunikationssituation erfolgreich bewältigen zu können. Natürliche Langsamkeit in Handlung und Sprache sollte ein Grundsatz für Kommunikation mit Kindern sein. Je hektischer und schneller ein Kind in die Situation kommt, desto wichtiger erscheint dieser Grundsatz. Generell gilt es also, dem Kind eine entspannte, langsame und zugewandte Situation anzubieten. Darüber hinaus hilft es sprachschwachen Kindern, die Gruppengröße, in der der Dialog stattfindet zu verringern. Dies kann bis hin zu kurzen 1:1-Situationen gehen, in denen für das Kind wichtige Dinge allein besprochen werden können.

In altersgemischten Gruppen können die älteren Kinder ebenfalls bekannte Geschichten als Erzähler übernehmen, z.B. in Rollenspielen eine Geschichte in verteilten Rollen darstellen und sie jüngeren Kindern so nahe bringen. Auch ein gut bekanntes Bilderbuch kann von einem älteren Kind erzählt werden. Das Prinzip, Kinder helfen Kindern (Meister-Novize-Konzept), kann in altergemischten Gruppen und offenen Konzepten den Peer-Input stärken, also den wichtigen sprachlichen Austausch unter Kindern, der von den jüngeren Kindern als besonders relevant zum Übernehmen in die eigene Sprache angesehen wird. Die Hilfesituationen sind in der Regel organisatorische Situationen im Tagesablauf, z.B. das Schuhe und Jacke anziehen. Doch auch hierbei müssen sich Helfender und Hilfenehmender darüber austauschen, was angezogen werden soll und wie das geht. Insofern sind gerade solche Situationen dafür geeignet: die Handlungsroutine ist sowohl dem sprachschwachen, jungen Kind als auch dem älteren helfenden Kind klar und benötigt daher wenig Aufmerksamkeitskapazität. Diese kann dann der Sprache zugute kommen. Ist keine Erzieherin zur Stelle, um die Situation zunächst zu klären (Welche sind deine Schuhe? Wo ist deine Jacke?) werden die Kinder gezwungenermaßen diesen Dialog im Rahmen einer 1:1-Situation gemeinsam führen.

2.2.3 Kommunikation als Dialog

Kommunikation zwischen Erzieherin und Kind nimmt genauso wie ein Gespräch zwischen Kindern oder Erwachsenen von Beginn an die Form des Dialogs an, wobei kindgerechte Themen im Vordergrund stehen. Das Kind wird als gleichberechtigter Gesprächspartner wahrgenommen. Beide Dialogpartner haben das Recht auszureden, Fragen zu stellen und das Thema zu wählen bzw. zu wechseln. Auch können beide den Dialog einleiten, wobei dies sprachunsichere Kinder in vielen Fällen durch körperliche Zeichen andeuten (herumdrucksen) und auf die Ansprache des Erwachsenen warten. Dies sollte dann erfolgen.

Kinder haben i.d.R. eine sehr gute Wahrnehmung dafür, ob ihr Gesprächspartner wirkliches Interesse an ihren Erzählungen hat. Vielfach richtet sich die Vorliebe für eine Erzieherin nach genau diesem Punkt. Wenn dem Kind mehrfach bedeutet wird, dass keine Zeit bzw. Interesse vorhanden ist, wird es weniger Kommunikationsversuche mit der entsprechenden Bezugsperson einleiten.

Von Seiten der Erzieherin ist die echte Bemühung notwendig, der Erzählung des Kindes zu folgen, auch wenn dies häufig durch den ersten Bericht des Kindes nicht möglich ist (siehe folgenden Beispielkasten). Es ist wichtig, in einem solchen Fall nicht in Abfragen abzugleiten. So sollten z.B. keine geschlossenen Fragen (d.h. Fragen, auf die mit ja oder nein geantwortet werden muss) gestellt werden. Wenn das Kind in seiner Erzählung nicht weiterkommt, sollte der Versuch des Weitererzählens in Form eines Vorschlags („Ist vielleicht ... passiert?") unternommen werden. Hat das Kind seine Erzählung beendet, so kann man den Inhalt in einer zielsprachlichen Form gespiegelt noch einmal wiedergeben. Das Kind kann das, was es mitteilen wollte, mit der gespiegelten Antwort abgleichen. Der Kommunikationserfolg wird für das Kind greifbar, wenn es erfährt, dass es verstanden wurde.

Versteht man trotz aller Bemühungen nicht, was das Kind meint, so sollte man das dem Kind auch mitteilen. Ein diffuses „aha" ist kein positiver Kommunikationserfolg. Erklärt man dem Kind, dass man wohl noch nicht verstanden hat, was z.B. gestern auf dem Spielplatz passiert ist, so kann anschließend gemeinsam der Plan gefasst werden, dies später die Mutter des Kindes zu fragen. Dieser Plan sollte dann auch umgesetzt werden. So kann aus der nicht-erfolgreichen Dialogsituation für das Kind trotzdem ein positives Gefühl entstehen.

BEISPIEL

Dialog mit Vorschlag und Spiegelung

Kind (K): „Weisste was ich gestern gesehen hab?"
Erzieherin (E): „Nee, erzähl mal!"
K: „Da war so'n Ding, was man drehen kann und da waren große Jungs drauf."
E: „So ein Ding, das man drehen kann? War das vielleicht ein Karussell?" (Vorschlag)
K: „Nein, das war ganz flach und schief! Und man kann sich nicht richtig festhalten. Das ist für große Kinder."
E: „Flach und schief und ohne Griffe. Vielleicht eine Drehscheibe, die sich mal hoch und mal runter dreht?" (Vorschlag)
K: „Ja, und die Jungs haben das ganz schnell gemacht! Die waren aber schon groß."
E: „Die großen Jungen haben die Drehscheibe ganz schnell gedreht? Dann hast du aber nur zugeschaut oder? Das ist dann ja ganz schön schnell." (Spiegelung und Fortführung des Gesprächs mit einem neuen Aspekt)
K: „Ja, das war zu schnell. Das ist nur für große Jungen."

2.3 Förderung nach dem PräSES-Konzept

PräSES zählt zu den Konzepten, die Sprache alltagsintegriert fördern und so auf alle Kinder der jeweiligen Kita-Gruppen abzielen, unabhängig davon, ob die Gruppen altergemischt oder getrennt zusammengesetzt sind oder ob das ganze Haus ein offenes Konzept lebt. Daraus folgt, dass die Erzieherin bzw. das Kita-Team insgesamt mit der Sprachförderung beginnen kann, ohne dass eine Sprachstandserhebung oder eine andere Form von Erfassung sprachlicher Fähigkeiten vor Beginn notwendig ist. Die Förderung kann einsetzen, auch wenn nicht bekannt ist, welche und wie viele Kinder zum Förderbeginn als sprachauffällig einzuschätzen wären.

Generell besteht PräSES aus vier Bereichen:

1. Der Dokumentation der sprachlichen Fähigkeiten einzelner Kinder durch Beobachtung (möglicherweise als Teil eines Portfolios ➤ Kap. 4.2.2).
2. Der Umsetzung von allgemein förderndem Kommunikationsverhalten.
3. Der Förderung des Wortschatzes auf der Basis einer erstellten Zielwortliste unter einem definierten Thema oder Oberbegriff. Die Vermittlung der Wörter geschieht durch sprachanregende Fördermethoden, die sich sprachlich und situativ auf die Leistungsniveaus verschiedener Kinder anpassen lassen.
4. Themenbezogener Projektarbeit, die die ausgewählten Wörter inhaltlich umrahmt.

Durch die Umsetzung dieses Konzeptes wird jedes Kind in den basalen Sprachfähigkeiten *Wortschatzerwerb* und *Bedeutungsentwicklung* gefördert. Dies wird durch die Kombination der Konzentration auf diesen sprachlichen Bereich mit der Projektarbeit und durch die Umsetzung der Methode *strukturierte Inputsituation* möglich. Bei dieser Fördermethode besteht kein Anspruch zur Sprachproduktion an das Kind, die Inhalte der Förderung richten sich auf den Aufbau des Wortverstehens. Die Übernahme der neuen Wörter in die spontane Sprache werden die Kinder – je nach ihrem eigenen Lerntempo – in anschließenden Spielen, Gesprächen und anderen spontanen Situationen selbständig bewältigen.

Durch diese Rahmenbedingungen findet die Sprachförderung auf eine Art und Weise statt, in der sich sprachauffällige Kinder nicht vor anderen Kindern mit ihren Defiziten konfrontieren lassen müssen. Dies ist sowohl für Erzieherinnen als auch für die betroffenen Kinder entlastend. Stigmatisierungen von Kindern werden ebenso vermieden wie die Verschulung des Kita-Alltags durch Übungen in Kleingruppen.

Der Versorgung der sprachgestörten Kinder wird im ersten Bereich Sorge getragen, indem die Erzieherin die Entwicklung des Kindes beobachtet, dokumentiert und begleitet. Besteht ein Risiko für eine Entwicklungsstörung, so wird sie zu Elterngesprächen einladen, um gemeinsam mit den Eltern über die weitere Versorgung des Kindes zu beraten. Der zweite Bereich beachtet allgemeine kommunikationsförderliche Grundsätze, wie sie in diesem Kapitel vorgestellt wurden. Diese sind die Basis für eine genauere Förderung der Sprache. Fehlt in einer Kita die insgesamt kommunikationsfreundliche Atmosphäre, so wird auch eine gut durchdachte Projektförderung nach dem PräSES-Konzept nicht von Nutzen für die Kinder sein, da sie unnatürlich wirkt und nicht zum sprachlichen Lernen einlädt. Der dritte und der vierte Bereich sind zentrale Teile des Praxisanteils dieses Buches. Es wird an dieser Stelle auf Teil II (➢ Seite 115) verwiesen.

Prinzipien von PräSES

Im Folgenden werden Grundgedanken von PräSES dargestellt, die als Prinzipien in die Grundkonzeption von Sprachförderung nach diesem Konzept eingingen. Sie erweitern die Rahmenbedingungen für Sprachförderung für alle Kita-Kinder, die in ➢ Kap. 2.1 dargestellt wurden.

Im Rahmen von PräSES wird davon ausgegangen, dass alltagsintegrierte Sprachförderung in der Kita nicht „die Sprache allgemein" fördern kann. Es kann von Erzieherinnen nicht verlangt werden, dass sie alle Ebenen der Sprache parallel im Blick behalten und fördern. Dies ist auch in der Sprachtherapie, also innerhalb von 1:1-Situationen von Kind und Therapeutin, nicht als wirksames Konzept erwiesen. Die Überladung der Fördersituation durch den Anspruch alle sprachlichen Ebenen zu fördern, wird als ein wesentlicher Punkt angesehen, warum alltagsintegrierte sprachliche Förderung häufig so wenig Effekt zeigt. Stattdessen gelten folgende Prinzipien:

1. *Die ErzieherIn behält einen oder höchstens zwei Bereiche der Sprache im Fokus und strukturiert ihren Input an die Kinder/ihre Ansprache an die Kinder dahingehend. Dieser Fokus kann wechseln, z.B. abhängig vom Alter oder Entwicklungsstand der Kinder.*
2. Folgendermaßen wird Sprachförderung in der Kita definiert: *Sprachförderung in der Kita ist die Ausrichtung der Interaktion zwischen Erzieherin und Kind auf besonders günstige Umstände für den Erwerb von Sprache.* Da die kindliche Seite dieser Interaktion nicht direkt beeinflusst werden kann, *muss zur Verbesserung der Situation der Dialoganteil der Erzieherin im Zentrum der Anstrengungen stehen. Der zu verändernde Kernpunkt ist die Ansprache an das Kind, d.h. jegliche Sprache, die von Erzieherinnenseite an das Kind oder auch die Kinder gerichtet wird. Ein spezifisches Training der Sprachproduktion erfolgt nicht. Als Produkt dieser Veränderung in der Sprachverwendung der Erzieherin wird diese für die Kinder ihrer Gruppe zu einem wichtigen Sprachmodell.* Ihre Sprachproduktion wird von den Kindern als besonders informativ wahrgenommen.
3. *Es ist ein Ziel der Sprachfördermaßnahme und der begleitenden beobachtenden Dokumentation, dass auffällige Kinder früh entdeckt und in eine möglichst früh beginnende Sprachtherapie vermittelt werden.* Im Rahmen der alltagsintegrierten Sprachförderung werden diese Kinder im Weiteren nicht aus der Sprachförderung ausgeschlossen. Stattdessen sollte die Erzieherin bemüht sein, ihren Input in dieser Situation so zu verstärken, dass auch das sprachentwicklungsauffällige Kind in der Lage ist, ihn zu verarbeiten. *Diese Maßnahme kann Therapie begleiten, die Zeit bis zum Beginn der Sprachtherapie mit auffangen helfen, jedoch keine Therapie ersetzen. PräSES hat an keiner Stelle den Anspruch anstelle von Sprachtherapie zu wirken.*
4. *Die auffälligen Kinder werden in der Kita nicht in therapiewürdige und förderwürdige Kinder unterteilt.* Diese Aufteilung ist in der alltagsintegrierten Sprachförderung nach PräSES nicht notwendig, da sich die Fördermaßnahmen nicht auf eine bestimmte Untergruppe von Kindern konzentrieren.

!

Sprachkompetentes Erzieherinnenverhalten basiert zusammenfassend auf zwei Fähigkeiten, die als unabhängige Fähigkeiten im PräSES-Konzept erworben werden sollen:
- Sprachmodell für die Kinder der Kita-Gruppe sein
- Auffälligkeiten durch Beobachten erkennen können.

KAPITEL

3 Input: die treibende Kraft des Spracherwerbs

3.1 Input im Spracherwerb

Ein Konzept zur alltagsintegrierten Sprachförderung muss sich an die Erwerbslogik des Spracherwerbs anpassen. Dies bedeutet, dass Förderung in gewisser Weise das nachstellt, was Kinder im Spracherwerb erleben (z.B. *inszenierter Spracherwerb*; Dannenbauer 1994). Zum Sprechakt gehören zwei Seiten: der sog. **Inputgeber** (ein anderes Kind, ein Erwachsener) und der **Hörer** (das Kind, das das Gehörte verarbeitet). Sprache entwickelt sich im „richtigen Leben" (Senatsverwaltung für Bildung, Jugend und Sport – Berlin 2004, 62) normalerweise im Dialog bzw. in der natürlichen Kommunikation und kann auf diese Aspekte nicht verzichten; der Fernseher kann als Kommunikationspartner nicht einspringen. Kinder können zwar Wörter über das Fernsehen verstehen lernen (hierzu gibt es eine Reihe von Studien, z.B. Rice und Woodsmall 1988; Rothweiler 1999) – für den im Kindergartenalter so wichtigen Grammatikerwerb und auch die allgemeine kommunikative Entwicklung kann er nichts ausrichten.

Wie muss sich inputorientierte Sprachförderung in der Kita nach einem alltagsintegrierten Konzept gestalten? Ein direktes Üben von Sprache ist in einer alltagsintegrierten Sprachförderung fehl am Platz. Es mag sein, dass sich Förderung in Kleingruppen für auffällige Kinder – wie von vielen Seiten gefordert wird – als Übungssetting realisieren lässt. Es ist aber auf Seiten des Inputgebers für die alltagsintegrierte Förderung maßgeblich, Sprache zum Mittel im Dialog, in der Kommunikation an sich und in allen Handlungen mit dem Kind zu machen. Dies steht dem Übungssetting entgegen. So steht der Spracherwerb auf der Basis des kontinuierlichen sozialen Kontakts, wie der Orientierungsplan Niedersachsens formuliert (Niedersächsisches Kultusministerium 2005, 20), obwohl er nicht das gleiche ist wie der *allgemeine* soziale Kontakt. Es handelt sich beim Spracherwerb um einen eigenen Entwicklungsbereich, der daher auch eigenständige Förderung benötigt. Der Spagat für den Inputgeber liegt also darin, besondere Aufmerksamkeit auf die eigene Sprache zu richten, ohne sie zum Selbstzweck zu machen. Das Kind als Hörer und Verarbeiter richtet seine Aufmerksamkeit auf die gemeinsame Handlung bzw. den Inhalt der Sprache aus und erwirbt neue Strukturen aufgrund der veränderten und verstärkten Sprachverwendung seines Sprachmodells „im Vorbeigehen".

Allgemein wird Sprache, die an jemanden gerichtet wird und von demjenigen rezeptiv verarbeitet wird, als **Input** bezeichnet. Input ist eine der notwendigen Bedingungen für das Stattfinden des Spracherwerbs. Dies bedeutet, dass ein Kind, welches keinerlei sprachlichen Reizen ausgesetzt ist, den Spracherwerb nicht durchlaufen wird. In diesem Fall käme es zu einem Stillstand, obwohl im Kind Mechanismen bereitstehen, um Input zu verarbeiten. In der Spracherwerbsforschung werden Kinder, die in extremer sozialer Deprivation und Isolation aufgewachsen sind und Sprache daher nicht erwarben, als „wilde Kinder" bezeichnet (Klann-Delius 1999). Neben dem Ausbleiben der Sprache erlitten sie schwere nichtsprachliche Schäden, z.B. emotionale Störungen, die sich auf das Sozialverhalten auswirkten. Das berühmteste Beispiel für diese Problematik ist Kaspar Hauser. Doch auch im 20. Jahrhundert gab es vereinzelte Fälle wilder Kinder, so z.B. Jeanny, ein Mädchen, das in den 1960er Jahren in den USA aufgefunden wurde. Diese Fälle zeigen, dass ohne sprachliche Kommunikation im Sinne von Inputverarbeitung kein Spracherwerb möglich ist (Kauschke 2007b).

Eine Formel wie „mehr Input bedeutet auch bessere Voraussetzungen für den Spracherwerb" kann nicht aufgestellt werden. Obwohl der Spracherwerb auf ein Mindestmaß an Input angewiesen ist, ist darüber hinaus die Masse, die ein Kind hört, relativ unerheblich. Wichtiger als die Quantität ist die Qualität des Inputs. Das Kind ist darauf angewiesen, alle sprachlichen Informationen aus dem Input zu ziehen. Jedes Mal, wenn wir miteinander sprechen – auch wenn wir nicht direkt ein Kind ansprechen – ist unsere Sprache voll von informationstragenden Elementen, die für irgendeine Stelle des Spracherwerbs relevant sind. Als Erwachsene wissen wir dies nicht und können uns nicht daran erinnern, wann wir welche Information benutzt haben. Dementsprechend verändern Eltern ihre Sprache nicht bewusst, um Kindern den Spracherwerb zu erleichtern. Das Auffinden und Selektieren der Inputinformationen ist im natürlichen Spracherwerb den Kindern überlassen. Wenn wir Sprache verwenden, geben wir Kindern im Spracherwerb stets Hinweise, die sie weiter verarbeiten und damit ihren nächsten Spracherwerbsschritt vorbereiten. Da wir dies vollkommen unbewusst tun, muss die Sprache zu jeder Zeit voll von möglichst allen Informationen sein. Der einzelne Informationsmoment ist gezwungenermaßen kurz und sehr klein. Deshalb findet ein Kind mit Sprachentwicklungsstörungen diesen nicht bzw. kann ihn nicht verarbeiten. Dieses Phänomen wird folgendermaßen beschrieben:

> „Obwohl ausreichender Input vorhanden ist, kann das Kind diesen nicht ausreichend und effizient nutzen. Daher verlaufen Spracherwerb und Sprachverarbeitung langsamer und mühsamer" (Kauschke 2007a: 59).

Exkurs

Was passiert bei Kindern, die mit dem Alltagsinput nicht zurechtkommen?

Kauschke (2007a) beschreibt, dass bei diesen Kindern der Spracherwerb und die Verarbeitung von Sprache langsamer und mühevoller verlaufen als bei anderen Kindern. Für Kinder mit Sprachentwicklungsstörungen bedeutet das:

- Sie lernen weniger Wörter als andere Kinder und bauen dadurch einen kleineren/zu kleinen Wortschatz auf. Beispielsweise kennen diese Kinder nur sehr wichtige alltagsrelevante Begriffe. Etwas weniger wichtige Wörter sind ihnen noch unbekannt, obwohl andere Kinder gleichen Alters sie in der Regel beherrschen.
- Sie können Sätze mit dem geringen Wortschatz nicht altersadäquat füllen.
- Sie entdecken in der Grammatik die wichtigen Informationsreize zur Entwicklung von der Einwortstufe zum Hauptsatz nicht und bleiben auf einer zu niedrigen grammatischen Entwicklungsstufe stehen.
- Die lernen die Laute der Muttersprache nur schlecht voneinander differenzieren und behalten Lautersetzungen bei.

In der Sprachtherapie wird daher der Input an die Kinder so umgearbeitet, dass er bestimmte Informationen verstärkt, um das Kind zum Lernen eines bestimmten Spracherwerbsschrittes zu bringen. Die therapeutische Methode, die dieses umsetzt, heißt **Inputspezifizierung.** Sie wurde für PräSES in die Fördermethode **strukturierte Inputsituation** weiterentwickelt.

3.2 Entwicklung einer Methode zur verbesserten Inputverarbeitung in Therapie und Förderung

In der Sprachförderung wie auch in der Sprachtherapie wird der Input aufbereitet, um ihn zu verstärken. Das ist für moderne therapeutische Ansätze (v.a. mit psycholinguistischem Hintergrund) ein normales Vorgehen. Doch was bedeuten Aufbereitung und Verstärkung? In ➤ Tab. 3.1 sind Techniken nach dem Patholinguistischen Ansatz (Siegmüller und Kauschke, 2006) aufgelistet. Der Begriff „Technik" bezeichnet hierbei, wie der Input im Rahmen der Methode aufbereitet werden muss, um dem Kind in seinem zum Stillstand gekommenen Spracherwerb zu helfen.

In der therapeutischen Methode **Inputspezifizierung** erfährt der Input die höchstmögliche Verstärkung. Um diese kontrollieren zu können, wird in der Vorbereitungsphase häufig ein Text erstellt, der dem Kind als umgeschriebenes Bilderbuch, als erzählte Geschichte, Handpuppenspiel oder ähnliches präsentiert wird. Es entsteht für das Kind somit eine

Tab. 3.1 Techniken der Inputspezifizierung (nach Siegmüller und Kauschke 2006)

Vorbereitungsphase	
Aufbereitung des Sprachmaterials	• Auswahl geeigneter Wörter, an denen die Zielstruktur transparent wird • Sprachliche Umsetzung der Kriterien, Erstellung eines Skripts für die Präsentation der Inputsequenz
Vorstrukturierung der Situationen	• Auswahl der Präsentationsart (Inputsequenz oder interaktive Inputspezifizierung) • Auswahl eines thematischen Rahmens (bzw. semantischen Felds), der (das) zum Transport der Zielstruktur geeignet ist • Beschaffung des Materials
Präsentationsphase in der Therapiesituation	
Kriterien/Techniken zur Präsentation der Zielstruktur	
Natürlich	• Normale Sprechweise in Grammatik und Betonung, die mit dem thematischen Rahmen harmoniert
Frequent	• Sehr häufig wiederkehrendes Angebot der Zielstruktur
Prägnant	• Zielstruktur soll im Fokus der Aufmerksamkeit des Kindes stehen • Entwicklungsniveau und Interesse müssen berücksichtigt werden
Flexibel	• Sprachliches Angebot wird in flexiblen Satzstrukturen präsentiert • Angebot unterschiedlicher Satzstrukturen (Haupt- und Nebensätze) und Variation innerhalb einer Struktur
Kontrastreich	• Jeweilige Zielstruktur wird in einen nachvollziehbaren Kontrast zu anderen Strukturen gesetzt.
Funktional eingebettet	• Zielstruktur wird in sinnvollen kommunikativen und situativen Zusammenhängen verwendet

natürliche, angenehme Situation, in der es den sprachlichen Input genießen soll. Die Zielstruktur – oder im Wortschatz die Zielwörter – kommen im Rahmen dieser Sprachsituation so häufig wie möglich vor (*frequent*). Die Thematik des Textes wird so verfasst, dass der Fokus des Kindes sich automatisch auf die Zielstruktur richtet (vgl. Beispiel **„Fertig"**). Das Zielwort steht im Zentrum der Handlung *(prägnant).*

BEISPIEL

Inputspezifizierung mit einem hochprägnanten Zielwort: Fertig!

Heute ist Putztag bei Sofie zu Hause. Morgen muss alles **fertig** geputzt und sauber sein. Sofies Oma kommt zu Besuch. Sofie muss ihr Kinderzimmer **fertig** aufräumen. Es liegen noch viele Spielsachen auf dem Boden. Mama sagt: „Sofie, räum bitte auf und sag mir Bescheid, wenn du **fertig** bist. Ich fange an, die Küche **fertig** zu machen." Sofie räumt alle Spielsachen in die Kiste und die Kuscheltiere ins Regal und ist schnell **fertig**. Sie ruft: „Mama, ich bin **fertig**. Ich habe **fertig** aufgeräumt!" Mama kommt und staunt: „Du bist aber schnell **fertig**, klasse! Ich bin in der Küche auch fast **fertig**. Ich muss nur noch **fertig** staubsaugen." „Ich helfe dir Mama", sagt Sofie, „dann bist du schneller **fertig**." Mama freut sich und schon machen sich beide an die Arbeit. Zu zweit ist man immer schneller **fertig** und so geht es drunter und drüber bei Mama und Sofie. „Die Küche ist **fertig** gesaugt", ruft Mama. Sofie ist im Wohnzimmer und ruft: „Die Bücher und Zeitschriften sind weggeräumt und die Spielecke ist auch **fertig**." – „Räum bitte noch die Kissen auf das Sofa!", bittet Mama Sofie und eine Minute später meldet sich Sofie: „**Fertig**!". Jetzt kann Mama auch das Wohnzimmer saugen und ist schnell **fertig**. Jetzt fehlt noch die Terrasse – da ist noch nichts **fertig**. Mama und Sofie kehren die Blätter auf der Terrasse zusammen – und schon sind sie **fertig**! Jetzt muss Mama noch schnell den Kuchen **fertig** backen. Sofie will inzwischen ihr Bild für Oma **fertig** malen, damit sie Oma auch etwas schenken kann. Beide sind gleichzeitig **fertig** und rufen vor lauter Freude: „**Fertig, fertig**. Wir sind endlich **fertig**!"
Da kommt Papa von der Arbeit und fragt erstaunt: „Womit seid ihr **fertig**?!" Sofie sprudelt los: „Papa, morgen kommt doch die Oma zu Besuch und wir haben alles **fertig**. Mein Kinderzimmer ist **fertig** aufgeräumt, die Küche ist **fertig**, das Wohnzimmer ist **fertig** und die Terrasse ist auch **fertig**. **Fertig** ist der leckere Kuchen und mein Bild für Oma habe ich auch gerade **fertig** gemalt. Alles ist **fertig** für Oma. Alles **fertig** zu machen war ganz schön anstrengend!" Da stimmt Mama ihr zu: „Sofie und ich waren heute ein tolles Team, aber jetzt sind wir fix und **fertig**!" Da muss Sofie lachen: „Ja, von den ganzen Sachen, die wir heute **fertig** gemacht haben, sind wir fix und **fertig**." Da müssen Mama, Papa und Sofie lachen. Jetzt ist alles **fertig** und Oma kann kommen.

Außerdem muss das verwendete Satzmaterial *flexibel* sein. Dies ist ein sehr wichtiger Punkt, da man häufig trotz Vorbereitungen zu sog. Satzmustern neigt. Satzmuster wirken im Erwerb jedoch hemmend und belasten v.a. die Entwicklung der Grammatik. Die letzte Technik ergibt sich ganz von selbst:

natürlich findet die Geschichte in einer sinnvollen dialogischen Situation statt, in der sich sowohl Inputgeber als auch Zuhörer wohlfühlen.

Die Aufbereitung des Inputs resultiert in der Sprachtherapie in der **Inputspezifizierung** und in der alltagsintegrierten Sprachförderung in der **strukturierten Inputsituation** (➢ Abb. 3.1). Beide Formen des aufbereiteten Inputs beinhalten ein höheres sprachliches Niveau als die momentanen Verarbeitungsfähigkeiten der Kinder. Dies stimmt mit dem normalen Alltagsinput überein: Auch Eltern sprechen mit ihrem Kind in grammatisch korrekten Sätzen, auch wenn das Kind diese noch nicht produziert. Es ist gerade dieses höhere Niveau, welches durch beständigen Abgleich das Kind dazu animiert, sich und seine eigenen sprachlichen Fähigkeiten beständig der Zielsprache/der Erwachsenensprache anzunähern. Eine Anpassung der erwachsenen Sprache an das aktuelle kindliche Sprachniveau würde diesen Anreiz schwächen.

Der Unterschied zur Inputverarbeitung im unauffälligen Spracherwerb besteht darin, dass durch Inputaufbereitung – sowohl in Therapie als auch in Förderung – die Reizbreite des Inputs vermindert wird und das Kind auf eine bestimmte Zielstruktur orientiert wird. Statt eines Sprachangebots, in der alle Informationen gleichzeitig und daher schwach angeboten werden, wird die Frequenz zugunsten einer ausgewählten Information verschoben. Es wird im Rahmen von Inputaufbereitungen nicht mehr dem Kind selbst überlassen, welche Information es zu verarbeiten versucht. Die Entscheidung, welcher Spracherwerbsschritt als nächstes angebahnt wird, trifft der Inputgeber. Neben dieser Übereinstimmung existieren wichtige Unterschiede zwischen der Inputspezifizierung und der strukturierten Inputsituation. Diese werden in den nächsten Abschnitten aufgeführt.

3.2.1 Inputspezifizierung

Um den Input in der Sprachtherapie zu optimieren wurde ab den 1980er Jahren die Methode der Inputspezifizierung – ursprünglich für die Grammatiktherapie – entwickelt (Dannenbauer 1994; McLean und Woods Cripe 1997). Im Deutschen wurde sie zunächst in Zusammenhang mit dem Modellieren, einer Spiegelung der kindlichen Äußerung mit angewendeten Korrektivem Feedback eingesetzt – und zwar bevor das Kind die Zielstrukturen benutzt. Erst in den 1990er Jahren emanzipierte sich die Inputspezifizierung von der Modellierung und wurde in den linguistischen Therapieansätzen zu einer eigenständigen Therapiemethode. Nach diesen Ansätzen ist es das Ziel einer Inputspezifizierung, die Kinder durch die Anwendung bestimmter Umsetzungstechniken auf die Verarbeitung der gewünschten sprachlichen Informationen – also auf bestimmte Anteile des Inputs – zu fokussieren. Das tatsächliche Erwerben der Struktur kann jedoch dem Kind durch die Inputspezifizierung nicht abgenommen werden, es wird ihm lediglich erleichtert. Dies ist ein wichtiger Faktor, der gerade in der Patholinguistischen Therapie immer wieder in der Gesamtkonzeption der Therapie zum Tragen kommt: in der Therapie werden die Erwerbsbedingungen optimiert. Der Erwerb selbst bleibt jedoch dem Kind überlassen; dies ist auch in der Förderung so (➢ Kap. 3.2.2).

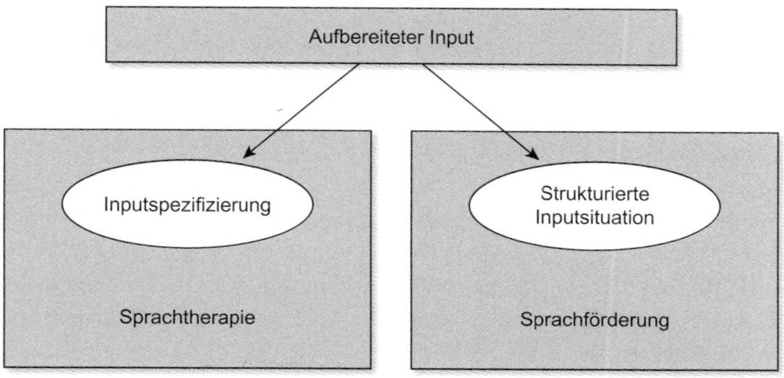

Abb. 3.1 Methoden zur Aufbereitung des Inputs für Sprachtherapie und Sprachförderung

Die Verstärkung einer bestimmten Information und die Fokussierung des Kindes auf diese Struktur ist bei allen Kindern günstig, die aufgrund von Entwicklungsstörungen mit dem normalen Alltagsinput nicht ausreichend zurechtkommen. Durch die Verstärkung des Inputs im Sinne einer Spezifizierung gelingt diesen Kindern die Entschlüsselung der wichtigen Informationen aus der an sie gerichteten Sprache. Es ist also die Kombination aus der Verstärkung, die durch die Aufbereitung erreicht wird und der Fokussierung auf einige wenige Informationen – gleichzeitig damit die Vernachlässigung aller anderen Informationen – die die Optimierung der Erwerbssituation ausmacht.

!

Man könnte als Metapher von einer Waage sprechen, die durch die Stärke des Inputs – gemessen an der Stärke der Spezifizierung für eine (einige) bestimmte Information(en) – wieder ins Gleichgewicht gebracht wird, wenn sie durch unzureichende Verarbeitungsmöglichkeiten des Kindes zuvor im Ungleichgewicht war.

In jedem Fall ist die therapeutische Form der Inputaufbereitung auf das einzelne Kind abgestimmt. Die Abstimmung muss gewährleisten, dass sich das Kind in den Inputspezifizierungen wohlfühlt und diese als positive Situationen besetzt. Da die therapeutischen Methoden den Erwerb einer Zielstruktur nicht ersetzen, sondern lediglich erleichtern, muss die Eigenaktivität des Erwerbs beim Kind erhalten bleiben bzw. wiederhergestellt werden. Die sorgsame Planung einer Inputspezifizierung spiegelt sich wider in der:

- **Auswahl der Zielstruktur**: Welche Inputinformation soll das Kind als nächste verarbeiten?
- **Ausmaß der Verstärkung des Inputs**: Wie hoch ist die Frequenz der Zielstruktur in der Inputspezifizierung?
- **Länge der Inputspezifizierung, gemessen an der Aufmerksamkeitsspanne des Kindes**: Jüngere Kinder erhalten kürzere Inputsituationen.
- **Art der Präsentation des Inputs**: Je nach Alter und Interessen des Kindes wird eher ein Handpuppenspiel, ein Bilderbuch oder eine einfache Geschichtenerzählung gewählt.

Diese notwendigen Rahmenbedingungen sind unverzichtbar, wenn die Optimierung der Erwerbssituation erreicht werden soll. Eine therapeutische Umsetzung der Inputspezifizierung in Gruppen konnte bis dato nicht als wirksam belegt werden.

3.2.2 Strukturierte Inputsituationen

Im Rahmen dieses Buches wird die Umsetzung der Therapiemethode *Inputspezifizierung* in die alltagsintegrierte Sprachförderung in der Kita vorgestellt. Ebenso wie die therapeutische Methode ist auch die Fördermethode der *strukturierten Inputsituation* auf die Verbesserung der Erwerbssituation ausgerichtet, die Erzieherin kann den Kindern den Erwerbsschritt nicht abnehmen. Anders als in der Sprachtherapie soll in der alltagsintegrierten Sprachförderung mit Kindergruppen gearbeitet werden. Die individuelle Anpassung an das Kind muss somit durch eine Orientierung an die Gruppe ersetzt werden:

- **Auswahl der Zielstruktur**: Welche Themen sind für die Kindergruppe gerade aktuell? Welche Inputinformationen müssen dafür bereitgestellt werden?
- **Ausmaß der Inputverstärkung**: Wie hoch kann die Frequenz der Zielwörter in der Situation sein?
- **Länge der strukturierten Inputsituation**: Wie alt sind die teilnehmenden Kinder? (Die Hauptinformationen sollten so geplant werden, dass möglichst alle Kinder sie im Rahmen ihrer Aufmerksamkeitsspanne durchhalten können.)
- **Art der Inputpräsentation**: Je nach Alter und Interessen des Kindes wird eher ein Handpuppenspiel, ein Bilderbuch, eine einfache Geschichtenerzählung oder eine explorative Situation gewählt.

Durch die Aufzählung wird deutlich, dass die strukturierte Inputsituation nicht die Bedürfnisse aller Kinder abdecken kann. Dies macht eine Fördermethode generell zu einem schwächeren Werkzeug als eine therapeutische Methode, die in einer 1:1-Situation angewendet wird. Es muss darauf geachtet werden, dass die strukturierte Inputsituation sich nicht/nicht nur an den stärksten Kindern der Gruppe ausrichtet. Diese haben natürlich wie jedes andere Kind einen Anspruch auf entsprechende Förderung, jedoch nicht zu Lasten der schwächeren Kinder. Steigen letztere regelmäßig aus den Situationen aus, so richten sich diese zu stark an die Kinder, die der Förderung am wenigsten bedürfen.

Nichts desto trotz werden es gerade die starken Kinder sein, die die ersten strukturierten Inputsituationen in einer PräSES-Projektarbeit mittragen. Die Einbeziehung der schwächeren Kinder bzw. die Hinwendung der Erzieherin zu diesen erfolgt mit der fortschreitenden Inputsituation, wenn die anderen Kinder in ihren Handlungen beschäftigt sind.

Die strukturierte Inputsituation verbessert die sprachliche Umgebung für jedes Kind, welches ihr ausgesetzt wird. Je stärker die Frequenz der jeweiligen Zielwörter bzw. Zielstrukturen in einer solchen Inputsituation ist, desto mehr Kinder mit schwächeren Verarbeitungsmöglichkeiten können direkt profitieren. Insofern ist die Fördermethode zwar nicht auf jedes einzelne Kind abgestimmt, das an einer solchen Situation teilnimmt. Sie kann aber bei einem guten Vorwissen über die Spracherwerbsfähigkeiten der Kinder an ein mittleres Niveau angepasst werden. Dabei wird der Input nicht für eine einzige Informationsstruktur aufbereitet, sondern beinhaltet mehrere Zielstrukturen (z.B. einige neue Wörter sowie einige Wörter, die in den Tagen zuvor eingeführt wurden).

!

Die Sprachförderung durch die strukturierte Inputsituation unterstützt die Definition von Fried (2006), nach der Sprachförderung die Entfaltung der kindlichen Sprache optimieren soll.

Ein wichtiger Nebenaspekt der Inputaufbereitung ist die Etablierung der Erzieherin als **Sprachmodell.** Für das sprachauffällige Kind, das mit dem Alltagsinput nicht gut oder gar nicht zurechtkommt, erhält eine Bezugsperson, die ihm verstärkten Input anbietet, eine besondere Relevanz. Da das Kind in der Lage ist, den verstärkten Input des Sprachmodells zu verarbeiten, erfährt es durch diese Person Kommunikationserfolge und Befriedigung durch neu dazugewonnenes (Sprach-)Wissen. Die Folge ist eine stärkere emotionale Bindung an das Sprachmodell. In der Kita ist es daher für die Planung von PräSES-Projekten wichtig, dass die kontinuierliche Betreuung der Kinder durch die Person, die das Sprachmodell darstellt, gewährleistet ist (vgl. Kasten Exkurs).

Exkurs

Sprachmodellsein bedeutet methodisch, in vorbereiteten Situationen aufbereiteten Input an die Kinder zu richten, um die Erwerbsbedingungen für die Kinder zu optimieren. Vom Kind aus betrachtet wird die Person, die ihm ein Sprachmodell ist, als besonders wertvoller Inputgeber, Dialogpartner und Ratgeber empfunden. So werden Floskeln, Betonungen oder Wörter von Sprachmodellen gern und eher übernommen als von anderen Personen.
Ein Sprachmodell geht eine emotional positiv besetzte Beziehung zu den Kindern ein, die sich im Alltag durch Wärme, Nähe und Freundlichkeit ausdrücken sollte. Kein Kind wird eine abweisende Bezugsperson als Sprachmodell annehmen, auch wenn der von dieser Person erbrachte Input besonders gut aufbereitet ist.

Gerade der Faktor der Beständigkeit macht die Erzieherin zu einer optimalen Kandidatin für ein Sprachmodell, da sie durch ihre grundsätzliche Anwesenheit und Organisation des Kita-Tages eine schützende Position einnimmt, welche die emotionale Seite, die das Kind in seinen Bezugspersonen sucht, gut bedient.

Die Orientierung am Sprachmodell der Erzieherin wird auch in manchen Bildungsplänen der Bundesländer erwähnt. So wird im Berliner Bildungsprogramm darauf hingewiesen, dass sich Kinder am Sprachvorbild orientieren (Senatsverwaltung für Bildung, Jugend und Sport – Berlin 2004, 62). Im niedersächsischen Orientierungsplan wird formuliert:

„Kinder lernen Sprachen im kontinuierlichen sozialen Kontakt und hier besonders mit Erwachsenen, zu denen sie eine gute Beziehung haben. Deshalb beeinflusst die Erzieherin mit ihrem Sprechen und Sprachgebrauch die sprachliche Entwicklung der Kinder stark und ist demzufolge aufgefordert, das eigene sprachliche Verhalten laufend zu reflektieren und bewusst zu gestalten" (Niedersächsisches Kultusministerium 2005, 20).

Dieses Zitat beinhaltet alle Aspekte, die ein Sprachmodell umfassen: Die notwendige Bedingung des guten und kontinuierlichen Kontaktes mit den Kindern und die Reflexion über die verwendete Sprache hinsichtlich der spracherwerbsrelevanten Informationsstrukturen. Die Bewusstmachung der Sprache gilt in diesem Verständnis jedoch ausschließlich auf Seiten der Erzieherin. In der alltagsorientierten Sprachförderung muss das Kind nicht per se eine bewusste – und damit metasprachliche – Betrachtung der Sprache erleben. Die Erzieherin hingegen muss tatsächlich, um die Qualität ihres Inputs zu überblicken, ein sehr bewusstes Verhältnis zu ihrer eigenen Sprachverwendung entwickeln.

Wie die Methode des strukturierten Inputs konkret angewendet wird, ist ➤ Kap. 5.2 zu entnehmen.

Exkurs

Wer dieses Kapitel bewusst gelesen hat, bemerkt, dass sich die Sprachfördermethode über Input allein an der Verbesserung des Sprachverstehens bei den Kindern ausrichtet. Ein Anteil, der direkt auf die verbesserte Sprachproduktion abzielt, ist nicht enthalten. Die Begründung hierfür liegt in der Natur des Spracherwerbs: Jeder Erwerbsschritt muss zunächst im Sprachverstehen absolviert werden, bevor er in der Sprachproduktion zu Tage treten kann. Die Förderung passt sich an dieses Bedingungsgefüge an. Die Aufforderung zur Sprachproduktion kann durch anschließende Spielsituationen geschaffen werden. Wichtig ist, dass solche Produktionsaufforderungen genauso sanft an die Kinder herantreten wie die Inputsituationen. Ein Abfragen birgt das Risiko, das Verhältnis, welches dem Sprachmodell zugrunde liegt, negativ zu beeinflussen.

KAPITEL

4 Auffälligkeiten erkennen

4.1 Beobachten – Beobachtungsbögen

Die Erzieherin sieht sich der Anforderung ausgesetzt, Entwicklungsauffälligkeiten bei den von ihr betreuten Kindern zuverlässig zu erkennen, ohne dass sie konkret dazu ausgebildet ist. Ihre Aufgabe soll daher „nur" das Erkennen sein, nicht die Diagnose und auch nicht die Therapie. Die Erzieherin wird als Multiplikator gewünscht, durch den die Früherkennung von lang persistierenden Auffälligkeiten verbessert wird.

Auf den ersten Blick ist die Idee, Auffälligkeiten zu Erkennen ohne sie sprachtherapeutisch in einem Befund zu erheben, ein Paradox. Erzieherinnen wehren sich zu Recht gegen diese Ansprüche, wenn diese in der Anwendung von Screenings oder ganzen Testbatterien münden. Dies kann nicht die Aufgabe der Kita sein.

Eine Möglichkeit, im Rahmen elementarpädagogischer Handlungen systematisch über den Spracherwerbsstand eines Kindes zu reflektieren, liegt in Beobachtungen und der Dokumentation der kindlichen Sprache. Der Markt reagiert auf diese Anforderung mit einer zunehmend größeren Anzahl an Beobachtungsverfahren. Längst nicht jeder Beobachtungsbogen eignet sich für jede Kita oder für jedes Kind. Allgemeine Beobachtungsdokumentationen werden in Portfolio-Ansätzen im Entwicklungsportfolio eines Kindes angefertigt (Groot-Wilken 2008). Diese Form der Beobachtung ist nicht Thema dieses Kapitels. Eine solche Dokumentation lässt viel Interpretationsspielraum und ist zu sehr vom Vorwissen der einzelnen Erzieherin abhängig, als dass dadurch dem Wunsch nach Früherkennung von Sprachentwicklungsstörungen nachgekommen werden könnte.

Neben den elementarpädagogischen Dokumentationsbögen existieren für eine Reihe von kindlichen Sprachentwicklungsmeilensteinen Beobachtungsbögen, über die Risikohinweise für Auffälligkeiten ermittelt werden können (*Sprachliches Beobachten*, ➢ Kap. 4.2). In keinem Fall kann aus einem Beobachtungsbogen eine direkte Diagnose abgeleitet werden, sodass schon durch die verwendete Methodik (Beobachtung vs. Testdurchführung) eine Grenze zwischen dem „Erkennen" und dem „Diagnostizieren" gezogen werden kann.

!

Beobachtungsbögen können nicht als Befund oder gar als Diagnose gelten, sondern helfen beim *Erkennen von Risikofaktoren.*

Sprachliche Beobachtungsbögen sind geleitete Beobachtungen von bestimmten Aspekten der kindlichen Sprachentwicklung. Sie sind für bestimmte Alters- und Zielgruppen bestimmt und haben eine eng umrissene Aussage. Beobachtungsbögen helfen die Kinder zu erkennen, die in dem Risiko stehen, eine Sprachentwicklungsstörung auszubilden. Die Anwendung eines Beobachtungsbogens ist somit der Anfang eines Prozesses, in dem das Kind – dann außerhalb der Kita – diagnostiziert wird und schlussendlich als auffällig oder nicht auffällig eingestuft wird.

Wie unterscheidet sich Beobachten von Diagnostizieren?

➢ Tabelle 4.1 fasst die Unterschiede hinsichtlich einer sprachlichen Beobachtung bzw. Diagnostik zusammen. An erster Stelle der Unterscheidung der beiden Begriffe steht, dass Beobachten an sich noch nicht an die Erfassung von Risikofaktoren bzw. Symptomen gebunden ist. Beobachten ist ein neutraler Begriff. Eine systematische Beobachtung kann im Rahmen des Kita-Alltags auch angewendet werden, um Vorlieben von Kindern, entstehende Freundschaften oder ähnliches in einer geleiteten

Form zu betrachten. Diagnostizieren beinhaltet als Begriff bereits die Unterscheidung von Physiologie und Pathologie, also in sprachlicher Hinsicht ausgedrückt: zwischen sprachentwicklungsauffälligen und -unauffälligen Kindern. Eine Diagnostik zum reinen Vergleich unauffälliger Kinder wäre nicht zielführend.

Das Beobachten ist nicht invasiv. Dies bedeutet, dass für die Durchführung eines Beobachtungsbogens oder einer systematischen Beobachtung, die frei dokumentiert wird, vom Kind keine spezielle Mitarbeit gefordert wird. Im Gegenteil – es wäre sogar kontraproduktiv, wenn sich das Kind der Beobachtung bewusst wäre und sich daher verstellte. In diesem Fall würde das Ergebnis nicht das normale Niveau des Kindes widerspiegeln. Eine Beobachtung

Tab. 4.1 Unterscheidungsmerkmale zwischen Beobachten und Diagnostizieren

Beobachten	Diagnostizieren
Rahmenbedingungen	
Beachtung und Aufmerksamkeit dem Verhalten des Kindes gegenüber	Prüfung und Einschätzung der sprachlichen Kompetenzen
Beobachter wirkt nicht auf das Kind ein	Untersucher fordert von dem Kind Leistung
Freie Wahl der Situation	Anwendung vorgegebener Testaufgaben
• Subjektiv • Beschreibend (in manchen Fällen normiert)	• Objektiv • Leistungseinschätzung anhand einer altersgerecht entwickelten Kontrollgruppe • Wertend
Erfassung von Risikofaktoren für die Entwicklung einer Auffälligkeit oder eine bereits manifestierte Störung	Direktes Erkennen oder Ausschluss einer bereits manifestierten Störung
Anforderungen an die Durchführung	
• Kenntnis verschiedener Beobachtungsbögen • Anwendung der Beobachtungssystematik • Anwendung von Auswertungsverfahren	• Kenntnis verschiedener Testverfahren • Ausfüllen von Protokollbögen • Anwendung von statistischen Auswertungsverfahren
Beschreibung der Beobachtung: freie Formulierung	Befundstellung: Anwendung diagnostischer Fachsprache

sollte aber trotzdem „online" stattfinden und nicht aus der Erinnerung heraus verfasst werden. Eine Alternative ist die Videoaufnahme, die eine spätere Analyse erlaubt, bei der das Kind dann nicht mehr anwesend ist.

In der Diagnostik muss das Kind i.d.R. aktiv werden. In klassischen Testsituationen werden Verständnis- und Produktionsaufgaben gefordert. Das Kind muss seine sprachlichen Fähigkeiten zeigen, um in der diagnostischen Situation gut abzuschneiden. Aus diesem Grund gibt es immer wieder Fälle von „nichttestbaren" Kindern. Diese scheitern nicht an den sprachlichen Aufgaben einer Diagnostik – dies wäre das sprachgestörte Kind – sondern an der Methode, was dann zu nicht interpretierbaren Ergebnissen führt.

Die Beobachtung lässt dem Durchführenden im Rahmen der Kita die Möglichkeit, die Situation frei zu wählen. Dies gibt sowohl in zeitlicher als auch in inhaltlicher Weise eine gewisse Freiheit. Um z.B. bei den *Grenzsteinen der Entwicklung* (Laewen 2002) den Punkt „Beidbeiniges Hüpfen von der untersten Treppenstufe mit sicherer Landung" durchzuführen, können sowohl verschiedene Situationen im Haus oder auch im Freigelände der Kita gewählt werden. Das Kind hat viele Möglichkeiten seine Kompetenzen zu zeigen. In der Diagnostik ist der Rahmen wesentlich enger. Meist muss eine Reihe von Aufgaben abgearbeitet werden, die – um die Vergleichbarkeit mit den Normdaten zu gewährleisten – nicht verändert werden darf. Die Folge der weniger strikten Rahmenbedingungen bei der Beobachtung ist, dass sie dementsprechend subjektiv bleibt. Aus diesem Grund ist es richtig, dass Beobachten auf der Ebene der Beschreibung (deskriptiv) bleibt und keine Wertung aus ihr heraus vorgenommen wird. Die Diagnostik stellt in diesem Punkt das direkte Gegenteil dar: eine gute Diagnostik sollte objektiv sein. Die Objektivität wird durch den statistischen Vergleich mit altersgerecht entwickelten Kontrollkindern hergestellt. Die diagnostische Information bewertet das Kind als altersgerecht entwickelt oder verzögert/auffällig. Diese Entscheidungen sind bindend für die weitere Versorgung des Kindes.

Ein weiterer Aspekt, der Beobachtung und Diagnostik voneinander trennt, ist der Zeitpunkt zu dem das Verfahren eingesetzt werden kann. Diagnostiken sind an Symptome gebunden; ein Symptom entsteht durch die bereits in Erscheinung getretene Störung. Mit anderen Worten kann eine Diagnostik erst dann durchgeführt werden, wenn sich eine Entwicklungsstörung bereits fest – und hinsichtlich der Sprachentwicklungsstörung damit in den meisten Fällen chronisch – etabliert hat. Im Gegenteil dazu werden Risikofaktoren durch Beobachtungsbögen zu einem Zeitpunkt festgestellt werden, bevor man von der chronischen Manifestation der Störung ausgeht. Ein Beispiel dafür wird im Verlaufe dieses Kapitels beschrieben (ELFRA 2). Die Anwendung eines Beobachtungsbogens in kompetenten Händen kann sich somit als flexibler erweisen als ein Diagnostikinstrument.

Die Durchführungsanforderungen von Beobachtungs- und Diagnostikinstrumenten unterscheiden sich nicht so stark wie ihre Rahmenbedingungen. In beiden Fällen muss der Durchführende das Verfahren in seiner Theorie (diese beschreibt den Bereich, über den das Verfahren eine Aussage machen kann), seiner praktischen Anwendung (Protokoll- oder Beobachtungsbogen) und seiner Auswertung kennen und verstanden haben. Die Auswertung ist bei standardisierten Diagnostikinstrumenten i.d.R. statistisch, sodass mit Tabellen und umgerechneten Werten umgegangen werden muss. Doch auch Beobachtungsinstrumente können normierte und kontrollierte Auswertungsverfahren haben, die nicht weniger komplex sind als die von standardisierten Diagnostikverfahren.

Ein Unterschied besteht zwischen der Verschriftlichung der anschließenden Bewertung. Eine Beobachtung wird durch freie Formulierungen beschrieben, die entsprechend subjektiv sind und nur einige Eckdaten – z.B. kritische Werte die (nicht) erreicht wurden – beinhalten. Die diagnostische Befundung beinhaltet diagnostische Fachsprache, in der bestimmte Sprachverwendungen zur Feststellung von Auffälligkeiten und Konventionen zur Beschreibung eines auffälligen Sprachprofils beachtet werden müssen.

Zusammenfassend ist eine Diagnostik das schwerwiegendere Verfahren, welches auf der Basis eines beobachteten Risikos durchgeführt werden kann. Beobachtungen sind ungebundener in Einsatz, Zeitpunkt und Handhabung, gelten daher jedoch auch weniger im Versorgungsprozess eines auffälligen Kindes.

Wer beobachtet und wer diagnostiziert?

Durch die geführte Argumentation wird deutlich, dass Diagnostikinstrumente ausschließlich von medizinischen oder sprachtherapeutischen Fachkräften eingesetzt werden sollten. Die Diagnose über das Vorliegen der Störung wird – im Falle der Sprachentwicklungsstörung – zunächst von einem Kinderarzt, einem HNO-Arzt oder einem Allgemeinmediziner gestellt, der damit eine Therapiebedürftigkeit feststellt. Das Kind wird mit einer Verordnung zu einer sprachtherapeutischen Fachkraft weitergeleitet (z.B. Logopädin, Sprachheilpädagogin, Patholinguistin, Klinische Linguistin). Auch die Sprachtherapeutin wird eine Befunderhebung durchführen. Das Ziel dieser Untersuchung ist nicht mehr die Feststellung einer Auffälligkeit (das ist durch den Arzt geschehen), sondern die genaue Untersuchung des Störungsprofils (Kauschke und Siegmüller 2010). Dies ist zur Ableitung einer optimal auf das Kind ausgerichteten Therapie unabdingbar und sollte von den Bezugspersonen des Kindes auch eingefordert werden.

Die Aufgabe der Erzieherin besteht in der Anwendung von Beobachtungsinstrumenten und endet mit der Feststellung eines Entwicklungsrisikos. Insofern ist es für die Handhabung der Beobachtungsbögen sehr wichtig, den Sprachgebrauch in anschließenden Beratungs- und Fördergesprächen mit Eltern, Therapeuten oder anderen pädagogischen Kräften entsprechend korrekt zu halten: Das Kind zeigt ein Risiko und ist noch kein sprachgestörtes Kind. Im Sinne einer sonst stattfindenden Stigmatisierung des Kindes sollte auf die entsprechend vorsichtige Formulierung geachtet werden.

BEISPIELFORMULIERUNGEN

- Das Kind trägt ein Risiko zur Entwicklung einer Sprachauffälligkeit.
- Das Kind weist ein Risiko für eine allgemeine Entwicklungsstörung auf.
- Das Kind weist ein Entwicklungsrisiko auf, welches im ungünstigen Fall in eine Entwicklungsstörung münden kann.

Obwohl die Autoren von Beobachtungsbögen natürlich versuchen, möglichst nur die Kinder zu erfassen, die nicht nur ein Risiko tragen, sondern anschließend auch eine entsprechende Auffälligkeit ausbilden (Sachse 2006, 24), ist ein Risiko noch nicht mit einer entwickelten Störung gleichzusetzen.

!

Nicht jedes Kind, das ein Risiko für eine Entwicklungsstörung trägt, muss sie auch bekommen!

In den Bildungsplänen einiger Bundesländer, z.B. Hamburg, werden konkrete Beobachtungsinstrumente aufgeführt, durch die in den Kitas Kinder ermittelt werden sollen, die ein Risiko für Sprachentwicklungsstörungen tragen. Im Falle Hamburgs wird für die Beobachtung von Migrationskindern das Instrument SISMIK (Ulich und Mayr 2004) erwähnt. Zusätzlich dazu wird ein in Hamburg entwickeltes Sprachstandsmessverfahren genannt, welches unterstützend eingesetzt werden kann. Auch dieses Messverfahren ersetzt keine klinische Diagnostik. Wird es breit eingesetzt, erhält es den Rahmen einer Sprachstandserhebung mit Screening-Charakter, bei der ähnlich wie bei der Beobachtung die Kinder herausgefiltert werden sollen, die ein Sprachentwicklungsrisiko tragen.

4.2 Sprachliches Beobachten

Die Beobachtung von Entwicklung ist in jeder Domäne möglich. Im Rahmen dieses Kapitels wird zwar hauptsächlich auf die Frage der Beobachtung sprachlicher Fähigkeiten eingegangen, Beobachtung als Dokumentationsmethode ist aber für alle Bereiche der kindlichen Entwicklung zu empfehlen.

An sich ist die Beobachtung schon wesentlich länger eine pädagogische Methode als es Beobachtungsbögen auf dem Markt gibt. Viele Bögen entstanden als Hilfsmittel zur Systematisierung der beobachteten Daten in der elementarpädagogischen Praxis.

Überwiegend können die Dokumentationshilfen als rein beschreibend charakterisiert werden, d.h. sie beschreiben die kindliche Entwicklung in ihrer ganzen Breite. Dies ist dann unabhängig davon, ob das beobachtete Phänomen als Hinweis für die weitere Entwicklung des Kindes relevant ist oder nicht. So wird in den Bögen von Lueger für den Bereich der Sprache abgefragt, ob das Kind Fantasiegeschichten erfindet, ob es sich Lieder und Reime merken und sich generell spontan äußern kann (Lueger 2007, 64f). Dies sind Fähigkeiten, die für die momentane Beobachtung interessant sind und die Sprache des Kindes umschreiben helfen. Jedoch ist für keine dieser Fähigkeiten bekannt, ob sie als kritischer Eckpunkt der kindlichen Sprachentwicklung Aussagen darüber zulassen, wie die weitere Entwicklung aussehen könnte. Insofern bilden sie *allgemeinere Einschätzungen*, die mehr den momentanen Entwicklungsstand beschreiben als Aussagen für die Zukunft machen.

Dem entgegen stehen Beobachtungsbögen, die sich auf entwicklungsrelevante Fähigkeiten konzentrieren und andere Bereiche vernachlässigen. Ein gutes Beispiel für die sprachliche Beobachtung dieser Form ist der ELFRA 2 (Grimm und Doil 2000) oder vergleichbare Bögen wie der SBE-2-KT (von Suchodoletz und Sachse 2008). Hier wird ausschließlich ein kleiner Teil der kindlichen Sprachentwicklung abgefragt, für den durch die Spracherwerbsforschung belegt ist, dass er als Vorhersagefaktor für die weitere kindliche Entwicklung von Bedeutung ist. Diese Verfahren sind in der Regel kürzer als allgemeine Beobachtungsbögen, da sie nur einen kleinen Ausschnitt der Entwicklungsdomäne dokumentieren müssen. Sie sind *entwicklungsprognostisch* in ihrer Aussage und beschreiben nicht das vollständige Entwicklungsprofil des Kindes.

Aus dieser Unterscheidung kann jedoch nicht der Schluss gezogen werden, dass die eine Art Beobachtungsbögen besser ist als die andere. Durch ihre unterschiedliche Fokussierung ergänzen sie sich eher als dass sie gegeneinander stehen: für die Platzierung eines Kindes in einem integrativen Förderkonzept ist die großrahmige Beschreibung der kindlichen Entwicklung wichtig. Für die Aussage, ob eine spezielle Förderung oder Therapie bei einem Kind eingeleitet werden sollte, benutzt man besser entwicklungsprognostische Bögen.

Bei der Einarbeitung in einen Beobachtungsbogen gilt, dass man nur das beobachten kann, was man weiß. Insofern ist das Anschaffen eines Beobachtungsbogens zunächst nur eine geringe Hilfe. Zur Umsetzung der *Grenzsteine der Entwicklung* (Laewen 2002) in Brandenburg, einem Ja-nein-Konzept, mit dem Entwicklungsmeilensteine in den verschiedenen Entwicklungsdomänen abgefragt werden können, mussten Kita-Fachberater geschult werden, damit sie die Erzieherinnen in der Anwendung und Interpretation der Ergebnisse unterstützen können. Doch dieser Aufwand ist gerechtfertigt. Die Grenzsteine der Entwicklung sind ein einfaches und ausreichendes Konzept, mit dem die wesentlichen Meilensteine der kindlichen Entwicklung von der Geburt bis zum 72. Lebensmonat in relativ kurzer Zeit dokumentiert werden können. Alternativ haben andere Beobachtungsbögen Handbücher, die eine Schulung ersetzen können, wenn sie genau durchgearbeitet werden (z.B. ELFRA 1 und 2).

Zusammenfassend muss festgehalten werden, dass ein Bogen in seiner Aussagekraft wesentlich verliert, wenn die Anwenderin oder der Anwender keine ausreichende Vorbereitungszeit investiert hat.

Damit steht das Einarbeiten oder das Wiedereinarbeiten in die Beobachtungsziele des spezifischen Bogens immer am Beginn einer Beobachtung. Anschließend wird das Kind unter Berücksichtigung ausschließlich dieses Ziels beobachtet. Unterstützend kann ein Video aufgezeichnet werden, um die Analyse anschließend zu gewährleisten. Wichtig ist, dass mit einer Beobachtungssituation (v.a. wenn sie nicht mit Video begleitet wird), nur ein Ziel zur Zeit verfolgt wird. Das gleichzeitige Beachten mehrerer Beobachtungsziele führt in den meisten Fällen zu weniger differenzierten Aussagen.

Die Ziele der Beobachtungsinstrumente und damit die Fragestellung, unter der Kinder beobachtet werden, sind von Bogen zu Bogen sehr verschieden. So wird z.B. im ELFRA 2 oder dem SBE-2-KT nach bestimmten Wörtern gefragt, die in der Spontansprache des Kindes vorkommen sollen. Sie zielen auf den wesentlichen Entwicklungsschritt im Wortschatzerwerb ab, der mit einem Alter von ca. 2 Jahren erreicht sein sollte. Im BbGe dagegen, einem *Beobachtungsbogen zur Grammatikentwicklung*, der im Laufe dieses Kapitels vorgestellt wird, sollen typische Äußerungen eines Kindes gesammelt und nach bestimmten Aspekten ausgewertet werden. Andere Bögen erfragen bestimmte Verhaltensweisen und lenken so die Aufmerksamkeit der Beobachterin in andere Bahnen.

Die Auswertung ist in den meisten entwicklungsprognostisch aufgebauten Beobachtungsbögen komfortabel und kurz. Dies wird durch stark strukturierte Informationen gestützt, die in den Beobachtungsbögen enthalten sind. So wird z.B. in den Grenzsteinen der Entwicklung zwar die Breite der Gesamtentwicklung betrachtet, jedoch reduziert sich die Aussage auf *ja* – ist erworben oder *nein* – ist nicht erworben. Entsprechend ist es wichtig, die Grenzen der Aussagefähigkeit des Instruments zu bestimmen und diese auch in Förder- oder Elterngesprächen zu beachten.

4.2.1 Verschiedene Beobachtungsbögen in der Anwendung

Die Entwicklung von Beobachtungsbögen ist ein wichtiger Prozess im Zuge der Früherfassung. Der größte Vorteil dieser Methode ist, dass sie nicht invasiv sind, d.h. die Aufmerksamkeit und Mitarbeit des Kindes wird nicht benötigt (➤ Kap. 4.1). Daher sind Beobachtungsbögen bei jedem Kind einsetzbar, unabhängig davon, ob es diagnostische Situationen bewältigen kann oder nicht. Um ihren Einsatz sinnvoll zu machen, muss auf der theoretischen Ebene von einer wichtigen Grundannahme ausgegangen werden (formuliert für den sprachlichen Entwicklungsbereich):

> „Bestimmte Stufen, so genannte Meilensteine der sprachlichen Entwicklung, werden von allen Kindern in der gleichen Reihenfolge durchlaufen" (Sachse 2006, 24).

Aus dieser Annahme ist abzuleiten, dass die Entwicklungsreihenfolge eines Bogens auf alle Kinder passt. Auffälligkeiten zeigen sich durch Verlangsamungen im Entwicklungsprozess, nicht dadurch, dass das Kind abweichende Prozesse durchläuft.

Für den zeitökonomischen Einsatz in der Kita sind somit Beobachtungsbögen geeignet, die „echte" Entwicklungsmeilensteine abfragen. Das gilt sowohl für die sprachliche Entwicklung als auch für andere Entwicklungsbereiche. Inzwischen befinden sich auf dem wachsenden Markt der Beobachtungsbögen auch Werkzeuge zur Untersuchung, wie sich Kinder mit Migrationshintergrund kommunikativ entwickeln oder wie das Dialogverhalten von Kindern sich über die Zeit verändert.

Eine Übersicht von Beobachtungsbögen findet sich in ➤ Tab. 4.2 (angelehnt an Steiner und Braun 2009, 203).

Tab. 4.2 Beobachtungsinstrumente zur Sprachstandserfassung (Auswahl) zu drei relevanten Zeitpunkten (geordnet nach Alter und Jahr)

Verfahren	Jahr	2 Jahre	3 Jahre	5 Jahre	Quelle
ELFRA 2	2006	×			Grimm, H., & Doil, S. (2000). *ELFRA 2 – Elternfragebogen für zweijährige Kinder.* Göttingen: Hogrefe.
ELAN	2006	×			Bockmann, A.-K., & Kiese-Himmel, C. (2006). *ELAN – Eltern antworten.* Göttingen: Hogrefe.
FRAKIS	2009	×			Szagun, G., Stumper, B., & Schramm, S. A. (2009). *FRAKIS – Fragebogen zur frühkindlichen Sprachentwicklung.* Frankfurt am Main: Pearson.
Entwicklungs-profil	1995	×	×	×	Zollinger, B. (1994). *Die Entdeckung der Sprache.* Bern: Haupt Verlag.
SISMIK	2003		×	×	Ulich, M., & Mayr, T. (2004). *SISMIK – Sprachverhalten und Interesse an Sprache bei Migrantenkindern in Kindertageseinrichtungen.* Freiburg: Herder.
Spracherwerbs-Kompass	2009	×	×		Nur über Download: Hochschule für Heilpädagogik Zürich (2009): http://www.sprachpraevention.ch/content-n27-sD.html Zugriff 1/2010
SBE-2-KT	2008	×			Nur über Download: http://www.kjp.med.uni-muenchen.de/sprachstoerungen/SBE-2-KT.php

Elternfragebögen zum Wortschatz

Für den Entwicklungsbereich Sprache werden seit den 1990er Jahren verschiedene Meilensteine diskutiert, die für das Erkennen von Sprachauffälligkeiten Aussagekraft besitzen. Das Schlagwort ist hier der **Prädiktor** (Vorhersagefaktor). Im Laufe der Zeit zeigte sich, dass der Spracherwerbsstand des Kindes zum 2. Geburtstag eine recht gute Prognose darüber zuließ, wie sich das Kind im Laufe der nächsten Zeit entwickeln würde. Folgende Fähigkeiten muss ein Kind zu seinem 2. Geburtstag entwickelt haben, um *nicht* das Risiko für eine Sprachentwicklungsstörung zu tragen:

- Mind. 50 verschiedene Wörter im aktiven Wortschatz
- Einwortphase muss überwunden sein (Kind produziert Wortkombinationen)

Hat ein Kind eine oder beide dieser Fähigkeiten nicht entwickelt, trägt es das Risiko, zu seinem 3. Geburtstag eine Sprachentwicklungsstörung zu zeigen. Das Risiko liegt etwa bei 50%. Für die nächsten 12 Monate (vom 24. bis zum 36. Lebensmonat) wird ein solches Kind als *late talker* bezeichnet. Wenn es lediglich das Risiko trägt und keine Sprachentwicklungsstörung ausbildet, so sollte es mit 3 Jahren sprachlich genauso weit entwickelt sein, wie die Kinder seiner Altersgruppe, die mit 2 Jahren kein Risiko trugen. Entwickelt es eine Sprachentwicklungsstörung, so bleibt die Entwicklung weitgehend aus und das Kind kann mit 3 Jahren als eindeutig sprachentwicklungsauffällig diagnostiziert werden.

Der ELFRA 2 (Grimm und Doil 2000) ist ein Beobachtungsbogen, der den wichtigen Entwicklungspunkt des 24. Lebensmonats überprüft. Dazu müssen Eltern oder Erzieherinnen im ersten Teil bei 260 Wörtern beurteilen, ob das Kind über das jeweilige Wort bereits verfügt oder nicht. Ein zweiter und dritter Teil zur grammatischen Entwicklung schließt sich an (Beurteilung von 37 Satzbeispielen). Für jeden Teil des ELFRA 2 existiert ein kritischer Wert (im ersten Subtest liegt dieser bei 50), der bei Unterschreitung zu der Vermutung einer vorliegenden Sprachentwicklungsauffälligkeit führt, was als Risiko für eine Entwicklungsstörung im sprachlichen Bereich zu bewerten ist (vgl. auch Sachse 2006 zu der Beschreibung des ELFRA 2).

Wie bei der Feststellung eines Risikos weiter zu verfahren ist, wird verschieden gehandhabt. Einig sind sich die verschiedenen Ansätze darin, dass ein Kind mit diesem Risiko engmaschig von einer Fachkraft begleitet werden sollte. Eine direkte Therapienotwendigkeit wird diskutiert und teilweise ab dem 30. Lebensmonat empfohlen, wenn bis dahin keine

Aufholtendenzen zu beobachten waren (Siegmüller und Kauschke 2006; Kauschke 2006).

Neben dem ELFRA 2 sind inzwischen noch andere Beobachtungsbögen zum gleichen Entwicklungsmeilenstein auf dem Markt (vgl. ➢ Tab. 4.2 ELAN, FRAKIS). Ein besonders interessanter Aspekt sind hierbei Kurzversionen von Beobachtungsbögen, die mit einer sehr kurzen Wortliste und einer guten Standardisierung mit weniger Aufwand die gleiche prognostische Einschätzung erreichen. Im Deutschen liegt der SBE-2-KT (von Suchodoletz und Sachse 2008) vor. Diese Kurzfassung ist explizit für die Vorsorgeuntersuchung U7 gedacht.

Beobachtungsbogen als Frühwarnsystem

Ein umfangreicherer Beobachtungsbogen, der u.a. Sprache als eine Entwicklungsdomäne abfragt, ist der Beobachtungsbogen zu den „Grenzsteinen der Entwicklung" (➢ Abb. 4.1; Laewen 2002), der in Brandenburg flächendeckend eingesetzt wird. Es handelt sich hierbei um ein Ja-nein-Konzept: Die Erzieherin sucht bei einem Kind nach einer bestimmten Kompetenz und beurteilt diese auf ihr Vorhandensein. In Bezug auf das Alter des Kindes wird anschließend deutlich, ob ein Risiko für eine Entwicklungsstörung vorliegt oder nicht. Die „Grenzsteine der Entwicklung" fragen Entwicklungsrisiken ab und gelten somit als *Frühwarnsystem* (Leu 2006, 236).

Entwicklungsbeobachtung von Kindern mit Migrationshintergrund

Ein sehr genau umrissenes Gebiet kann anhand des *Bogens zum Sprachverhalten und Interesse an Sprache bei Migrantenkindern in Kindertageseinrichtungen – SISMIK* (Ulich und Mayr 2004) untersucht werden. Mit diesem Instrument können Kinder mit Migrationshintergrund zwischen 3½ Jahren und dem Schuleintritt systematisch begleitet werden. Dafür soll der Bogen pro Kind mehr als 1x durchgeführt werden. Aussagen zur sprachbezogenen Schulfähigkeit stehen am Abschluss der Dokumentationsphase. Etwas unklar bleibt in der Beschreibung, ob Kinder mit mehrsprachigem Spracherwerb *ohne* Migrationshintergrund ebenfalls mit SISMIK beobachtbar sind.

Neben der Durchführungsanleitung sind im Begleitheft des Bogens Angaben zu anderen Ebenen der Nutzung, z.B. bestehen Reflexionsmöglichkeiten aus den Ergebnissen der Beobachtungsdokumentationen für das pädagogische Angebot. Für die Anwendung gelten folgende Rahmenbedingungen.

Der SISMIK richtet sich an deutschsprachige Erzieherinnen und erfasst zum allergrößten Teil die deutschsprachigen Fähigkeiten der Kinder. Die Familiensprache der Kinder wird als wichtig für die kindliche Sprachentwicklung erwähnt, ist jedoch kein zentrales Thema des SISMIK. SISMIK sieht nicht vor, innerhalb der Gruppe von Kindern mit Migrationshintergrund zwischen sprachentwicklungsgestörten und sprachnormalen Kindern zu unterscheiden. Sprachentwicklung wird von dem Begriff „Deutsch lernen" begleitet und von ihm geprägt. Ein wesentlicher Anteil der mehrsprachigen Entwicklung eines Kindes ist seine Motivation und Interesse an den verschiedenen Sprachen. SISMIK stellt die Frage nach der Motivation Deutsch zu lernen in den Vordergrund und fragt das aktive Interesse des Kindes an verschiedenen pädagogisch relevanten Situationen des Kita-Alltags ab: Rollenspiele, Bilderbuchsituationen oder Routine-Situationen wie Frühstück, Ankomm- und Abschiedssituation. Auch das Interesse an Schrift und das Erlernen von Reimen oder Gedichten im Deutschen steht im Fokus des SISMIK. Insgesamt soll ein Bild der Sprachkompetenz des Kindes in verschiedenen aktiven Situationen und unterschiedlichen Anforderungsebenen an Kommunikation entstehen. SISMIK ist normiert, d.h. er erlaubt eine weitgehend objektive Erfassung der Entwicklung von Kindern mit Migrationshintergrund und deren Entwicklungsfortschritten. Insgesamt ergibt sich somit pro Kind ein qualitatives Bild (bezogen auf die einzelnen Fragen und Situationen), ergänzt durch quantitative Vergleiche mit anderen Kindern zur Einschätzung der altersgemäßen Entwicklung.

Der Beobachtungsbogen für die Grammatikentwicklung (BbGe)

Im PräSES-Projekt 2006/2007 wurde ein kurzer Beobachtungsbogen vorgestellt, der mit möglichst we-

Validierte Grenzsteine der Entwicklung [1]

Alter des Kindes	Grenzsteine der Körpermotorik			Grenzsteine der Hand-Fingermotorik			Grenzsteine des Spracherwerbs			Grenzsteine der kognitiven Entwicklung			Grenzsteine der sozialen Kompetenz			Grenzsteine der emotionalen Kompetenz		
Wenn das Kind **36 Monate** alt ist	• Beidbeiniges Abhüpfen von einer untersten Treppenstufemit sicherer Gleichgewichtskontrolle • Rennen mit deutlichem Armschwung und Umsteuern von Hindernissen und plötzliches, promptes Anhalten möglich	☐ ja	☐ nein	• Buch-oder Journalseiten werden einzeln korrekt umgeblättert • Benutzung eines präzisen Dreifinger-Spitzgriffes (Daumen, Zeige-Mittelfinger) zur Manipulation kleiner Gegenstände möglich	☐ ja	☐ nein	• 3 - 5 Wort-Sätze (Kombinationen von Nomina, Hilfsverben, Präpositionen, adverbialer Bestimmungen von Zeit und Raum) • Eigener Vor- oder Rufname wird verwendet	☐ ja	☐ nein	• Malen und Kritzeln. Wenn auch oft noch wenig gestaltend gemalt wird, kommentiert das Kind oft, wen und/oder was es gemalt hat • Konzentrierte, intensive "Als ob Spiele", Spiele mit Puppen, Autos, Bausteinen, Lego, Playmobil u.ä.	☐ ja	☐ nein	• Gemeinsames Spielen mit anderen Kindern über mindesten 5 Minuten mit Sprechen, Austausch von Gegenständen • Kind möchte gerne, soweit möglich, bei häuslichen Tätigkeiten mithelfen, Kind ahmt Tätigkeiten Erwachsener im Rollenspiel nach	☐ ja	☐ nein	• Kind kann für einige Stunden bei ihm bekannten Personen, auch außerhalb seines Zuhauses, ohne Bezugsperson bleiben	☐ ja	☐ nein
Wenn das Kind **48 Monate** alt ist	• Dreirad o.ä. Fahrzeuge werden zielgerichtet und sicher bewegt, Kind tritt und lenkt gleichzeitig, umfährt gewandt Hindernisse • Hüpfen aus dem Stand mit beiden Beinen gleichzeitig um 30 - 50cm nach vorne, mit stabiler Gleichgewichtskontrolle möglich	☐ ja	☐ nein	• Hält Mal-Zeichenstift korrekt mit den Spitzen der ersten 3 Finger • Gegenständliches, auch Kopffüßler, können gemalt und kommentiert werden	☐ ja	☐ nein	• Kind verwendet "Ich" zur Selbstbezeichnung • Ereignisse/ Geschichten werden in etwa in zeitlicher und logischer Reihenfolge wiedergegeben, meist noch mit ...und dann ...und dann - Verknüpfungen	☐ ja	☐ nein	• W- Fragen (Warum, wieso, wo, wann, woher?) • Gleiche Gegenstände verschiedener Größe können unterschieden und benannt werden (z.B. große und kleine Äpfel)	☐ ja	☐ nein	• Beginnt und beteiligt sich an Regelspielen (Brett-Karten-Kreis-Bewegungsspiele) • Kind ist bereit zu teilen	☐ ja	☐ nein	• Kind kann seine Emotionen bei alltäglichen Ereignissen meist selbst regulieren. Gewisse Toleranz gegen Kummer, Enttäuschung, Freude, Vorfreude, Ängste, Stress • Kind weiß, dass es Mädchen oder Junge ist und verhält sich danach	☐ ja	☐ nein

infans

[1] Die Tabelle stützt sich auf R. Michaelis und G. Niemann: Entwicklungsneurologie und Pädiatrie. Das Prinzip der essentiellen Grenzsteine. S. 62 ff. Stuttgart 1999. Neue Daten durch • Petermann, F., Stein, I. A. (2000): Entwicklungsdiagnostik mit dem ET 6-6. Swets Testservice, Swets u. Zeitlinger, Lisse, NL. • Michaelis, R. (2001): Grenzsteine der Entwicklung • Largo,R.H.(1996): Babyjahre. Piper, München. Überarbeitet von ***infans*** 2003; version 1-03

Abb. 4.1 Validierte Grenzsteine der Entwicklung. Auszug aus dem Beobachtungsbogen (Michaelis 2004; Laewen 2002, mit freundlicher Genehmigung)

nig Aufwand einen Einblick in den grammatischen Entwicklungsstand eines Kindes ermöglichen soll. Dieser Bogen reduziert die Grammatikentwicklung auf die wesentlichen Schritte, mit denen das Kind seine Äußerungen verlängert und qualitativ verbessert. Das Alter, in dem Kinder im unauffälligen Spracherwerb diese Schritte durchlaufen, liegt zwischen dem 18. und 36. Lebensmonat. Insofern sollten die Kinder zum Kita-Eintrittsalter von drei Jahren den BbGe ohne Einschränkung durchlaufen.

Anleitung

Für die Anwendung des Beobachtungsbogens benötigt man einige Äußerungen des Kindes, die möglichst typisch für seine Art des Satzbaus sein sollen. Je mehr Äußerungen gesammelt werden können, desto besser. Ein Minimum von 15 Äußerungen pro Anwendung ist notwendig, um die Entwicklung des Kindes beschreiben zu können.

Welche Äußerungen eignen sich, welche nicht?

Wichtig an den verwendeten Äußerungen ist, dass das Kind sie spontan, möglichst in einem Gespräch, geäußert hat. Dabei ist es unerheblich, ob eine Erzieherin in dem Moment Gesprächspartner des Kindes war oder ein anderes Kind. Geleitete Äußerungen, also nachgesprochene, auswendig gelernte oder formalisierte (z.B. ein Lied, ein Reim) Sprachproduktion eignen sich nicht (siehe Kasten). Die Begründung liegt darin, dass diese Arten der Sprachproduktion sowohl ein besseres oder auch ein schlechteres Niveau entwickeln können als das, was das Kind spontan tatsächlich kann.

Exkurs

Folgende Äußerungsformen eignen sich *nicht* für die Grammatikanalyse:

- Nachgesprochene Äußerungen jeglicher Art (Sätze, Floskeln, Textfragmente)
- Formalisierte Sprache: Reime, Lieder, Gedichte
- Äußerungen, die ausschließlich aus ja, nein, danke, bitte oder Ähnlichem bestehen
- Äußerungen, die nicht vollständig zu verstehen waren
- Abgebrochene Äußerungen.

Die ausgewählten Äußerungen werden aufgeschrieben. Dabei ist darauf zu achten, dass die Sätze genauso aufgeschrieben werden, wie das Kind sie gesagt hat. Es geschieht leicht, dass aufgeschrieben wird, was man meint, was das Kind sagen wollte und nicht das, was es wirklich produziert hat. Kurz gesagt: jeder grammatische Fehler, den das Kind macht, muss auch genauso niedergeschrieben werden (siehe Beispielkasten). Spricht ein Kind einen oder mehrere Laute falsch aus oder lässt sie aus, können diese Fehler vernachlässigt werden, da es sich ausschließlich um eine Betrachtung der kindlichen Grammatik handelt.

BEISPIEL

Korrekter Satz	Mögliche Äußerung eines Kindes
1. Die Maus sitzt vor ihrem Nest.	Die Maus vor Nest sitz.
2. Lisa gibt Papa ein Küsschen.	Lisa Papa Küsschen.
3. Luca streichelt die Katze.	Luca Katze streicheln.
4. Anna malt ein Bild.	Bild malen.
5. Das Brot schmeckt lecker.	Das lecker mjamjam.
6. Da läuft ein Hund.	Da lauft ein Hund.
7. Lisa möchte Eis essen.	Eis!
8. Papa gähnt, weil er müde ist.	Papa gähnt, müde ist.

Analysebogen

Nachdem genügend Äußerungen gesammelt worden sind, werden sie auf dem Analysebogen (➤ Abb. 4.2) geordnet. Der Analysebogen ist so aufgebaut, dass die einzelnen Äußerungen nach einem System, welches als Überschrift in den Kästen steht, sortiert werden. Im Kasten ganz links werden alle Äußerungen aufgelistet, die aus einem Wort bestehen (dies betrifft inhaltliche Äußerungen wie das Beispiel 7 *Eis*, nicht die links ausgeschlossenen Äußerungen aus *ja*, *nein* etc.). In diesen Äußerungen steht das eine vom Kind geäußerte Wort für einen ganzen Satz. Im nächsten Kasten werden die Äußerungen gesammelt, die aus zwei Wörtern bestehen,

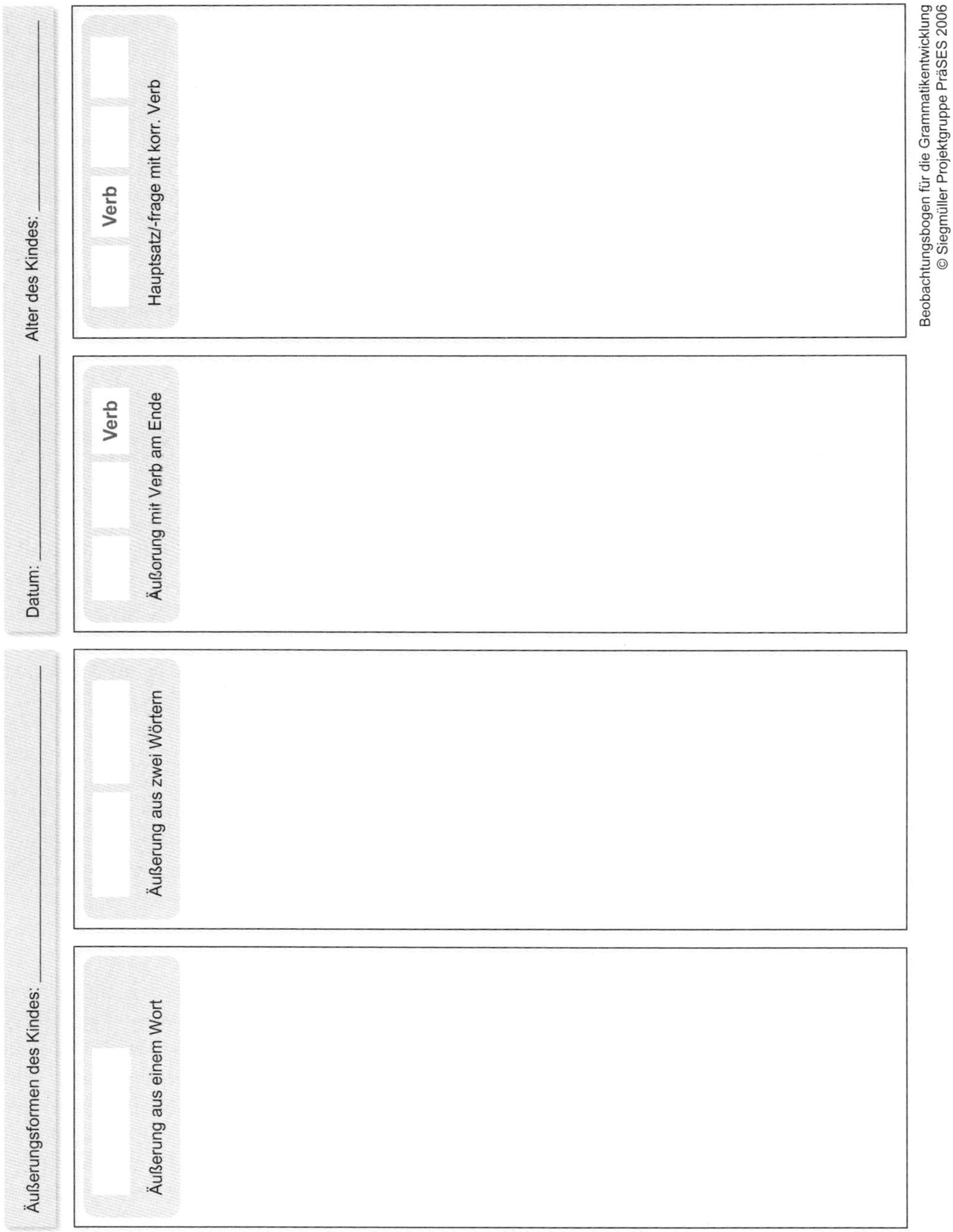
Äußerungsformen des Kindes: ______ Datum: ______ Alter des Kindes: ______

Äußerung aus einem Wort

Äußerung aus zwei Wörtern

Verb

Äußerung mit Verb am Ende

Verb

Hauptsatz/-frage mit korr. Verb

Beobachtungsbogen für die Grammatikentwicklung
© Siegmüller Projektgruppe PräSES 2006

Abb. 4.2 Analysebogen (Siegmüller , PräSES 2010; Kopiervorlage ➤ Anhang)

unabhängig davon, welche Wortarten diese Äußerungen beinhalten. Der Unterschied zur ersten Spalte besteht in der Überwindung der Einwortphase, was i.d.R. zwischen dem 18. und 24. Lebensmonat geschieht (Beispiel 4). Als nächster Schritt verlängert sich die durchschnittliche Äußerungslänge noch weiter. Parallel dazu werden immer mehr Verben in den Sätzen realisiert. Das nächste Entwicklungsniveau, das im BbGe dokumentiert wird, sind Äußerungen aus mind. drei Wörtern (also ein Wort mehr als im vorherigen Block) mit dem Verb am Ende des Satzes (Beispiele 1 und 3 oben). Der letzte Kasten dokumentiert die Sätze, die eine korrekte Hauptsatzstellung aufweisen. Kleine Fehler wie in Beispiel 6 oben (*lauft* statt *läuft*) werden vernachlässigt. Diese Fehler können noch eine ganze Weile nach dem Erwerb des Hauptsatzes auftreten und sind für 3-jährige Kinder normal. Auch wenn Kinder Hauptsatz-Nebensatz-Äußerungen (auch komplexe Sätze genannt) produzieren, sind sie in diesem Kasten ganz rechts anzusiedeln. Je mehr Äußerungen eines 3-jährigen Kindes dort platziert werden, desto sicherer kann davon ausgegangen werden, dass das Kind in der Grammatik gut genug entwickelt ist.

Es wird nicht so sein, dass alle Äußerungen eines Kindes in den gleichen Kasten eingeordnet werden können. Ein gewisses Maß an Variation ist auch bei grammatisch gut entwickelten Kindern normal.

Auswertungsbogen
Wenn alle Äußerungen des Kindes sortiert sind, kann anhand der Häufungen in den Kästen abgelesen werden, von welcher Art die Äußerungen des Kindes meistens sind. Diese Komplexitätsebene ist für die weitere Auswertung relevant. Auf dem Auswertungsbogen (➤ Abb. 4.3) wird der Kasten farbig markiert, der die entsprechende Äußerungsart repräsentiert. Anschließend kann auf der rechten Seite des Auswertungsbogens abgelesen werden, ob die Äußerungen des Kinds mit dem, was für sein Alter zu erwarten ist, übereinstimmt. Ist das Kind „zu alt" für sein Äußerungsniveau, so besteht *das Risiko für eine Auffälligkeit in der Grammatikentwicklung*. Es ist empfehlenswert, in diesem Fall die Analyse an einem anderen Tag zu wiederholen, um eine schlechte Tagesform als Ursache des Ergebnisses auszuschließen. Bestätigt sich das Ergebnis, so sollte ein Elterngespräch in Betracht gezogen werden.

Scheint das Kind „zu jung" für seine Äußerungen zu sein, so könnte es im Bereich der Grammatik überdurchschnittlich gut entwickelt sein.

4.2.2 Sprachbeobachtung als Teil eines Portfolios

Portfolios sind systematische Dokumentationen über soziale, emotionale und kognitive Entwicklungsprozesse und entwickelte Produkte von jeweils einem Kind. Es handelt sich um eine prozessorientierte Dokumentation, in der Bewertungen/Beurteilungen des Kindes entweder eine untergeordnete Rolle spielen oder gar nicht vorhanden sind. Oft handelt es sich dabei um eine Mappe oder einen Ordner, in dem entsprechende Daten gesammelt und archiviert werden (Groot-Wilken 2008). Zusätzlich gibt es in der Einrichtung, in der das Portfolio geführt wird, Archivierungsorte, an denen größere Produkte (z.B. vom Kind hergestellte Plastiken, Bastelarbeiten etc.) aufbewahrt werden.

!

Portfolioarbeit basiert auf einer grundsätzlichen Entscheidung eines pädagogischen Teams für die prozessorientierte Dokumentation des Lernens. Die Ergebnisorientierung, in der Kinder anhand ihrer Leistungen beurteilt und verglichen werden, verliert an Gewicht. Eine der wichtigsten Methoden ist das freie Tagebuch, in dem Lernprozesse festgehalten werden. Die Bewertung einer neu erworbenen Fähigkeit oder Kompetenz spielt nur eine untergeordnete Rolle (Leu 2006, 237).

Groot-Wilken (2008, 10) nennt die Präsentation bei Dritten – z.B. die Vorstellung eines Kindes in der Grundschule – als Nutzungsmöglichkeit eines Portfolios. Darüber hinaus bilden die Inhalte eines Portfolios die Basis für die Entwicklung pädagogischer Prozesse und die individuelle Planung von Zielen und Lerninhalten für das Kind sowie Reflexionen und Evaluationen im pädagogischen Team über das Kind. Pläne, Ziele aber auch Reflexionen und Evaluationen werden im Portfolio dokumentiert. Sie geben Aufschluss über die fortschreitende Entwicklung des Kindes. Hierbei steht die Dokumentation der Fortschritte und Stillstände im Vordergrund, ohne einen Vergleich zu anderen Kindern zu ziehen.

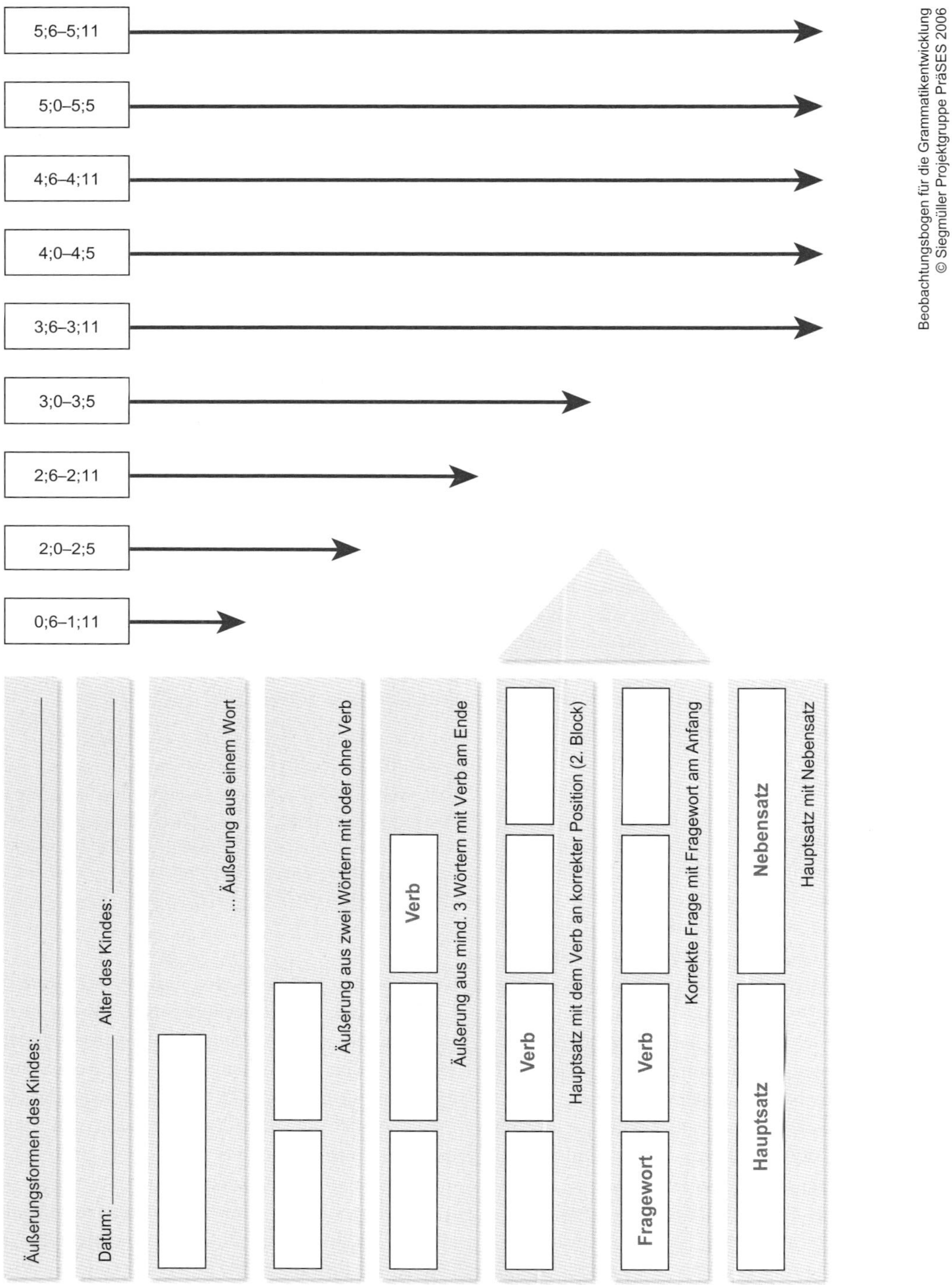

Abb. 4.3 Auswertungsbogen (Siegmüller Projektgruppe PräSES 2006)

Im Portfolio wird ein Kind wertfrei in seinem eigenen Entwicklungstempo beschrieben.

Das Führen des Portfolios ist dynamisch. Dies bedeutet, dass es regelmäßig bearbeitet und erweitert wird. Das Kind und die Eltern sind am Portfolio beteiligt, haben jederzeit Zugang und arbeiten an den Inhalten mit, indem sie Arbeiten von zu Hause mitbringen und mitentscheiden, welche Arbeiten, Fotos oder ähnliches für das Portfolio wichtig sind. Beim Verlassen der Kita bleibt das Portfolio beim Kind, um in der Schule weitergeführt zu werden. In der Aufbauphase des Portfolios wird es zu einem frühen Zeitpunkt den Familien präsentiert. Es wird als hilfreich bei der Zusammenarbeit mit den Eltern angesehen, da sie auf diese Weise differenzierte Einblicke in die Entwicklungsprozesse ihres Kindes erhalten (Leu 2006).

!

Das Portfolio ist das externe Gedächtnis des Kindes und gehört daher ihm.

Tab. 4.3 Inhaltsübersicht eines Portfolios (nach Groot-Wilken 2008)

Entwicklungsportfolio	• Beobachtungs- und Diagnoseverfahren • Protokolle von Entwicklungsgesprächen • Fallbesprechungen und Fachgesprächen
Kompetenzportfolio	• Lerntagebücher
Familienportfolio	• Berichte aus den Familien
Zusätzliche Inhalte	• Fotos • Audio- und Videoaufzeichnungen • Verschiedene Arbeitsproben des Kindes zur Verdeutlichung der Kompetenz und des Entwicklungsstandes
Vorstellungsportfolio	• Repräsentative Auswahl aus allen Anteilen

Die Beschreibung eines Kindes im Portfolio ist möglichst umfassend und aktuell. In ihm sind daher verschiedene Dokumentationsformen und -methoden vereinigt. Die regelmäßige Beobachtung der Kinder nimmt als schriftliche Aufzeichnung über ein Kind einen wichtigen Stellenwert im Inhalt eines Portfolios ein. Groot-Wilken (2008, 14) stellt eine Übersicht über die Elemente eines Portfolios zusammen (➤ Tab. 4.3).

Ein besonderer Aspekt der Portfolioarbeit ist die Einbeziehung des Kindes. Hierdurch wird die Wahrnehmung des Kindes für die eigenen Lernfortschritte und Lernprozesse bereits in der Kindergartenphase geschärft. Ziel ist es, möglichst früh Grundlagen für selbstgesteuertes Lernen zu schaffen (Leu 2006, 241). Das Kind soll Freude an der Ausgestaltung seines Portfolios haben und verstehen, wie es erweitert werden kann.

Allgemeine, nichtbewertende Sprachbeobachtungen sind Teil des Entwicklungsportfolios. In diesen wird wertfrei beschrieben, wann das jeweilige Kind bestimmte Wörter gelernt hat, wann die anderen sprachlichen Ebenen sich entwickelten oder auch – im Falle einer bestehenden Sprachauffälligkeit – wann eine Therapie begonnen und beendet werden konnte. Die Auswirkungen der Therapie auf das sprachliche Verhalten in der Kita werden dokumentiert. Grundsätzlich sind die Beschreibungen kompetenzorientiert, d.h. sie beschreiben die Fähigkeiten des Kindes, nicht die Defizite (vgl. Beispielkasten).

Geleitete Beobachtungen über den Sprachentwicklungsstand eines Kindes sind vertiefende Dokumente im Entwicklungsportfolio, die jedoch nur dort zu platzieren sind, wenn sie einen deskriptiven Charakter behalten können. So könnte der Auswertungsbogen des BbGe in das Portfolio Eingang finden und in mehrmaliger Verwendung die grammatische Entwicklung wertfrei dokumentieren. Die Grenzsteine der Entwicklung dagegen beurteilen ein Kind und stehen damit dem lernprozessorientierten Ansatz der Portfolioarbeit entgegen. Generell wird es dem dynamischen Aspekt des Portfolios gerecht, wenn die Durchführung der Sprachbeobachtung in regelmäßigen Abständen geschieht und nicht beim einmaligen Anwenden verbleibt.

BEISPIEL

Deskriptive Erfassung kindlicher Sprachleistungen ohne Beurteilung

Phonologie:

- Auflisten von korrekt eingesetzten produzierten Lauten anhand von Beispielwörtern
- Auflisten von Lauten, die noch von Ersetzungen oder Auslassungen betroffen sind

Lexikon/Semantik:
- Wortschatztagebuch: Listen von neu erworbenen Wörtern, z.B. Wörter, die das Kind im Zuge eines Projekts der Kita erworben hat
- Neu erworbene Lieder, Reime, Fingerspiele
- Vermerken, wenn sich der Wortschatzerwerb des Kindes deutlich beschleunigt hat

Grammatik:
- Vermerken, wenn Einwortsätze in Zwei- oder Mehrwortäußerungen übergehen
- Vermerk über verschiedene Satzarten: Hauptsatz, Nebensatz, Fragesatz
- Beschreibung der Satzlänge des Kindes anhand typischer Satzbeispiele
- Auflistung besonders gelungener Sätze, z.B. Sätze mit besonders schwieriger Grammatik, besonders lange Sätze etc.

Als Basis solcher Listen wird in manchen Einrichtungen ein freies Sprachtagebuch geführt. Sprachtagebücher sind optimale Archive, stellen für die Erzieherinnen jedoch einen hohen Aufwand und Anspruch dar. Daher sollte im pädagogischen Team darüber gut beraten werden. Es ist für die Kontinuität eines Portfolios günstiger, kürzere Listen regelmäßig pro Kind zu führen als sehr selten Einträge in freie Sprachtagebücher vorzunehmen.

4

Leu (2006, 241) kritisiert an der Portfolioarbeit, dass hier der normierte Vergleich unter Kindern vernachlässigt wird und Kompetenzen nicht nach einheitlichen Definitionen verstanden werden. Die verwendeten Beobachtungs- und Dokumentationsmethoden (z.B. in Groot-Wilken 2008) sind nicht an ausreichend großen Stichproben evaluiert, sodass sie nicht als wissenschaftlich-methodisch fundiert angesehen werden können. Dies ist sicher richtig, es ist eher die Frage, ob ein Portfolio für die tägliche Arbeit im Kindergarten diesen Formalien genügen muss. Auch ohne wissenschaftliche Basierung können Portfolioanalysen und -evaluationen – mit Bedacht und im Wissen um ihren deskriptiven Charakter – für die individuelle Förderung von Kindern im pädagogischen Alltag hilfreich sein, da sie ein Langzeitarchiv von Beobachtungen über ein Kind darstellen. Der Einsatz von Portfolios kann in der täglichen Arbeit im Kindergarten für die Förderung eines Kindes als positiv und hilfreich für die Strukturierung von Fördermaßnahmen angesehen werden.

In der Debatte über deskriptive kontra normierte Beurteilung von Kindern wird außer Acht gelassen, dass ein Portfolio die pädagogische und klinische Beobachtung in der Kita zur Erfassung von Risikofaktoren nicht ersetzt. Das Portfolio folgt dem Konzept, die frühkindliche Entwicklung so zu dokumentieren, dass ein vollständiges Bild des Kindes entsteht, worauf das Kind später zurückgreifen kann und das als Gedankenstütze den Bezugspersonen in der täglichen Arbeit zur Verfügung steht. Die geleitete Beobachtung einer Entwicklungsdomäne, die Risikofaktoren oder Auffälligkeiten offenbaren soll, darf zu keinem Zeitpunkt in Kinderhände gelangen. Dies sind Teile einer Akte über das Kind, in der die Entwicklung eingeschätzt und ergebnisorientiert begleitet wird. Gerade bei auffälligen Kindern muss diese Form der Beurteilung entstehen, um eine Versorgung durch das Gesundheitssystem zu ermöglichen. In einer Förderkonferenz oder einem Termin beim Jugendamt liefert der Inhalt eines Portfolios für verordnende Stellen wichtige Informationen über das Verhalten des Kindes. Die Erzieherin ist bei Rückgriff auf das Portfolio nicht nur auf ihr Gedächtnis angewiesen. Die Dokumentation über das Kind ist nachvollziehbar, systematisch und wirkt für alle Beteiligten substanziell und damit nicht zufällig.

So stehen diese beiden Dokumentationsformen nebeneinander. Sie können sich bei kompetentem Einsatz ergänzen und gegenseitig befruchten.

KAPITEL

5 Konzeptvorstellung PräSES: Projektarbeit im Fokus der Sprachförderung

5.1 Sprachförderung nach dem PräSES-Konzept und der Kita-Alltag

Im PräSES-Ansatz wird Sprachförderung als ein normales Element des Kita-Alltags empfunden. Aus diesem Grund wird die Sprachförderung nicht auf bestimmte Zeitpunkte im Kita-Tag festgelegt. Daraus folgt:

- Sprachförderung muss in einer Form geschehen, dass sie an die verschiedenen Alters- und Entwicklungsniveaus in der Kita-Gruppe angepasst werden kann.
- Sprachförderung muss sowohl in ritualisierten Phasen des Kita-Tages stattfinden können als auch in geplanten Aktivitäten.
- Dies bringt mit sich, dass alle Kinder zu jeder Zeit in der Kita die entsprechende Förderung erhalten sollen.

5.1.1 Alltagsintegrierte Sprachförderung und das kindliche Spiel

Alltagsintegrierte Sprachförderung geschieht nicht in eigens stattfindenden Kleingruppen, die Sprache in der Übungssituation zum Selbstzweck erheben. Wie auch in der überwiegenden Menge der Bildungspläne formuliert wird, ist Sprache stets das Werkzeug, um etwas anderes zu beschreiben, zu benennen oder zu besprechen. Daraus folgt, dass Sprache – und damit auch die Sprachförderung – als Mittel der Kommunikation in Situationen der kindlichen Interaktionswelt stattfinden muss. Zu einem großen Teil handelt es sich dabei um Spielsituationen.

Die Beziehung zwischen Spiel und Sprachförderung könnte sich in übungslastigen Trainings als problematisch darstellen: die Sprachförderung findet in einer Situation statt, die das Kind nicht als sinnvolle Spielsituation empfindet. Die Nachhaltigkeit des Lernens könnte weniger stark sein, da die Kinder solchen Situationen weniger Gewicht beimessen als ihnen sinnvoll erscheinenden (Spiel-)Situationen (vgl. zu einer ähnlichen Formulierung Der Senator für Arbeit – Freie Hansestadt Bremen 2004).

> „Freie Spielprozesse sind immer auch Lernprozesse, denn Kinder lernen beiläufig durch Spielen" (Bayerisches Staatsministerium für Arbeit und Sozialordnung, Familie und Frauen 2006, 31).

Bevor die Beziehung von Spiel und Sprachförderung genauer beschrieben wird, soll auf die relevanten Anteile des kindlichen Spiels eingegangen werden.

Spiel

> „Das spielende Kind hat nicht die Absicht, seine kognitiven oder körperlichen Funktionen zu trainieren!" (Oerter 2008, 245).
> „Trotzdem ist das Spiel eine kindspezifische und natürliche Form des Lernens" (Kluge 2006, 31).

Das kindliche Spiel ist aus Sicht der Kognitionswissenschaften ein wichtiger Bestandteil des kindlichen Alltags (Hirsh-Pasek und Michnick Golinkoff 2004, 206):

- Kindliches Spiel ist ein Motor der Entwicklung in verschiedenen Entwicklungsbereichen.
- Kindliches Spiel provoziert die Entfaltung von Kreativität und Problem-Löse-Strategien.
- Kindliches Spiel trägt zur Entwicklung der Aufmerksamkeitsspanne bei.
- Kindliches Spiel ist wesentlicher Bestandteil der sozialen Entwicklung.

Die Spielentwicklung verläuft nicht als ein Nacheinander von Entwicklungszuständen, die einander vollständig ablösen. Stattdessen erweitert das Kind sein spielerisches Repertoire, ohne auf die frühen Fähigkeiten zu verzichten (Kluge 2006). Der Fortschritt in der Spielentwicklung misst sich somit durch eine Verbreiterung und einen erhöhten Variantenreichtum des Spiels.

Aufgrund der Bedeutung für das Kind ist es sinnvoll, Fördermaßnahmen in der Kita-Zeit in die stärkste wirkungsumfassende Interaktionsform zu integrieren. Dabei meinen Hirsh-Pasek und Michnick Golinkoff (2004) mit dem Begriff *Spiel* keine besondere Form des Spiels wie Regelspiel oder Symbolspiel (siehe Kasten). Eher im Gegenteil – je nachdem, auf welcher Entwicklungsebene sich das Kind gerade befindet sieht das Spiel anders aus und wird andere Entwicklungen begleiten, auf einer anderen Ebene Kreativität entstehen lassen, etc.

Gleichgültig auf welcher Ebene der Spielentwicklung sich die Interaktion entwickelt, gibt es jedoch bestimmte Elemente, die gegeben sein müssen, damit ein Kind eine Aktivität als Spiel empfindet (Garvey 1977).

Die fünf Elemente des Spiels lauten:

- Ein Spiel ist lustig und macht Freude.
- Ein Spiel verfolgt keine Ziele, die außerhalb der Spielhandlung liegen.
- Ein Spiel ist spontan und freiwillig.
- Ein Spiel basiert auf der aktiven Rolle der Spieler.
- Das Spiel kann die Grenzen der Realität überwinden.

!

Wenn in einem echten, sinntragenden Spiel Sprachförderung durchgeführt werden soll, müssen alle fünf Elemente des Spiels erhalten bleiben.

Exkurs

Formen des Spiels

(Oerter 2008, 239–244)

- **Sensomotorisches Spiel**, früher Funktionsspiel (1. und 2. Lebensjahr, Abnahme bis zum 30. Lebensmonat): Freude an Bewegungen zunächst ausgerichtet auf eigene Körperteile und – etwas später – auf Objekte.
- **Informationsspiel/Explorationsverhalten** (ab 9.–13. Monat mit einfachen Gegenständen, kompliziertere Handlungen 18.–24. Lebensmonat): Erkundung von Gegenständen. Ziel ist Erfahrung in Beschaffenheit von Objekten, Funktionen von Dingen.
- **Konstruktionsspiel**: realitätsorientierte Spielform, Kind benutzt einen Gegenstand und ein Rohmaterial, um einen anderen herzustellen (Stift, Papier → Bild). Der Unterschied zum Symbolspiel besteht darin, dass alle Gegenstände nach ihrer echten Funktion benutzt werden.
- **Als-ob-Spiel/Symbolspiel/Fiktionsspiel** (erstes abruptes Auftreten 12./13. Lebensmonat, starke Zunahme in der Vorschulzeit, dann Abnahme): in der engen Spieldefinition die eigentliche Form des Spiels, Spielgegenstände werden nach Wünschen des Kindes in ihrer Funktion umgedeutet; Handlungen werden aus dem sozialen Umfeld übernommen. Typische Formen sind Puppenspiele, Cowboyspiele (Oberbegriff Rollenspiel).
- **Rollenspiel**, auch sozial-dramatisches Spiel (ab Ende 3. Lebensjahr): Zusammenspiel mit mehreren Personen in fiktiven Rollen; über eine Zeitspanne wird eine gemeinsame koordinierte Handlung aufrecht erhalten. Dauer der Rollenspiele nimmt zwischen 4 und 5 Jahren zu.
- **Regelspiel** (Übergang zum Schulalter): soziale Spielform, in der nach festgelegten Regeln gespielt wird; fast immer Wettkampfspiele/Leistungsvergleich mit anderen/Leistungsmotivation. Regelspiele erfordern eine zuvor erlernte Kompetenz (z.B. Zahlen für Würfel).

Oerter (2008, 240) weist darauf hin, dass Exploration und Konstruktion für einige Autoren nicht als Spielformen gelten. Seiner Definition nach können sie jedoch als Spielformen angesehen werden, wenn sie vom Kind ausgehen und eine unmittelbare Wunscherfüllung aufweisen (direkter Bezug zu einem Objekt aus der momentanen Umwelt).

Die Bedeutung von gegenseitiger Beobachtung und Beachtung

Immer wenn sich Kinder im Kita-Alter in einer gemeinsamen Situation befinden, beobachten sie sich gegenseitig, imitieren sich, nehmen kommunikativen Kontakt auf oder beginnen spontan ein Spiel. Dabei ist es unerheblich, ob sie sich vorher kennen oder nicht. Die Beachtung und Beobachtung anderer Kinder ist von wichtiger Bedeutung und nimmt im Laufe der Kita-Vorschulzeit zu. Ab dem Als-ob-Spiel kann ein Spielpartner/ein anderes Kind Eingang in das Spiel eines Kindes erhalten.

Parallel zu den im Kasten aufgeführten Formen des Spiels entwickelt sich das Kind vom unkommunikativen Spieler (ohne offensichtliche Beachtung anderer Kinder) zum sozialen Spielpartner. Diese Entwicklung verläuft während der Entwicklung vom Als-Ob-Spiel über das Fiktionsspiel zum Rollenspiel.

Das Kind durchläuft verschiedene Phasen (Oerter 2008, 243):

- Parallelspiel ohne wechselseitige Beachtung
- Parallelspiel mit wechselseitigem Augenkontakt
- Einfaches Sozialspiel (Gebe-Nehme-Spiel)
- Komplementäres Spiel (Kinder nehmen einfache gegensätzliche Rollen ein, z.B. suchen/verstecken)
- Kooperatives soziales Fiktionsspiel (Kinder nehmen fiktive Rollen ein)
- Komplexes soziales Fiktionsspiel (Kinder nehmen fiktive Rollen ein und verabreden bzw. moderieren diese).

Treffen Kinder aufeinander, die sich auf verschiedenen Ebenen des Spiels befinden, so beobachten sie sich zunächst und stellen fest, auf welcher Spielebene sie sich gemeinsam bewegen können. Dabei fallen die kompetenteren Kinder auf ein niedrigeres Niveau ab, um mit dem Partner spielen zu können. Auf der anderen Seite können Kinder, die ein komplexeres Spielniveau beobachten können, in ihrem eigenen Spielniveau vorankommen.

5.1.2 Aufbau einer Spielsituation mit Sprachförderungsanteil

Die Notwendigkeit, Sprachförderung in die Interaktionsform Spiel einzubetten, hat zur Folge, dass das Spiel als positives und lustvolles Motivationsmoment bestehen bleiben muss. Die daraus entstehenden Anforderungen sind nach den fünf Elementen des Spiels nach Garvey (1977), die in ➤ Kap. 5.1.1 aufgelistet wurden, sortiert:

1. **Ein Spiel ist lustig und macht Freude.** Die sprachfördernden Anteile dürfen diese Faktoren nicht aufheben, in dem sie Spannung zerstören oder Handlungen auseinanderreißen.
2. **Ein Spiel verfolgt keine Ziele, die außerhalb der Spielhandlung liegen.** Die sprachliche Handlung muss so eingebettet werden, dass sie innerhalb der Spielhandlung liegt und da für das Kind Sinn ergibt.
3. **Ein Spiel ist spontan und freiwillig.** Kein Kind soll zur Teilnahme an einem Spiel mit sprachförderndem Anteil gezwungen werden. Ausweichende Kinder können gefragt, vielleicht überredet werden. Ist jedoch Zwang oder gar das Empfinden einer Strafe mit dabei, so wird Punkt 1 nicht erfüllt.
4. **Ein Spiel basiert auf der aktiven Rolle der Spieler.** Das Kind ist im Spiel gleichberechtigter Spielpartner. Beim sprachlichen Förderanteil ist das Kind sowohl Hörer als auch Sprecher. Die Sprachförderung muss sich in ihrem Anspruchsniveau nach der Sprecherkompetenz des schwächsten teilnehmenden Kindes richten.
5. **Das Spiel kann die Grenzen der Realität überwinden.** Die sprachlichen Anteile eines fantasievollen Spiels sind Mittel, um die Momente, in denen die Realität überwunden wird, abgesprochen werden. Je fantasievoller eine solche Spielhandlung ist, desto mehr baut sie auf der Sprache als verbindendes Element für alle Spieler. Wird in eine solche Handlung Sprachförderung integriert, so wird eine besonders hohe spielerische und sprachliche Kreativität von den Spielern gefordert.

Sprachförderung und Spielsituation müssen aufeinander ausgerichtet werden. Um dies erreichen zu können, wird die Spielsituation meistens von der Erzieherin initiiert. Das Kind wird trotzdem hauptsächlich Interesse an dem Spiel haben und sein Bewusstsein nicht von allein auf die sprachlichen Anteile der Situation lenken. Um aus einem normalen kindlichen Spiel gezielte Sprachförderung zu machen, müssen aber von der Erzieherin die sprachlichen Anteile in das Spiel integriert werden, die die Zielstellung der Fördersituation darstellen. Dabei geht der Weg von der Planung der sprachlichen Zielstellung zur Spielsituation. Es wird also je nachdem, welche

5

sprachlichen Anteile im Zentrum der Förderung stehen, ein Spiel gefunden, in dem die sprachlichen Pläne besonders gut verwirklicht werden können.

Die einfachste Form der Sprachförderung in Spielsituationen ist die Einbettung bestimmter sprachlicher Anteile in ein Regelspiel.

BEISPIEL

- **Sprachliches Ziel:** Wörter für verschiedene Muscheln und Steine.
- **Spielumsetzung:** Memory mit entsprechenden Bildkarten.

Da dies jedoch nur mit den Kindern machbar ist, die bereits solche Spiele spielen und in ihnen Lust und Freude empfinden, stützt sich die Sprachförderung eher auf Fiktionsspiele.

BEISPIEL

Ziel der Sprachfördersituation ist die Festigung der Wörter Stein, Kies, Kieselstein, Sand, Feuerstein, Mauerstein
Das Spiel wird als Fiktionsspiel aufgebaut:
Die Erzieherin und eine Gruppe von Kindern richten einen Steine-Laden her, in dem verschiedene „Steinfresser" einkaufen gehen. Sie sortieren die Steine nach ihrer Größe und ihrem Gewicht und legen sie auf Bänke, die Regale darstellen. Zusätzliches Material sind Einkaufskörbe und eine Waage.
Zwei Kinder sind Steineverkäufer, die anderen Kinder und die Erzieherin sind „Steinfresser", die Steine einkaufen gehen. Die Steine werden nach Gewicht oder Größe verkauft: „Ich hätte gern 10 Kilo Kieselsteine ..." – „Ich hätte gern ganz kleinen Sand ..." – „Ich möchte einen schweren Mauerstein haben."
Vonseiten der Verkäufer: „Wir haben noch sehr schöne Feuersteine im Angebot ..." – „Sand ist leider schon alle, wir haben nur noch groben Kies."

Ein wichtiger Begriff in der Spielentwicklung wie auch in der Sprachentwicklung ist die **Zone der nächsten Entwicklung**. An diesem Begriff kann nach Oerter (2008, 244f) beschrieben werden, wie durch Spiel Sprachförderung stattfinden kann, indem die Zone der nächsten Entwicklung verschoben wird:

Stufe 1: Bezugsperson führt kommunikative Äußerungen wie „hallo", „hallo, hallo" und „tschüss/auf Wiedersehen" ein, während sie in ein Spieltelefon spricht.

Stufe 2: Ausbau einer fiktiven Spielform mit den eingeführten Äußerungen, indem sowohl Kind als auch Erwachsener ein Telefon benutzen, sich aber sehen können.

Stufe 3: Rahmensituation wird gebildet, indem z.B. Sichtkontakt unterbrochen wird. Nun kommt zur Verwendung der kommunikativen Äußerung ein Informationsaustausch am Spieltelefon hinzu.

Durch die Verbindung von Sprachförderung und Spielförderung gelingt es in dieser Art von Situation beide Bereiche zu fördern: Das Kind erwirbt die entsprechenden kommunikativen Äußerungen und erprobt eine neue Spielebene.

5.1.3 Sprachförderung während des Kita-Tages

Sprachförderung kann während des ganzen Kita-Tages stattfinden. Sie wird von ihren Zielen her an die Kindergruppe angepasst. Teilweise kann sie allein von den Kindern initiiert sein oder sie wird durch Erzieherinnen begonnen:

- **Freispielzeiten:** In dieser Phase des Tages sollte das Material der in der letzten Zeit durchgeführten Spiele weiterhin zur Verfügung stehen, um eine Wiederholung des Spiels mit Sprachförderanteil möglich zu machen. Dies ist gerade nach einem gelungenen Spiel ein häufiger Wunsch von Kindern. Teilweise können sie dies nun ohne die Erzieherin machen und wollen das auch erproben. Die Initiative geht nun von den Kindern aus. Nach dem Beispiel oben sollten also die Einkaufskörbe mit den Steinen noch zur Verfügung stehen.
- **Morgenkreis:** Hier können neue Begriffe und unbekannte Objekte gezielt allen Kindern bekannt gemacht werden. Ein großer Vorteil des Morgenkreises ist, dass alle Kinder beteiligt sind. Alle Kinder können die gleiche Situation erleben. Dies bedeutet jedoch, dass die Situation so aufgebaut werden muss, dass alle Kinder etwas davon haben. So kann z.B. ein Mauerstein durch die Gruppe gegeben werden, um sein hohes Gewicht zu erfahren. Es kann geschätzt werden, ob der Mauerstein wohl schwerer als ein Kind ist oder nicht. So kann über das Zielwort – Mauerstein – diskutiert werden, eine Kontrolle des Gewichts über eine Waage kann folgen. Eine solche Morgenkreissituation ist keine Spielsituation.

- **Aktionszeit:** Mit „Aktion" wird im PräSES-Konzept eine einzelne geplante Situation zur Förderung eines bestimmten Sprachanteils bezeichnet. Klassischerweise liegt diese Zeitspanne zwischen dem Frühstück und dem Mittagessen und bezeichnet die pädagogische Haupthandlung des Kita-Tages. In dieser Zeit kann sowohl eine Spiel- als auch in eine Explorationssituation, eine Geschichte, ein Theaterstück oder ein Tanz stattfinden. In jede dieser Aktionen kann eine sprachliche Zielformulierung mit dem entsprechenden Sprachmaterial integriert werden.
- **Mahlzeiten:** Während der Mahlzeiten kann in Gesprächen über die durchgeführten Spiele gesprochen und in gewissem Maße reflektiert werden. Neue Wörter können noch einmal benannt und in ihrer Bedeutung erklärt werden (z.B. „Aus Mauersteinen baut man Mauern und Häuser"). Zu Beginn können Lieder, Reime oder Fingerspiele durchgeführt werden.
- **Ruhephasen:** Thematisch passende Geschichten können Ruhephasen begleiten.

5.1.4 Sprachförderung über die Kita-Zeit

Der PräSES-Ansatz wird durch die Maxime geprägt, die Sprachförderung über die ganze Kita-Zeit eines Kindes zu strecken und die Angebote für alle Kinder der Gruppe offen zu halten. Eine gezielte Beschränkung auf eine Teilgruppe (z.B. die Vorschulkinder) ist nicht intendiert. Dies hat Folgen für die Auswahl des zu fördernden Sprachbereichs: Es müssen Sprachfähigkeiten in den Vordergrund rücken, die zu den basalen Fähigkeiten zählen, damit auch die jüngeren Kinder von der Förderung profitieren können. Eine Zielstellung von Sprachfähigkeiten, die auf der Basis basaler Fähigkeiten eine neue (metasprachliche) Ebene darstellen, würde automatisch die älteren Kinder in den Förderfokus rücken[6].

[6] Findet die Sprachförderung in einer Vorschulgruppe statt, so fällt dieser Aspekt weg. In diesen Gruppen könnte auch ein fortgeschrittenes Thema (z.B. ein Projekt über Reime und Reimen, Lieder machen und Sprachrhythmus) thematisch nach den PräSES-Gedanken umgesetzt werden.

5.2 Projektarbeit nach PräSES

Die Sprachförderung soll neben der Einbeziehung in die üblichen Anteile des Kita-Tages auch als Anteil von pädagogischer Projektarbeit stattfinden. Im Praxisteil dieses Buches wird ein Wortschatzförderprojekt zum Thema „Steine" als Beispiel angeführt. Projekte sind Themen, die Erzieherinnen und Kinder über mehrere Wochen beschäftigen.

Um die Projektarbeit nach PräSES zu definieren, kann den Formulierungen des Berliner Bildungsprogramms gefolgt werden:

> „In einem Projekt setzen sich Kinder und Erwachsene über einen längeren Zeitraum intensiv, zielgerichtet und in vielfältigen Aktivitäten mit einem Thema aus der Lebensrealität der Kinder auseinander" (Senatsverwaltung für Bildung, Jugend und Sport – Berlin 2004, 35).

Sprachförderung nach dem PräSES-Konzept organisiert sich in der Projektarbeit. Die sprachlichen Ziele liegen v.a. im Wortschatzaufbau und der Wortschatzerweiterung.

Thematisch und sprachlich werden sowohl sprachliche Zielstellungen und Projektthemen an das Alter und das Entwicklungsniveau der Kinder angepasst. So kann und muss das Projekt „Steine" für eine Gruppe Krippenkinder anders gestaltet werden als für eine Vorschulgruppe. Bei altersgemischten Gruppen kann die Planung für die älteren oder jüngeren Kinder einzeln vorgenommen werden oder es gibt Kernaktionen, zu denen die älteren und kompetenteren Kinder noch zusätzliche Aufgaben erhalten.

Projektthemen entstammen der Lebenswirklichkeit der Kinder einer spezifischen Einrichtung. Damit sind Projektthemen nicht so einfach von Einrichtung zu Einrichtung übertragbar. Der Alltag der Kinder ist je nach soziokulturellem Umfeld unterschiedlich und führt zu verschiedenen Interessen, Neigungen oder Abneigungen. Es wird deutlich, dass Projektarbeit mit diesem Anspruch über prototypische Themen wie „Tiere", „Jahreszeiten" oder „Zirkus" hinausgeht. So können Projektthemen gewählt werden, die sich um „Anders sein" im Allgemeinen und um verschiedene Religionen bzw. Kulturen im Besonderen kümmern. Auch können Projekte Themen sein, die nicht nur positive Interessen der Kinder betreffen, so etwa bei einem Thema, das unter dem Begriff „Gefühle – wie sind wir alles?“ in dem Modelldurchgang 2006/2007 durchgeführt wurde. In diesem Projekt wurde das Thema Streit und Abneigung zueinander lange mit den Kindern diskutiert, in Rollenspielen erfahren und in Bildern verarbeitet.

Im Berliner Bildungsprogramm wird weiter ausgeführt:

„Aber auch Themen, mit denen die Kinder bisher noch nicht in Kontakt kamen, können in Projekten bearbeitet werden, wenn sie für das Hineinwachsen von Kindern in die Gesellschaft und für die Erweiterung ihrer Weltsicht wichtig sind“ (Senatsverwaltung für Bildung, Jugend und Sport – Berlin 2004, 35).

5.2.1 Was kennzeichnet ein Thema, das als Projekt umgesetzt werden kann?

In Übereinstimmung mit den elementarpädagogischen Grundsätzen verschiedener Bundesländer (formuliert in den entsprechenden Bildungsplänen) bestehen im PräSES-Konzept eine Reihe von Eckpunkten, die im Folgenden aufgeführt und genauer erläutert werden.

Ein Projektthema muss inhaltlich so reich sein, dass es eine zeitlich ausreichend lange Bearbeitung erlaubt.
Ein Projekt, in dem Sprachförderung nach PräSES durchgeführt werden kann, hat in der Regel eine Durchführungslänge von 6–8 Wochen, wobei in der Modellphase im Kita-Jahr 2006/2007 ein Projekt sogar über 14 Wochen durchgeführt wurde. Über die gesamte Zeitspanne sollen die Kinder sowohl neue Handlungen und interessante pädagogische Aktionen kennen lernen, als auch neue Wörter erwerben oder festigen können. Projektthemen dürfen daher nicht zu eng gefasst sein. Auf der anderen Seite darf ein Thema nicht zu unspezifisch sein, damit der Kern der o.g. Definition – ein Projekt ist *ein Thema* aus der Lebensrealität der Kinder – nicht verloren geht.

Das Projektthema soll Veränderungs- und Erfahrungsmöglichkeiten für alle Kinder der Einrichtung/der Gruppe bieten.
Dies ist gerade bei altersgemischten oder integrativen Gruppen ein wichtiger Faktor, der zur Projektauswahl beitragen muss. Der Grundgedanke der Projektarbeit ist, dass das Thema für alle Kinder Erfahrungsinhalte zur Verfügung stellen muss, nicht jedoch, dass alle Kinder die gleichen Erfahrungen machen. Um aber das Thema trotzdem für die gesamte Kindergruppe als Dach der Handlungen aufbauen zu können, benötigt das Thema genug Schichten, die für die einzelnen Alters- oder auch Entwicklungsstandgruppen aufbereitet werden können.

Im Beispielprojekt „Steine“ (➤ Kap. 10) wäre eine mögliche Erfahrung für die jungen Kinder, die verschiedenen Oberflächen der Steine zu erfühlen – mit und ohne gleichzeitiges Ansehen der Steine – und diese taktile Erfahrung zu beschreiben. Ältere Kinder nehmen das gleiche Material (Steine mit verschiedenen Oberflächen) um ihre Struktur zu vergleichen, daraus Steingruppen anhand von Oberflächenstrukturen zu bilden und auf die Art neue Sortierungen zu schaffen, die alternativ zu Farben, Größe oder Form stehen. Dieses Beispiel ist im Praxisteil als Aktion beschrieben.

Das Projektthema muss als strukturiertes Erfahrungslernen zu planen und durchzuführen sein.
Hinter diesem Punkt verbirgt sich der Anspruch, in dem gewählten Thema eine interne Lernstruktur zu finden, die vom Einfachen zum Schwierigeren führt. Darüber hinaus soll das Lernen als Erfahrungslernen umsetzbar sein, d.h. die Kinder profitieren nicht (nur) vom Wissen der Erzieherinnen indem sie ihr zuhören, sondern indem die Erzieherin die Kinder in Situationen führt, in denen letztere eigene Erfahrungen machen können und so ihr Wissens aktiv erwerben und erweitern. Der pädagogische Schwerpunkt liegt darin, die Neugier- und Forschungsaktivitäten der Kinder zu nutzen und auszubauen. Dabei stellt das Lernen untereinander und miteinander einen wichtigen Schwerpunkt dar. Je weniger der Impuls zum Explorieren und Entdecken vom Erwachsenen, der die Situation begleitet, ausgehen muss, desto besser.

Das Thema muss als entdeckendes und forschendes Lernen umsetzbar sein.
Erwachsene und Kinder sollen in dem Projektthema einen gemeinsamen Anlass zur Erforschung von Problemen und dem Finden von Antworten haben. Wichtig ist dabei, dass das Ergebnis der Explorationshandlungen – für die Kinder – zuvor noch nicht feststeht. Das Thema soll also wirklichen Wissenszuwachs für die Kinder bereithalten, der durch eigene Exploration erwerbbar ist. Auf diese Weise wird die Sinnhaftigkeit der geplanten Aktion dargestellt und die Neugierde der Kinder geweckt. Wie im vorangegangenen Punkt bereits angesprochen liegt der Schwerpunkt auf dem eigenaktiven Explorieren. Letztendlich ist es das Ziel dieser beiden Eckpunkte, die Kinder auch außerhalb der Kita zu mehr Neugierverhalten und Forschungsaktivität zu animieren.

Das Projektthema muss so viel Flexibilität aufweisen, dass es für spontane Ideen und Interessen der Kinder empfänglich ist.
Durch den generellen Ansatz der Eigenaktivität werden die Kinder zu Mitträgern des Gesamtthemas. Genauso wie sie in der konkreten Auswahl des Projekts beteiligt werden sollen, sind sie berechtigt, ein Projekt um einen neuen Teil zu erweitern, wenn sie dafür ein besonderes Interesse entwickeln. Innerhalb des Beispielthemas Steine könnte z.B. das Teilthema *Versteinerungen* ein solches spontanes Interessengebiet darstellen und die Kinder auf die Idee bringen, Versteinerungen zu suchen bzw. vorhandene große Steine zu zerschlagen, um nach möglichen Versteinerungen zu forschen. Es ist dann die Aufgabe der begleitenden Erzieherinnen, die Idee der Kinder aufzugreifen und konstruktiv zu begleiten. Es ist dann zwar schade aber nicht unmöglich, wenn sich in den vorhandenen Steinen keine Versteinerungen finden. Wenn Erzieherin und Kinder sich zur Verarbeitung dieses Erlebnisses gemeinsam darüber informieren, wie und wo man aber welche finden kann und warum in den vorhandenen Steinen keine waren, ist die Erfahrung erfolgreich nachbereitet.

Das Thema soll die Möglichkeit bieten, die Kita zu verlassen und mit der Umgebungswelt in Kontakt zu treten.
Bereits zu Beginn des Projekts sollen Möglichkeiten erkennbar sein, bei denen es sinnvoll ist, die Kita zu verlassen und Orte aufzusuchen, in denen Inhalte des Projekts zu finden sind. Dies können sowohl kulturelle Einrichtungen als auch natürliche Gegebenheiten sein. Im Beispielprojekt könnten natürliche Gegebenheiten besondere Felsen oder freistehende Steine sein, die man auf einem Ausflug besuchen kann oder der Strand eines Sees oder eines Flusses, an dem man Steine suchen gehen kann. Eine kulturelle Einrichtung wäre ein altes Bergwerk oder ein Naturkundemuseum, in dem man *Versteinerungen* (siehe Beispiel oben) betrachten kann.

Ebenso sind spontane Ideen der Kinder gut in Ausflügen in die Umgebungswelt umzusetzen. Auch hier kann das Beispiel der Versteinerungen noch einmal aufgegriffen werden: Aufgrund der spontanen Suche nach Versteinerungen und der anschließenden Erkundung, wo es Versteinerungen geben könnte, entsteht der Grund und das Ziel eines Ausflugs.

5.2.2 Die besondere Rolle der Sprache im Projekt

Im PräSES-Konzept wird der Sprache eine besondere Rolle in der pädagogischen Situation zugebilligt. Diese spiegelt sich v.a. in der Vorbereitung der Projekte wider und reicht bis in die einzelnen Aktionen des ausgewählten Projekts (➤ Kap. 6.2 und ➤ Kap. 6.3). Obwohl die Sprachförderung in die pädagogische Handlung integriert stattfinden soll, geht Sprache in der Aktionsplanung der pädagogischen Handlung voraus. Im PräSES-Konzept findet sich der Weg in ein pädagogisches Thema *über die Sprache* (➤ Abb. 5.1). Bei der Planung eines Projekts wird eine **Wortliste** erstellt, die sich in *Kernwörter* und *Randbereiche* aufgliedert (vgl. ➤ Kap. 6.3 und ➤ Kap. 10.2). Die Wortliste stellt das gesamte sprachliche Lernziel des Projekts dar. Für jede Aktion wird aus der Wortliste eine Gruppe Wörter ausgewählt. Erst nach der Auswahl der Wörter wird die Handlungssituation konstruiert, die den sprachlichen Anspruch begleitet. Die pädagogischen Handlungen bilden damit den Handlungsrahmen für die Aktion.

Durch den Aufbau der Wortliste wird deutlich, dass sich die Sprachförderung nach dem PräSES-Ansatz auf den Wortschatzbereich konzentriert. Die Begründung dafür liegt darin, dass der verlangsamte Aufbau des frühen kindlichen Lexikons das typische früheste Störungsprofil von Kindern mit Sprachent-

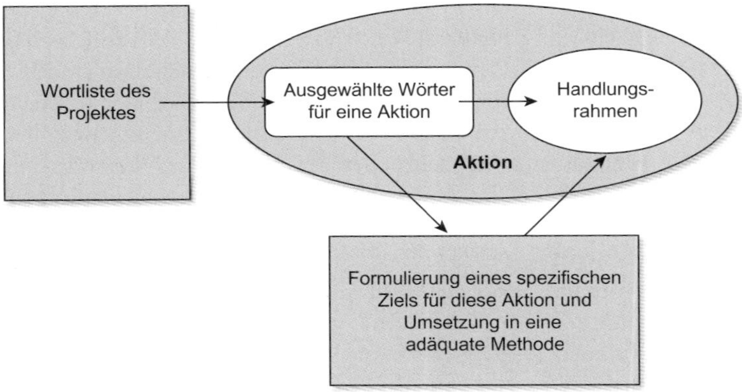

Abb. 5.1 Schematischer Ablauf der Planung

wicklungsstörungen bzw. von Kindern mit dem Risiko für die Entwicklung einer solchen Auffälligkeit ist (Kauschke 2006). Insofern greift die Wortschatzförderung die frühen Störungsbereiche der Sprache auf und fördert deren Entwicklung. Dieser Grundgedanke ist dem *Prinzip der Entwicklungsorientierung* aus der Patholinguistischen Therapie bei Sprachentwicklungsstörungen entliehen (Siegmüller und Kauschke 2006, 18, s.a. Kasten). Dieses Prinzip besagt, dass in der Ableitung von Therapiezielen die älteren Störungsanteile vor den jüngeren Bereichen therapiert werden sollen. Die Sprachförderung nach PräSES folgt diesem Prinzip aus der Sprachtherapie.

Exkurs

Prinzip der Entwicklungsorientierung (Ausschnitt)

Das Prinzip der Entwicklungsorientierung betont die Bedeutung des ungestörten Spracherwerbs als Vergleichbasis für die Einschätzung einer Störung und für die Planung der Intervention. Das nächste auszuwählende Therapieziel innerhalb eines Therapiebereichs orientiert sich immer an der nächsten Stufe im ungestörten Spracherwerb. Aufeinander aufbauende Entwicklungssequenzen, die für den normalen Spracherwerb festgestellt wurden, werden im Laufe einer sprachsystematischen Therapie durchlaufen. Das entwicklungsorientierte Vorgehen impliziert auch, dass Zwischenschritte zugelassen werden, die zunächst als nicht zielsprachlich erscheinen, aber das Kind kleinschrittig auf den Weg zum Erwerb des zielsprachlichen Systems führen.

Über wirksame Sprachförderprojekte, die auf die Verbesserung des Wortschatzes abzielten, gibt es bereits Evidenz. Bereits 2004 kamen Kastner-Koller und Kollegen in einer Vergleichsstudie zu dem Ergebnis, dass die Förderung des Wortschatzes und der Begriffsbildung bei der geförderten Gruppe zu Entwicklungsfortschritten im Vergleich zu einer nicht geförderten Gruppe führt (Kastner-Koller et al. 2004). Interessant an dieser Studie war, dass sie eine allgemeine Entwicklungsverbesserung bei der geförderten Gruppe feststellte, nachdem eine allgemeine Förderung des kindlichen Wortschatzes erfolgt war.

- Ein **Projekt** ist das thematische „Dach", unter dem sich die einzelnen Sprachförderanteile mit ihren pädagogischen Umsetzungen sammeln. Darunter fällt v.a. die Auswahl der Wörter, die in Sprachfördersituationen eingehen.
- Eine **Förderphase** ist die Zeit, in der die Kinder zu einem bestimmten Thema sprachliche Förderung erhalten. Dies ist i.d.R. ein Projekt, d.h. eine Förderphase zieht sich über mehrere Wochen und endet mit dem Abschluss des Projekts.
- Eine **Aktion** ist eine einzelne Sprachfördersituation, die in eine explorative oder rituelle Handlung, in ein Spiel oder in eine Problemlösesituation eingebettet ist.

5.2.3 Verwendete Sprachfördermethodik

In ➢ Kap. 3 dieses Buches wurde der an das Kind gerichtete Input als Motor der Entwicklung beschrieben. Umgesetzt in Therapie- und Fördersituationen wird der Input in einer verstärkten Form nutzbar, um die

Erwerbssituation von Sprache für Kinder zu verbessern. Dies gelingt durch systematische methodische Anwendung des verstärkten Inputs in dafür aufgebauten Situationen. Das Ziel der Förderung ist, die Erwerbssituation von Sprache bei den Kindern zu verbessern und damit den Spracherwerb zu unterstützen.

Exkurs

Ziele und Methoden bilden zwei Eckpunkte von Therapie- und Förderplanungen. Ziele geben an, *was* in einer Maßnahme erreicht werden soll. Die Methode stellt die Umsetzung des Ziels dar, also beantwortet die Frage, *wie* das Ziel erreicht werden soll. Ziele und Methoden werden genau aufeinander abgestimmt. Da einige Methoden *entwicklungsvorbereitend* sind und andere *entwicklungsfestigend*, gehört in eine vollständige Förderphase eine Methodenkombination, die je nach Stand der Fördermaßnahme die Methode wechselt.

Die Prinzipien von PräSES geben vor, dass die gesamte Förderung alltagsintegriert, d.h. eingebettet in ritualisierte Handlungen des Kita-Tages oder in pädagogische Situationen stattfinden soll. Dies beschränkt die methodische Auswahl, die generell zur Arbeit mit Sprache zur Verfügung steht. Nach der Maxime von Jampert (2002), dass Sprache keine eigene Situation bildet, fallen bewusste Sprachtrainings, z.B. Übungen, als Umsetzung der Sprachförderung weg.

***Keine* Möglichkeit der Umsetzung finden**

Bewusste Übungen bilden in vielen Sprachförderprogrammen die Grundlage der Beschäftigung der Kinder mit Sprache. Die Übung allgemein ist eine klassische Therapiemethode und kann sowohl sprachbewusst als auch unbewusst (als Regelspiel im weitesten Sinn) eingesetzt werden (Siegmüller und Kauschke 2006). In beiden Fällen beschreibt die Übung eine Situation, in der das Kind sich (von der Therapeutin) kontrolliert mit Sprache beschäftigt. In der bewussten Verwendung ist sie nach Jampert nicht einsetzbar, da dies die „Situation Sprache" notwendig macht. In ihrer unbewussten Anwendung kann sie als Basis einer Fördermethode verwendet werden (Auswählen, Sortieren), in diesem Fall wirkt sie entwicklungsfestigend.

Ebenso fallen andere *sprachbewusste Methoden* zur Entwicklung einer *Metasprachlichen Bewusstheit* weg, da auch sie darauf basieren, dass das Kind Sprache zu einem eigenen Thema erhebt. Sprache zum Thema werden lassen ist an Gespräche gebunden, die sich um Sprache und Sprachverwendung, Aussehen von sprachlichen Einheiten etc. drehen. Ohne solche Situationen ist die bewusste Fördermethodik nicht wirksam. Dies unterscheidet PräSES von Programmen wie dem Würzburger Trainingsprogramm (Küspert und Schneider 2003), die genau diesen Gedanken zur Grundlage des gesamten Programms machen.

Umgesetzt werden

Sprachunbewusste Methoden, d.h. Methoden, bei deren Anwendung sich das Kind nicht darüber im Klaren sein muss, dass neben der pädagogischen Aktion Sprache im Fokus der Aufmerksamkeit steht. Die Kinder erleben eine pädagogische Situation, in der bestimmte Sprache gebraucht wird und konzentrieren sich auf die Spiel- und Aktionshandlung. Es ist für den Erfolg der Sprachfördermaßnahme nicht notwendig, die Kinder über die sprachlichen Ziele aufzuklären.

Die Beschreibung der Methoden findet sich im folgenden Abschnitt dieses Kapitels.

Fördermethoden im PräSES-Konzept

Im PräSES-Konzept werden drei Methoden (➤ Tab. 5.1) verwendet. Eine von ihnen ist in ➤ Kap. 3 bereits vorgestellt worden, die *strukturierte Inputsituation.* Dazu kommt die Methode *Auswählen & Sortieren* sowie als drittes die Methode *Sprache spiegeln.* Alle Methoden sind Weiterentwicklungen der Therapiemethoden aus der Patholinguistischen Therapie bei Sprachentwicklungsstörungen (Siegmüller und Kauschke 2006) und deren Grundlagekonzepten (z.B. die methodischen Gedanken von Dannenbauer 1994; Hansen 1996; Penner & Kölliker Funk 1998) in alltagsintegriert anwendbare Fördermethoden. Im Rahmen dieses Buches werden die Methoden für die Wortschatzförderung vorgestellt.

Alle Fördermethoden sind speziell für Gruppensituationen konzipiert worden und erheben nicht den Anspruch, eine im Kind liegende Sprachentwick-

Tab. 5.1 Therapiemethoden von PräSES

Therapiemethode	Fördermethode
Inputspezifierung	Strukturierte Inputsituation
Modellierung	Sprache spiegeln
Einfache, unbewusste Übung	Auswählen & Sortieren

lungsstörung auffangen zu können (im Gegensatz zu ihrer Anwendung als Therapiemethode). Alle Methoden verbessern die Erwerbsumgebung des Kindes dahingehend, dass neue Wörter und Zielstrukturen leichter erwerbbar sein sollten und anschließend einfacher gegen das Vergessen-werden abgesichert werden können. Der Erwerbsprozess selbst verbleibt beim Kind. Es sollten alle Kinder (sowohl sprachunauffällige als auch -auffällige) von der Förderung profitieren. Das Aufholen eines sprachauffälligen Kindes mit einer manifesten Sprachentwicklungsstörung zu seiner Altersgruppe ist nicht zu erwarten.

Generell teilen sich Methoden auf der einen Seite in entwicklungsvorbereitende und entwicklungsauslösende und auf der anderen Seiten in entwicklungsfestigende Methoden auf (➤ Tab. 5.2). Zwischen der Anwendung der Methoden liegt der eigentliche Erwerbsmoment beim Kind – der Moment, in dem das neue Wort verstanden und in den Wortschatz aufgenommen wird – der methodisch durch die entwicklungsvorbereitenden und -auslösenden Methoden begleitet wird. Ist der Erwerb für eine Wortgruppe erfolgt, geht die Methodik über zu den festigenden Methoden.

Zusammenfassende Stichpunkte:

- Verwendung von unbewussten Methoden
- Fokus: basale Sprachfähigkeiten, im Rahmen dieses Buches die Wortschatzförderung
- Kombination von entwicklungsvorbereitenden und entwicklungsfestigenden Methoden
- Übergang zu festigenden Methoden nach erfolgreichem Erwerbsmoment
- Einbettung in die Projektarbeit (1 Förderphase = Bearbeitungszeit eines Projektthemas).

Tab. 5.2 Aufteilung der Sprachförderung in entwicklungsvorbereitende, -auslösende und entwicklungsfestigende Methoden

Entwicklungsvorbereitende/entwicklungsauslösende Methoden	Entwicklungsfestigende Methoden
Strukturierte Inputsituation	Strukturierte Inputsituation
	Auswählen
	Sortieren
	Sprache spiegeln

Strukturierte Inputsituation (entwicklungsvorbereitende, -auslösende Methode)

Der Einsatzbereich der strukturierten Inputsituation liegt v.a. in der Phase vor dem Erwerb einer Zielstruktur/der Zielwörter durch die Kinder. Bezogen auf das Beispielprojekt im Praxisteil dieses Buches ist die strukturierte Inputsituation zur Einführung neuer Wörter einzusetzen. Die Anforderung an die Kinder liegt im Zuhören, d.h. der Wahrnehmung der neuen Wörtern und Sensibilisierung für diese. Häufig begleiten gemeinsame Handlungen der Kinder und der Erzieherin die strukturierte Inputsituation, sodass die verschiedenen Bedeutungsaspekte der neuen Begriffe durch Begreifen, Fühlen, Erproben etc. erfahren werden. Doch auch wenn die Kinder sehr intensiv in der Exploration der neuen Gegenstände, Handlungen etc. sind, sollte der Anspruch an die Kinder bestehen bleiben: sie hören der an sie gerichteten Sprache dabei zu und erhalten keine Aufforderung zur Verwendung der Zielwörter dieser Einheit. Ergibt es sich, dass einzelne Kinder die Wörter bereits kennen und sagen, geschieht dies in jedem Fall freiwillig.

Hierfür wird die an die Kinder gerichtete Sprache vor der Verwendung aufbereitet (siehe nachfolgendes Unterkapitel zur Vorbereitungsphase).

Vorbereitungsphase

In der Vorbereitungsphase jeder strukturierten Inputsituation wird im Rahmen der Wortschatzförderung mit Zielwörtern gearbeitet, die die Kinder erwerben sollen bzw. deren Erwerb gefestigt werden soll. Es kann aber in Projekten, die mit phonologischen oder grammatischen Zielstrukturen arbeiten möchten, genauso verfahren werden. Anstelle von Wortlisten bildeten dann Listen mit verschiedenen Satzstrukturarten oder phonologisch sortierten Wörtern die Basis für die strukturierte Inputsituation.

Für die *entwicklungsvorbereitende Inputsituation* werden Zielwörter aus der Wortliste (vgl. ➢ Kap. 5.2 und im Praxisteil ➢ Kap. 7.3) ausgewählt, die bisher noch nicht im Projekt vorgekommen sind.

!

- Anwendung vor dem Gebrauch durch die Kinder
- Neue Wörter von der Wortliste aussuchen
- Ca. 10–12 neue Wörter/Woche (verschiedene Wortarten, thematisch passend)

Bei dem Einsatz der strukturierten Inputsituation als *entwicklungsfestigende Methode* werden hingegen Wörter aus der Wortliste genommen, die in vorherigen Situationen bereits neu eingeführt wurden. Nun werden sie durch ihre erneute Verstärkung im Erwerb abgesichert. Auch hier liegt die Anzahl zwischen 10 und 12 Wörtern. Es ist wichtig, dass die Festigung pro Wort nicht nur einmal stattfindet. Je öfter ein Wort der Wortliste in Aktionen wieder verwendet wird, desto besser wird es im mentalen Lexikon der Kinder ausdifferenziert. Je genauer und schneller die Ausdifferenzierung geschieht, desto eher werden die Kinder das Wort auch in ihrer Sprachproduktion gebrauchen.

!

Bei Krippenkindern sollten nicht mehr als 5 Wörter pro Woche verwendet werden. Im Alter von 3 und 4 Jahren sind 10 Wörter generell möglich. Wenn aber ein erhöhter Anteil schlecht deutsch sprechender oder sprachauffälliger Kinder in der Gruppe ist, kann auch in diesem Alter die Verwendung neuer Wörter bei 5 oder 6 Wörtern verbleiben. Die Erzieherin passt sich in dieser Hinsicht dem Lerntempo der Kinder an.

In der Vorbereitungsphase bereitet die Erzieherin bzw. das Team mit diesen Wörtern eine schriftliche Sequenz vor, in der die Zielwörter in eine geeignete Rahmenhandlung gesetzt werden. Dabei geht der Entwicklungsweg der Situation von der Sprache aus, d.h. die Wörter werden *vor* der pädagogischen Situation/Rahmenhandlung ausgewählt. Dies gewährleistet, dass die Situation die Sprache umrahmt und die Zielwörter automatisch im Zentrum der Handlung bleiben (➢ Beispiel auf S. 98).

Beim Verfassen der schriftlichen Sequenz soll folgendes beachtet werden:

- Die Zielwörter sollen in der sprachlichen Sequenz möglichst häufig verwendet werden.
- Konkrete Basisbegriffe vor komplexeren Wörtern (z.B. *Stein* vor *Granit*).
- Auswahl der Wörter richtet sich nach dem Alter der Kinder (kindgerechtes Vokabular).
- Die Wörter werden in variable Sätze eingebunden, d.h. es wird kein festes Satzmuster verwendet.
- Es werden ausschließlich grammatikalisch korrekte Sätze verwendet (auch wenn die Kinder noch sehr jung sind und entsprechende Sprache verwenden!).
- Die Sprache soll in Tempo und Betonung natürlich klingen und generell kindgerechte Wörter verwenden.
- Die Sequenz muss für die Kinder sinnvoll mit der Situation verbunden erscheinen, z.B. eine Geschichte, die in eine Explorationssituation einführt.
- Die Länge der Sequenz richtet sich nach dem Alter der Kinder. Bei Krippenkindern kann eine Länge von 2–3 Minuten ausreichend sein, während Kinder im Vorschulalter bis zu 10 Minuten zuhören können.
- Bei der Auswahl von Verben für den strukturierten Input soll das Verb in möglichst vielen verschiedenen Formen seiner Anwendung benutzt werden. Günstig ist es wenn eine handlungsbegleitende Sequenz, in der das Verb erprobt wird (z.B. probieren die Kinder das Verb „rieseln" mit Sand aus), neben einer Einführung gleich mit konzipiert wird.

Exkurs

Typische Abläufe einer vorstrukturierten Inputsituation

- Einführung einer Handlung durch den aufbereiteten Text, Handlung der Kinder und der Erzieherin gemeinsam folgt anschließend.
- Einführung einer Problemaufgabe durch den aufbereiteten Text, Lösungserarbeitung der Kinder anschließend allein, Nachbereitung alle gemeinsam in einer Feedback-Situation mit Anteilen des aufbereiteten Texts (z.B. liest die Erzieherin die Problemaufgabe noch einmal vor).

5

- Langsamer Einstieg über eine gemeinsame Handlung mit unverstärkter Sprache, wenn alle Kinder handeln erfolgt der Einsatz der verstärkten Sprachsequenz handlungsbegleitend.
- Einführung einer neuen Handlung (neues Verb) durch den aufbereiteten Text, Erprobung des neuen Verbs durch die Kinder wird durch handlungsbegleitende aufbereitete Textbausteine begleitet.

Verwendungsphase

Bei der Verwendung wird die strukturierte Inputsituation von ihrer pädagogischen Situation umrahmt. Es ist nicht zwingend notwendig, dass die sprachliche Sequenz die Situation beginnt, ebenso wenig endet die Situation mit dem Ende der sprachlichen Sequenz. Vielmehr ist der aufbereitete Input ein Teil einer gemeinsamen Handlung und steuert durch den versprachlichten Inhalt die Handlung und die Aufmerksamkeit der Kinder zu dem Zeitpunkt, zu dem er eingesetzt wird. Die Wahl des Einstiegs in die Situation sollte sich nach der Art der Rahmenhandlung richten. Generell gilt folgendes Verhalten während der Präsentation des strukturierten Inputs:

- Wenn die Sprachsequenz einsetzt, wird sie bis zum Ende durchgehalten. Während der Sequenz versucht die Erzieherin, möglichst keine andere Sprache zu verwenden, um den verstärkten Input nicht zu unterbrechen.
- Im Laufe der Zeit sollte die optimale Länge der Sequenzen für diese spezielle Gruppe herausgefunden werden. Das Ziel ist, die Sequenz zu beenden, bevor die Kinder nicht mehr zu hören. Die Beendigung in der ruhigen Atmosphäre schafft bei den Kindern eine positiv besetzte Situation für Inputsituationen.
- Der Sprachstil der Erzieherin soll sich an die verwendete Präsentationsform anpassen. So wechselt bei einer spannenden Geschichte die Betonung, die Lautstärke senkt sich, wenn in der Geschichte geflüstert wird oder trägt Emotionen bei einem Handpuppenspiel, wenn Streit ausgetragen wird.
- Durch die Rahmenhandlung wird die Aufmerksamkeit der Kinder und der Erzieherin auf eine interaktive, gemeinsame Situation gelenkt. Unterstützt wird dies durch das Aufrechterhalten eines angemessenen Blickkontaktes mit den Kindern und einem allgemein zugewandten Verhalten.

!

Stört Kinder das „starre" an einer strukturierten Inputsituation? Nein – denn die strukturierten Inputsituationen sind positiv besetzte, bekannte Situationen, die interessanten Inhalt und angenehme Wissenserweiterung versprechen. Die häufigsten Präsentationsformen sind Bilderbuchgeschichten (umgeschriebene Texte), Handpuppengespräche, Geschichten zu Situationsbildern erzählen bzw. vorlesen. All dies sind dem Kind bekannte und als schön empfundene Situationen mit den Bezugspersonen.

BEISPIEL

Sprachsequenz/-material für eine strukturierte Inputsituation

(Dieses Beispiel ist im Praxisteil als Aktion zu finden, ➤ S. 262)

Zielwörter:

Sand, Stein, Kieselstein, Wasser, untergehen, schwimmen, groß, klein, leicht, schwer, schnell, unten, oben

Sprachliche Sequenz zur Einführung in eine experimentelle Situation:

„Schaut mal, hier ist eine Wanne mit Wasser. Das Wasser ist ganz schön tief! Ich frage mich jetzt: können unsere Steine schwimmen? Wenn man schwimmt, ist man oben im Wasser, man liegt auf dem Wasser, man schwimmt. Wer von euch kann denn schon ein bisschen schwimmen ...? Und Steine? Können Steine schwimmen? Das wollen wir jetzt mal probieren. Ich nehme mir mal einen unserer Steine. Mal sehen ... oh, dieser Stein geht unter. Na, der war ja auch ganz schön groß. Ob der kleine Stein hier auch untergeht? Oh ja! Und ganz schnell ist er unten. Nun nehme ich einen Kieselstein, der ist noch kleiner als der andere Stein eben. Was meint ihr, geht der Kieselstein auch unter? Wer mag den mal aufs Wasser legen, damit wir das sehen können?"

Ein Kind legt den Kieselstein ins Wasser.

„Oh, schaut, der geht auch unter. Welchen Stein nehmen wir als nächstes? Diesen ganz großen hier vielleicht? Was meint ihr, ob der noch schneller untergeht als die kleinen Steine? Oder ob der auf dem Wasser schwimmt? Lasst uns mal sehen. Wer legt den aufs Wasser?"

Ein Kind legt den großen Stein ins Wasser:

„Wir haben noch keinen Stein gefunden, der schwimmen kann. Ob es wohl überhaupt einen Stein gibt, der das kann? Was meint ihr? Ich schlage vor, wir probieren das jetzt alle zusammen aus. Hier sind unsere Steine und ihr habt alle Platz an unserer großen Wanne mit Wasser."

Generell ist es nicht nötig, eine aufbereitete Sequenz auswendig zu präsentieren. Das Vorlesen wirkt aus erwachsener Sicht starr, ist für Kinder jedoch eine bekannte und angenehme Situation. Es ist Kindern nicht wichtig, ob die Geschichte aus einem „echten" Bilderbuch besteht oder ob sie „nur" auf einem Zettel geschrieben wurde. Ein spannendes und gutes Vorlesen hat mehr Effekt als ein ungeübtes und stockendes Präsentieren ohne Texthilfe.

Bei geübten Inputgebern können die Sequenzen in Stichsatzlisten aufgelöst werden, die dann im Laufe der Situation verwendet werden. Hierfür ist es notwendig, dass die Erzieherin die o.g. Punkte so verinnerlicht hat, dass die Sprachsequenz durch ihre lockerere Verwendung nicht an ihrer Verstärkung – und damit in ihrer stärkeren Inputwirkung – verliert.

Auswählen (entwicklungsfestigende Methode)

Exkurs

Warum muss man festigen? Das Erwerben von Wörtern besteht aus zwei Prozessen, die aufeinander folgen. Der erste – sehr kurze Moment – ist der eigentliche Erwerb, in der das Wort zum ersten Mal im Input wahrgenommen wird und Eingang in den kindlichen Wortschatz findet. Hier wird nun eine *Repräsentation* des Wortes aufgebaut (eine mentale Form wird gespeichert). Da das Kind jedoch das Wort gerade erst wahrgenommen hat, ist die Speicherung noch sehr schwach. Das Kind kann das neue Wort in diesem Moment zwar verstehen. Für den Gebrauch in der eigenen Sprache ist die bisherige Speicherung aber noch zu unsicher. Wäre es so, dass das Kind das gerade gelernte Wort nun nie wieder hört, so würde eine derart schwache Repräsentation mit der Zeit wieder vergessen werden.
Das Vergessen verhindert der zweite Teilprozess des Worterwerbs, der als *Ausdifferenzierung* oder *Festigung* bezeichnet wird. Jedes Mal, wenn das Kind mit dem Wort in Kontakt kommt, wird die Form abgesichert und so gegen das Vergessen geschützt. Ebenso ist die Häufigkeit des Hörens und Manipulierens mit dem neuen Objekt, das Erproben der neuen Handlung ausschlaggebend dafür, wie schnell das Kind das Wort auch produktiv, also in seiner eigenen Sprache benutzen kann. Anders als die Aufnahme eines neuen Wortes in den Wortschatz umfasst die Festigung eine längere Phase, die mehrere Tage oder auch Wochen umfassen kann. Insofern ist es in der Förderung des Wortschatzes sehr wichtig, die eingeführten Wörter noch eine ganze Weile im Input häufig zu verwenden. Dies wird durch die entwicklungsfestigenden Methoden sichergestellt.
Generell kann man sagen, dass ein Wort, das von einem Kind in der spontanen Sprache benutzt wird, gut genug abgesichert wurde.

Auswählen bedeutet, dass die Kinder sicher eingeführte Begriffe aus einer Auswahlmenge auswählen können. Die Auswahlmenge wird schwieriger, je ähnlicher die Wörter der Auswahlmenge zu den Zielwörtern sind. Diese Auswählaufgabe wird im Rahmen einer angemessenen Spielhandlung durchgeführt (siehe Beispiel am Ende dieses Abschnitts). Als Bedingung dafür, dass eine Auswählaufgabe angemessen ist, müssen die Zielwörter von den Kindern *verstanden* werden, auch wenn sie *noch nicht von ihnen produziert* worden sind. Es handelt sich also um eine rezeptive Methode, die keinen produktiven Anspruch an das Kind richtet.

Die Basis der Sprachfördermethode Auswählen ist die therapeutische Methode Übung (➤ Tab. 5.1 auf S. 96) nach der Definition von Siegmüller und Kauschke (2006). Um Sprache auch bei der Verwendung dieser Methode nicht zum Selbstzweck zu erheben, wird das Auswählen grundsätzlich in eine Spielhandlung eingebettet. Die Kinder erhalten lediglich eine Erklärung zur Spielhandlung und können sich darauf konzentrieren. Der sprachliche Anspruch wird ihnen nicht offensichtlich gemacht. Auswählsituationen werden häufig an Inputsituationen anschließend durchgeführt und leiten die Kinder vom Erwerb der neuen Wörter automatisch in die manuelle Handhabung der neu gelernten Begriffe und in die Festigung der neuen Begriffe in ihrem mentalen Lexikon.
Die Anforderungen an die Kinder bestehen:

- Im Verstehen der Zielwörter und ihrer Abgrenzung gegen die Begriffe der Situation. Die Abgrenzung muss hierbei auf zweifache Weise geschehen. Einmal muss das Wort in seiner lautli-

5

chen (phonologischen) Form gegen die anderen Wörter abgegrenzt werden. Je ähnlicher die Ablenkerwörter aus der Auswahlmenge klingen, desto schwieriger ist also diese Abgrenzung.
- Im Abrufen und Ausdifferenzieren der Bedeutung der auszuwählenden Wörter. Sind also Begriffe mit sehr ähnlicher Bedeutung zu unterscheiden, steigt diese Anforderung (➢ Abb. 5.2).

Die von den Kindern verlangte Handlung ist nichtsprachlich und erfolgt nach einer sprachlichen Anweisung. Durch die sprachliche Aufforderung wird der mentale Eintrag des Wortbildes gefestigt. Beim Handhaben und Explorieren der neuen Gegenstände und Handlungen werden die Bedeutungsaspekte des Wortes ausdifferenziert und so gefestigt. So kann man durch die Spielhandlung einerseits und die sprachliche Anforderung andererseits beide Anteile der mentalen Wortrepräsentation absichern und das Kind für eine spätere eigene Anwendung der Wörter vorbereiten.

!

Für die Erzieherin liegt im Auswählen neben dem Förderaspekt auch eine Kontrollfunktion. Je besser und sicherer die Kinder hierbei sind, desto abgesicherter sind die fraglichen Zielwörter erworben.

Vorbereitungsphase
- Auswahl von ausreichend eingeführten Wörtern von der Wortliste. In der Regel folgen die Wörter, die in dieser Methode verwendet werden, der gleichen Reihenfolge wie in der strukturierten Inputsituation. Früh eingeführte Wörter können auch früh in entwicklungsfestigende Methoden überführt werden.
- Festlegen des Schwierigkeitsgrads nach verschiedenen Dimensionen:
  - Anzahl der Objekte/Bilder (je mehr desto schwieriger)
  - Schwierigkeitsgrad der Abgrenzung hinsichtlich der Bedeutung (je enger die Bedeutung der einzelnen Begriffe desto schwieriger)
  - Schwierigkeitsgrad der Abgrenzung hinsichtlich der phonologischen Ähnlichkeit (je enger die phonologische Nähe desto schwieriger).
- Nach der Festlegung des Schwierigkeitsgrades folgt die Festlegung der Ablenkerbegriffe.
- Die Menge der Begriffe muss auch die geplante/vermutete Anzahl von Kindern beachten, die wahrscheinlich in der Situation dabei sein werden.

!

Ablenker sind alle Begriffe, die in Auswählsituationen verwendet werden, aber keine Zielwörter sind. Auch diese Begriffe können, müssen aber nicht von der Wortliste stammen.

- Festlegen, ob Realgegenstände oder Bilder verwendet werden sollen (in einer Situation sollte dies gleichgehalten werden, also nicht Realgegenstände und Bilder in einer Auswählsituation mischen!).

!

Je echter, desto einfacher.
Steigerungshierarchie von Spielmaterial:
- Echte Gegenstände/Realgegenstände
- Spielzeug
- Fotos und Bilder.

- Zusammenstellen der Auswahlmenge
- Letztes Abstimmen des Sprachmaterials (oben, erster Spiegelstrich) mit der umrahmenden Spielhandlung.

Das Auswählen eignet sich besonders für die Arbeit mit Nomen (echte *Objekte*). Bei anderen Wortarten kann teilweisen mit Bildern gearbeitet werden. Wenn keine Realgegenstände als einfachste Steigerungsstufe benutzt werden können, kann dies auch durch eine längere und genauere Spanne von strukturiertem Input ersetzt werden, in der der Input bereits entwicklungsfestigende Aufgaben übernimmt.

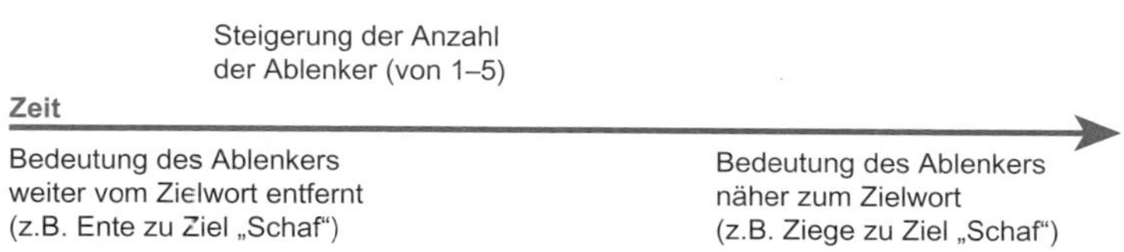

Abb. 5.2 Zeitstrahl, abhängig von der Schwierigkeit der Anforderung

Verwendungsphase

Die Auswahlsituation beginnt mit einem Arbeitsauftrag an die Kinder. Die Kinder sollen die Umsetzung möglichst allein und mehr in der Diskussion untereinander als mit der Erzieherin erleben. Hierdurch wird das kindliche Sprachmodell gefördert. Dies bedeutet, dass die Erzieherin sich nach der Stellung des Arbeitsauftrags für die Dauer der Bearbeitung möglichst aus der Handlung zieht. Ihre Aufgabe besteht in der kommentierenden Begleitung (z.B. durch *Sprache spiegeln*, siehe unten).

Der Arbeitsauftrag kann z.B. in einem einzelnen Zielwort bestehen, dessen reale Vertreter aus der Auswahlmenge herausgesucht werden sollen. Sobald die Gegenstände gefunden sind, erteilt die Erzieherin einen zweiten. Eine Steigerung wäre hier den Auftrag auf zwei, drei oder vier Wörter gleichzeitig zu erhöhen. Alternativ kann eine Handpuppe oder auch ein Kind die Arbeitsaufträge vergeben.

- Einleitung der Situation durch Arbeitsauftrag in spielerischer Umrahmung.
- Auswählen geschieht in einer harmonischen ruhigen Arbeitssituation.
- Kinder können selbst entscheiden, wie aktiv sie sich an der Situation beteiligen.
- Stellen sich einzelne Begriffe doch noch als zu unbekannt heraus, springt die Erzieherin mit ihrem Wissen ein und löst für diesen Begriff die Aufgabe.

BEISPIEL

Auswählen

(Dieses Beispiel findet sich in ausführlicherer Form als Aktion auf ➢ S. 256)

Zielwörter:
Kieselstein, Feuerstein, Kreidestein, Schiefer, Bergkristall, Quarz
Ein Haufen Steine liegt zwischen den Kindern, in dem sich die oben aufgeführten Steinarten befinden. Darüber hinaus beinhaltet der Steinhaufen auch Steinarten, für die die Kinder noch keinen Namen kennen.

Arbeitsauftrag 1: Wer findet alle Kieselsteine, die wir als Rahmen um unser Sandbild legen wollen?
Mögliche Kommentare:
- „Kieselsteine sind ganz rund und weiß."
- „Die meisten Kieselsteine fühlen sich glatt an."
- „Wenn ein Kieselstein ganz klein ist, fühlt er sich ganz leicht an. Aber er ist trotzdem ein Stein."
- „Ein Steinchen ist auch ein Stein."

Arbeitsauftrag 2: Jetzt brauchen wir alle Schieferstücke, auf denen wollen wir gleich mit Kreide malen!
Mögliche Kommentare:
- „Schieferstücke sind glatt und flach."
- „Früher haben alle Kinder in der Schule auf Schiefertafeln geschrieben."
- „Der Schiefer ist auch ein Stein, auch wenn er nicht rund ist."
- „Schieferstücke sind schwarz oder dunkelgrau. Manche Leute sagen auch anthrazit."

Arbeitsauftrag 3: Nun suchen wir die Kreidesteine, damit wir auf dem Schiefer malen können!
Mögliche Kommentare:
- „Wenn ihr nicht sicher seid, ob das Kreide ist, dann probieren wir auf einem Schieferstück aus."
- „Mit Kreide kann man auch auf den Platten am Spielplatz oder auf Fußwegen malen."
- „Kreidesteine malen weiß."
- „Kreidesteine sind nicht so kühl wie andere Steine, sie fühlen sich in der Hand wärmer an."

Sortieren (entwicklungsfestigende Methode)

Unter Sortieren ist zu verstehen, dass Kinder eine Menge von Gegenständen anhand von Bedeutungsmerkmalen unterscheiden und in zwei Gruppen sortieren. Das Ziel des Einsatzes dieser Methode ist die Festigung von bestimmten Bedeutungszusammenhängen zwischen einzelnen Wörtern. Das Verstehen der einzelnen Zielwörter ist zwar die Vorarbeit für das Sortieren, reicht jedoch für die Lösung dieser Aufgabe nicht aus. *Insofern stellt Sortieren einen höheren Anspruch an die Kinder dar als Auswählen.*

Die Anforderung an die Kinder besteht nicht in der Sprachproduktion, sondern im rezeptiven Umgang mit dem Sprachmaterial. Die Wörter müssen verstanden und anhand ihrer Bedeutungsmerkmale einander zugeordnet oder abgegrenzt werden. Eine weitere Anforderung an das Kind besteht im *Prinzip des Sortierens*, das als kognitive Basisfähigkeit den Kindern bekannt oder zunächst geübt werden muss.

Wie dem Auswählen liegt dem Sortieren die Übung (nach der Definition von Siegmüller und Kauschke 2006) als therapeutische Methode zugrunde. Zur Definition der Therapiemethode wurde eine spontane Spielform in eine therapeutische Methode überführt: das spontane Sortieren. Etwa mit 2 Jahren beginnen Kinder im spontanen Spiel, Dinge zu sortieren (Mervis und Bertrand 1997). Viele Kinder beginnen auch bekannte Situationen zu sortieren bzw. zu bestimmen (z.B. Wer darf wo am Tisch sitzen? Was ziehe ich womit zusammen an? etc.). Dieses Spiel reflektiert das kognitive Konzept der Bedeutungsähnlichkeit, das für die Vernetzung von Wortbedeutungen die Grundlage bildet. Insofern ist es sinnvoll, dieses wichtige Prinzip auch in eine Fördermethode weiterzuentwickeln. Da es sich hier um eine Fördermethode handelt, die ihre Basis in einer normalen Entwicklungsphase findet, existiert für diese Methode ein Mindestalter für ihre Verwendung: Kinder unter zwei Jahren werden Schwierigkeiten mit dieser Methode haben. Die Verwendung in Krippengruppen ist somit nur eingeschränkt möglich. Jedoch kann das Sortieren gerade bei 2-jährigen Kindern auf großes Interesse stoßen. Die genannte Einschränkung soll also nicht bedeuten, dass es sich hier um eine Methode handelt, die man am Besten erst im Vorschulalter einsetzt.

Vorbereitungsphase

- Auswahl von ausreichend eingeführten Wörtern von der Wortliste. In der Regel folgen die Wörter, die in dieser Methode verwendet werden, der gleichen Reihenfolge wie in der strukturierten Inputsituation. Die früh eingeführten Wörter können auch früh in entwicklungsfestigende Methoden überführt werden.
- Aufteilung dieser Wörter in verschiedene Oberbegriffsgruppen (semantische Felder, Kategorien, siehe nächster Beispielkasten).
- Festlegung der Oberbegriffe (kindgerechte Begriffe, z.B. Anziehsachen für Kleidung).
- Festlegung der Spielhandlung/Arbeitsauftrags (z.B. eine unwissende Puppe, der geholfen werden muss, durcheinandergeratene Spielkisten).

!

Beim Sortieren muss zwischen Themen und Oberbegriffen unterschieden werden. In einem Thema vereinigen sich Begriffe aus verschiedenen Oberbegriffsstrukturen. Sie treten also zusammen auf: *Strand* ist z.B. eine Situation in der sich Begriffe aus den Oberbegriffsstrukturen Kleidung (Badehose, Bikini, Badeanzug, Sonnenhut), Spielzeug (Schaufel, Eimer, Sieb, Sandförmchen), Tiere (Muscheln, Qualle, Fisch) etc. vereinigen. Für Sortieraufgaben sind ausschließlich die Oberbegriffsstrukturen interessant.

Verwendungsphase

Ähnlich wie beim Auswählen gehört es zum Ziel dieser Situation, dass die Kinder die Aufgabe möglichst selbständig in Diskussion untereinander lösen. Daher zieht sich die Erzieherin nach der Erklärung des Arbeitsauftrags wieder möglichst aus der eigentlichen Handlungssituation heraus und kommentiert das Sortierspiel von außen. Anders als beim Auswählen wird die Situation nur einmal bearbeitet. Die Spanne, in der die Kinder mehr oder weniger allein die Aufgabe bearbeiten, ist wesentlich länger als beim Auswählen, da ja gleich eine ganze Reihe von Begriffen sortiert werden muss.

Die weiteren Maßstäbe sind denen des Auswählens gleich:

- Einleitung der Situation durch Arbeitsauftrag in spielerischer Umrahmung.
- Auswählen geschieht in einer harmonischen ruhigen Arbeitssituation.
- Kinder können selbst entscheiden, wie aktiv sie sich an der Situation beteiligen.
- Stellen sich einzelne Begriffe doch noch als zu unbekannt heraus, springt die Erzieherin mit ihrem Wissen ein und löst für diesen Begriff die Aufgabe.

BEISPIEL

Sortieren von Steinen

(Beispiel findet sich ausführlich als Aktion im Praxisteil auf ➤ S. 253)

Fokussiertes Bedeutungsmerkmal, nach welchem die Begriffe sortiert werden sollen: echter Stein (natürlicher Stein)

Material:

verschiedene natürliche Steine in möglichst bunten Farben, Bausteine, Legosteine, Spielsteine (z.B. Mühle), Muggelsteine

Arbeitsauftrag:

Die Handpuppe Ernie hat beim Aufräumen alles was „Stein" heißt in eine Kiste geräumt. Aber wir wollen nur die *echten Steine* in der Kiste haben. Die Dinge, die Stein heißen aber eigentlich keine echten Steine aus der Natur sind, wollen wir heraussuchen.

Kommentare:

- „Echte Steine fühlen sich kühl an."
- „Ein Legostein wird von Menschen hergestellt. Es ist kein echter Stein."
- „Dieser Spielstein ist aus Holz."
- „Die Muggelsteine sind aus Glas. Glas wird im Feuer heiß gemacht und dann in die Form geblasen oder gegossen, die es bekommen soll. Das geht mit Steinen nicht."

Mögliche Erweiterung für ältere Kinder:

gemeinsam überlegen, wieso man Bauklötze und Lego auch als „Steine" bezeichnet.

Sprache spiegeln (entwicklungsfestigende Methode)

Wenn Sprache gespiegelt wird, bedeutet dies, dass die Erzieherin eine Äußerung des Kindes unmittelbar aufgreift und in veränderter Form wiederholt. Die Spiegeläußerung folgt also ohne Verzögerung der kindlichen Äußerung. Die Anforderung an das Kind ist, unbewusst, zwischen seiner eigenen Äußerung und der gespiegelten abzugleichen.

Sprache spiegeln basiert auf der Therapiemethode Modellierung (Dannenbauer und Künzig 1991), die in den 1980er Jahren aufkam. Auch hier wird die kindliche Äußerung gespiegelt und das Kind auf sanfte Art zu einem Abgleich zwischen seiner (falschen) Form und der korrigierten Form geführt. Es handelt sich also eigentlich um eine Korrekturmethode der kindlichen *Sprachproduktion* (Siegmüller und Kauschke 2006) und resultiert damit in einem späteren Einsatzpunkt als die rezeptiven entwicklungsfestigenden Methoden *Auswählen* und *Sortieren*. Sprache spiegeln setzt ein, wenn die Kinder die Zielwörter spontan zu gebrauchen beginnen. Es ist wichtig; die Unterschiede zwischen dem Gebrauch von **Sprache spiegeln** und von einer direkten Korrektur darzustellen.

- Mit der Methode der gespiegelten Sprache kann ein Abgleich zwischen der kindlichen Sprachproduktion und der erwachsenen Zielsprache ohne negativen Kommentar (*nein, das ist falsch, das heißt* ...) angestoßen werden.
- Die Korrektur durch die gespiegelte Sprache bleibt für das Kind auf einer unbewussten Ebene.
- Der Abgleich kann sich auf jede sprachliche Struktur richten.

Dies ist bei einer **direkten Korrektur** anders: Eine Korrektur wie *Nein, das ist kein wauwau, das ist ein Hund!* Wird von kleinen Kindern als Korrektur der Bedeutung verstanden und nicht als Korrektur der Wortform. Das Kind versteht also: *Nein, das ist kein Hund* (wauwau ist für das Kind das normale Wort für Hund). Dies wird gefolgt von: *das ist ein Hund.* Die Informationen widersprechen sich direkt. Das kleine Kind wird nicht verstehen, dass sich die Korrektur auf die Bezeichnung des Hundes als *wauwau* bezog und sich in der Folge aufgefordert fühlen, diese zu ändern.

Insofern ist die Spiegelung der Sprache sogar flexibler und wirksamer als eine direkte Korrektur.

Verwendungsphase

Die Spiegelung von Sprache erfolgt immer nach der Produktion des Kindes und kann daher kaum systematisch vorbereitet werden (Vorbereitungsphase entfällt). Für die Erzieherin ist sie dadurch die anspruchvollste Methode, da sie nur im direkten Gebrauch erprobt und trainiert werden kann. Je nachdem, was vom Kind produziert wird, muss die Erzieherin spontan die Spiegelung einsetzen. Dafür stehen drei Techniken zur Verfügung, die unten aufgeführt sind. In jedem Moment, in dem die Erzieherin spiegeln will, muss sie die Technik auswählen, die verbesserte Struktur bilden und dann produzieren. Dabei müssen folgende Grundsätze beachtet werden:

- Die Spiegelung erfolgt immer direkt und natürlich.
- Nur die beabsichtigten Zielwörter werden gespiegelt und damit gefestigt. Andere Äußerungen der Kinder, die keine Zielwörter enthalten, werden nicht gespiegelt (keine allgemeine Spiegelung, dies hat keinen festigenden Effekt!).
- Sprache spiegeln kommt in spontanen Spielsituationen oder in geplanten Situationen zum Einsatz, in der das Kind zum sprachlichen Produzieren zum Thema des Projekts aufgefordert ist.
- Die Äußerung des Kindes wird gespiegelt, wenn sie einen Fehler enthält oder sich sehr unspezifisch auf die Zielwörter bezieht (Beispiel: verschiedene Steinarten – *Feuerstein, Kieselstein, Steinkreide* –, die bereits eingeführt sind werden alle nur als *Stein* bezeichnet)

Die Methode Sprache spiegeln unterscheidet drei Techniken, in welcher Form die Spiegelung ausgeführt werden kann.

- **Korrektives Feedback:** Hier wird die falsche oder unvollständige Äußerung des Kindes ohne negativen Kommentar korrigiert bzw. vervollständigt. Es erfolgt also keine negative Rückmeldung an das Kind. Das korrektive Feedback ist die häufigste Technik der gespiegelten Sprache, wenn das Kind die Wörter gerade zu produzieren beginnt, also noch unsicher im Gebrauch des neuen Wortschatzes ist. Parallel zum korrektiven Feedback wird häufig noch strukturierter Input gegeben, da gerade sprachgesunde Kinder neue Wörter, die ihnen interessant erscheinen, schon sehr früh in die Produktion übernehmen. Der Input sollte unbedingt aufrecht erhalten werden, da er der Ausdifferenzierung auch zugute kommt.

- **Alternativfrage:** Die Erzieherin bietet dem Kind mind. zwei Möglichkeiten an, unter denen es die korrekte Form aussuchen soll. In diesem Fall hat das Kind eine falsche Äußerung produziert, die nun auf diese Art (alternativ zum korrektiven Feedback) korrigiert werden soll. Die Alternativfragen werden etwas später als das korrektive Feedback eingesetzt, wenn die Fehlerrate der Kinder gesunken ist. Anders als das korrektive Feedback lenkt die Alternativfrage die Aufmerksamkeit der Kinder bewusster auf die Sprache. Bei sehr jungen Kindern kann man daher u.U. auch entscheiden, generell auf die Alternativfrage zu verzichten.
  Eine andere Einsatzmöglichkeit der Alternativfrage ist, wenn das Kind selbst unsicher ist über den korrekten Gehalt einer Äußerung. In diesen Fällen hilft die Erzieherin dem Kind mit der Alternativfrage, da sie als Alternative ja auf jeden Fall eine korrekte Form hinzufügt. Auch wenn mehrere Kinder gleichzeitig etwas sagen, kann die Alternativfrage zur Klärung beitragen. In diesen Fällen dient sie als Hilfe für die Kinder und nicht als wissenserweiternde oder -festigende Technik.
- **Positive Verstärkung:** Die positive Verstärkung ist der Einsatz der gespiegelten Sprache bei einer ganz korrekten Äußerung. Die Äußerung des Kindes wird lobend aufgenommen, wiederholt und damit verstärkt. Der Effekt ist gerade bei Kindern, die bis zu diesem Zeitpunkt lange und häufig Fehler gemacht haben, stark. Diese Technik wird eingesetzt, um die Motivation der Kinder zu erhöhen oder zu erhalten, also um sie zur weiteren bzw. verstärkten sprachlichen Teilnahme anzuregen. Die positive Verstärkung kann gut mit dialogischen Erweiterungen der kindlichen Äußerung kombiniert werden (s. Beispielkasten).

BEISPIEL

Positive Verstärkung

Äußerung des Kindes: „Da ist ein Schmetterling."
Gespiegelte Sprache der Erzieherin mit positiver Verstärkung und dialogischer Erweiterung: „Oh ja, da ist ein Schmetterling! Schau mal, der hat ja eine schöne Farbe. Der ist ja ganz gelb! Diese Schmetterlinge heißen Zitronenfalter, weil sie so schön gelb sind."

Abstimmung von Ziel und Methode

In den bisher zur Verfügung stehenden Förderkonzepten werden i.d.R. therapeutische Methoden verwendet. Je programmatischer ein Konzept gestaltet ist, desto weniger werden Ziel und Methodik aufeinander abgestimmt. In solchen Fällen wird die Methode zum Selbstzweck und ersetzt dann stückweise das eigentliche, zu erreichende Ziel. In der Sprachtherapie nach der Patholinguistischen Therapie wird sowohl Ziel als auch Methode auf ein Kind und sein individuelles Störungsprofil abgestimmt. Auf die Qualität dieser Abstimmung wird ein großer Teil der Wirksamkeit einer Therapie zurückgeführt, sodass in der Planung einer Therapie die Anpassung der Methoden auf die Therapieziele dieses einen Kindes viel Raum einnimmt.

In der alltagsintegrierten Sprachförderung wird die Fördermaßnahme immer mit einer Kindergruppe durchgeführt und dafür geplant. Allerdings weiß die Erzieherin vor Beginn der Situation nicht unbedingt, welche Kinder an der Aktion teilnehmen werden. Je offener das Konzept der Einrichtung, desto offener ist auch, welche Kinder sich beteiligen werden. Insofern stellt sich die Frage, wie das Ziel und die Methode in diesem Fall aufeinander abzustimmen sind. Dies ist trotz der erhöhten Anforderung notwendig, um den positiven Effekt der Sprachförderung zu gewährleisten (Siegmüller 2008a). Bei dieser Aufgabe hilft die Einteilung in entwicklungsauslösende/-vorbereitende und entwicklungsfestigende Methoden. Die einzelnen Methoden können auf den Ablauf von Lerneinheiten abgebildet werden und bilden ein Netz von methodischen Umsetzungen, die verschiedenen Zielbereichen einer Förderphase zugeordnet werden (➤ Tab. 5.3).

Tab. 5.3 Methodeneinsatz in den verschiedenen Zielabschnitten einer Förderphase
schwarz: entwicklungsvorbereitende Bereiche; grau: entwicklungsfestigende Bereiche

	Ziel	Methode
Beginn des Projekts	Die Kinder sollen die ersten Wörter der Wortliste verstehen lernen.	Strukturierte Inputsituation
	Die bereits eingeführten Wörter werden noch einmal eingeführt.	Strukturierte Inputsituation
Den Kindern wird ein zweites Set Wörter präsentiert.	Die Kinder sollen die neuen Wörter der Wortliste verstehen lernen.	Strukturierte Inputsituation
	Die bisher bekannten Wörter werden gefestigt.	Strukturierte Inputsituation
	Die bisher bekannten Wörter werden gefestigt.	Auswählen
	Bestimmte Bedeutungskomponenten der Wörter werden mit den Kindern thematisiert.	Sortieren
Weitere Sets der Wortliste (diese Phase kann mehrmals wiederholt werden)	Die Kinder sollen die neuen Wörter der Wortliste verstehen lernen.	Strukturierte Inputsituation
	Die bisher bekannten Wörter werden gefestigt.	Strukturierte Inputsituation
	Die bisher bekannten Wörter werden gefestigt.	Auswählen
Wörter der Kernwortliste sind bekannt	Die Kinder sollen die Möglichkeit erhalten, die wichtigsten Wörter der Kernwortliste in der Produktion anzuwenden.	Sprache spiegeln
Wörter wechseln zu Randbereichen der Wortliste	Wörter der Randbereiche sollen verstanden werden.	Strukturierte Inputsituation
	Die bereits eingeführten Wörter werden noch einmal eingeführt.	Strukturierte Inputsituation
	Die bekannten Wörter der Randbereiche sollen gefestigt werden.	Strukturierte Inputsituation
	Die bekannten Wörter der Randbereiche sollen gefestigt werden.	Auswählen
	Bestimmte Bedeutungskomponenten der Wörter werden mit den Kindern thematisiert.	Sortieren
Weitere Sets der Randbereiche der Wortliste (diese Phase kann mehrmals wiederholt werden)	Die Kinder sollen die neuen Wörter der Wortliste verstehen lernen.	Strukturierte Inputsituation
	Die bekannten Wörter der Randbereiche sollen gefestigt werden.	Strukturierte Inputsituation
	Die bekannten Wörter der Randbereiche sollen gefestigt werden.	Auswählen
Wörter der Wortliste sind bekannt	Die Kinder sollen Gelegenheit erhalten, die Wörter der Wortliste vermehrt in ihrer Produktion anzuwenden.	Sprache spiegeln
	Die noch schwierigen Wörter der Randbereiche sollen weiter gefestigt werden.	Auswählen
	Die Kinder sollen Gelegenheit erhalten, die Wörter der Wortliste vermehrt in ihrer Produktion anzuwenden.	Sprache spiegeln
	Komplexere Bedeutungsaspekte der schwierigeren Wörter werden thematisiert.	Sortieren
	Die Kinder erhalten weiter Gelegenheit, die Wörter der Wortliste in ihrer Produktion anzuwenden.	Sprache spiegeln

Aus ➤ Tab. 5.3 ist abzulesen, dass sich die sprachlichen Ziele der einzelnen Aktionen und Projektetappen über den Verlauf eines Projekts verändern. Während zu Beginn des Projekts vermehrt neue Wörter eingeführt werden und das Ziel darin liegt, dass die Kinder diese Wörter verstehen lernen, wechselt der Fokus im weiteren Verlauf vielfach dahin, die Wörter der Wortliste zu festigen und zur Verwendung in der kindlichen Sprache bereit zu machen. Gleichzeitig werden neue Wörter eingeführt, wofür weiterhin die Methode der strukturierten Inputsituation benutzt wird. Die in ➤ Tab. 5.3 formulierten Ziele können in dieser generellen Form nur sehr funktional erscheinen. Im Praxisteil des

Buches ab ➤ Kap. 6 wird diese funktionale Ziel- und Methodenabstimmung für das Beispielprojekt „Steine" umgesetzt.

Wie aus ➤ Tab. 5.3 ebenfalls deutlich wird, verändert sich die Methodengewichtung über den Lauf des Projekts von der entwicklungsvorbereitenden Arbeit zur entwicklungsfestigenden Methodik. Es ergibt sich folgende **Methodenabfolge:**

- Strukturierte Inputsituation zur Entwicklungsvorbereitung
- Strukturierte Inputsituation zur ersten Entwicklungsfestigung
- Auswählen zur Entwicklungsfestigung
- Sortieren zur Entwicklungsfestigung und Thematisierung bestimmter Bedeutungskomponenten
- Sprache spiegeln zur Entwicklungsfestigung und Übertragung der neuen Fähigkeiten in die Sprachproduktion der Kinder.

Es ist jedoch natürlich möglich, bei Bedarf weitere entwicklungsvorbereitende strukturierte Inputsituationen einzufügen, wenn sich durch Interesse der Kinder oder durch Hinzunahme eines anderen Themenkomplexes später im Projekt ein neuer Randbereich der Wortliste eröffnet. In diesem Fall wird folgende die Methodenabfolge für die neu hinzugenommenen Wörter zum aktuellen Zeitpunkt eingefügt:

- Strukturierte Inputsituation zur Entwicklungsvorbereitung
- Strukturierte Inputsituation zur Entwicklungsfestigung
- Auswählen
- Sortieren.

Qualitätssicherung in der Praxis

Eine gute Abstimmung von Ziel und Methode ist die wichtigste Maßnahme zur Qualitätssicherung der Sprachförderung nach dem PräSES-Ansatz. Hierfür steht im Praxisteil des Buches (vgl. S. 141, ➤ Kap. 8) der Zeitstrahl zur Verfügung, der sicherstellt, dass die Erzieherin zu jeder Zeit den Überblick behält, an welcher Stelle des Projektablaufs sie sich befindet. Ein zweites Merkmal zum Messen der Qualität ist das Motivationsverhalten der Kinder. Je motivierter die Kinder mitmachen, desto besser ist die vorbereitete Aktion. Je länger sich die Kinder für ihr Projekt interessieren und bei einer Aktion bleiben, desto höher ist die Qualität der Maßnahme. Um die Qualitätssicherung systematischer zu betrachten, kann folgende Maßnahme ergriffen werden:

- Die Erzieherin wählt vier Kinder aus, die sich in verschiedenen Entwicklungsebenen befinden.
- Diese werden in den Aktionen als „Messgraf für die generelle Motivation" beobachtet.
- Die Abstimmung im Projekt gelingt, wenn alle vier Kinder trotz unterschiedlichem Entwicklungsstand gleichmäßig interessiert bleiben.

Erwartungen an die Wirksamkeit der beschriebenen Fördermethoden

Die Umsetzung von therapeutischen Methoden auf Fördermethoden hat Folgen für ihre Wirksamkeit. Da die therapeutische Methode auf ein Kind zugeschnitten werden kann, ist sie bei guter Umsetzung optimal wirksam. In der alltagsintegrierten Sprachförderung wird die Methodik für eine Kindergruppe geplant. Die Anwendung in Gruppen wird weniger Effekte bringen als eine 1:1-Situation. Die Folge ist eine verminderte Wirksamkeit im Vergleich zur Therapiemethode. Dies zeigte sich in der Auswertung der Modelldurchführung von PräSES in den Jahren 2006 und 2007. Die Wirksamkeit war gegeben und erbrachte gute, signifikante Wortschatzzuwächse (Siegmüller 2008b). Jedoch gab es weniger Transfereffekte auf andere Sprachbereiche als bei der Anwendung von den Therapiemethoden Inputspezifizierung und Modellierung. Auch waren Generalisierungseffekte nicht so breit wie in der Therapie.

Bedeutung für die teilnehmenden Kinder

Durch die Anwendung von PräSES bauen die Kinder einen größeren Wortschatz auf als ohne wortschatzorientierte Sprachförderung, sie profitieren im geförderten Bereich. Sowohl gute Kinder als auch schwächere Kinder werden sich weiterentwickeln können. Jedoch kann nicht davon ausgegangen werden, dass eine Sprachentwicklungsstörung auf diese Art behandelbar ist. Die auffälligen Kinder werden Wörter lernen und vielleicht auch Generalisierungseffekte zeigen. Doch kann PräSES keine Therapie ersetzen. Eine Begleitung der Therapie ist sinnvoll und anzuraten.

Im nächsten Teilen des Buches wird die Anwendung genauer dargestellt und das Beispielprojekt „Steine" ausgeführt. Dieses Projekt kann mit seinen Bausteinen als Beispielprojekt durchgeführt werden. Es sollte jedoch möglich sein, anhand dieses Buches ein Projekt aufzubauen und entsprechend des Ansatzes mit Inhalt zu füllen.

5.2.4 Sprachfördermethoden und ihre Anwendung im Kita-Alltag

Durch die Grundsätze von PräSES wird Sprachförderung mit dafür entwickelten Fördermethoden effektiver und nachhaltiger als unter Anwendung unspezifischer bzw. nicht passender Methoden. Trotzdem stehen Fördermethoden in einem engen Zusammenhang zum Hintergrundwissen über die zu fördernde Entwicklungsdomäne – Sprache – und können losgelöst davon keine Wirkung entfalten (➤ Kap. 1.1). Ein wichtiger Punkt ist, dass die Erzieherinnen den Sprachstand der jeweiligen Kinder durch eine strukturierte Beobachtung grob einschätzen können (➤ Kap. 4). Ist beides gegeben, so kann die Erzieherin die aktuellen Entwicklungsstände der fraglichen Kinder auf einem groben Raster des Spracherwerbsweges einordnen. Dieses Hintergrundwissen ermöglicht es der Erzieherin, weniger prägnante (aber entwicklungschronologisch wichtige) Bereiche eines Störungsprofils zu erkennen, auch wenn das Kind scheinbar andere, offensichtlichere Anteile aufweist. Im Alltag fallen den Bezugspersonen z.B. artikulatorische Auffälligkeiten wie ein Lispeln (*Sigmatismus interdentalis*) während der Kindergartenanfangsphase auf, obwohl Lispeln erst kurz vor dem Schuleintritt therapiewürdig wird. Dagegen ist ein zu geringer Wortschatz, der negative Folgen für andere sprachliche Teilbereiche nach sich ziehen kann, in der alltäglichen Kommunikation häufig nicht allzu auffällig. Die Erzieherin sollte nach dem Erwerb des Hintergrundwissens aus dem Theorieteil hinter diese oberflächliche Symptomatik des Kindes blicken können und das Kind entsprechend seines Entwicklungsstandes bewerten.

!

Sprachförderung wird mit allgemeinen pädagogischen Handlungskonzepten in Einklang gebracht:
- Vom Sprachmodell werden sprachliche Ziele für die Gruppe geplant und mit thematischer Arbeit verknüpft.
- Sprachmaterial (➤ Kap. 6.2) stellt die Ausgangsbasis für das Projekt dar.

Anwendung der strukturierten Inputsituation in der Kita-Gruppe

Der Einsatz von strukturierten Inputsituationen kann unterschiedlich gestaltet werden. Es können Handpuppen verwendet werden (im Dialog mit der Erzieherin oder eine Geschichte erzählend), um Sachverhalte einzuführen oder Fragestellungen aufzuwerfen. Alternativ eignen sich frei erzählte Geschichten, Bildergeschichten oder Bildkarten. Je nachdem, welche Wörter/Wortarten in der gerade geplanten Aktion im Vordergrund stehen, wird sich eine andere Präsentationsweise anbieten. In vielen Situationen ist es günstig, wenn die zu den Wörtern gehörenden Objekte auch schon zum Explorieren und Erproben bereitliegen (➤ Tab. 5.4).

Die Kinder reagieren erfahrungsgemäß unterschiedlich auf den sprachlichen Input. Während einige Kinder nur zuhören und keine Ablenkung brauchen, benötigen andere eine begleitende Handlung (z.B. Ertasten einzelner Objekte), um zuhören zu können. Die einzelnen Kinder soll man mit ihren individuellen Eigenheiten gewähren lassen und ihnen den Freiraum geben, den sie zum **aktiven Zuhö-**

Tab. 5.4 Wortarten und ihre Präsentationsweisen in der strukturieren Inputsituation

Wortarten	Präsentationsweise
Nomen & Verben	• Handpuppenspiel • Bilder/Bilderbuch • Freie Geschichte • Realgegenstände zum Erproben
Adjektive	• Realgegenstände zum Erproben • Handpuppenspiel
Personal-soziale Wörter	• Handpuppenspiel
Funktionswörter	• Bilder/Bilderbuch • Freie Geschichte

ren benötigen. Ohnehin wird jedes Kind soviel von dem sprachlichen Angebot aufnehmen und lernen, wie es ihm aktuell möglich ist. Die Aufnahmekapazität ist von den individuellen Verarbeitungsfähigkeiten, aber auch von der Tagesform abhängig. Sollten einzelne Kinder nicht bis zum Ende der Aktion zuhören können, kommt das sprachliche Angebot der restlichen Gruppe weiterhin zugute.

Exkurs

Strukturierte Inputsituationen als festigende Methode

Gemäß der Planung auf dem Zeitstrahl werden im Laufe des Projekts immer wieder neue Wörter eingeführt (strukturierte Inputsituation als entwicklungsvorbereitende Methode). Damit kann das sprachliche Wissen der Kinder nach und nach erweitert werden. Daneben kommen strukturierte Inputsituationen auch dann zum Einsatz, wenn es um die Festigung bereits eingeführter Wörter geht. Es ist notwendig, Wörter mehrmals zu hören, um sie sicher im mentalen Lexikon abspeichern zu können. Das gilt gleichermaßen für Kinder mit einem unauffälligen als auch mit einem auffälligen Erwerb, für Letztere jedoch umso mehr, da die Zeit, bis sich das Verständnis neuer Wörter etabliert hat, i.d.R. länger andauert (Gray 2003).
Um dem Vergessen der neu erlernten Wörter vorzubeugen, ist es daher wichtig, die Wörter immer wieder zu präsentieren. Es ist günstig, hierfür variable Situationen zu schaffen und immer neue Möglichkeiten anzubieten, mehr über die Bedeutung der Wörter (Objekte, Tätigkeiten oder Eigenschaften) zu erfahren. Dies reichert das Wissen über die Bedeutung eines Wortes an und unterstützt wiederum den Speicherprozess. Erst das ausreichende Verständnis von neuen Wörtern und damit deren Verankerung im passiven Wortschatzspeicher kann dazu führen, dass die Wörter in der Folge auch produziert werden können. Äußern die Kinder die neuen Wörter nach Ende der strukturierten Inputsituation selbständig oder empfinden schon das erneute Aufgreifen des Themas als Aufforderung, die neuen Wörter zu nennen, so ist das durchaus positiv. Gerade wenn einzelne Aktionen so geplant sind, dass die Kinder die Gelegenheit zu handelndem Umgang haben, ist mit sprachlichen Äußerungen von Seiten der Kinder zu rechnen. Eventuell ergeben sich auch aus diesen Fällen Situationen, in denen die Methode *Sprache spiegeln* gut eingesetzt werden kann. Festigende strukturierte Inputsituationen sind häufig an Aktionen gekoppelt, die zum Mischen der Methoden einladen. Dies kann und soll von den Kindern eingeleitet werden. Es ist erwünscht, Methoden in einer Situation zu verlassen und andere zu beginnen, so lange sich die Erzieherin des Methodenwechsels bewusst ist und ihr Sprachmodell und Verhalten in der Situation entsprechend anpasst.
Zusammenfassend geben strukturierte Inputsituationen zur Festigung sprachlich schwächeren Kindern die Gelegenheit, die Wörter nochmals zu hören und sprachlich stärkeren Kindern die Chance, die neuen Wörter noch einmal zu hören und selbst zu erproben.

BEISPIEL

Strukturierte Inputsituationen mit gemischten Ansprüchen an Entwicklungsvorbereitung und -festigung und Übergang zu andere Methoden

Dieses Beispiel ist in ➤ Abb. 10.3 aufgeführt.

Wortmaterial:
Kieselstein, Feuerstein, Hühnergott (Stein mit natürlicherweise ausgewaschenem Loch), Loch, schwer, leicht, rund, glatt, spitz, kalt, (an)fühlen, klopfen

Ziel:
Einführung der Wörter: Hühnergott, Feuerstein, Kieselstein
Wissenserweiterung (Festigung) der Wörter: Loch, schwer, leicht, rund, glatt, spitz, kalt, (an)fühlen, klopfen

Vorbereitung:
Die Erzieherin hat die verschiedenen Steine für die Kinder mitgebracht, allerdings sind diese noch in einem großen Stoffbeutel versteckt. Die Erzieherin hat die Steine gesucht und sie den Kindern mitgebracht. Sie möchte den Kindern ihren tollen Fund vorführen.

Vorbereitetes Sprachmaterial für die strukturierte Inputsituation

Erzieherin: „Seht mal, Kinder, was ich mitgebracht habe! Ich habe eine Überraschung für Euch! – Ich habe euch was mitgebracht: einen Sack! Seht mal her, der ist ganz schwer! Richtig schwer! In diesem Sack sind nämlich Steine drin und Steine sind richtig schwer, nicht so leicht wie Bälle! – Ich habe also Steine dabei? Aber wie sehen die denn aus? Soll ich euch mal die Steine zeigen? Es sind ganz viele verschiedene Steine: Manche sind sehr schwer, andere etwas leichter und dann sehen sie auch ganz unterschiedlich aus! – Na, dann kann ja vielleicht einer von euch einen Stein aus dem schweren Sack holen!"

Paul greift in den Stoffsack und holt einen Kieselstein raus.

Erzieherin: „Oh, Paul! Einen Kieselstein hast du aus dem Sack geholt. Der ist ja hübsch! Weißt du eigentlich, wie schön sich die Kieselsteine anfühlen? Probier das doch mal aus!"

Paul fasst den Kieselstein an. Andere Kinder probieren auch, wie er sich anfühlt.

Erzieherin: „Habt ihr gefühlt, wie schön rund dieser Kieselstein ist? Früher habe ich immer Kieselsteine gesammelt, weil die sich so schön rund und glatt anfühlen! Rund wie ein Brötchen und ganz glatt ist der Kieselstein. – Aber nicht alle Steine sind so glatt und rund wie der Kieselstein. Ich habe da noch ganz andere Steine gefunden."

Erzieherin holt einen Feuerstein aus dem Sack.

Erzieherin: „Guckt mal, das ist kein glatter runder Stein! Das ist nämlich ein Feuerstein und der ist richtig spitz! Seht mal her, der hat eine richtige Spitze. Mit so einem spitzen Feuerstein muss man vorsichtig sein, damit man sich nicht verletzt."

Die Kinder fassen den Feuerstein an und vergleichen ihn mit dem anderen Stein, dem Kieselstein.

Erzieherin: „Also, da haben wir ja jetzt ganz verschiedene Steine. Spitz ist der Feuerstein hier und der Kieselstein ist schön glatt und rund. Aber ich habe noch einen anderen Stein dabei. Der ist ganz besonders toll!"

Sie holt einen Hühnergott aus dem Stoffsack und gibt ihn verdeckt einem Kind. Das Kind zeigt allen den Hühnergott.

Erzieherin: „Oh – das ist ja ein Hühnergott! Sogar einen Hühnergott habe ich gefunden! Das ist ja toll! – Ja, und seht mal her. Das Besondere an dem Hühnergott ist nämlich, dass er immer ein Loch hat. Sonst wäre es kein Hühnergott. Hühnergötter haben immer ein Loch! Durch das Loch kann man sogar durchschauen. Seht mal her!"

Die Kinder sehen sich den Hühnergott genauer an und schauen durch das Loch.

Erzieherin: „Oh, da haben wir ja ganz viele verschiedene Steine: einen Hühnergott, der hat ein Loch in der Mitte und ist auch recht spitz. – Ja, und hier den spitzen Feuerstein. Da liegt der runde glatte Kieselstein. Lasst uns mal die anderen Steine anschauen, mal sehen, wie viele Kieselsteine, Hühnergötter und Feuersteine hier noch drin sind."

Im Anschluss erfolgt eine **Sortieraufgabe** nach den äußeren Merkmalen: Die Erzieherin leert den Sack; die verschiedenen Steine werden von den Kindern nach Hühnergott, Kieselstein und Feuerstein sortiert und jeweils in Kisten, Beutel, Körbe etc. verstaut.
Die Erzieherin kommentiert die Handlungen der Kinder und gibt so weiterhin Input. Dabei wiederholt sie die Namen der Steine und deren Eigenschaften.

Anwendung von Auswählen und Sortieren in der Kita-Gruppe

Diese beiden Methoden zielen auf die Festigung der neu eingeführten Wörter in vorstrukturierten Spieleinheiten ab. Dies soll in der Folge den Kindern erleichtern, auch außerhalb strukturierter Situationen ihre Aufmerksamkeit auf die neuen Wörter zu lenken.

Sowohl das Auswählen als auch das Sortieren werden daher immer als Ergänzung zu strukturierten Inputsituationen eingesetzt. Die Anforderungen an die Kinder sind etwas höher, da sie nicht mehr nur wahrnehmen, sondern eigenständig handelnd aktiv werden sollen. Die Methoden sind also auch schon gut einsetzbar, wenn die Kinder die Wörter noch nicht produziert haben.

Beim *Auswählen* können verschiedene Wortarten einbezogen werden. Arbeitet die Gruppe in der Situation mit Bildmaterial, so werden v.a. Nomen thematisierbar. Grundsätzlich müssen Bilder für die Kinder so gut erkennbar sein, dass die Erzieherin die Bedeutung nicht mehr erklären muss. Ist dies nicht gegeben, so ist eine selbständige Bearbeitung durch die Kinder nicht möglich und die Ansprüche des Auswählens werden nicht erfüllt. Auswahlaufgaben von Handlungen (Verben) und Eigenschaften (Adjektive) können durch eine Auswahlmenge von Realgegenständen erfolgen. Hierbei stehen die Objekte als Träger einer Handlung oder einer Eigenschaft. Personal-soziale Wörter und Funktionswörter sind durch Auswählen nur sehr schwer zu bearbeiten.

5

BEISPIEL

1. Adjektiv
Auswahlmenge: Kieselstein, Steinkreide, Schieferstück, grober Sandstein, Feuerstein mit scharfer Kante
Sprachliches Ziel: Auswählen von kantigen Steinen (Zielwort: *kantig*)

- Die Steine stehen als Träger der Eigenschaft; die Kinder entscheiden bei jedem Stein der Auswahlmenge über das Vorhandensein der Eigenschaft und wählen die Objekte aus, die die Eigenschaft tragen.
- Obwohl mit den Steinen gehandelt wird, steht der Name des Objekts (Nomen) nicht im Vordergrund der Aktion.

2. Verb
Auswahlmenge: Kieselstein, Steinkreide, Schieferstück, grober Sandstein, Feuerstein mit scharfer Kante
Sprachliches Ziel: Auswählen von Steinen, mit denen man malen kann (Zielwort: *malen*)

- Die Steine stehen als Träger der Handlung; die Kinder erproben und entscheiden bei jedem Stein der Auswahlmenge über die Möglichkeit, die Handlung durchzuführen.
- Obwohl mit den Steinen gehandelt wird, steht die Handlung im Vordergrund.

5

Sortieren simuliert in der Spielsituation den Auf- und Ausbau der Vernetzung von Bedeutungen im mentalen Lexikon (Siegmüller 2003). Beim Sortieren sind v.a. Objektwörter (Nomen) in die Aufgaben integrierbar. Ähnlich wie beim Auswählen können Realgegenstände als Träger einer zu sortierenden Eigenschaft stehen.

!

Der Unterschied zwischen Auswählen und Sortieren auf der ersten Komplexitätsebene des Sortierens besteht darin, dass beim Sortieren alle Gegenstände klassifiziert werden und in entsprechende Körbe etc. gelegt werden. Beim Auswählen werden lediglich die Objekte herausgesucht, die ein Merkmal tragen, eine Handlung ausführbar machen etc.

Sortieren kann nach unterschiedlichen Fragestellungen geschehen:

- Ober- und Unterbegriffe: Ist das ein Stein? Welche sind alles Feuersteine?
- Nebenordnungen: Was ist noch ein Feuerstein?
- Funktionen: Womit kann man werfen?
- Eigenschaften: Welche Steine sind rund?
- Örtliche Kontexte: Welche Steine findet man auf dem Feld, welche Steine findet man im Gebirge?

Steigerungsmöglichkeiten des Schwierigkeitsgrades bestehen in der Anzahl und Auswahl der Bedeutungsnähe der zu sortierenden Materialien sowie durch die Anzahl der unterscheidenden Merkmale. Es ist für die Kinder eine höhere Anforderung zwischen zwei Merkmalen (analog zum Beispiel oben *kantig* gegenüber *glatt*) zu unterscheiden, als in der Sortierungsaufgabe über das Vorhandensein eines Merkmals zu entscheiden (*kantig* vs. *nicht kantig*). Erste Sortieraufgaben sollten daher letztere Entscheidung fordern (siehe nachfolgenden Beispielkasten). Bei dieser Aufgabe ist nur ein Merkmal spezifiziert: *kantig*. Das Merkmal *nicht kantig* ist unspezifisch. Es beinhaltet nicht nur glatte Steine, sondern auch raue Steine ohne Kante etc. Es entsteht eine Restgruppe, aus der später weitere Merkmale herausgesucht können.

Bei Sortieraufgaben, in denen zwei Merkmale gegenübergestellt werden, entstehen zwei spezifische Merkmale. In diesem Fall sollten zunächst alle Gegenstände der Aufgabe zu einem der beiden Merkmale gehören. Als Steigerung des Schwierigkeitsgrades kann später auch eine Gruppe von Gegenständen dazugenommen werden, die weder dem einen noch dem anderen Merkmal entsprechen.

BEISPIEL

Sortieren auf den verschiedenen Komplexitätsebenen

1. Entscheiden über das Vorhandensein von einem Merkmal
Auswahlmenge: Kieselstein, Steinkreide, Schieferstück, grober Sandstein, Feuerstein mit scharfer Kante, glatter, runder Stein, Mauerstein; Merkmal: glatt
Durchführung: Die Kinder diskutieren bei jedem Stein, ob er in den Korb zu den glatten Steinen „darf" oder in den der nicht glatten Steine kommt. Dabei steht der Korb der glatten Steine im Vordergrund der Handlung und die Eigenschaft „glatt" im Aufmerksamkeitsfokus der Kinder.

- Die Steine sind wie beim Auswählen Träger der Merkmale.
- Es werden alle Gegenstände klassifiziert, einmal entsteht eine spezifische Gruppe (glatte Steine) zum anderen entsteht eine unspezifische Gruppe (nicht glatte Steine)

2. Entscheiden über zwei Merkmale ohne Rest
Auswahlmenge: Kieselstein, Steinkreide, Schieferstück, grober Sandstein, Feuerstein mit scharfer Kante, glatter, runder Stein, Mauerstein; Merkmal: einfarbig oder bunt

Durchführung: Die Kinder diskutieren bei jedem Stein, in welchen Korb er kommt. Beide Körbe sind gleichberechtigt im Fokus der Kinder.

- Die Steine sind wie beim Auswählen Träger der Merkmale.
- Es werden alle Gegenstände klassifiziert, es entstehen zwei spezifische Gruppen (einfarbige und bunte Steine).

3. Entscheiden über zwei Merkmale mit Rest
Auswahlmenge: Kieselstein, Steinkreide, Schieferstück, grober Sandstein, Feuerstein mit scharfer Kante, glatter, runder Stein, Mauerstein; Merkmal: glatt oder kantig
Durchführung: Die Kinder diskutieren bei jedem Stein, ob er in einen der Körbe kommt und in welchen Korb er kommt. Beide Körbe sind gleichberechtigt im Fokus der Kinder. Die Restgruppe wird zur Seite oder in einen „Restkorb" gelegt.

- Die Steine sind wie beim Auswählen Träger der Merkmale.
- Es werden alle Gegenstände klassifiziert, es entstehen zwei spezifische Gruppen (glatte Steine und kantige Steine) sowie eine unspezifische Restgruppe, in der sich Steine befinden, die keines der beiden fokussierten Merkmale aufweisen (z.B. raue Steine).

Mögliche weitere Steigerungen des Schwierigkeitsgrads bestehen in der Hinzunahme eines dritten Merkmals:

4. Entscheiden über drei Merkmale ohne Rest

5. Entscheiden über drei Merkmale mit Rest

BEISPIEL

Kombination aus Auswählen und Sortieren mit Nomen als sprachlichem Zielmaterial

1. Auswählen
Im Vorfeld muss eine Auswählsequenz in Hinblick auf das zu verwendende Wortmaterial vorbereitet werden. Ausgehend von den in den strukturierten Inputsituationen neu eingeführten Wörtern werden die zu verwendenden Ziel- und Ablenkerwörter gewählt und dazu passendes, visuell-taktil wahrnehmbares Material ausgesucht.
Wortmaterial: Flussstein, Feuerstein, Hühnergott (Stein mit natürlicherweise ausgewaschenem Loch), Kieselstein, Edelstein
Ziel: Festigung der Wörter
Handlung: Auf die verbale Fragestellung der Erzieherin hin wählen die Kinder den passenden Stein aus.
Verbale Fragestellung: Indirekte „Wer kann mir denn den Feuerstein zeigen?"
oder direktere Ansprache: „Paul, zeig mir doch mal den Feuerstein!"
Es folgt das Auswählen und das gemeinsame Besprechen, ob dieser Stein ein Feuerstein ist. Wichtig ist hier die Verwendung einer konkreten Frage nach einem Wort. Eine allgemeine Frage, ob ein Wort zum Thema gehört (Ist dies auch ein Stein?) bringt den Kindern keine Wissenserweiterung.

2. Steigerungsmöglichkeiten des Schwierigkeitsgrads

- Größe der Auswahlmenge (1–5)
- Bedeutungsnähe des Ablenkers zum Zielwort

3. Sortieren
Wortmaterial: Feuerstein, Flussstein
Ziel: Festigung und Ausdifferenzierung der Wörter, Verdeutlichung der charakteristischen Merkmale
Handlung: Die Erzieherin hat verschiedene Fluss- und Feuersteine in einem Korb und möchte sie gemeinsam mit den Kindern in einen Korb für Flusssteine und in einen anderen Korb für Feuersteine sortieren.
Verbale Fragestellung: „Welche von den Steinen sind Flusssteine, welche sind Feuersteine? Woran kann man das erkennen?"
Es folgt gemeinsames Handeln sowie verbale Reflexion.

!

Es kommt oft vor, dass in heterogenen Gruppen auch einige der Kinder während des Auswählens oder des Sortierens die Wörter bereits produktiv verwenden. Dies ist durchaus zulässig. Unzulässig ist das Abfragen (Wie hieß das denn nochmal?) durch die Erzieherin.

Anwendung von „Sprache spiegeln" in der Kita-Gruppe

Die Anwendung dieser Methode setzt voraus, dass die Kinder einen Teil der zuvor eingeführten Wörter bereits produziert haben. In Spielsituationen sind daher Spielebenen günstig, in denen sprachliches Verhalten stattfindet (➤ Kap. 5.1.1; Zollinger 2000; Oerter 2008). Neben der Konzentration auf das Spiel muss das Kind Sprache sicher anwenden und noch Verarbeitungskapazitäten für das gespiegelte Feedback erübrigen können. Es ist daher möglich, dass eine Erzieherin einer besonders schwachen oder jungen Gruppe entscheidet, auf diese Methode erst einmal zu verzichten und sie erst später als die übrigen festigenden Methoden hinzuzieht.

Neben den Ansprüchen an die Kinder ist die Methode Sprache spiegeln auch für die Erzieherin anspruchsvoll. Dies liegt darin begründet, dass sich die

Produktionen der Kinder, die gespiegelt werden können/müssen, nur schlecht vorhersagen lassen. Die Möglichkeiten zur Vorbereitung sind geringer, die flexible Reaktion in der Spielsituation steht im Vordergrund. Die Qualität der gespiegelten Sprache ist so gut, wie die Erzieherin es schafft, Spielsituation und Reaktion auf die kindliche Sprachproduktion mit dem Beibehalten des sprachlichen Ziels in Einklang zu bringen.

Neben freien Spielsituationen, in denen relativ wenig Einflussnahme von außen stattfinden kann, eignen sich auch strukturierte Spiele, in denen die sprachliche Auseinandersetzung mit dem Kind direkt angeregt wird und die Kinder noch mehr zu speziellen Äußerungen motiviert werden können. Vorteilhaft an diesen Situationen ist, dass durch die Spielhandlung die Produktion der Kinder besser geplant werden kann. So können bei einer solchen Aktion Textbausteine vorbereitet werden, die je nach Antwort des Kindes eingesetzt werden können.

Gelegenheiten zum *Sprache spiegeln in der strukturierten Spielsituation* ergeben sich in der alltäglichen Projektarbeit mit den Kindern. Sie kann sowohl als einzelne Methode eingesetzt werden oder sich in Auswähl- und Sortiersituationen einfügen.

!

Mit der Methode „Sprache spiegeln" wird immer konkret auf die sprachliche Äußerung eines einzelnen Kindes eingegangen.

Zu beachten ist der gezielte Einsatz der Methode. Die Spiegelung der Sprache bezieht sich auf die Ziele und Zielwörter des Projekts und nicht auf jegliche Produktion der Kinder. Spiegelungen sind – ähnlich wie Inputsituationen – Verstärkungen von Sprache. Durch die Fokussierung der Spiegelung auf das Sprachmaterial des Projekts werden die Zielwörter der Aktion wieder ins Zentrum der Aufmerksamkeit des Kindes gelenkt.

„Die datenliefernde Funktion des Inputs beschränkt sich somit nicht allein auf das sprachliche Angebot, sondern beinhaltet auch die Rückmeldung über die sprachlichen Leistungen des Kindes. [...] Der Bezugsperson kommt die Aufgabe zu, in Kenntnis der Situation eine Interpretation vorzunehmen und diese dem Kind sprachlich anzubieten. Stimmt die vorgenommene Interpretation nicht, muss sich das Kind bemühen, einen präziseren Ausdruck für seine Kommunikationsintention zu finden. Entspricht die Interpretation hingegen dem von dem Kind Gemeinten, wird ihm dadurch aufgezeigt, wie der Sprechakt verbal eindeutiger formuliert wird" (Ritterfeld 2000, 408).

BEISPIEL

Verschiedene Feedbackmöglichkeiten mit der Methode „Sprache spiegeln"

1. Korrektives Feedback

Wortmaterial: Flussstein, Feuerstein, Hühnergott (Stein mit natürlicherweise ausgewaschenem Loch), Kieselstein, Edelstein

Ziel: Festigung der Wörter

Handlung: Auf die verbale Fragestellung der Erzieherin hin wählen die Kinder den passenden Stein aus.

Die Erzieherin breitet verschiedene Steine vor den Kindern auf einem Tuch aus. Mila ruft gleich ganz begeistert und zeigt auf den Hühnergott: „Da ist ja der Feuerstein! Den finde ich richtig schön!"

Erzieherin: „Genau, Mila. Das ist ein schöner Stein. Das ist ein Hühnergott. Guck mal, der hat ein Loch in der Mitte, der Hühnergott!"

2. Alternativfrage in einer Auswählsituation

a)

Wortmaterial: Flussstein, Feuerstein, Hühnergott (Stein mit natürlicherweise ausgewaschenem Loch), Kieselstein, Edelstein

Ziel: Festigung der Wörter

Handlung: Auf die verbale Fragestellung der Erzieherin hin wählen die Kinder den passenden Stein aus.

Die Erzieherin breitet verschiedene Steine vor den Kindern auf einem Tuch aus. Noch ehe die Erzieherin nach einem Gegenstand fragt, ruft Paula ganz begeistert und zeigt mit dem Zeigefinger auf den Edelstein: „Da ist ja der Feuerstein! Den finde ich am schönsten!"

Erzieherin: „Oh, Paula, du hast deinen Lieblingsstein gesehen. Ist das ein Feuerstein oder ein Edelstein?"

b)

Wortmaterial: Flussstein, Feuerstein, Hühnergott (Stein mit natürlicherweise ausgewaschenem Loch), Kieselstein, Edelstein

Ziel: Festigung der Wörter

Handlung: Auf die verbale Fragestellung der Erzieherin hin wählen die Kinder den passenden Stein aus.

Die Erzieherin breitet verschiedene Steine vor den Kindern auf einem Tuch aus. Noch ehe die Erzieherin nach einem Gegenstand fragt, ruft Lina ganz begeistert und zeigt mit dem Zeigefinger auf den Edelstein: „Den Stein finde ich am schönsten!" Lina zögert: „Hm! Wie heißt der Stein noch mal?" Die anderen Kinder schweigen ebenfalls.
Erzieherin: „Ja, der ist schön, der Stein. Ist das ein Feuerstein oder ein Edelstein?"

3. Positive Verstärkung
Wortmaterial: Flussstein, Feuerstein, Hühnergott (Stein mit natürlicherweise ausgewaschenem Loch), Kieselstein, Edelstein
Ziel: Festigung der Wörter
Handlung: Auf die verbale Fragestellung der Erzieherin hin wählen die Kinder den passenden Stein aus.
Verbale Fragestellung: „Wer kann mir denn den Feuerstein zeigen?"
Max: „Das ist der Feuerstein!"
Erzieherin: „Richtig Max! Das ist der Feuerstein. Der ist ganz spitz."

Eine weitere Besonderheit der Methode Sprache spiegeln ist der unterschiedliche Einsatz der verschiedenen Techniken über den Projektverlauf. Das korrektive Feedback findet v.a. zu Beginn der Festigungsphase seinen Einsatz, wenn die Kinder noch unsicher in der Anwendung des neuen Wortschatzes sind. Je weniger Objekte, Handlungen und Eigenschaften der Zielwörter von den Kindern falsch benannt werden, desto seltener kommt das korrektive Feedback zum Einsatz.

Je sicherer die Kinder in der Verwendung des Zielwortschatzes werden, desto mehr schwenkt das Feedback beim Sprache spiegeln zur positiven Verstärkung. Die Sprache zu spiegeln verändert sich in seiner Bedeutung für das Kind nun von einer unbewusst korrigierenden zu einer wahrscheinlich etwas bewusster wahrgenommenen lobenden Methodik.

Die Alternativfrage kann beide Phasen begleiten. Die Erzieherin gibt hierbei mind. zwei Möglichkeiten zur Auswahl. Durch diese Kontrastierung wird dem Kind die Auswahl des richtigen Zielwortes erleichtert. Darüber hinaus wird durch das Hören und Verstehen der korrekten Wortform die Produktion für das Kind erleichtert.

!

Eine Alternativfrage stellt eine Hilfestellung zum eigenständigen Finden einer Antwort dar.
Dies kann entweder nötig sein, wenn ein Kind bei der Beantwortung einer Frage unsicher ist oder aber wenn mehrere Kinder gleichzeitig verschiedene Wörter für einen Gegenstand nennen. Sie kann aber auch eingesetzt werden, um bekannte Dinge von den Kindern produzieren zu lassen, um den Kindern zu bestätigen, dass sie über sicheres Wissen verfügen. Diese Einsatzform sollte jedoch nur dann erfolgen, wenn alle Kinder auf einem etwa gleichen Wissensstand sind.

II Praktischer Teil

KAPITEL

6 Auswahl eines Projekts

!

Projekte sind Themen, die Erzieherinnen und Kinder über mehrere Wochen beschäftigen. Dabei entstammen die Projektthemen der Lebenswirklichkeit der Kinder einer spezifischen Einrichtung. Projektarbeit lenkt die Aufmerksamkeit der Kinder und Erzieherinnen auf ein Themenfeld und wird im Rahmen des pädagogischen Konzeptes der Kindertageseinrichtung umgesetzt. Im Projekt wird die pädagogische Arbeit des Teams bewusster in den Bereichen Planung, Umsetzung und Auswertung. Ein pädagogisches Projekt ist nicht ereignis- bzw. produktorientiert (z.B. Bau eines Tastgartens). Vielmehr ist es das Ziel, dass Erzieherinnen und Kinder verschiedener Alters- und Entwicklungsstände gemeinsam Lebenserfahrungen bei der Begegnung mit einem gewählten Thema machen.
Mit PräSES soll das Projekt-Erleben um die sprachliche Entfaltung erweitert werden. Die Worterfahrung der Kinder steht im Fokus, wie dies bereits während der Planung bei der Auswahl der Wörter für die Wortliste deutlich wird.

Die Einbettung der Sprachförderung in die pädagogische Projektarbeit nach PräSES basiert auf der Grundüberlegung, dass ein Projekt im Kita-Alltag eine übergreifende Möglichkeit bietet sich gemeinsam mit den Kindern, Erziehern und Eltern über einen längeren Zeitraum mit einem Thema auseinanderzusetzen. Dieses Thema stößt bei allen Beteiligten auf Interesse. Projektarbeit ist in dieser Hinsicht nicht ergebnisorientiert, sondern fokussiert Arbeits- und Entwicklungsprozesse von Themen.

!

Durch Projektarbeit können Kleinkinder über den Tellerrand des Kindergartens hinausblicken, eintauchen in Welten, die über die Alltagserfahrungen und wiederkehrenden Beschäftigungen mit den Spielsachen der Einrichtung hinausgehen.

Kommunikation und Sprache hat in der Projektarbeit wichtigen Anteil daran, dass alle Beteiligten ähnliche Dinge erleben, fokussieren und sich über das Erlebte austauschen können. In der Projektarbeit mit integrierter Sprachförderung wird Sprache als Vermittlungsmedium von neuem Welt- und sprachlichem Wissen der Kinder fokussiert.

Die Vorteile der Projektarbeit und den Lernnutzen beschreibt Textor (1999, 4ff):

- „Analog zum Situationsansatz findet Lernen für Lebenssituationen statt, an Orten im und vor allem außerhalb des Kindergartens. Die Kinder gewinnen Erlebnis- und Lernfelder am Wohnort. Sie entdecken ihre Umgebung, lernen Geschäfte, Betriebe, kulturelle Einrichtungen und viele andere Menschen kennen. Zugleich werden sie in ihrer Region heimisch, entwickeln ein Heimatgefühl.
- Die Kinder werden bei weitem mit mehr Lernanreizen, Herausforderungen und Erfahrungsmöglichkeiten als sonst konfrontiert. Sie erarbeiten sich selbsttätig neue Kenntnisse, erreichen ein besseres Verständnis von der Natur und der Erwachsenenwelt, lernen bisher unbekannte Begriffe und erweitern ihr Repertoire an sozialen und kommunikativen Fertigkeiten durch Kontakt mit fremden Menschen aus allen Altergruppen und Lebenslagen.
- Durch den fortwährenden, aber immer auf ein bestimmtes Thema bezogenen Wechsel von Gruppendiskussionen, Besichtigungen, Experimenten, Rollenspielen, Mal- und Bastelaktivitäten findet ein spiralförmiges Lernen statt. Die Kinder dringen immer tiefer in die jeweilige Thematik ein, lernen je nach verwendeter Methode andere Aspekte kennen. Beobachtung, Erforschen, Erfahrung, Reflexion, Gesprächsaustausch, Handeln, Bewegung, Gesang und kreativer bzw. künstlerischer Ausdruck bauen aufeinander auf, stimulieren einander und stehen in Zusammenhang mit dem Projektthema.
- Durch die verschiedenen Methoden, die im Rahmen von Projekten eingesetzt werden, erfolgt ei-

ne ganzheitliche Förderung der Kinder – ihrer kognitiven, sozialen, emotionalen, kreativen, motorischen und Persönlichkeitsentwicklung. Die Abwechslung und Vielfältigkeit der Aktivitäten erhöhen die Zufriedenheit und das Wohlbefinden der Kinder.

- Bei Projekten haben Kinder viele Entscheidungsfreiheiten und Mitbestimmungsmöglichkeiten. Sie konsumieren kein vorgegebenes Angebot, sondern prägen den Projektablauf durch ihre Ideen und Vorschläge mit. Da verschiedene Vorstellungen und Wünsche aufeinander abgestimmt werden müssen, werden Verhandlungsgeschick, Konfliktlösungsfähigkeit und Kompromissbereitschaft gefördert. Die Kinder können alle ihre Fähigkeiten und Fertigkeiten einbringen. Sie verantworten und überwachen ihr Handeln und Lernen selbst, was zu mehr Selbständigkeit und intrinsischer Motivation führt. Da die Projektaktivitäten unterschiedlich komplex und schwierig sind, finden auch jüngere oder minderbegabte Kinder genügend Möglichkeiten, um sich einzubringen und Anerkennung zu erfahren. Die Zusammenarbeit und das Zugehörigkeitsgefühl zur Gruppe werden gefördert.“

Projektarbeit ist eine Möglichkeit, ganzheitliches Lernen in der Kindergartenzeit zu erleben und bildet die Basis für Selbstbildungsprozesse der Kinder in der Kita. Textor spricht hier auch von **spiralförmigem Lernen,** d.h. der fortwährende Wechsel von Gruppendiskussionen, Besichtigungen, Experimenten, Rollenspielen, Mal- und Bastelaktionen führt zu einem immer tiefer gehenden Eindringen in die jeweilige Thematik (Textor 1999).

6.1 Leitlinien zur Projektauswahl

„Jedes Kind bringt eine göttliche Neugierde mit" (Jugendamt der Landeshauptstadt Stuttgart 2005, 4).

Der kindliche Forschergeist strebt danach, dem natürlichen Wissensdrang zu folgen, seinen Interessen nachzugehen und dabei alle Sinne zu benutzen. In der Konzeptionsphase eines Projekts muss dieser Aspekt genau bedacht werden:

„Projekte sind ganzheitlich und partizipativ" (Stamer-Brandt 2005, 9).

Folgende kindliche Aktivitäten werden von Stamer-Brandt (2005) als typisch für die Projektarbeit beschrieben:

- Handeln
- Sich einbringen
- Initiative entwickeln
- Planen
- Regeln einhalten
- Nachdenken
- Forschen
- Erfahrungen sichern
- Ergebnisse präsentieren

Die Frage, welches Thema als Projekt gewählt wird, sollte sich diesen Bereichen widmen. Dabei steht die Brücke von Sprach- und Projektförderung im Vordergrund. Im folgenden Abschnitt wird auf die einzelnen Anteile eingegangen. Grundsätzlich sollte das zu wählende Projekt folgende Handlungen und Erfahrungen ermöglichen:

- Es sollte möglich sein, Realgegenstände zum entsprechenden Thema in die Kita zu holen.
- Zum Thema gehörende Ereignisse und Erfahrungen sollten auch außerhalb der Kita organisierbar sein.
- Der Erfinder- und Forschungsgeist der Kinder sollte bedacht und als wichtiger Prozess im Projekt eingeplant werden. Ein Projekt kann somit nur so kompliziert sein, wie der Entwicklungsstand der Kinder es zulässt.
- Im Projekt sollten Materialien thematisiert werden, die die Erfassung mit allen Sinnen anbieten. Dies sind vielfach Naturstoffe (vgl. ➤ Kap. 6.2.2).
- Das Projektthema sollte mit der aktuellen Lebenssituation in der Kita übereinstimmen: Wird z.B. an der Kita gerade das Dach repariert, wäre ein Projektthema dazu Haus bauen/ausbauen/reparieren.

!

Realgegenstände sind *keine* Spielzeuge. So ist z.B. bei der Wahl des Projekts „Fahrzeuge" die Möglichkeit begrenzt, prototypische Fahrzeuge (z.B. Flugzeug, Schiff) in die Kita zu holen. In der Kita muss sofort auf Spielzeug zurückgegriffen werden, was bereits eine Abstraktion vom Realgegenstand (und damit einen höheren Schwierigkeitsgrad) darstellt.

Projekte sind ganzheitlich

Ein gutes Projektthema ermöglicht es Kindern, neue Informationen und Wissenszuwachs über verschiedene Sinne zu erlangen. Das Sprachmaterial des Projekts geht auf die verschiedenen Sinne ein:

- **Nomen:** Objekte und Gegenstände des Themas; teilweise erste abstrakte Nomen
- **Verben:** Erfahrungen über Handlungen, Zustände und Tätigkeiten mit neuen Objekten sammeln
- **Adjektive:** direkteste Umsetzung der verschiedenen Sinneseindrücke; Adjektive stellen das Wortmaterial zur Bezeichnung der verschiedenen Sinneserfahrungen
- **Funktionswörter:** grammatisches Material für die Verwendung der Zielwörter in Sätzen.

Die Wortliste (➤ Kap. 6.3 und 10) enthält die aufgeführten Wortarten mit Wörtern, die zum Thema gehören. Damit nehmen die Wortarten verschiedene Aufgaben wahr. Je nach Projekt kommt den Wortarten ein anderes Gewicht zu. Im Beispielprojekt stehen die Nomen z.B. hinter den Erprobungssituationen mit den Steinen zurück. Gerade ein Projekt mit Naturgegenständen fokussiert in hohem Maße das Erkennen von Eigenschaften und Merkmalen (Adjektive) und das Erproben von Tätigkeiten mit den Materialien (Verben).

Im Allgemeinen liest man, dass Sprache durch die Struktur des Projekts systematisiert wird. Ähnlich formulieren Jampert et al. (2006, 10):

> „Sprache soll in all ihren Facetten im Alltag systematisch wahrgenommen und gefördert, jedoch nicht als isolierte „Trainingseinheit" verstanden werden."

Doch geht das PräSES-Konzept darüber hinaus, da es bei PräSES die sprachlichen Anteile sind, die die nichtsprachlichen strukturieren (vgl. ➤ Abb. 5.1). Also schafft die sprachfördernde Situation die Umsetzungsmöglichkeiten auf den verschiedenen Ebenen des spiel- und handlungsorientierten Lernens: in Wahrnehmung, Motorik, Musik, Naturwissenschaften, Medien. Im Gegensatz zu anderen Konzepten folgt nicht das sprachliche Förderthema der pädagogischen Handlung, sondern die pädagogische Handlung umrahmt die Sprachfördersituation.

Ganzheitlich bedeutet in vielen Klassifikationen gleichzeitig *unbewusst für* das Kind. Im PräSES-Ansatz wird die Unbewusstheit der Sprachförderung durch die Methodenwahl realisiert, die alle aus unbewussten Interventionsmethoden abgeleitet sind. So werden sprachfördernde Spiele *nicht* den Kindern als Spiel zur Förderung des Wortschatzes, Erweiterung von grammatischen Fähigkeiten oder kommunikativen Kompetenzen vorgestellt. Die Kinder erleben eine pädagogische Aktion mit Selbstzweck. Sie setzen sich eigenständig mit der Aufgabe auseinander, üben und probieren sich aus, erkunden und forschen innerhalb des Themas tages- oder wochenumfassend und werden hierbei jederzeit mit und von Sprache und sprachförderlichen Methoden begleitet.

Exkurs

In der Projektarbeit wird Sprache im sozialen Erlebnisprozess und im Rahmen des bedeutungsvoll gelebten Kontaktes mit anderen Kindern und Erwachsenen erfahren und vermittelt. In den Grundvoraussetzungen für die Entwicklung der Sprache, deren Lernbedingungen und deren strukturellen Bedingungen werden Leitsätze zur ganzheitlichen Sprachförderung formuliert (Jugendamt der Landeshauptstadt Stuttgart 2005). Folgende Forderungen werden u.a. gestellt:

- Sprachliches Lernen betrifft grundsätzlich alle Kinder.
- Aneignung von Sprache braucht Freude am Sprechen.
- Kinder lernen, indem sie selbsttätig und aktiv werden in Interaktion mit ihrer Umwelt.
- Sprachliches Lernen braucht Interaktion und Dialog mit den Erwachsenen.
- Sprachliches Lernen geschieht in Alltagsbezügen.

- Sprachliches Lernen muss sich an der Lebenswelt, den Interessen und Bedürfnissen des Kindes orientieren.
- Sprachliches Lernen kontinuierlich, qualifiziert und kindorientiert zu unterstützen, erfordert angemessene Rahmenbedingungen.

Projekte sind partizipativ

!

Partizipation (partizipieren; lat. *particeps*: an etwas teilnehmend): Beteiligung, Teilhabe, Teilnahme, Mitwirkung, Mitbestimmung, Einbeziehung

Auf der Basis eines konstruktivistischen Bildungsbegriffs, bei dem das Kind sich selbst aktiv bildet, ist die Partizipation des Kindes an einer pädagogischen Handlung unerlässlich. Ohne eigene Teilhabe des Kindes am Bildungsprozess findet keine Bildung dieses Kindes statt. Damit stellt die aktive Teilhabe der Kinder am Geschehen in der Kita und im gegenseitigen Miteinander eine weitere Säule der Projektarbeit dar. Kindliche Partizipation im Projekt bedeutet, dass die einzelnen pädagogischen Aktionen sich für das eigene Handeln von Kindern eignen. Damit grenzt sich die Auswahl des Projekts ein:

- Das ausgewählte Projekt muss Kindern selbständige Explorationssituationen bieten.
- Das Projekt soll Kinder zum Führen von Aktivitäten einladen, sodass die Erzieherin in eine außenstehende (kommentierende) Rolle zurücktreten kann.
- Die kindliche Führung soll nicht auf die ältesten Kinder beschränkt bleiben müssen.
- Das Projekt muss einerseits Kindern auf unterschiedlichen Wissens- und Entwicklungsständen und andererseits stillen wie auch aktiven Kindern Partizipationsmöglichkeiten bieten.
- Experimentelle Situationen sollten in der Kinder(klein)gruppe durchführbar sein.

Die Ermutigung der kindlichen Neugier und das Stillen des Wissensdurstes kann in der Kita v.a. in Projektarbeit umgesetzt werden. Indem Kinder experimentieren und sich selbst bilden, können sie weitreichende Erfahrungen machen und ihr Handeln in die Tätigkeiten der anderen Kinder ihrer Gruppe einordnen lernen (Laewen und Andres 2002; Laewen 2002).

Erzieherinnen begleiten und initiieren hierbei mit Wortwissen und Sprachwissen den Projektablauf, geben dem Thema Gestalt und greifen die Initiativen der Kinder, des Einzelnen und der Situation sprachlich auf. Sie treten mit den Kindern in den Dialog über das Erlebte und bilden es in Reflexionen sprachlich ab. Es kann dabei – v.a. zu Beginn des Projekts – dazu kommen, dass die Kinder in strukturierten Inputsituationen in eine zuhörende Rolle versetzt werden und lediglich reagieren (im Sinne von *nach Anweisung handeln*). Dies ist für eine Teilphase des Projekts nicht störend, sollte sich mit zunehmender Projektdauer jedoch in eigenständige *Aktion* verändern. Die Partizipation der Kinder bei dieser Art von Selbstbildung richtet sich mehr auf die kindliche Gesellschaft als auf die Interaktion zwischen Erzieherin und Kindergruppe. Insofern ist es wesentlich, die Aspekte des selbständigen Experimentierens und der Bewältigung von Problemaufgaben in die Kindergruppe zu legen. Durch das Verteilen der Aufgaben und Anforderungen kann die Gruppe hinsichtlich verschiedener Alters- und Entwicklungsstände geteilt werden. Auf diese Weise kann die Partizipation schwächerer und jüngerer Kinder sichergestellt werden.

!

Partizipation am Alltag ihrer Gesellschaft ist ein kindliches Recht und stellt für Erwachsene damit eine Verpflichtung dar. Die Art, wie dieses Recht in den einzelnen elementarpädagogischen Einrichtungen umgesetzt wird, ist jedoch sehr unterschiedlich.

Im Situationsansatz bilden die konkreten Erfahrungen der Kinder den Schlüssel zur erfolgreichen Partizipation:

„Die Beteiligung der Kinder findet statt in der Suche nach Schlüsselsituationen, in Projekten und in der allgemeinen Haltung der Erzieherinnen, Kinder als Subjekte ernst zu nehmen und pädagogische Prozesse vor allem als Dialog zu gestalten" (Knauer 2005, 3).

Exkurs

Bedingungen für kindliche Partizipation in der Kita

Für die grundsätzliche Partizipation der Kinder an allen Aktivitäten einer Kita ist eine partizipatorische Haltung der Erzieherinnen Voraussetzung. Die Aufgabe der Erzieherin ist das Einbeziehen und das Unterstützen des Kindes. Aus dieser unterstützenden Pädagogik erwächst die aktive Auseinandersetzung mit der Welt des Sprechens und der Sprache, sowie deren Anwendung im Dialog. Die Erzieherinnen stellen den Kindern das Werkzeug im Prozess zur Verfügung und unterstützen sie, die Herausforderungen zu gestalten, v.a. sprachlich zu gestalten. Ihr Sprachwissen – dem Kind in strukturierten Inputsituationen übermittelt – wird der Schlüssel zum optimierten Spracherwerbsprozess des Kindes. Knauer (2005) fordert, dass sich Erzieherinnen mit den theoretischen Grundlagen ihrer Arbeit auseinandersetzen, Partizipation strukturell verankern, ihre Haltungen im täglichen Umgang mit Kindern hinterfragen sowie ihre Methodenkompetenzen erweitern. Als Folge solcher Forderungen entstehen ganzheitliche und partizipatorische Konzepte einzelner Kitas, in denen Sprache als Kommunikationsmittel in jeder pädagogischen Aktivität verankert ist und das Kind aktiv handelt. Aktives Handeln in der Kommunikation bedeutet das Aufnehmen von einem Dialog, um einen Wunsch auszudrücken, eine bestimmte Situation zu erreichen etc. Projektarbeit setzt gerade da an und ermöglicht das aktive sprachliche Handeln auf jedem Entwicklungsniveau.

6.2 Anleitung zur Projektauswahl

Projektideen stammen aus der Lebenswirklichkeit der Kinder einer Kita. Handelt es sich um eine ländliche Einrichtung eignen sich andere Themen als bei einem Haus in einer Wohnsiedlung mit Hochhäusern. Aber auch die Altersstruktur, die Anzahl der verschiedenen Nationalitäten und Religionen unter den teilnehmenden Kindern bis hin zur Zusammensetzung der sozialen Schicht, die die Kita besucht, nimmt auf die Themenwahl Einfluss. Zusammengefasst: Das Thema muss zu den Kindern passen, die es durchführen sollen.

Im Optimalfall kommt das Thema von den Kindern selbst. So sollte die Einrichtung, wenn die Kinder mit einem bestimmten Thema aktuell beschäftigt sind, dieses aufnehmen und als Projekt umsetzen. Diese Themen sollten sich jedoch – wie auch Projektthemen, die von den Erzieherinnen kommen – an den unten stehenden Aspekten orientieren.

!

Die Kinder sollen möglichst an der Auswahl des neuen Projektthemas beteiligt sein. Dies muss nicht unbedingt in Form von Umfragen geschehen, sondern kann auch durch Beobachtung kindlicher Spiele (z.B. momentaner Themenschwerpunkte im Freispiel) geschehen. Die Einbeziehung der Kinder stellt sicher, dass die Kinder über das Projektthema nicht die Lust am Projekt und seinen Aktionen verlieren.

Je mehr Kinder an dem Projekt teilnehmen sollen, desto breiter müssen das Thema und seine Umsetzung sein. In vielen Einrichtungen werden Projekte vom ganzen Haus umgesetzt und alle Kindergruppen einbezogen. Ist dies der Plan des pädagogischen Teams, sollen alle Gruppen partizipieren können – je nach ihren Möglichkeiten. So wird die Krippegruppe genauso mitmachen wie die Vorschulgruppe bzw. Kinder mit intellektuellem Entwicklungsvorsprung genauso wie Integrationskinder mit verlangsamter kognitiver Entwicklung. Vor allem bei Einrichtungen mit freien Konzepten, in denen die Gruppenzugehörigkeit der Kinder mehr oder weniger aufgehoben ist, stellt sich dies als das normale Vorgehen dar. Auf diese Weise kann das ganze Haus in ein Piratenschiff verwandelt werden oder Dornröschens Märchenschloss sein.

Themen entstammen vielen Bereichen. Die folgende Aufstellung gibt eine Reihe von Beispielen:

- Jahreszyklus: Jahreszeiten, Jahresfeste (Ostern, Weihnachten, Kindertag)
- Religiöse Zyklen: Feiertage, Advents- und Fastenzeit

- Aktuelle Themen des Kita-Alltags: Konflikte, Freundschaft, am Kindergarten wird gebaut, der Kindergarten zieht um, Einschulung/Schule, eine neu sich zusammenfindende Gruppe
- Integration: Kennenlernen verschiedener Länder, Sprachen, Kulturen und Religionen
- Geschichten/Geschichte: Märchen, populäre Kindergeschichten, Feen, Ritter, Piraten
- Körper und Sexualität
- Gesundheit und Behinderung
- Familie
- Natur: Kennenlernen von Naturmaterialien (Holz/Hölzer, Steine, Blumen, Bäume, Früchte), geografische Besonderheiten der Umgebung (Meer, Berge), Tiere.

Wenn ein recht breit angelegtes Thema mit dem Ziel ins Auge gefasst wird, altersgemischte Kindergruppen teilnehmen zu lassen, lohnt es sich zu überprüfen, ob das Thema mehrere Unterthemen in sich birgt, die für sich genommen angemessen für ein Teilprojekt sind. Die Teilprojekte werden durch die Arbeiten in der ganzen Einrichtung zum Dachprojekt zusammengestellt. Das Thema *Gesundheit* kann z.B. mehrere ergiebige Themen wie *Ernährung, Bewegung oder Hygiene* beinhalten. Teilprojekte sind begrenzter. Damit werden sie für bestimmte Kindergruppen einfacher zu überschauen, sodass sichergestellt werden kann, dass die Kinder das Projektthema nicht aus den Augen verlieren. Zu breite Themen können für schwächere und junge Kinder eine Überforderung darstellen. Dies geschieht, wenn das Hauptprojekt sich in viele Teile aufspaltet und die Kinder an mehreren Teilen teilnehmen. Besser ist für solche Kindergruppen die längere Fokussierung von begrenzteren, konkreten Teilprojekten. So könnte unter dem Dachprojekt *Obst* das Thema *Apfel* in all seinen Aspekten eine Krippengruppe über die Dauer von 6 Wochen beschäftigen.

BEISPIEL

Der Apfel als Projekt

Der Apfel wird als Objekt betrachtet, aufgeschnitten und exploriert. Man kann ihn *schälen, pressen, durchschneiden, Kerne entfernen oder ihn werfen*. Anschließend wendet sich das Projekt dem Wachstum des Apfels zu: *Apfelbaum, Blüte, Kerne, Schale, befruchten, wachsen, reifen, ernten, reif, faulig, unreif.* Als nächster Aspekt werden verschiedene Sorten von Äpfeln verglichen, wobei v.a. viele Adjektive wie *sauer, süß, rot, gelb, grün, groß, klein, fest, weich, schrumpelig, mehlig* in den Vordergrund rücken.

Es knüpfen sich Bereiche an, in denen die Verarbeitung von Äpfeln zu Saft, Mus, Gelee, Kuchen thematisiert wird: *abfüllen, backen, kochen, heiß, flüssig, fest usw.*

Komplexere Themen entstehen, wenn konkrete Erfahrungsmomente für die Kinder schlecht oder gar nicht herzustellen sind. Hierzu gehören Themen, die in der Vergangenheit oder in der Fantasiewelt angesiedelt sind: für historische Themen wie *Dinosaurier* oder *Ritterburg* besteht die Anforderung an die Kinder, die zentralen Projektaspekte mit wesentlich mehr abstrakter Vorstellung zu verknüpfen, als dies z.B. bei dem Projekt *Apfel* der Fall ist. Konkret erfahrbar werden im Fall des Projekts *Dinosaurer* lediglich Zusatzinformationen wie *Versteinerungen, Knochen etc.* Im Projektverlauf muss am Modell eines Dinosauriers (Spielzeug-Dinosaurier) die Vorstellung seiner Bewegung und seiner Größe hinzugefügt werden. Oder die Besichtigung einer Burgruine muss in der Vorstellung mit dem Leben aus einer anderen Zeit ergänzt werden. Ebenso müssen sich die Kinder das Aussehen der nicht verfallenen Burganlage vorstellen. Diese Aspekte komplizieren das Projekt. Entsprechende Themen eignen sich für Kindergruppen, die in Projektarbeit geübt sind und z.B. ein relativ hohes Durchschnittsalter haben. Ein Märchen oder eine Geschichte kann einen schönen Rahmen eines Projekts bilden, stellt aber auch hohe Anforderungen an die Kinder.

Ähnlich verhält es sich mit Themen aus der *Fantasiewelt.* Auch wenn ein Drache nachgebaut wird oder sich jemand als Zauberer verkleidet, bleiben wichtige Teile der zentralen Projektaspekte unerfahrbar (z.B. die Wirkung von Magie) und bedürfen der ergänzenden Vorstellungskraft. Auch auf sprachlicher Seite sind diese Projekte in der Regel anspruchsvoller und eignen sich v.a. für reine Vorschulgruppen (z.B. die Bezeichnungen der Dinosaurierarten).

Die Projektplanung beginnt somit mit der Situationsanalyse (siehe Kasten), in der kindliche und erzieherische Bedürfnisse erkannt und auf eine Zielstellung umgesetzt werden. Anschließend beginnt die Vorbereitungsphase, die im verbleibenden Teil dieses Kapitels und in den nächsten Kapiteln beschrieben wird.

6

Exkurs

Ablauf Projektplanung und -umsetzung

- Situationsanalyse
- Zielformulierung/Zielstellung
- Aufstellen der Wortlisten: Gesamtwortliste aufgeteilt in Kernwortliste und Randbereiche
- Vorbereitung der Aktionsrahmen und Aktionen
- Durchführung
- Auswertung
- Projektdokumentation

In ➢ Kap. 5.2.1 sind grundsätzliche, theoretische Leitgedanken für die Rahmenbedingungen eines Projekts beschrieben. Diese werden im nächsten Schritt in eine Checkliste für die Projektplanung umgesetzt (➢ Abb. 6.1).

1. Entwicklung von Wörtern, Aktionsideen und Abschätzung der Projektdauer

In einem ersten Konzeptionstreffen werden Wörter und Aktionen für ein mögliches Projektthema in einem Brainstorming gesammelt. An dieser Stelle müssen längst noch nicht alle Aktionen geplant werden. Vielmehr soll abgeschätzt werden, ob das Thema genug Inhalt gibt, um ein Projekt von 6–8 Wochen Dauer zu füllen (➢ Tab. 6.1). Günstig ist es, pro Projektwoche 3–4 verschiedene Aktionen zu planen, die für alle Kinder umsetzbar sind. So sind 1 oder 2 Tage/Woche für andere Aktionen frei, die den Kita-Alltag begleiten (z.B. Kindergeburtstage, Turnen). Darüber hinaus können für verschiedene Altersgruppen oder bestimmte Kleingruppen gesonderte Aktionen geplant werden.

Ein gutes Thema sollte so beschaffen sein, dass die Kinder es über den Durchführungszeitraum wieder erkennen und im Blick behalten können. „Im Blick behalten" kann an dieser Stelle wörtlich verstanden werden. Gerade für kleine Kinder ist es günstig, wenn zentrale Projektinhalte immer im Raum gegenwärtig sind: Realgegenstände, Bilder, Verläufe usw. Die Aktionen, die bei diesem Brainstorming entstehen, sollten sich diesem Aspekt v.a. zuwenden, wenn es sich um eine heterogene Gruppe handelt.

Tab. 6.1 Verhältnis von Wochen und Aktionen in einem pädagogischen Sprachförderprojekt

Wochenanzahl	Hauptaktionen	Sonderaktionen
6	18–22	6–8
8	24–28	10–12

2. Sicherstellen von Erfahrungszuwachs und Interesse bei allen Kindern

In den Konzepttreffen werden die Kinder vom pädagogischen Team in potenzielle Gruppen eingeteilt, die sich in den Hauptaktionen und Sonderaktionen unterschiedlichen Teilbereichen des Projekts zuwenden sollen. So wird die Krippengruppe beim Thema *Steine* mit *Sammeln, Vergleichen und Sortieren* in das Thema einsteigen, während die Vorschulgruppe zuerst verschiedene Steinsorten im Brainstorming sammelt und diese dann nach und nach aus den Familien bzw. von Spaziergängen mitbringen werden (➢ Tab. 6.2).

3. Systematische Einordnung der Aktionen auf dem Zeitstrahl

Sowohl die Sprachauswahl als auch die pädagogischen Handlungen sollen über den Projektverlauf an

Tab. 6.2 Überlegungen zu Zielen und Handlungen im Steine-Projekt bei verschiedenen Kindergruppen während der Konzeptionsphase

Kindergruppe	Ziel	Handlung
Krippe/ junge Kinder	Erkennen der Verschiedenheit von Steinen	• Sammeln von verschiedenen Steinen • Erzieherin benennt die verschiedenen Steinsorten
Vorschulkinder	Planungsfähigkeiten für Handlungen erweitern	Brainstorming: • Welche Steinsorten gibt es? • Wo finden wir die? • Wer hat bestimmte Steine zu Hause?
Förderkinder mit verschiedenen Teilleistungsstörungen	Wahrnehmung von Oberflächenunterschieden	Sammeln, Sortieren und Befühlen verschiedene Steine und Klassifizierung nach einem von der Erzieherin angebotenen System

Komplexität zunehmen, um den Kindern zu jedem Zeitpunkt neue Erfahrungen (Spracherfahrungen/Erlebniserfahrungen) und Ausweitung ihres Wissens (Sprachwissen/Weltwissen) zu ermöglichen. Die Systematik muss vor Beginn des Projekts aufgestellt werden, da im Zuge der Projektumsetzung die Aufmerksamkeit zur Planung der einzelnen Aktionen übergeht. Dies gelingt auf der Basis einer stehenden Systematik wesentlich einfacher. ➤ Tabelle 6.3 zeigt als Beispiel die Steigerung des Schwierigkeitsgrads für eine altergemischte Gruppe mit einem Überhang an jungen Kindern für das Beispielprojekt Steine.

Tab. 6.3 Steigerung des Schwierigkeitsgrads

Woche	Anforderung
1	Sammeln, Erfahren, Wahrnehmen
2	Klassifizieren, Sortieren, Merkmale feststellen: Klassifikationssystem mit den Kindern erarbeiten
3	• Muster und Bilder mit Steinen legen • Farben und Größen wahrnehmen
4	Explorieren von Steinen: Eigenschaften von Steinen erkunden und z.B. selbständig ermitteln: • Wie verhalten sich Steine im Wasser? • Sind kleine Steine immer leichter als große?
5	Abgrenzen von Steinen gegen andere Naturmaterialien: Wie unterscheiden sich Steine von Holz/Blättern/Kastanien/Eicheln und Metall?
6	• Steine als Schmuck: • Herstellen von Steinschmuck • Betrachten von verschiedenen Edelsteinen

4. Umsetzung in forschendes und eigenständiges Lernen

In der Planung der Aktionen auf dem Zeitstrahl wird die Umsetzung (➤ Tab. 6.4) in eigenständiges Lernen betrachtet:

- Für welche Aktionen ist eine Erzieherin als Anleiterin notwendig, bei welchen vergibt sie nur noch den Arbeitsauftrag und begleitet die Aktion von außen?
- Gibt es Kinder, die man zu kindlichen Führenden in diesen Aktionen küren kann?
- Welche Aktionen erhalten strukturierte Inputsituationen (nicht forschend, viel Anleitung)?
- Welche Aktionen werden mit Auswählen und Sortieren (forschen nach Anweisung) umgesetzt?
- Wann kann auf gespiegelte Sprache umgestellt werden (viel eigene Forschung und Aktion von den Kindern, nur noch wenig Anleitung)?

Es ist gerade die Kombination zwischen den Wörtern der Wortliste und den forschenden und eigenaktiven Aktionen, die Kinder dazu animieren, sich in ihrem Selbstbildungsprozess aktiv weiterzuentwickeln (Stamer-Brandt 2005, 13).

- Forschender Umgang mit Dingen, die für Kinder interessant sind:
  - messen, wiegen
  - auseinanderbauen, konstruieren
  - experimentieren, erfinden.
- Künstlerischer Zugang zu Dingen:
  - kreativer Umgang mit Dingen
  - spielen
  - erfinden, gestalten, verwerfen, umfunktionieren, deuten.
- Kontakt zu anderen Kindern:

Tab. 6.4 Planungsschritte im Beispielprojekt: Aktionsplanung über die Projektwochen

Woche	Aktion	Methode	Kinder
1	• Sammeln von Steinen im Park • Klassifizieren im Kinderkreis	Strukturierte Inputsituation	Alle
2	Merkmale von verschiedenen Steinen feststellen	• Strukturierte Inputsituation • Auswählen	Alle
3	Muster legen	• Auswählen • Sortieren	Alle; einzelne Kinder als Führende
4	Explorieren von Steinen	• Sortieren • Sprache spiegeln	• Ältere Kinder • Vorschulkinder

- Beziehungen aufbauen
- Freundschaften pflegen
- streiten, helfen
- Aushandeln lernen, Konflikte erleben.

5. Thematische Breite und Zeit für spontane Ideen der Kinder

Stehen die einzelnen Aktionen in einem so flexiblen Verhältnis zueinander, dass kindliche Ideen dazwischengeschoben werden können? Wenn einzelne Aktionen auf einer bestimmten Tätigkeit der Kinder aufbauen, sollten diese beiden Aktionen als ein Doppel betrachtet werden. Zwischen ihnen kann keine spontane Idee stattfinden. Solche Doppel-Aktionen sind gut dafür geeignet, vertiefende Themen zu erarbeiten (z.B. das Thema Versteinerungen, das im Theorieteil öfter angeführt wurde). Befindet man sich zwischen zwei solchen Aktionen, wenn eine Kindergruppe zu einer spontanen Idee kommt, so muss diese nach dem zweiten Teil des Doppels platziert werden.

Dieser Planungsabschnitt ist in Form einer Konzeptionssitzung gedacht, in der sichergestellt wird, dass das Projektthema genug Inhalt bietet. Ist dies beschlossen, beginnt die konkrete Planung des Projekts. Diese geht zunächst in das in ➤ Kap. 6.2.1 aufgeschlüsselte Verfahren über. Dabei können die einzelnen schon angedachten Aktionen als Materialpool in die Gesamtplanung eingehen. Die Aufmerksamkeit wendet sich nun zunächst der Erstellung der Wortliste zu. Diese wird in ➤ Kap. 6.3 genau dargestellt und in ➤ Kap. 6.2.1 und ➤ Kap. 6.4 in die Gesamtplanung des Projekts eingebettet.

Für die Entscheidung zu einem Projekt steht neben der Checkliste (➤ Abb. 6.1) ein Planungsbogen zur Verfügung (Planungsbogen A), der in ➤ Kap. 9 vorgestellt wird. Durch ihn wird sichergestellt, dass Kinder und Projekt zueinander passen.

6.2.1 Gesamtgestaltung eines Projekts

Die Projektplanung geht nun in die Erstellung der Wortliste. Diese ist der Materialkern, der für die Aktionen und die grobe zeitliche Planung auf dem Zeitstrahl hauptverantwortlich ist. Dabei geht das Wortmaterial mit der Zeit von der Kernwortliste zu den Randbereichen über. In der Planung des Projekts geht es anhand des Wortmaterials also auch darum, wann welcher Aspekt des Projektthemas umgesetzt werden soll. Erst danach ist es sinnvoll, die einzelnen Aktionen konkret zu planen (➤ Abb. 6.1) und sich mit der konkreten methodischen Realisierung zu befassen. Es gilt folgendes Vorgehen für die Planung einer Projektarbeit nach dem PräSES-Konzept (Anhaltspunkte zum Verständnis für das Vorgehen gibt auch ➤ Tab. 5.2):

- Themenwahl mit Checkliste: Eignet sich das Projekt?
- Erstellung der Gesamtwortliste
  - Planung des Projekts vom Sprachmaterial ausgehend

Mögliches Projektthema: ______________________

1. Es sind ausreichend viele Aktionsideen mit neuen Handlungsanregungen für mindestens 6 Wochen vorhanden. ☐
2. Die Handlungsideen sind für alle teilnehmenden Kinder interessant und bieten für sie neue Erfahrungen. ☐
3. Die neuen Erfahrungen lassen sich auf einem Zeitstrahl über die Projektzeit systematisch im Schwierigkeitsgrad steigern. ☐
4. Es sind Ideen vorhanden, die Erfahrungsmöglichkeiten der Kinder in forschendes und eigenständiges Lernen umzusetzen. ☐
5. Es sind genügend thematische Breite und Zeit vorhanden, Ideen der Kinder aufzugreifen und in die Projektphase einzuarbeiten. ☐

Abb. 6.1 Checkliste für die Projektauswahl (➤ Kopiervorlage Anhang)

- Definieren einer Kernwortliste (zentrale Wörter, die zu Beginn des Projekts vermittelt werden)
- Definieren von Randbereichen der Wortliste (Diese Wörter sind später im Projekt platziert und stehen nicht so zentral für das Thema des Projekts.)
- Erstellung eines Zeitstrahls (Wann soll welches sprachliche Material in welcher Aktion angewendet werden?): Platzierung der Kernwortliste und der Randbereiche auf dem Zeitstrahl
- Zuordnung des Sprachmaterials zu Einzelaktionen:
  - Erstellung von schriftlichen Sequenzen für strukturierte Inputsituationen und den sie umrahmenden Aktionen
  - Planung von Auswähl- und Sortieraufgaben und den sie umrahmenden Aktionen
  - Planung von Aktionen, in denen Sprache gespiegelt wird
  - Feinplanung der Aktionen
- Projektbeginn:
  - Anwendung der sprachlichen Sequenzen und Aktionen gemäß dem Zeitstrahl
  - evtl. Überarbeitung des Zeitstrahls je nach Voranschreiten im Laufe des Projekts
  - Zwischenplanung von Aktionen, die spontan von Teilnehmern des Projekts stammen (Kindern oder Erzieherinnen).

Die Feinplanung der Aktionen eines Projekts kann letztendlich während des Projektverlaufs oder davor stattfinden. Beides führt zum Erfolg, wenn die Rahmenbedingungen von PräSES eingehalten werden. Plant man den Großteil der Aktionen vor dem Projektbeginn, so bedeutet dies eine Planungsphase, in der viel Kreativität und Konzeptionsgeist gefordert wird. Nichts desto trotz beschreiben wir die Projektplanung auf diese Weise. Die Begründung dafür liegt in der Grundidee, das Projekt auf einem „Reißbrett" zu planen und so den systematischen Aufbau zu gewährleisten. Optimal wäre, wenn die Planung so weit voranschreitet, dass während des Projekts die Planung nur noch abgearbeitet zu werden muss. Geschieht dies im Einzelfall noch nicht, so muss während des Projektverlaufs die Planung angepasst und vervollständigt werden. Es ist die Entscheidung des pädagogischen Teams, wie viel Planung während des Projektverlaufs noch stattfinden soll.

6

6.2.2 Vorstellung des Beispielprojekts „Steine"

Steine haben zu jeder Zeit eine unbeschreibliche Wirkung auf jeden Menschen ausgeübt. Sie sind vielseitig verwendbar und liegen überall herum. Sie sind spezifisch und gleichzeitig ein offenes Spielmaterial, ihnen kann alles zugeschrieben werden, Steine stehen für alle möglichen Rollen zur Verfügung. Steine sind seit Beginn der Menschheitsgeschichte in der Lebenswirklichkeit der Menschen verankert: Aus Steinen wird viel gebaut, die ersten Behausungen zum Schutz vor Wetter und Raubtieren waren Steinhöhlen. Unsere älteste Kulturstufe wird als Steinzeit betitelt, die Zeit, in der der Mensch erstmalig Steine bearbeitet und zu Werkzeugen geformt hat. Sie besitzen eine stark haptische Wirkung, fühlen sich gut an und Edelsteine gelten als kostbarer Schmuck oder heilsbringender Glücks- und Gesundheitsträger. Auch dies zieht sich durch die gesamte Menschheitsgeschichte. Steine sind ganz anders als Plastikautos und können doch als solche im Spiel verwendet werden.

Steine sind aus unserer heutigen Welt nicht wegzudenken und sie bilden sich in der Sprache vielfach ab: *steinreich* oder *steinalt* um die Beschreibung besonders deutlich zu untermauern, aber auch sprichwörtlichen Sinne werden Steine als Wortträger benutzt: wie *Stein des Weisen, Stein vom Herzen gefallen* oder *ein Herz aus Stein* haben. Sie sind allgegenwärtig.

Als Rohstoff dienten die Steine zum Häuser- und Straßenbau. Jeder hat schon einmal in seinem Leben einen Stein in der Hand gehalten, aufgehoben, befühlt, bewundert oder eingesteckt in die Tasche oder im hohen Bogen weit, weit weg geworfen oder als Steinepflitzer übers Wasser gescheucht. Kinder lieben Steine und können sich in endlosen Spielen mit ihnen verlieren, können bauen, zählen, ordnen oder auch bearbeiten. Sie sind eindeutige Dinge und sie eignen sich als Baumaterialien und für Experimente. Sie schmücken und sie können bearbeitet werden. Mit ihnen können wir in die Wissenschaft der Gesteine der Erde eintauchen oder in das Handwerk der Edelsteinbearbeitung. Einen Stein können wir sorgfältig ein- und ausräumen, ihn einpacken oder „schwimmen" lassen. Wir suchen Steine oder gehen auf Schatzsuche; es gibt Kohle oder Versteinerungen. Das Thema lässt sich bis zu den Geowissenschaften strecken. Steine sind wie dafür geschaffen, Rollen zu probieren:

- Architekt: einen hohen Steinturm bauen
- Gestalter: ein Mosaik legen
- Künstler: den schönsten Stein abpauschen
- Steinmetz: Steine zerkleinern
- Chemiker: Steine weiterverarbeiten in ihre Mineralstruktur
- Physiker: Steine in ihrer Dichte und Schwere untersuchen

Somit können reichhaltige Erfahrungen und Impulse über die Steinwelt ermöglicht werden. Schon die Kleinsten können die Vielfältigkeit von Steinen erleben und für die Größeren gibt es viele Möglichkeiten zu experimentieren und die Welt der Steine, deren Chemie und Physik und weitere Nutzbarkeit zu entdecken.

Sowohl im Freispiel wie auch bei „Forschungsreisen“: In allen Bildungsbereichen des Kindergartens kann man mit Steinen arbeiten – im mathematischen Bereich, im Bewegungsfeld, in prozessorientierten oder produktorientierten Feldern. Alle in ➢ Kap. 5.2.1 aufgeführten und in diesem Kapitel spezifizierten Punkte können mit dem Projekt Steine erfüllt werden:

- Das Steine-Projekt ist inhaltlich reich und erlaubt eine zeitlich ausreichend lange Bearbeitung.
- Das Steine-Projekt lässt für alle Kinder jeglichen Alters und Entwicklungsstand Veränderungs- und Erfahrungsmöglichkeiten individuell und in der Gruppe zu.
- Das Steine-Projekt ist als strukturiertes Erfahrungslernen planbar und durchführbar.
- Das Steine-Projekt lässt entdeckendes und forschendes Lernen zu.
- Das Steine-Projekt lässt viel Raum um spontane Ideen und Interessen der Kinder zuzulassen.
- Das Steine-Projekt ermöglicht drinnen, draußen und mit der Umgebungswelt in Kontakt zu treten.

BEISPIEL

Erste Sammlung (Brainstorming) von Wörtern zum Thema Steine für eine Wortliste

Steinwüste – einen Stein im Brett haben – Steinmetz – Speckstein – Steinschleifer – Schornstein – steter Tropfen höhlt den Stein – Kalkstein – ein Tropfen auf dem heißen Stein – Meilenstein – wer im Glashaus sitzt, sollte nicht mit Steinen werfen – Steinofen – Stein und Bein schwören – Einstein – (ein Stein) – ein Stein fällt vom Herzen – Grabsteine – Feldsteine – Kieselsteine – Spielsteine – Zahnstein – Urinstein – Gallenstein – Backstein – Schachstein – Ziegelstein – Steinkohle – Bimsstein – Dominostein – Marmorstein – Pflasterstein – Glitzerstein – Baustein – Leuchtstein – Steinplatten – Orientierungsstein – Taststein – Steinlöcher – Steinturm – Kristallstein – Grenzstein – Stolperstein – Steinskulptur – Mühlstein – Steinschleuder – Steinzeit – Steinschlag – Kopfstein – Mauerstein – Steinbüste – Steintreppe – Steinfisch – Backsteinhaus – steinhart – Steinmarder – Bettstein – Steinbruch – Hinkelstein – ein Herz aus Stein – Feuerstein – Stein auf Stein – steinalt – Klangstein – steinreich – Mahlstein – Steinsprung – Zauberstein – Glücksstein – Erinnerungsstein – Lutschstein – Steinwurf – Edelstein – Tropfsein – Kirschstein – Lieblingsstein – ... dem Weg der Steine folgen (entnommen aus: Das Steineheft, Arzenbacher und Springer 2007).

Diese Liste ist nicht gleichbedeutend mit der Wortliste (➢ Kap. 6.3). Sie stellt eine mögliche Basis dar, aus der die Wortliste im Laufe der weiteren Bearbeitung entsteht.

6.3 Aufstellung einer Wortliste

Pro Projekt wird eine Wortliste (Gesamtwortliste) erstellt, die das sprachliche Material des Projekts umfasst. Die Wortliste stellt den Ausgangspunkt für jede Aktion des Projekts dar.

Damit steht nach der Wahl eines Themas nicht die Projektumsetzung am Anfang, sondern das *sprachliche Material*, das im Vorfeld nach bestimmten sprachlichen Kriterien und je nach Gruppenbeschaffenheit gewählt wird. Auf diese Weise steht die Sprachförderung im Fokus der alltäglichen Arbeit in den pädagogischen Aktionen: Der Grund dafür liegt darin, dass durch den Weg vom Sprachmaterial zur pädagogischen Handlung der thematische Zusammenhalt zwischen den ausgesuchten Wörtern stärker ist. Zudem können natürliche semantische Ordnungsprinzipien wie Ober- und Unterbegriffe oder auch Gegensätze, die auch die Organisation des semantischen Systems widerspiegeln (Murphy 2002), besser aufgegriffen werden. Damit kann die Eingliederung neuer Wörter in das kindliche semantische System bestmöglich unterstützt werden (z.B. Zuordnung von Tieren anhand bestimmter Eigenschaften). Das sprachliche Angebot für die Kinder kehrt im Alltag stets wieder (in täglichen Ritualen, in kleineren sprachlichen Sequenzen mit Projektbezug, beim Essen, beim Sport etc.) und wird im Laufe der Wochen, die das Projekt andauert, ausdifferenziert und erweitert. Im Zuge dieses Voranschreitens wechselt die Thematik von der Kernwortliste zu den Randbereichen der Wortliste.

Zunächst beschäftigt sich das pädagogische Team mit dem Erstellen der Gesamtwortliste. Diese Wortliste enthält alle Wörter, die während des Projekts eingeführt, erarbeitet und gefestigt werden sollen. Der zentrale Teil der Gesamtwortliste ist die **Kernwortliste**, die den Mindestwortschatz umfasst, den alle Kinder der Gruppe – sowohl jüngere als auch sprachlich auffällige Kinder – verstehen lernen sollen. Diese Wörter sind prototypisch für das gewählte Projektthema und werden von Beginn des Projekts an verwendet. Sie sind im Input der Erzieherinnen von Beginn an verstärkt und bekommen während der Projektphase die höchste *Inputfrequenz*.

6

!

Inputfrequenz bezeichnet die Häufigkeit, mit der ein bestimmtes Wort in der an die Kinder gerichteten Sprache verwendet wird.

Je nach Alter der Kindergruppe können unterschiedliche Maßstäbe an die Wortliste angelegt werden. ➢ Tab. 6.5 gibt Anhaltspunkte.

BEISPIEL

Sprachliche Situationen für ältere Kita-Kinder

- Auf ungewöhnliche Wörter oder Satzkonstruktionen aufmerksam machen, z.B. auf die veraltete Sprache in Liedern
- Als Abschluss einer Aktion die neuen Wörter aktiv mit der Kindergruppe sammeln:
  - Welches unbekannte Wort ist mir bei der Aktion heute begegnet?
  - Was bedeutet es?
  - Wann kann man es benutzen?
- Aktivitäten verbal planen und reflektieren
- Neue, ungewöhnliche Themen und Perspektiven diskutieren.
  - Was würde passieren können, wenn wir einen Tag keine Steine auf der Welt hätten?

Tab. 6.5 Anhaltspunkte zum Erstellen der Wortliste je nach Alter der Kindergruppe

Jüngere Kinder	Ältere Kinder
Sprache ist mit konkreten Tätigkeiten verbunden	Sprache ist unabhängig von Handlungssituationen im Projekt einsetzbar
Sprache wird begleitend bei Versuch- und Irrtum-Handlungen eingesetzt	Von der Handlung wird ein Plan aufgestellt, der verbal diskutiert und festgelegt wird: • planerische, hinterfragende und interpretierende Sprachverwendung von Kindern und der Erzieherin
Neue Zielwörter werden immer mit konkreten Erprobungssituationen verbunden	
Basales Erproben von Sprache	Sprachliche Reflexion von Erlebnissen (Nachbesprechungen)
Kinder kommentieren konkrete Dinge	Kinder diskutieren ihre Gedanken zum Projektthema
Wortliste besteht aus konkreten Begriffen	Wörter beinhalten neben konkreten auch abstrakte Begriffe

6.3.1 Gesamtwortliste

Die Gesamtwortliste umfasst alle Wörter, mit denen während der Projektdauer gearbeitet werden könnte und stellt *mind. 10–15 neu einführbare Wörter pro Projektwoche* bereit. Auf einer Wortliste stehen ausschließlich die Wörter des Projektthemas, d.h. keine Wörter des alltäglichen Umgangs, der neben dem Projekt stattfindet. Diese Zielwörter werden eingeführt und anschließend über mehrere Aktionen systematisch weiter verwendet. Die Wortliste umfasst alle Wortarten: Nomen, Verben, Adjektive, Präpositionen, Pronomen. Bei einem niedrigen Altersdurchschnitt in der Gruppe kann es durchaus sinnvoll sein, auch soziale Wörter bzw. Ausdrücke wie z.B. „Guten Appetit“ in die Gesamtwortliste mit aufzunehmen, wenn sie zum Thema des Projekts passen. Generell stehen die zentralen, im Alltag häufig auftretenden Wörter am Anfang der Wortliste (Kernwortliste). Sie sind die Wörter, von denen die Erarbeitung der Wortliste ausgeht.

Exkurs

Wortarten der Gesamtwortliste

- Nomen: ca. 50%
- Verben: ca. 20%
- Adjektive: ca. 20%
- Pronomen: ca. 5%
- Präpositionen: ca. 5%

Diese Werte sind Zirkawerte. Es kann von Projekt zu Projekt variieren, welche Wortart in den Vordergrund rückt. Wichtig für eine gute Wortliste ist aber in jedem Fall, dass sie eine *Verteilung an Wortarten* aufweist und nicht nur aus einer geringen Auswahl an Wortarten besteht (z.B. nur Nomen und Verben). Eine genaue Beschreibung, welchen Stellenwert die einzelnen Wortarten in der Entwicklung des Kindes haben, findet sich in ➤ Kap. 6.3.4.

Exkurs

Grammatische Elemente (Funktionswörter) in der Wortschatzarbeit

Es ist ein Grundsatz von PräSES, dass der Input der Erzieherin grundsätzlich grammatisch korrekt, in der Satzstellung flexibel und variantenreich in der Wortverwendung ist. Hierdurch wird automatisch gewährleistet, dass wichtige grammatische Elemente (Funktionswörter wie die Artikel, Konjunktionen etc.) immer wiederkehrend vorkommen und so dem Kind in hoher Frequenz im Input angeboten werden. Eine Aufstellung dieser Wörter in der Wortliste ist daher nicht notwendig.

Die Wörter von der Gesamtwortliste werden sukzessive unter Berücksichtigung der methodischen Umsetzungen eingeführt. Beginnend mit der Kernwortliste werden nach und nach weitere Anteile hinzugenommen und abschließend auch die Randbereiche der Wortliste integriert. Neue Wörter werden eingeführt, wenn eine Aktion mit einer strukturierten Inputsituation geplant wird. Die eingeführten Wörter gelten als erworben, wenn die Kinder sie verstehen und in den einzelnen Aktionen sicher mit den Begrifflichkeiten umgehen. Für den sprachlichen Erfolg ist die Produktion der neuen Wörter weniger wichtig als das Verstehen der Wörter.

Eine Hauptarbeit der Erzieherin wird mit zunehmender Projektdauer darin bestehen, die Wörter aus der Liste auszustreichen, die von den Kindern inzwischen erworben und benutzt werden. Diese sind als Arbeitsmaterial in den Aktionen nun nicht mehr anforderungsgemäß. Sie können in Sonderaktionen wieder aufgegriffen werden, wenn mit jungen oder sprachauffälligen Kindern gearbeitet wird. Für Aktionen, an denen alle Kinder teilnehmen, werden diese Wörter nicht mehr verwendet.

Exkurs

Zielwörter – Ablenker

Neben den Wörtern der Wortliste gibt es eine Vielzahl von Wörtern, die in einzelnen Aktionen verwendet werden, um Kontraste zu verdeutlichen oder Eigenschaften zu symbolisieren. Sie gelten als *Ablenker* (z. B. steht die *Feder* für *leicht* oder *Feile* für *rau*). Diese Wörter (Feder, Feile) werden pro Aktion zu den Wörtern der Wortliste hinzugenommen und *finden sich nicht in der Wortliste des Projekts*. Das bedeutet, dass sie nach ihrer Verwendung in einer Aktion auch nicht systematisch weiter gefestigt werden. Für diese Wörter besteht nicht die Zielstellung, sie im Wortschatz der Kinder anzulegen.

6.3.2 Kernwortliste

Die Kernwortliste ist eine Auswahl an Wörtern der Gesamtwortliste. Ebenso wie die Gesamtwortliste enthält sie die verschiedenen Wortarten. Grundsätzlich ist sie jedoch wesentlich weniger umfangreich und enthält all jene Wörter unter den Projektwörtern, die im Alltag besonders häufig Anwendung finden. Für junge oder sprachauffällige Kinder kann das sprachliche Lernziel eines umfangreichen Projekts bereits mit dem Erwerb der Kernwortliste erreicht sein. Auch bei der Kernwortliste sprechen wir von Erwerb, wenn die Kinder die Wörter verstehen. Formale Merkmale einer Kernwortliste sind:

- Hochfrequente Wörter
- Keine Komposita
- Erlebnisrelevante Wörter
- Gut explorierbar (v.a. Verben)
- Gut erlebbar (Adjektive)
- Max. 50 Wörter.

Üblicherweise befinden sich die Wörter auf der Kernwortliste, die schon zu Beginn mit der Projekteinführung gekoppelt waren und verstärkt im Aufmerksamkeitsfokus der Kinder stehen. Damit geht einher, dass die Kinder die anfangs eingeführten Wörter auch häufiger hören als später eingeführte Wörter. Je häufiger Kinder ein Wort hören, desto eher speichern sie es in ihrem Wortschatz ab. Generell stärkt die wiederholte Präsentation eines Wortes in dem entsprechenden situativen Kontext die Verbindung zwischen der Wortform und der zugehörigen Bedeutung und führt damit nach und nach zum Worterwerb (Carey 1978; Hoff und Naigles 2002). Die Wortliste für das Beispielprojekt Steine findet sich in ➢ Kap. 10.2.

Nach dem Abarbeiten der Kernwortliste werden andere Wörter der Wortliste mit einbezogen. Je länger das Projekt fortschreitet, desto mehr verändert sich das neu einzuführende Wortmaterial zu niedrigfrequenten und komplexen Wörtern (z.B. abstrakte Wörter, Komposita). Je älter und fortgeschrittener die Kinder der Gruppe sind, desto schneller wird die Kernwortliste als Basis der gemeinsamen Handlungen dienen und nicht mehr im Förderfokus stehen. Daraus folgt: Auch bei älteren Kindern wird mit einer einfachen Kernwortliste begonnen, um die gemeinsame Wissensbasis abzusichern. Der Unterschied zu jüngeren Kindern liegt im Tempo, wie schnell neue Wortfelder mit in die strukturierten Inputsituationen aufgenommen werden und damit neu eingeführt werden können.

6

!

Gerade Kinder mit sprachlichen Auffälligkeiten müssen ein neues Wort mehrmals hören und mit dem Referenten des Wortes genauer und häufiger umgehen, um das Wort lernen zu können. Teilweise benötigen Kinder mit spezifischen Sprachentwicklungsstörungen doppelt so viel Input von neuen Wörtern, damit sie diese ausreichend verstehen können (Gray 2003).

Je weiter das Projekt voranschreitet, desto weniger stehen die Wörter der Kernwortliste im Zentrum der pädagogischen Handlungen. Sie bewegen sich vom Inhalt allgemeiner Aktionen zu Projektbeginn für alle Kinder zu Sonderaktionen im weiteren Verlauf für junge, sprachschwache oder allgemeine entwicklungsauffällige Kinder.

6.3.3 Randbereiche der Wortliste

Wörter, die zu den Randbereichen einer Projektwortliste gehören, weisen folgende Eigenschaften auf:

- Sie stehen *thematisch* am Rand des Projekts, obwohl sie an einer bestimmten Stelle dazugehören (z.B. *Schmuck* für das Projekt Steine).
- Sie weisen während des Projekts keine allzu hohe Inputfrequenz auf.
- Sie sind eher niedrigfrequent.
- Die zu ihnen gehörenden Handlungen (z.B. Schmuck aus Steinen herstellen) wird zu einem späten Zeitpunkt im Projekt oder auch nur als Sonderaktion für ältere Kinder (Vorschüler) geplant.

Die Randbereiche der Wortliste sollten ebenfalls alle Wortarten (vgl. Kasten in ➢ Kap. 6.3.1; S. 129) umfassen. Dabei können sich die Prozentverhältnisse verschieben. Es ist z.B. häufig der Fall, dass Nomen auf der Randbereiche-Liste einen wesentlich höheren Stellenwert einnehmen als in der Kernwortliste. Der Grund dafür ist, dass viele niedrigfrequente Wörter in einem Projekt seltener gebrauchte Objekte/Gegenstände sind, für das Projekt Steine können dies seltener verwendete Steinarten sein (z.B. spezielle Bezeichnungen von verschiedenen Halbedelsteinen oder Edelsteinen).

6.3.4 Wortarten in der Wortliste

!

Die Zusammensetzung des kindlichen Wortschatzes zeigt von Beginn an unterschiedliche Wortarten (Inhaltswörter wie Nomen, Verben, Adjektive, relationale und soziale Wörter und Funktionswörter), die während der Wortschatzentwicklung in unterschiedlichen Phasen das Lexikon füllen.

Das zu verwendende Wortmaterial soll dem Thema entsprechen. Es ist dabei von besonderer Bedeutung, dass das Wortmaterial für die Wortschatzarbeit dem natürlichen Lexikon entsprechend unterschiedliche Wortarten enthält und dem Entwicklungsstand der Kinder entspricht.

Die Entwicklung des Wortschatzes verläuft für die verschiedenen Wortarten nicht kontinuierlich. Die

Wortartenentwicklung bis zum 18.–24. Lebensmonat wurde von Kauschke (2000) in drei wesentliche Phasen eingeteilt:

- **Phase 1:** Dominanz von personal-sozialen Wörtern (*ja, nein, hallo, tschüss, bitte, dank, auae*); daneben relationale Wörter (*da, auch, hier, noch mal, wieder*); Verbpartikel (*auf, zu* – von *auf*machen und *zu*machen, das Kind produziert zunächst nur die Vorsilben, die den semantischen Kern des Wortes darstellen); Lautmalereien; Namen (*Mama, Papa, Oma, Opa, teilweise erste Eigenbezeichnungen*) oder erste Nomen
- **Phase 2:** Anwachsen des Nomenanteils; erste Verben
- **Phase 3:** weitere Ausdifferenzierung aller Inhaltswortarten, Verben und Adjektive, erste Funktionswörter.

Mögliche Vertreter der Wortarten für einen typischen Wortschatz in diesem Alter finden sich in ➢ Tab. 1.3.

Anschließend wird in der Phase des Wortschatzspurts (➢ Kap. 1.2.2) das Lexikon für alle Inhaltswortarten stark ausgebaut. Hier werden viele Nomen erworben (Kauschke 2000), da das Kind nun den Alltagswortschatz lernt, in dem viele Objekt- und Gegenstandsbezeichnungen enthalten sind. Da Nomen ein spezifisches Ding bezeichnen, bilden sie eine große Gruppe Wörter innerhalb der Sprache. Dies spiegelt sich auch in der Prozentverteilung der Wortarten auf der Gesamtwortliste wider (➢ Kap. 6.3.1). In den Wortarten Verben und Adjektive werden nun abstraktere oder komplexere Wörter erworben. Generell geht der Erwerb von frequent in der Sprache zu niedrigfrequent, von konkret zu abstrakt (mentale Wörter, die Gefühlszustände ausdrücken, gehören zu den abstrakten Wörtern) und von einfach zu komplex.

So muss in einer Krippegruppe eine andere Wortartenverteilung entstehen als in einer Vorschulgruppe. Obwohl also generell Wörter aus allen Inhaltswortarten (Nomen, Verben, Adjektive) enthalten sein sollen, richtet man sich nach der Altersstruktur der Gruppe.

Besteht eine Krippegruppe maßgeblich aus Kindern unter 18 Monaten, so werden abstraktere Inhaltswörter (abstrakte Nomen wie *Gefühl, Freude, Trauer* oder mentale Wörter wie *denken, fühlen* bzw. *freudig*) nicht auf die Wortliste passen. Stattdessen werden konkrete Wörter, die über die Sinne leicht erfahrbar sind, auf die Kernwortliste gesetzt.

Beim Beispielprojekt Steine wären bei den jüngeren Kindern unter den Nomen auf der Kernwortliste etwa *Stein, Wasser, Sand, Matsch, Boden, Loch* zu finden. Bei älteren Kindern werden viele komplexere und spezifischere Nomen wie *Granit, Marmor, Felsen und Findling* verwendet.

Verben sind pro Kindergruppe weniger variabel als Nome, da das einzelne Verb vielfältiger einsetzbar ist als ein Nomen (z.B. können sowohl *Sand* und *Matsch* hinsichtlich ihrer Fähigkeit zu schwimmen untersucht werden als auch *Granit* und *Marmor*). So wird sich die Kernwortliste für junge Kinder eher durch *weniger* Verben von der älterer Kinder unterscheiden als durch grundsätzlich *andere* Verben. Verben für das Thema Steine, die wohl auf jeder Kernwortliste stehen, wären z.B. *schwimmen, untergehen, rollen, werfen, suchen, finden.* Sie alle haben gemeinsam, dass sie gut zu erleben, zu erproben und zu beobachten sind (keine mentalen Verben).

Wie fühlen sich Steine an? Das ist dann eine Fragestellung für Kinder, die bereits ein leichtes mentales Konzept nachvollziehen können. Bei Krippengruppen ist dies noch nicht gegeben, wohl aber bei jüngeren Kita-Kindern, wenn es sich danach um gut nachvollziehbare Eigenschaften wie *warm, leicht, schwer, spitz, weich, grau, schwarz, glatt, kalt* handelt. *Gut* und *schlecht* wären an dieser Stelle dann keine gut nachvollziehbaren Konzepte, die das Verb *fühlen* verstehen helfen.

Exkurs

Was tun bei einer Kindergartengruppe mit wenig Deutschkenntnissen?

Bei Kindern mit anderen Muttersprachen ist die Alterszuordnung zum Wortschatz im Deutschen wenig zielführend. Hier ist es günstiger über das „Wortschatzprofil" der Kinder die Wortliste zu konstruieren. Lässt sich das Vokabular der Kinder im konkreten, einfachen Bereich abbilden, ohne komplexere Nomen, keine abstrakten Verben und nur einfache Eigenschaftswörter, so wird die Wortliste aus diesem Niveau abgeleitet. Die Aufgabe der Wortliste ist

6

es, die Kinder in ihrem Wortschatzerwerb zu fördern, auch wenn dieser nicht altersentsprechend ist. So kann es dazu kommen, dass ein Projekt entsteht, das vom Sprachmaterial her relativ einfach ist. Um die Kinder in ihren kognitiven Gegebenheiten jedoch nicht zu unterfordern und dadurch Unlust am Projekt hervorzurufen, werden die Wörter in altersgemäßen, d.h. komplexeren Aktionen, vermittelt, sodass die Kinder auf der nichtsprachlichen Ebene auf ihrem Altersniveau gefordert werden.

Exkurs

Was tun bei einem erhöhten Anteil entwicklungs- und sprachentwicklungsauffälliger Kinder in der Gruppe?

Befinden sich unter den Kindern einer Teilnehmergruppe eines Projekts ein erhöhter Anteil sprach- und allgemein entwicklungsauffälliger Kinder, so muss die Wortliste und die Wortartenverteilung ebenfalls angepasst werden. Ähnlich wie bei Kindern mit anderen Muttersprachen kann das Alter nicht als Gradmesser für die Auswahl des Wortmaterials genutzt werden. Die Wortliste muss aus dem Sprachentwicklungsprofil der Kinder abgeleitet werden. Dies geht über die Sprachentwicklungsstörung hinaus, so sind z.B. viele genetische Syndrome mit geistiger Behinderung auch dafür bekannt, dass die betroffenen Kinder ihren Wortschatz verspätet erwerben (Siegmüller 2006, 2008). Insofern wird bei Kitas mit entsprechenden Integrationskindern eine Wortliste entstehen, die sich am Wortschatzniveau der Kinder orientiert und das Alter vollkommen außer Acht lässt. Bei dieser Kindergruppe kann – anders als bei kognitiv gesunden Kindern, die noch nicht viele Deutschkenntnisse aufweisen – kein altersgerechtes nonverbales Aktionsniveau angestrebt werden. Eher im Gegenteil: je mehr die kognitive Entwicklung der Kinder betroffen ist, desto eher werden die Aktionen ebenfalls auf einem sehr basalen Niveau verbleiben und auch mit älteren Kita-Kindern einem Krippe-Projekt ähneln. Bei Kindern mit spezifischen Sprachentwicklungsstörungen kann die Aktion wieder komplexere Züge annehmen. Einer Überforderung sollte jedoch auf jeden Fall vorgebeugt werden, da sich dies v.a. in einem Nicht-Erwerben der jeweiligen Wörter der Aktion niederschlagen wird.

6

6.4 Von der Wortliste zur Aktion

Schematischer Ablauf:

1. Aufbau der Gesamtwortliste mit Kernwortliste und Randbereichen (vgl. ➤ Kap. 6.3)
2. Ableitung von Wortgruppen mit verschiedenen Wortarten pro Gruppe (vgl. ➤ Kap. 6.4.1)
3. Ableitung von Aktionsrahmen durch die Wortgruppen (vgl. ➤ Kap. 6.4.2)
4. Umsetzen des Aktionsrahmens in eine methodische Struktur (Auswahl der Methode/Methoden) (vgl. ➤ Kap. 6.4.3)
5. Konkrete Erstellung der Aktion mit Verfassen von Arbeitsaufträgen, strukturiertem Input, Textbausteinen für die Spiegelung von Sprache (vgl. ➤ Kap. 6.4.4).

!

Der Wortschatz, der sich neu bilden soll, muss mit vielfältigen Erfahrungen verknüpft werden, um dauerhaft abgespeichert zu werden.

6.4.1 Ableitung von Wortgruppen mit verschiedenen Wortarten

Nach dem Aufstellen der Gesamtwortliste mit ihren Unterbereichen werden die Wörter in Gruppen und Felder gefasst. Dabei werden die Wörter so zusammengestellt, dass sie den Rahmen von Aktionen bilden können. In einer Wortgruppe sind immer Mischungen von Wortarten. Folgende Mischungen eignen sich zur Erstellung einer Wortgruppe (Aufstellung mit ansteigendem Schwierigkeitsgrad):

- Verschiedene Objektwörter (Nomen) der Kernwortliste mit einem, max. 2 Verben (siehe Beispielkasten)
- Verschiedene Objektwörter mit mehreren Verben. Die Verben sind nicht mit allen Nomen realisierbar.
- Verschiedene Nomen und einige Adjektive (Eigenschaften der Nomen)
- Verschiedene Nomen, einige Adjektive und ein Verb
- Verschiedene Nomen, einige Verben und einige Adjektive
- Hinzunehmen von anderen Wortarten (z.B. Pronomen: *meins, deins*)

Außer dieser im Schwierigkeitsgrad aufsteigenden Liste kann innerhalb der Wortarten der Schwierigkeitsgrad sukzessive erhöht werden: Nomen werden komplexer, Verben von konkreten Handlungen zu mentalen Tätigkeiten, Adjektive von gut erfahrbaren Eigenschaften zu abstrakteren.

Beispiel

Nomen: Kieselstein, Sand, Feuerstein, Feldstein, Schiefer, Edelstein
Verben: wiegen, messen
Aktion: Die Erzieherin gibt eine strukturierte Inputsituation in Form einer Geschichte, in der eine Handpuppe herausfinden will, wie schwer einzelne Steine sind. Sie stellt fest, dass sie einige mit einer Hand, andere mit beiden Händen und wieder andere gar nicht hochheben kann. Wie kann man der Handpuppe helfen?
Aufgabe: Auf einer Waage die Steine wiegen und mit anderen Steinen die andere Waagschale ausbalancieren (ein Feldstein braucht 5 Kieselsteine, um die Waage ins Gleichgewicht zu bringen). Auf einem Lineal aus Pappe werden die Steine gemessen und die Größe als Strich abgetragen.

6.4.2 Ableitung von Aktionsrahmen durch die Wortgruppen

Aus der Kombination von Gegenständen bzw. Objekten (*Nomen*) und den anderen Inhaltswortarten ergeben sich verschiedene Aktionsrahmen: befindet sich ein *Verb oder mehrere Verben in der Wortgruppe*, so liegt die Ableitung einer Aktion nahe, in der die Objekte in bestimmten Handlungen erprobt werden. Diese können dann alle mit Erfolg ausprobiert werden (Stufe 1 der Liste oben). Oder die Kinder stellen fest, dass nicht an allen Objekten diese Handlung durchgeführt werden kann (Stufe 2 der Liste oben). Gibt es eine Gruppe von Objekten, bei der die Handlung nicht durchführbar ist (z.B. *damit schneiden*, was nur mit dem Feuerstein geht), so entstehen zwei Klassifikationsgruppen:

- **Klassifikation 1:** Zusammenstellung der Objekte, bei denen die Handlung durchführbar war.
- **Klassifikation 2:** Zusammenstellung der Objekte, bei denen die Handlung nicht durchführbar war.

Bei der Kombination von *Nomen und Adjektiven* in einer Wortgruppe beginnt die Schwierigkeitshierarchie bei der Feststellung, ob die Eigenschaft, die durch das Adjektiv ausgedrückt wird (z.B. *glatt*) auf alle Gegenstände passt oder nicht. Auch hier entstehen zwei Gruppen.

Bei der Kombination von *Nomen, Verben und Adjektiven* werden die Eigenschaften der Objekte mit einer Handlung verbunden. So wird z.B. das Adjektiv *nass* mit *schwimmen* verbunden oder *scharf* mit *schneiden.* Auf diese Art entstehen komplexere Aktionen: Die Handlung wird erprobt und der Gegenstand – je nach Erfolg oder Misserfolg der Handlung – mit dem entsprechenden Merkmal/der entsprechenden Eigenschaft belegt. Diese Aktionsrahmen bestehen aus mehr Arbeitsschritten als die einfacheren Aktionen oben und sind für sehr junge Kinder daher eventuell zu komplex. Die Kinder können anhand solcher komplexen Aktionsrahmen erkennen, dass die Beziehung zwischen den Gegenständen (Nomen) und den Handlungen bzw. Eigenschaften mehrdimensional ist. Mit anderen Worten: zwischen einem Gegenstand und einer Eigenschaft (z.B. *Feuerstein ist scharf*) besteht keine 1:1-Beziehung.

6.4.3 Umsetzen des Aktionsrahmens in eine methodische Struktur (Auswahl der Methode/Methoden)

Aus dem Aktionsrahmen, der aus den Wortgruppen entsteht, leiten sich fast automatisch die Methodenmöglichkeiten ab. Aus dem Beispiel in ➤ Kap. 6.4.1 wird dies deutlich. Je nachdem, ob durch eine Aufgabe eine spezifizierte Gruppe oder mehrere Gruppen

6

entstehen, eignen sich Auswählen oder Sortieren als methodische Umsetzung in einer von den Kindern selbständig durchgeführten Situation. Jede Situation kann nach Belieben durch eine strukturierte Inputsituation eingeführt werden. Dies kann sowohl entwicklungsvorbereitend als auch -festigend geschehen, sodass nicht zwingend neues Wortmaterial eingeführt werden muss. In der Regel werden strukturierte Inputsituationen die Aktionen einleiten, da sie gut dafür geeignet sind, in einer kindgerechten Weise Arbeitsaufträge zu vermitteln. Die Kinder werden einheitlich durch die Inputgabe in ihrer Aufmerksamkeit gelenkt.

Über die Frage der Methodenauswahl hinaus muss die Projektphase und der Bekanntheitsgrad der verwendeten Wörter betrachtet werden.

- Handelt es sich vollständig *um neu eingeführte Wörter*, so kann noch keine festigende Methode angewendet werden. Die Aktion beinhaltet dann lediglich eine strukturierte Inputsituation und lässt den Kindern die Gegenstände zur selbständigen, spielerischen Exploration, in der nicht weiter Input gegeben wird, d.h. keine Sprachförderung durchgeführt wird.
- Wird in der Aktion Wortmaterial gefestigt, kann nach einer Fokussierung durch eine strukturierte Inputsituation eine festigende Methode folgen. Dabei muss wiederum die Schwierigkeitshierarchie beachtet werden: *Auswählen vor Sortieren vor Sprache spiegeln.*

6

6.4.4 Konkrete Erstellung der Aktion mit Verfassen von Arbeitsaufträgen, strukturiertem Input, Textbausteinen für die Spiegelung von Sprache

Im nächsten Schritt wird aus den Bausteinen *Wortgruppe, Aktionsrahmen und Methode(n)* die konkrete Aktion ausgearbeitet. Der sprachliche Input in der Aktion ist entscheidend für das Sprachlernen. Das Lernen gestaltet sich insgesamt über die Wortschatzarbeit im Dialog über das Thema. Die Handlung erfolgt pro Kind oder in Kindergruppen. Anders als beim Hören von strukturierten Inputsituationen sollen die Kinder in der Handlung der Aktion selbst tätig werden. Die Rolle des Kindes beim Erwerben des neuen Wortschatzes und beim Erproben stehen somit in Kontrast zueinander:

!

- *Erwerben von Wortschatz → Wörter verstehen lernen → Kind ist in der Rolle des Zuhörers*
- *Erproben der neuen Handlung/Erforschen/Explorieren → Handlungsstränge kennenlernen, Weltwissen und sprachliche Bedeutung von Zielwörtern erweitern → Kind ist in einer aktiven Rolle und handelt*

Durch die eigene Handlung in der Erforschung und Erprobung begreift das Kind. Ein bloßes Hören der Bedeutung kann die Einbettung im mentalen Lexikon des Kindes nicht absichern.

Welche Rolle den Kindern in der einzelnen Aktion zugedacht wird, kann von Kind zu Kind variieren. Es ist sinnvoll, sich an dieser Stelle der Planung zu überlegen, welche Kinder unter Umständen eine führende Rolle und damit neben der *Modell-Handlung* auch das *Sprachmodell* (Peer-Input) einnehmen könnten. Je nachdem wie stark die Aktion auf der Führung eines oder mehrerer Kindes aufbauen soll, kann es notwendig sein, die entsprechenden Kinder vorher anzusprechen und in die Vorbereitung (Bereitstellung des Materials) mit einzubeziehen. Bei Sonderaktionen gehört die Planung, für welche Kinder die Aktion geplant ist, mit zum normalen Planungsablauf. Eine Aktion für große, schulreife Vorschulkinder kann auch nur mit diesen stattfinden. Ebenso werden diese Kinder Aktionen langweilig finden, die für die jüngsten Kinder einer altersgemischten Gruppe geplant sind.

Bei Erzieherinnen, die die Projektarbeit erst beginnen, ist es günstig die Struktur der Aktion aufzuschreiben. Sie sollten die Methodenwechsel, die Anwendung der Zielwörter und die Planung des eigenen Verhaltens (aktives Verhalten beim Input geben und rückziehendes Verhalten bei selbständiger Arbeit der Kinder) üben, durchdenken und durchhalten. Bei zunehmender Routine genügt es, die strukturierten Inputsituationen schriftlich vorzubereiten.

!

Für Anregungen steht eine Menge vorbereitetes Material von verschiedenen Verlagen zur Verfügung. Ein Beispiel sind hier die Projektmappen von Herder. In dieser Reihe gibt es auch eine Mappe zum Thema Steine und Kristalle, die mit dem Beispielprojekt in diesem Buch kombiniert werden kann (vgl. Hänsch und Wersky 2003).

Für die Planung einer Aktion werden im PräSES-Ansatz Planungsbögen angeboten, die sicherstellen, dass kein Anteil bei der Planung vergessen wird. Diese Bögen befinden sich mit Beispielen in ➢ Kap. 9; entsprechende Kopiervorlagen stehen im ➢ Anhang. Im Idealfall wird für jede Aktion eines Projekts ein Planungsbogen erstellt. Die Aktionen werden im weiteren Verlauf (➢ Kap. 8) auf dem Projektverlauf platziert und so nach ihrem Schwierigkeitsgrad sortiert. Bevor der Zeitstrahl als Konstrukt und als Platzierungsinstrument für die Projektplanung dargestellt wird, wird in ➢ Kap. 7 auf das Verfassen von strukturierten Inputsituationen eingegangen. Mit diesem Kapitel wird die Anleitung über das Verfassen der einzelnen Aktionen abgeschlossen.

KAPITEL

7 Verfassen strukturierter Inputsituationen

7.1 Formen strukturierter Inputsituationen

Die strukturierte Inputsituation ist die einzige Methode, mit der Kindern neue Wörter so nahegebracht werden, dass auch sprachschwächere bzw. sprachauffällige Kinder diese Wörter lernen können. Der Grund, warum dies in diesen Situationen möglich ist, liegt in der Verstärkung des Inputs an die Kinder.

In Therapiestudien beginnen wir, die Stärke des Inputs für das Lernen von Wörtern systematisch zu variieren und die Wirkung zu verstehen (Siegmüller et al. 2010). Für die Sprachförderung in der Kita bedeuten die Ergebnisse in der Zusammenfassung:

- Für die Bereitschaft zum Lernen ist es wichtig, das Wort in einer kindgerechten Situation von einer Person vermittelt zu bekommen, die dem Kind nahesteht und für die es Empathie empfindet.
- Je häufiger die Zielwörter in komprimierten Inputsituationen vorkommen, desto eher lernen die Kinder.
- Für das erste Verstehen ist das gleichzeitige Anbieten von Wort (bzw. der neuen Wortform) und Bedeutung (Handlung, Gegenstand, Eigenschaft) unerlässlich. In der strukturierten Inputsituation wird dieses vorgestellt, in der anschließenden Erprobungssituation erweitert und exploriert.
- Es kommt nicht darauf an, dass das Kind so schnell wie möglich lernt, das Wort zu sagen.

Im günstigsten Fall wird der Text so niedergeschrieben, wie er den Kindern „vorgetragen" werden soll. Folgende Umrahmungen werden häufig und mit Erfolg für strukturierte Inputsituationen verwendet:

- **Handpuppenspiele** mit zwei Handpuppen im Gespräch miteinander oder eine Handpuppe im Gespräch mit der Erzieherin
- **Vorlesen eines Bilderbuchs,** dessen Text verändert ist und nun eine strukturierte Inputsituation beinhaltet
- **Erzählen einer Geschichte** (durch eine Handpuppe oder durch die Erzieherin)
- **Erzählen** einer Geschichte zu einem **Situations-** oder **Aktionsbild** oder zu einzelnen Gegenständen.

Der Text für eine strukturierte Inputsituation sollte 1–2 (getippte) Din-A4-Seiten lang sein.

Exkurs

Vorlesen

Strukturierte Inputsituationen sind Situationen, in denen die Kinder für eine kurze Zeit in die Rolle des Zuhörers versetzt werden. Sie lernen in diesen Zuhörsituationen neue Wörter, neue Begriffe und neue Konzepte kennen. Diese werden ihnen in der Geschichte, dem Handpuppenspiel bzw. dem vorgelesenen Bilderbuch vorgestellt.

Vorlesesituationen sind für Kinder angenehme und bekannte Situationen. Sie wissen aus Erfahrung, dass solche Momente gemütlich, spannend und interessant sind. Diese Rahmenbedingungen müssen durch jede strukturierte Inputsituation gewährleistet werden: Die Kinder treffen sich in der Kuschelecke, im Morgenkreis, auf dem Freigelände in einer Ecke mit Steinen. Eine strukturierte Inputsituation findet nicht statt, wenn die Kinder nicht in einer Runde zusammensitzen. Durch das Zusammengehörigkeitsgefühl des gemeinsamen Zuhörens wird die Situation strukturiert und ist auch für schwächere Kinder durchzuhalten.

7.2 Berechnung der Stärke einer strukturierten Inputsituation

Die Stärke einer strukturierten Inputsituation ist mit einer einfachen Rechnung zu ermitteln. Diese Berechnungsformel wird auch in der Therapiemethodik verwendet, um das Erwerben von Wörtern und grammatischen Zielstrukturen bei sprachentwicklungsgestörten Kindern sicherzustellen (Sandhop et al. 2009; Siegmüller et al. 2009).

Um die Berechnung vornehmen zu können, muss die strukturierte Inputsituation schriftlich vorbereitet werden. Nachdem der Text erstellt ist, werden die Sätze ausgezählt, in der die Zielwörter enthalten sind. Danach wird die Gesamtzahl der Sätze ermittelt, die für die strukturierte Inputsituation geplant sind. Teilt man die Sätze mit Zielstruktur durch die Anzahl aller verwendeten Sätze, ergibt sich eine Zahl zwischen 0 und 1 (➤ Abb. 7.1). Je mehr dieser Bruch gegen 1 strebt, desto stärker ist die Zielstrukturverwendung in der strukturierten Inputsituation.

So weist z.B. eine strukturierte Inputsituation, die aus 46 Sätzen besteht und in 23 Sätzen ein Zielwort hat, eine Stärke von 0,5 – und damit eine *mittlere* Stärke – auf. Je stärker die strukturierte Inputsituation ist, desto eher werden alle zuhörenden Kinder die Zielwörter lernen können. Je mehr die Stärke der strukturierten Inputsituation gegen 0 absinkt, desto mehr bleibt das Lernen der Zielwörter auf die Kinder begrenzt, die ihren Wortschatz schnell erweitern können. Diese Kinder profitieren auch außerhalb der Inputsituationen am meisten vom Alltagsinput. Insofern ist es günstig, generell eine etwas erhöhte Inputstärke anzusetzen (ab ca. 0,6), um möglichst viele Kinder in die Lernsituation einbeziehen zu können. Die Stärke der strukturierten Inputsituation ist für das Lernen neuer Wörter ausschlaggebender als für die Absicherung bereits eingeführter Wörter (➤ Kap. 7.3).

7.3 Einführen neuer Wörter – Absichern bereits eingeführter Wörter

Kinder mit Sprachentwicklungsstörungen und Kinder mit komplexen Entwicklungsstörungen haben ein spezifisches Problem beim Aufnehmen neuer Wörter in ihren Wortschatz (Rice et al. 1986; Kouri 2005). Für beide Gruppen gilt, dass diese Kinder vor allem zu Beginn ihrer Kita-Zeit ein Sprachstörungsprofil ausbilden, indem sie zu langsam und zu wenig differenziert Wortschatz erwerben (Kouri 2005). Hier liegt ein Fokus der strukturierten Inputsituationen: Neu angebotene Wörter erhalten eine erhöhte Inputstärke und verbessern damit die Eingangsmöglichkeiten in den kindlichen Wortschatz.

Pro Woche sollen die Kinder mind. 10–15 neue Wörter hören. Daneben werden die neu eingeführten Wörter der vorherigen Woche – und wenn möglich auch die der letzten Wochen – im Input weiterhin häufig erwähnt. Im Optimalfall werden die Wörter über die Projektlänge so lange im Input der Erzieherinnen stark frequent gehalten, bis die Kinder anfangen, sie selbst zu produzieren (➤ Abb. 7.2).

Nach dem eigentlichen Erwerbsakt sind auch sprachschwächere Kinder in der Lage, mit etwas weniger starkem Input die Wörter im Wortschatz zu behalten und zudem weiter auszudifferenzieren. Es ist daher nicht notwendig, in strukturierten Inputsituationen und bei anderen festigenden Methoden die Stärke der Zielwörter auf dem hohen Niveau ihrer Einführung zu bewahren. Durch das Weiterbearbeiten des Projektthemas bleibt die Inputfrequenz auch höher als im Alltagsinput, wenn sich die Aufmerksamkeit der Kinder anderen Wörtern zuwendet. Es ergibt sich die in ➤ Abb. 7.2 dargestellte abfallende Kurve (pro Wort).

Wird eine ganze neue Wortgruppe eingeführt, so wird zunächst die Wiederholung des Inputs auf ho-

$$\frac{\textbf{Anzahl der Sätze mit Zielstruktur}}{\textbf{Gesamtanzahl der Sätze der strukturierten Inputsituation}} = \textbf{Stärke (zwischen 0 und 1)}$$

Abb. 7.1 Formel zur Berechnung der Stärke von strukturierten Inputsituationen

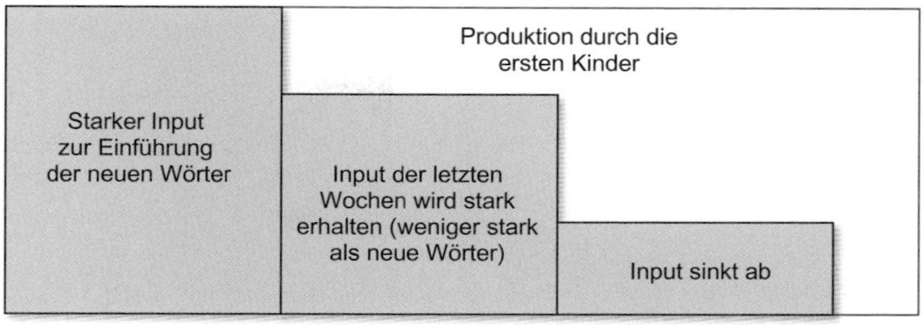

Abb. 7.2 Verlauf der Inputstärke über die Projektzeit

hem und später schwächerem Niveau stattfinden, bevor weitere neue Wörter eingeführt werden.

Einen höheren Anspruch an die Kinder stellt die anschließende Steigerung, wenn einige Tage später neue Wörter eingeführt werden und die zuvor fokussierten Wörter in den Hintergrund rücken. In ➢ Abb. 7.3 ist eine **Beispielwoche** dargestellt, die dieses Vorgehen illustriert.

In der Beispielwoche werden am *Montag* 7 neue Wörter eingeführt, die am *Dienstag* gefestigt werden (Wiederholung der Wörter auf höherem oder bereits abgeschwächtem Niveau). Am *Mittwoch* finden andere pädagogische Aktionen statt, die nicht zum Projekt gehören. Am *Donnerstag* werden in einer neuen strukturierten Inputsituation weitere zehn Wörter eingeführt. Darüber hinaus werden die Zielwörter von Montag weiter gefestigt, obwohl die Inputfrequenz abfällt (➢ Abb. 7.2). In der letzten Projektaktion am *Freitag* der Beispielwoche werden alle 17 Wörter gefestigt.

Abb. 7.3 Beispielverlauf über eine Woche: Einführung von Wörtern mit anschließender Festigung

KAPITEL

8 Planung des Zeitstrahls

Nachdem die Phase der Themenentscheidung und Planung der einzelnen Aktionen abgeschlossen ist, beginnt das eigentliche Zeitmanagement. Die **Durchführungsphase** setzt die Aktionen zu den jeweiligen Themen um. Um das Projekt zu strukturieren, wird im nächsten Schritt eine zeitliche Einteilung sowie eine Auflistung über die Gesamtdauer und die Inhalte der Aktionen benötigt. Daraus ergeben sich die einzelnen Aktionen zur Entdeckungs- und Forschungstätigkeit der Kinder. Je nachdem, wie umfassend das Projekt in seiner Idee angelegt ist, wird ein zeitlicher Rahmen festgeschrieben, in den die geplanten Aktionen von den Erzieherinnen, der Einrichtung, den Eltern und den Kindern eingeordnet werden können und überschaubar bleiben.

!

Der Zeitstrahl dient als Überblick und Planungshilfe für den organisatorischen Ablauf und die Durchführung der Einzelaktionen über das gesamte Projekt. Er spiegelt die Gesamtkonzeption des Projekts wider und umfasst alle geplanten Aktionen, die die jeweils ausgewählten Wörter zu einem bestimmten Zeitpunkt einführen oder festigen.

In der Grundplanung des Projekts dient der Zeitstrahl als grobe Orientierung. Meist treten Abweichungen davon auf, z.B. durch das Auftreten neuer Wörter, die die Kinder selbst in das Projekt einbringen und die nicht in der Wortliste vorgesehen waren. Eine andere mögliche Abweichung vom der eigentlichen Planung kann dadurch entstehen, wenn die Kinder weitere Festigungsphasen brauchen, die den Fortgang des Projekts hinauszögern. Der Zeitstrahl sollte den Gegebenheiten folgen, d.h. die Änderungen werden aufgenommen.

Exkurs

Der Zeitstrahl als Langzeitarchiv von Projekten

Der Zeitstrahl kann nach Abschluss des Projekts als wertvolle Archivierung des erarbeiteten Themas, als Kalender oder Aktionskatalog in der Kita verbleiben. Er kann für anschließende Projekte als Modell dienen oder auch in späteren Jahrgängen wiederholt werden. Auf diese Weise wären ein Grundstock gut durchdachter Aktionen und eine funktionierende Wortliste vorhanden, die beide lediglich auf die neuen Kindergruppen und evtl. einen anderen Projektfokus angepasst werden müssen.

8.1 Auftragen von Wörtern und Aktionen auf dem Zeitstrahl

Der Zeitstrahl ist eine Visualisierung des gesamten Projektverlaufs, auf dem die einzelnen Aktionen platziert werden. Auf diese Weise kann der systematische Aufbau des Schwierigkeitsgrads (➢ Kap. 6.4) gewährleistet werden. Für jede Aktion wird nach der Erstellung geprüft, an welcher Stelle im Projekt sie durchgeführt werden soll. Der Zeitstrahl kann als Kalender oder als Strahl realisiert werden. In einigen Projektausarbeitungen kann er auch im Gruppenraum als Aktionskatalog gesammelt und so für die Kinder transparent werden (z.B. wird jeweils nach Ende einer Aktion diese in den Katalog geklebt). Seine Hauptaufgabe ist jedoch, dem pädagogischen Team als Strukturhilfe zu dienen.

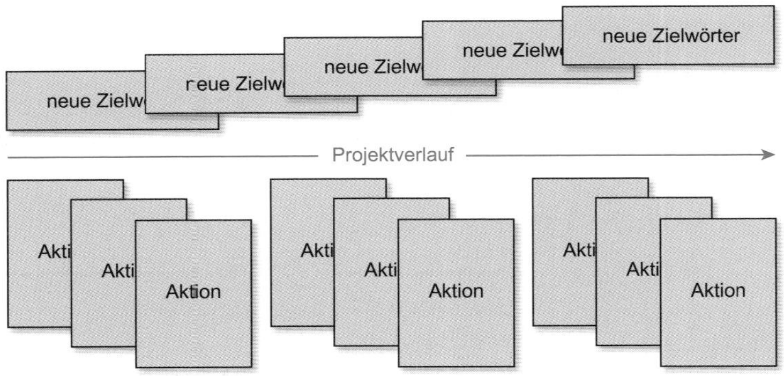

Abb. 8.1 Schematische Abbildung des Zeitstrahls, auf dem Wörter und Aktionen aufgetragen werden

8.1.1 Wörter auf dem Zeitstrahl

!

Auf dem Zeitstrahl spiegeln sich die Abarbeitung der Kernwortliste und der Übergang zu den Randbereichen der Wortliste wider. Der Zeitstrahl organisiert, welche Wörter der Wortliste in welchem Umfang und in welcher Abfolge eingesetzt werden sollen (➢ Abb. 8.1).

Auf dem Zeitstrahl wird die Wortliste über den Projektzeitraum platziert. Die Kernwortliste wird zu Beginn des Projekts platziert. Innerhalb der Kernwortliste werden die zentralen, einfachen Begriffe vor den etwas fortgeschritteneren Begriffen auf den Zeitstrahl aufgetragen. Generell werden nur die neu eingeführten Wörter markiert. Festigungen werden generell nach der Einführung durchgeführt. Sie bedienen sich häufig einer anderen Sprachfördermethode und bilden einzelne, strukturierte Aktionen. Auf dem Zeitstrahl wird markiert, wann die Hauptaktionen die Kernwortliste verlassen und sich den Randbereichen der Wortliste zuwenden. Ab diesem Zeitpunkt sind die Wörter der Kernwortliste entweder Basis anderer Worteinführungen oder Zielstellung in Sonderaktionen für besondere Kindergruppen.

Die Markierung der Zielwörter auf dem Zeitstrahl stellt sicher, dass eine Möglichkeit besteht, nachzuschlagen, ob ein bestimmtes Wort bereits eingeführt ist. Bei einer Projektlänge von 6–8 Wochen und 10–15 Wörtern pro Woche kann es vorkommen, dass der Überblick in der Planung verloren geht. Der Zeitstrahl ist die Planung der Wortliste über den Projektverlauf, gleichzeitig dient er aber auch zur Dokumentation der eingeführten Wörter.

Im Idealfall stimmen die geplanten mit den eingeführten Zielwortgruppen überein. Änderungen der Planung, die zu nicht eingeführten Zielwörtern oder zu zusätzlichen Wörtern bzw. zusätzlichen Zielwörtern führen, werden auf dem Zeitstrahl markiert. Nur durch die kontinuierliche Bearbeitung des Zeitstrahls kann die Nachschlagemöglichkeit wahrgenommen werden.

Ein anderer Aspekt, der mit dem Markieren des Wortmaterials auf dem Zeitstrahl verfolgt wird, ist die Dokumentation des entwicklungsproximalen Vorgehens im Erarbeiten der verschiedenen Wörter und Wortarten. Je jünger die Kinder im Projekt sind, desto wichtiger ist dieser Aspekt. Die Verwendung der Wörter über den Projektverlauf soll die Entwicklungsphasen des Wortschatzerwerbs nachvollziehen, um eine natürliche Erwerbssituation zu gestalten (Entwicklungsphasen des frühen Lexikonerwerbs; ➢ Kap. 6.3.4).

Exkurs

Öffnung des Projekts zu den Eltern durch die Wortliste

Die Dokumentation bietet die Grundlage, die Projektarbeit in ihren konkreten Inhalten nach außen zu öffnen. Auf diese Weise können die Eltern Informationen und Orientierung zu den geplanten oder gerade durchgeführten Inhalten des Wortmaterials im Projekt erhalten. Zu Hause können diese anschließend verwendet werden. Auf diese Weise können die bereits erworbenen Wörter ausdifferenziert und elaboriert werden.

8

Die Dokumentation des Wortmaterials zeigt für die Eltern dessen zentralen Stellenwert in der pädagogischen Arbeit und macht deutlich, dass das Projekt sich auf die Sprache stützt und von ihr ausgeht. Das Verständnis für das pädagogische Vorgehen wird gestärkt und die Elternschaft der Kita stärker an die Projektarbeit gebunden.

8.1.2 Aktionen auf dem Zeitstrahl

Neben den Wörtern werden die einzelnen Aktionen auf dem Zeitstrahl platziert. Wie in ➢ Kap. 8.1.3 dargestellt, werden hierbei interne Schwierigkeitsgrade bedacht. Daneben folgen hier Hilfestellungen, die die Platzierung begleiten:

Anpassung

Die Beachtung der grundlegenden Schwierigkeit ist Gegenstand der Grundplanung (z.B. bei bekannten Bedürfnissen behinderter Kinder wie etwa Kommunikationsbücher) und erfordert einen Evaluationsprozess während des Projekts, in dem neue Bedürfnisse erkannt und bedacht werden.

Die Vermittlung der notwendigen Grundkonzepte für die Entwicklung individueller kindlicher Fähigkeiten ist *zu Beginn* des Projekts wichtig und liegt somit am Anfang des Zeitplans. Die Anpassung im Laufe des Projekts geschieht sowohl im Sinne von sich aufbauendem Vertiefungs- und Schwierigkeitsgrad (Erläuterungen finden sich auch in ➢ Kap. 8.1.3). Sowohl Steigerungen in der Schwierigkeit als auch thematische Vertiefungen können nur als individuelle Anpassungen an das Bedürfnis einzelner Kinder durchgeführt werden. Insofern ergänzen sich die Faktoren Anpassung und Individualität (siehe nächsten Abschnitt).

Weitere Faktoren für die Frage von Anpassungsprozessen sind die Gesamtforschersituation und Interessensentwicklung der Kinder/der Kindergruppen im Laufe des Projekts.

Individualität

Der Faktor Individualität nimmt mit zunehmender Projektdauer an Bedeutung zu. Einzelne Kindergruppen variieren in späteren Phasen in der Zielsetzung und in der Zugehörigkeit zu unterschiedlichen Teilprojekten (➢ Kap. 6.2). Individualität ist also nicht an ein Entwicklungsdefizit gebunden. Sie kann z.B. in der besonderen Förderung von hochbegabten Kindern bestehen oder auch in der Durchführung eines eigenen Teilprojekts für eine kleinere Gruppe Vorschulkinder in einer altersgemischten Gruppe.

Kreativität

Der kreative Prozess wird durch spontane Impulse aufrechterhalten. Erkenntnisse der Kinder während einer Aktion werden zu Auslösern neuer Aktionen, die kontinuierlich auf dem Zeitstrahl dokumentiert werden. Hierfür werden in der Grundplanung Lücken gelassen. Diese können als leere Aktionsplätze realisiert oder als Fortführungen geplanter Aktionen durchgeführt werden. Im letzteren Fall schließt sich die kreative Erweiterung zeitlich direkt an die geplante Aktion an; die Erweiterung besteht somit nur darin, am entsprechenden Tag mehr Zeit einzuplanen als für die einzelne Aktion notwendig ist.

Es ist wichtig, auf dem Zeitstrahl zu markieren, ob eine kreative Lücke möglich ist oder nicht. Wird beispielsweise eine Doppelaktion platziert (➢ Kap. 6.2), so ist hier keine kreative Lücke möglich. Diese liegt entweder vor der Doppelaktion oder kann sich daran anschließen. Grundsätzlich sollte gelten, dass eine kreative Erweiterung möglichst zeitnah zur auslösenden Aktion geplant wird.

8.1.3 Aufsteigender Schwierigkeitsgrad als System auf dem Zeitstrahl

Bei der Aufstellung des Zeitstrahls für ein konkretes Projekt ist es notwendig, die Bedingungen des geplanten Themas und der teilnehmenden Kindergruppe klar zu strukturieren. Je komplexer das Thema ist, das erarbeitet werden soll, desto mehr wird das Voranschreiten im Thema verlangsamt. Dies kann erreicht werden, indem

- eingeführte Wörter häufiger wiederholt und weniger neue Wörter eingeführt werden.
- einzelne Aktionen zur Festigung der Konzepte und Handlungen wiederholt oder nahezu wiederholt werden.

Zur besseren Umsetzung ist es günstig, eine Steigerungshierarchie zwischen den einzelnen Aktionen vorzunehmen und jeweils zu begründen, warum eine bestimmte Aktion als schwieriger beurteilt wird als die vorangehende Aktion. Ein Beispiel findet sich in den aufsteigenden Schwierigkeitsgraden in ➢ Kap. 5.2.4. Diese Steigerungshierarchie wird im pädagogischen Team thematisiert und diskutiert, um sie transparent werden zu lassen. Ein ansteigender Schwierigkeitsgrad zwischen Einzelaktionen kann sich in folgenden Dimensionen darstellen:

- Steigender Schwierigkeitsgrad bei der verwendeten Methode
- Steigender Schwierigkeitsgrad beim verwendeten Wortmaterial
- Steigende Anzahl neu eingeführter Wörter
- Steigende kommunikative Ansprüche: Gruppenarbeit mit Peer-geführten Kleingruppen
- Erzieherin leitet Arbeit der Kinder direkt an vor selbständiger Arbeit der Kinder.

8.2 Zeitstrahl – Mittel zur Qualitätssicherung in der Einrichtung

8

Die Notwendigkeit für Prozesse der Qualitätssicherung in Kita-Einrichtungen wird in der Regel von Kostenträgern, Eltern und Wissenschaftlern an die Kitas herangetragen. Die Gründe für die Forderung sind ziemlich übereinstimmend: Es geht um die Absicherung einer qualitativ hochwertigen, professionellen Elementarpädagogik. Zu möglichen Prozessen in der Qualitätssicherung gibt es eine nahezu unüberschaubare Vielzahl an Publikationen. Dieses Thema kann und soll hier nicht erschöpfend behandelt werden; stattdessen wird dargestellt, wie der Zeitstrahl beitragen kann, dass Projektarbeit und Sprachförderung nach dem PräSES-Konzept den drei wichtigen Faktoren Transparenz, Kommunikation und Information entsprechen, die im folgenden definiert werden. Qualitätssicherung oder Qualitätsmanagement sind Instrumente, um in der Einrichtung:

- **Transparenz** über das pädagogische Konzept zu erreichen.
- über die Rahmenbedingungen des pädagogischen Vorgehen in **Kommunikation nach innen und nach außen** zu treten.
- Eltern, Interessierte und Träger mit **Informationen** über das Konzept zu versorgen.

Unter diesen Gesichtspunkten ist Qualitätssicherung eine Methode, die viel dazu beitragen kann, dass Eltern hinter dem Konzept „ihrer" Kita stehen (Wir-Gefühl) und dass Kinder von den Eltern bewusst in diese Kita gebracht werden, da die Qualität gut ist und kommuniziert wird (Qualitätsbewusstsein der Eltern).

Im pädagogischen Team wird durch die Konzeptentwicklung ebenfalls das Wir-Gefühl gestärkt. Die Erzieherinnen sind sich ihrer Handlungen bewusster; dies führt zu einem professionelleren Umgang mit dem Konzept in der Kita (Professionalisierung). Der Aspekt des professionellen pädagogischen Arbeitens wird insbesondere in der Förderung wichtig. Erzieherinnen können ohne erweitertes Hintergrundwissen um Sprachentwicklung und Sprachentwicklungsstörungen keine wirksame Sprachförderung durchführen. Der professionelle Umgang mit dem Thema lässt den Faktor Wirksamkeit in die Entwicklungsförderung in der Kita einziehen (Fried 2006, 177). Somit ist die Frage, ob eine Fördermaßnahme qualitativ hochwertig und damit wirksam ist, nicht nur von der Qualität des Konzepts abhängig, sondern auch wesentlich von den Durchführenden.

Folgende Faktoren beeinflussen die Frage nach der Effektivität (Fried 2006):

- **Rahmenbedingungen:**
  - Wie viel Zeit steht zur Verfügung?
  - Wie intensiv ist die Förderung (wie häufig pro Woche)?
  - Wie groß ist Ausbildungsqualität der Förderer?
- **Orientierung:**
  - Passt die Fördermaßnahme zum sonstigen Konzept der Kita?
    Beispielsweise wird in einer Kita mit freiem Konzept eine trainierende Fördermaßnahme in Kleingruppen nicht zur sonstigen pädagogischen Umsetzung der Einrichtung passen. Für die Kinder steht die Sprachförderung somit außerhalb der normalen Kita-Erlebnisse. Die

Effekte der Maßnahme werden in diesem Fall vermutlich in wesentlich geringerem Maße von den Kindern übernommen als bei guter Abstimmung von Förder- und Kita-Konzept.
  - Gibt es noch andere Fördermaßnahmen, mit denen die Sprachfördermaßnahme abgestimmt werden muss?
- **Prozesse des Alltags:**
  - Welche Beziehung haben Erzieherinnen und Kinder zueinander?
  - Wie ist die Stimmung im pädagogischen Team? Gab es im Planungsverlauf Alternativen, die für einzelne Teammitglieder nicht ausdiskutiert sind?
  - Welche professionellen Strategien, Methoden und pädagogischen Konzepte unterscheiden sich zwischen den einzelnen Erzieherinnen innerhalb des Teams?
  - Gibt es unterschiedliche Sprachmodelle (Dialekt, mehrsprachige Erzieherinnen? Bestehen für diese Sprachmodelle besondere Zielgruppen (Kinder) oder Rollen im Projekt?

!

Beim Durchlaufen von Prozessen zur Qualitätssicherung wird
- professionelles, neu hinzugewonnenes Wissen in konkrete Konzepte und praktische Handlungen umgesetzt.
- die Umsetzung im Team bewusst reflektiert und als Entwicklungsprozess auf dem Weg zu einer besseren Qualität im pädagogischen Vorgehen beschrieben.

Ein gut durchgeplanter und kontinuierlich bearbeiteter Zeitstrahl macht einen Teil des Kita-Jahrs transparent und kann daher als Dokumentation des Qualitätsmanagement-Prozesses gelten. In diesem Sinne ist er ein Beleg für die pädagogische Arbeit in der Einrichtung. Er kann in Prozesse der Qualitätssicherung der Kita eingehen.

Exkurs

Kriterien eines qualitativ hochwertigen Zeitstrahls

Ein qualitativ hoch einzuschätzender Zeitstrahl erfüllt hinsichtlich der Sprachförderung folgende Kriterien:

- **Vielfältigkeit im Wortschatzmaterial:** Zeitstrahl beinhaltet konkrete und abstrakte Nomen, konkrete und mentale Verben sowie leicht und abstrakter wahrnehmbare Adjektive.
- **Eingegrenzte Kernwortliste:** Die Wortauswahl der Kernwörter ist nachvollziehbar (konkrete, frequente und alltagsrelevante Wörter) und steht in der Zeit ihrer Abarbeitung im Zentrum des Projekts. Der Übergang zu den Randbereichen der Wortliste ist sowohl durch die Zielwortauswahl als auch durch die Aktionen sichtbar (Kernwortliste tritt in Sonderaktionen zurück).
- **Inhaltswortarten in thematisch adäquater Weise über die Wortliste verteilt:** Die Verteilung der Wortarten variiert pro Projekt. Passend zum Thema wird die Wortliste um Präpositionen oder Pronomen erweitert.
- **Passende Aktionen zu Wortmaterial:** Die Entwicklungswege von den Wortgruppen zum Aktionsrahmen und der Aktion sind nachvollziehbar.
- **Kindbezogenheit:** Die Kinder wurden in die Auswahl der Projektthemen einbezogen. Es besteht kontinuierliches Interesse der Kinder am Projektthema. Die Aktionen sind auf den Entwicklungsstand der Kindergruppe abgestimmt und erbringen für die Kinder einen guten, nachhaltigen Erfahrungszuwachs.
- **Beginn und Ende:** Das Projekt hat einen klar erkennbaren Start, der sowohl sprachlich als auch durch Handeln deutlich wird. Ebenso gibt es ein eindeutiges Ende: ein Fest oder einen Ausklang, der sich von anderen Aktionen im Projektverlauf unterscheidet.
- **Vielfältigkeit der Aktionen:** Die pädagogischen Bildungsbereiche, die neben der Sprache den Kita-Alltag durchziehen (➤ Kap. 1), werden durch die Konzeption der Aktionen abgedeckt und so Teil des Projekts. Dies wird je nach Projektthema in unterschiedlicher Gewichtung geschehen. Jedes Projektthema sollte generell die Einbeziehung der Bildungsbereiche anstreben.

Der Zeitstrahl ist ein Mittel, mit dem pädagogische Handlungsphasen bis in die einzelne Aktion mit allen Kindern bzw. einzelnen Kleingruppen beschrieben werden. Hierdurch wird das Vorgehen bis ins Detail transparent und kann hinsichtlich der Übereinstimmung von Sprachförderansatz und allgemeinem pädagogischen Vorgehen im Rahmen des pädagogischen Grundkonzepts der Einrichtung geprüft werden (Erhaltung der aktuellen Qualität) bzw. kann als Auslöser zu einer Veränderung im pädagogischen Konzept beitragen (Verbesserung der Qualität). Neben diesen Außenwirkungen spielt der Zeitstrahl eine wichtige Rolle, wenn das abgeschlossene Projekt im pädagogischen Team reflektiert wird.

KAPITEL

9 Übersicht über die Dokumentationsbögen des Konzepts PräSES

9.1 Planungsbögen des Konzepts PräSES

PräSES arbeitet für die Projektkonzeption mit sog. Planungsbögen. Diese stellen in mehrfacher Hinsicht die Konkretisierung der Projektidee dar:

- Sie gewährleisten die systematische Vorbereitung jedes Projektteils (A, B, C, ➤ Kap. 9.1).
- Reflexionsbögen (➤ Kap. 9.2) stellen die Systematik für die Dokumentation und Reflexion der einzelnen Aktionen (D, E).
- Der Beobachtungsbogen bietet den Rahmen für die konkrete Beobachtung eines sprachauffälligen Kindes (F, ➤ Kap. 9.3).

Nach Ende des Projekts sind die Planungs- und Reflexionsbögen eine Möglichkeit der Langzeitarchivierung; Auszüge davon können in Portfolios der teilnehmenden Kinder überführt werden usw. Insgesamt sind die Planungs- und Reflexionsbögen als Hilfsmittel zu verstehen. Fühlt sich ein pädagogisches Team von anderen Systematisierungen mehr angesprochen, ist PräSES trotzdem ohne Einschränkungen durchführbar.

Der Verwendungsprozess der Planungsbögen im Überblick:

Mit **Bogen A** wird das Fundament für das Projekt geschaffen. Auf **Bogen B** wird ein zeitlicher Rahmen für das Gesamtprojekt erstellt; der Zeitstrahl entsteht. Auf dem **Zeitstrahl** werden die geplanten Aktionen angeordnet. **Bogen C** wird zur Planung der einzelnen Aktion verwendet.

Die Reflexionsbögen im Überblick:

Bogen D reflektiert die einzelne Aktion, **Bogen E** reflektiert das Projekt.

Beobachtunsbogen: Bogen F gibt eine Anleitung, ein sprachauffälliges Kind unter verschiedenen Gesichtspunkten zu beobachten (➤ Kap. 9.3).

Kopiervorlagen für die verschiedenen Planungs- bzw. Reflexionsbögen befinden sich im ➤ Anhang.

In den folgenden Kapiteln werden die Planungs-, Reflexions- und Beobachtungsbögen einzeln beschrieben.

9.1.1 A (A1, A2) – Planungsbogen zur Projektauswahl

Planungsbogen A (➤ Abb. 9.1) begleitet die Diskussionen im pädagogischen Team während der Auswahl des Projekts (➤ Kap. 6.1, ➤ Kap. 6.2). Er zieht die wichtigsten Punkte aus der entsprechenden Diskussion und strukturiert auf den verschiedenen Ebenen die Rahmenbedingungen des Projekts. In einem Ordner zur Projektvorbereitung und -dokumentation bildet dieser Bogen das Deckblatt.

Bogen A1

Zuerst wird das gewählte bzw. aktuell diskutierte **Projektthema** in Bogen A1 eingetragen. Bei der Projektfindung werden möglicherweise mehrere Planungsbögen A1 und A2 nebeneinander gelegt, so lange noch mehrere Projektthemen in der Diskussion sind. Das Team kann nach und nach die einzelnen Bereiche füllen, um dann beim Ausfüllen zu entscheiden, welches Projekt aktuell zur Situation der Kinder und Erzieherinnen in der Einrichtung passt.

Ein wichtiger Diskussionspunkt sind die **Ziele des Projekts.** Ein Projektziel besteht in der Fragestellung, was die Kinder nach Abschluss des Projekts dazugewinnen konnten. Die Ziele sollen sowohl **sprachlich** als auch **inhaltlich-handelnd** formuliert werden, sodass sowohl der Aspekt der sprachlichen Förderung als auch der Bereich der einzelnen Aktion mit einer Zielstellung belegt wird. Der Gewinn liegt für die Kinder möglicherweise in den Bereichen

- Erfahrungszuwachs
- Zuwachs an Sprachwissen

PräSES – Planungsbogen zur Projektauswahl A1

Projektthema:

Ziele des Projekts:

Sprachlich:

Inhaltlich-handelnd:

Gruppe:

Anzahl der Kinder:

Altersgruppe(n):

Entwicklungsstand:

Besonderheiten:

Abb. 9.1 A1 – Planungsbogen zur Projektauswahl (Vorlage)

- Zuwachs an Weltwissen
- Neue Kompetenzen im Bereich der Eigenständigkeit
- Neue Fähigkeiten in verschiedenen motorischen Bereichen
- Neue kognitive Fähigkeiten.

Ein grundsätzliches Ziel jedes PräSES-Projekts besteht im **Vermitteln der Kernwortliste** und für viele Kinder auch in einer Wortschatzerweiterung über die Kernwortliste hinaus (Vermittlung von Wörtern aus den Randbereichen der Wortliste). Dies kann in den Zielstellungen mit einem inhaltlichen Thema verbunden werden.

BEISPIEL

Hausbau

Beim Thema „Hausbau" (neben der Kita ist eine Baustelle, auf der ein neues Haus gebaut wird) kann die Wortliste und ihr Erwerb mit dem Erleben des Haus-Bauens verbunden werden. Die Ziele des Erlebens (Weltwissen, Erfahrung), wie ein Haus gebaut wird und das Erwerben der Wörter, die mit diesem Thema verbunden sind, stehen gleichberechtigt nebeneinander.

Projekte können auch zum Ziel haben, Kindergruppen einander näher zu bringen. So kann zu Beginn eines Kita-Jahres die Projektarbeit darin bestehen, dass vollkommen neu entstandene Kindergruppen sich zusammenfinden und ein Gemeinschafts- und Heimatgefühl miteinander entwickeln. Ziel wäre hier, Integrationsprozesse neuer Gruppen in Spielen und Wörtern zu fördern. Auch für solche Ziele kann eine Gesamtwortliste mit kindgerechten Begriffen zu diesem Thema entstehen.

Ziele sollten und können nach Altersgruppen unterschieden werden. Auch für anders aufgeteilte Kindergruppen können einzelne Projektziele konzipiert werden (z.B. für Integrationskinder mit geistigen Behinderungen). Geschieht diese Aufspaltung, sollte generell für jede Kindergruppe ein Ziel formuliert werden, d.h. die Erzieherinnen finden alle Kinder ihrer Gruppe in einer Teilgruppe wieder. Je heterogener die Kindergruppe ist, die am Projekt teilnimmt, desto wichtiger ist die Zielunterteilung.

Der zweite Punkt auf Planungsbogen A1 besteht im **Abgleich mit der Gruppe.** Es ist die Frage zu klären, ob *alle* Kinder der Einrichtung an dem Projekt teilnehmen oder nur *einzelne Gruppen.* In frei arbeitenden Einrichtungen können von Beginn an Teilprojekte eines Dachprojekts entstehen, die dann als eigenständige Äste des Dachprojekts agieren (➤ Abb. 9.2). Die Kinder der Einrichtung werden – unabhängig davon, in welcher Kita-Gruppe sie platziert sind – auf die einzelnen Teilprojekte verteilt. Ebenso ordnen sich die Erzieherinnen den Gruppen zu. Es muss nicht selbstverständlich so sein, dass die Kinder das Projekt grundsätzlich bei „ihrer" Gruppenleiterin erleben.

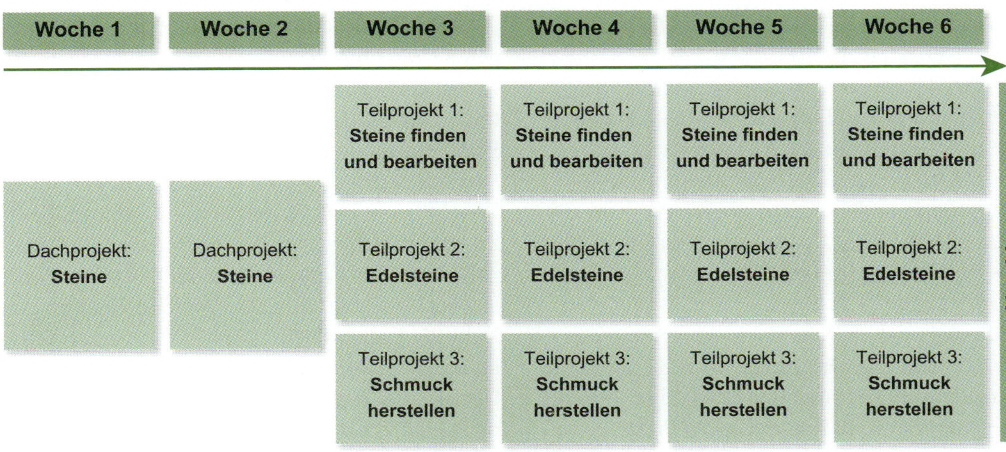

Abb. 9.2 Beispielstruktur für ein Dachprojekt, das sich in der 3. Projektwoche in einzelne Teilprojekte aufspaltet

> **!** Eine Projektarbeit, die die Kinder einem Projekt nach anderen Aspekten als ihrer Gruppenzugehörigkeit zuordnet, kann auch dazu genutzt werden, das Konzept der übergreifenden Arbeit in einer Einrichtung einzuführen oder zu erproben.

Die einzelnen Teilprojekte können nochmals einen eigenen Planungsbogen A erhalten. Das sich abspaltende Teilprojekt wird auf dem Zeitstrahl (➢ Kap. 9.1.2, Planungsbogen B) verzeichnet und arbeitet ab diesem Zeitpunkt als Einzelprojekt (eigene Wortliste, eigener Zeitstrahl, eigene Aktionen). Seine Dauer umfasst die Restdauer des Gesamtprojekts, sodass es mit dem Dachprojekt bzw. anderen Teilprojekten gleichzeitig abschließt. Eine entsprechende Aufspaltung in verschiedene Teilprojekte ist in ➢ Abb. 9.2 zu sehen.

Die anschließenden Unterpunkte auf dem Planungsbogen zu den teilnehmenden Kindern *Anzahl der Kinder, Altersgruppe, Entwicklungsstand* und *Besonderheiten* beziehen sich somit nicht in jedem Fall auf die Gruppe einer Erzieherin. PräSES kann Mut dazu machen, die Gruppenzugehörigkeit im Rahmen einer inhaltlichen Arbeit in einem begrenzten Zeitraum aufzulockern.

Die **Anzahl der Kinder** im Projekt bezeichnet die Gesamtgruppengröße der teilnehmenden Kinder.

- Nimmt die gesamte Einrichtung am Projekt teil, so steht hier die Gesamtkinderzahl der Kita.
- Spaltet man ein größeres Dachprojekt bereits von Beginn an in mehrere eigenständige Teilprojekte auf, so wird hier die Gruppe der Kinder pro Teilprojekt eingetragen.
- Werden die Teilprojekte erst im Laufe des Projektverlaufs eigenständige Arbeitsteile, so steht der erste Planungsbogen A (1 und 2) für die gesamte Länge des Projekts und benennt die Gesamtgruppe. In den Planungsbögen A für die einzelnen Teilprojekte ab dem Abspaltungszeitpunkt (➢ Abb. 9.2) werden die Kindergruppen spezifiziert.

Die **Altersgruppe** und der Entwicklungsstand ergeben sich aus der Kindergruppe. Zu Beginn der Eintragung steht die Beschreibung des größten Teils der Kindergruppe (z.B. 10 Kinder, 3;6–4 Jahre).

Anschließend erfolgt die Aufschlüsselung der kleineren Gruppen. Die Aufzählung sollte möglichst detailliert sein (z.B. 2 Kinder: 2–2;6 Jahre; 6 Kinder 3–3;6 Jahre etc.). Je heterogener die Altersverteilung bzw. der Entwicklungsstand der Kinder sind, desto genauer sollte die Gruppe beschrieben werden. Dies kann dazu führen, dass einzelne Kinder erwähnt werden, wenn z.B. in einer relativ homogenen Gruppe ein behindertes Kinder als Integrationskind ist und diese Gruppe insgesamt am Projekt teilnimmt.

Unter **Entwicklungsstand** wird hier sowohl der Sprachentwicklungsstand als auch der allgemeine Entwicklungsstand in der kognitiven Entwicklung verstanden. Die Beschreibung beinhaltet beide Punkte.

Dieser Teil der Kindergruppendarstellung ist besonders wichtig, wenn die Erzieherinnen sich die Kinder ihrer Einrichtung über Gruppengrenzen hinaus zuordnen. In diesem Fall übernehmen die Erzieherinnen jeweils ein Teilprojekt oder sind für bestimmte Aspekte eines gemeinsamen Projekts verantwortlich. Die Erzieherin hat jedes Mal mit einer besonderen Kindergruppe zu tun, mit der sie in dieser Zusammensetzung nicht jeden Tag arbeitet. Diese Beschreibung der Kinder stimmt auf die Arbeit ein und dient bei der Bearbeitung der nächsten Bögen der Orientierung.

Auch wenn die Kinder der eigenen Gruppen am Projekt einer Erzieherin teilnehmen, sollte die Verteilung von Alter und kognitiven Stärken und Schwächen dokumentiert werden, um eine Langzeitdokumentation aufzubauen, wie das Projekt an die Besonderheiten der teilnehmenden Kindergruppe angepasst wird. Dies ist ein möglicher Beleg im Qualitätsmanagementprozess der Kita.

Unter **Besonderheiten** versteht der Planungsbogen A1 Merkmale der Kindergruppe, die nicht zum sprachlichen oder kognitiven Entwicklungsstand gehören, die die Gruppe aber trotzdem kennzeichnen. Diese Aufzählung kann nicht umfassend sein, sollte aber möglichst die Punkte umfassen, die auf das Projektthema Einfluss nehmen: z.B. können die Anzahl der verschiedenen Nationalitäten oder Religionen unter den Kindern aufgezählt werden. Vor allem bei Projekten, in denen es um Geschichten einer Kultur (z.B. christliche Märchen) oder um Feiertage im Kirchenjahr gehen soll, ist eine entsprechende Überlegung wichtig. Auch wenn Integrationsthemen gewählt werden, gehört eine genaue Aufschlüsselung der Muttersprachen und Nationalitäten in der teilnehmenden Kindergruppe zur zentralen Projektvorbereitung.

Allerdings können auch spezielle Vermerke eingetragen werden, wenn sie in Relation zum Projekt stehen: Krankheiten wie Diabetes, Adipositas, Unverträglichkeiten bestimmter Nahrungsmittel (z.B. Laktose), Hinweise wie koscheres oder vegetarisches Essen werden auf dem Bogen notiert, wenn die Kinder im Projekt viel mit verschiedenen und vielleicht ungewöhnlicheren Nahrungsmitteln in Kontakt kommen. Körperliche/motorische Einschränkungen (z.B. bei Kindern im Rollstuhl) müssen bedacht werden, wenn ein Projekt mit viel motorischem Geschick und eigenständigem Entdecken von geografischen Gegebenheiten einhergeht. Zusammengefasst geht es um die Auflistung der besonderen Bedingungen der spezifischen Gruppe in Bezug auf das Projektthema.

Bogen A2

Der Punkt **Interessen und Vorerfahrungen der Kinder** auf Bogen A2 (➢ Abb. 9.3) begründet die Projektauswahl. Hier sollen die *Eckdaten eines Projekts* zusammengestellt werden (➢ Kap. 6.2):

- Inwieweit interessieren sich die Kinder für das Projekt?
- Woher beziehen die Erzieherinnen ihr Wissen, dass die Kinder sich für das Projektthema interessieren?
- Können die Erzieherinnen das Interesse der Kinder auf momentan besonders beliebte Freispielsituationen zurückführen oder auf Gespräche mit den Kindern?
- Wie viele Kinder der Gesamtgruppe haben bei der Entwicklung des Themas mitgewirkt?

Optimalerweise sollte von möglichst vielen Kindern der Gruppe bekannt sein, dass sie sich für das Thema des Projekts interessieren. Eine besonders interessante Teilgruppe sind hierbei die schwächeren Kinder, d.h. die Kinder, die vor allem systematische Förderung benötigen. Ist von diesen Kindern nicht bekannt, ob sie sich mit dem Projektthema auseinandersetzen möchten, wäre es im Prozess der Projektauswahl günstig, sie diesbezüglich nochmals zu befragen. Alternativ kann beobachtet werden, mit welchen Dingen sie sich aktuell beschäftigen. Oder beobachten diese Kinder ihrerseits die starken Kinder, die sich in Freispielsituationen bereits von selbst dem Projektthema annähern?

Vorerfahrungen stammen aus der *Beobachtung* einzelner Kinder (s. Beispiel im Kasten).

Sie sollten vorliegen, um, wie auf dem Planungsbogen beschrieben, Anknüpfungspunkte an die Interessen der Kinder finden zu können. Dabei können die Vorerfahrungen z.B. auch wesentlich praktischer oder spielerischer sein als das im Projekt bearbeitete Thema. Als Vorerfahrung gilt auch, wenn eine Gruppe von Kindern Weltwissen zum Projekt oder Ansätze von Erfahrungen mit dem Projektthema aufweist. Auch kann der Erzieherin aus *Erzählungen* der Kinder bekannt sein, dass Wissen zum Projektthema besteht, z.B. wie viele Kinder beim Hausbau-Thema in der eigenen Familie miterlebt haben, dass ein neues Haus gebaut wird bzw. wurde.

BEISPIEL

Schriftsprache

In einem Projekt, indem eine Vorschulgruppe vorsichtig an die Schriftsprache herangeführt werden soll, wäre als Vorinformation wichtig zu wissen, wie viele Kinder ihren Namen bereits schreiben und lesen können, wie viele das ABC aufsagen können etc.

Bei den Vorerfahrungen wird die Verteilung häufig so sein, dass die stärkeren Kinder mehr Wissen über das Thema mitbringen als die schwächeren. Um die Gruppe zu Beginn des Projektthemas insgesamt einbeziehen zu können, sollte die Einstiegszeit für das „Mittelmaß" der Gruppe geplant werden. D.h., die starken Kinder erhalten jetzt noch keine schwierigen Aufgaben zum Projektthema. Sie können sich im Projektverlauf in Sonderaktionen ausprobieren und entwickeln sich unabhängig von den anderen Kindern durch spezifische Anreize weiter. Die schwächeren Kinder können durch die Planungsorientierung am Mittelmaß gut an der Stelle der Entwicklung abgeholt werden, auf der sie sich befinden. Bei den Überlegungen zu den Vorerfahrungen geht es auch darum, in der ersten Projektphase einen „gemeinsamen Nenner" in der Kindergruppe zu finden.

Andererseits ist es auch denkbar, bewusst ein Thema zu wählen, in dem Interessen und Vorerfahrungen *nicht* zu finden sind. Dann wird hier im Bogen A2 begründet, warum dieses Projektthema bearbeitet werden soll.

PräSES – Planungsbogen zur Projektauswahl A2

Interessen und Vorerfahrungen der Kinder (Anknüpfungspunkte):

Sprachlicher Schwerpunkt des Projekts:

Abb. 9.3 A2 – Planungsbogen zur Projektauswahl (Vorlage)

Der Unterpunkt **Sprachlicher Schwerpunkt des Projekts** auf Bogen A2 gibt vor, worauf sprachlich während des Projekts besonders hingearbeitet werden soll. Hier kann z.B. aufgeführt sein, dass vor allem Verben – das Erproben von Funktionen und Handlungen – im Vordergrund stehen sollen. Oder geht es um das Erkennen von Eigenschaften (Adjektive)?

Denkbar ist auch, dass die Beschreibung eines Projekts so groß ist, dass hier der sprachliche Ausschnitt beschrieben wird, auf den man sich in der Projektumsetzung konzentrieren will (z.B. Projekt Nahrungsmittel → sprachlicher Schwerpunkt Obst und Handlungen mit Obst, siehe Beispiel aus dem Apfelprojekt in ➢ Abb. 9.4).

9.1.2 B (B1, B2) – Planungsbogen zum Projektablauf

Der Planungsbogen B symbolisiert den Zeitstrahl. Er ist aus Platzgründen senkrecht dargestellt (➢ Abb. 9.5, ➢ Abb. 9.6). In vielen Projekten wird es sinnvoll sein, ihn auf ein DIN-A3-Blatt zu kopieren, um genügend Platz für die einzelnen Aktionen und Wortgruppen zu haben. Auch eine waagerechte Darstellung ist denkbar. Alternativ kann Planungsbogen B pro Projektwoche ausgefüllt werden, was dann in der zeitlichen Grobplanung markiert wird.

Auf dem Planungsbogen B (1 und 2) wird oben die zeitliche Grobplanung, d.h. die **Anzahl der Projektwochen** eingetragen. Wird pro Projektwoche ein Planungsbogen B ausgefüllt, um nicht in Platzschwierigkeiten zu kommen, so sollte hier stehen, wie viele Wochen das Projekt dauern soll und welche Woche dieser Bogen beschreibt (z.B. 2. von 6 Wochen).

Jeder Zeitpunkt, der auf dem Zeitstrahl eingetragen wird, sollte mit Datum und Wochentag markiert werden. Auf diese Weise ist der Wochenablauf bei einem späteren Betrachten des Projekts einfacher zu überblicken.

Auf dem Rest des Planungsbogens ist auf der linken Seite des Zeitstrahls Platz für die **Wortgruppen.** Diese können hier direkt zusammengestellt werden oder auch auf einem separaten Blatt stehen, auf das verwiesen wird. In jedem Fall muss transparent bleiben, welche Wortgruppe zu einer bestimmten Aktion führt. Darüber hinaus sollte beschrieben werden, ob es sich um neu verwendete Zielwörter handelt oder ob die Wörter bereits eingeführt wurden. Die Markierung erfolgt mit Kürzeln:

- **NE** (neu eingeführt): bezeichnet eine neu eingeführte Wortgruppe oder neu eingeführte Zielwörter in einer gemischten Wortgruppe (steht als Klammer hinter den jeweiligen Wörtern)
- **EF** (entwicklungsfestigend): bezeichnet bereits eingeführte Wörter in einer Wortgruppe oder eine vollständig bekannte Wortgruppe.

Auf der rechten Seite des Pfeils stehen die zu den Wortgruppen gehörenden **Aktionen.** Sie stehen unter dem gleichen Datumspunkt. Hier sollte der Name bzw. die Nummer der Aktion stehen, die sich in Bogen C wiederfinden lassen. Rahmenbedingungen sollten kurz erwähnt werden (Ort der Aktion, wichtiges Material, vermutete Dauer, Doppelaktion oder spontane Idee einer Kindergruppe). Eine genaue Darstellung ist an dieser Stelle nicht notwendig, diese Aufgabe erfüllt der Planungsbogen C.

9.1.3 C (C1, C2, C3) – Planungsbogen zu den Einzelaktionen

Pro Aktion werden die Bögen C1 und C2 ein Mal ausgefüllt und im Projektordner archiviert. Dies geschieht für geplante Aktionen, aber auch für (relativ) spontane Aktionen. Teilweise wird dies parallel zur Handlung oder auch im Nachgang dokumentiert. Für den Großteil der Aktionen erfolgt die Planung vor Beginn des Projekts.

Steht die Durchführung der Aktion bevor, soll auf den Planungsbögen C die Struktur so dargestellt sein, dass sie notfalls auch von einer anderen Erzieherin durchgeführt werden kann (z.B. wenn die eigentlich dafür eingeplante Fachkraft krank ist).

Auf Bogen C1 (➢ Abb. 9.8) werden das **Projektthema** und der **Aktionsname** bzw. die **Aktionsnummer** eingetragen. Es bleibt dem Team überlassen, den Einzelaktionen jeweils Namen zu geben (wie in ➢ Abb. 9.7) oder sie lediglich durchzunummerieren.

Erfolgt eine Nummerierung, so entsteht diese während der Projektplanung. Jede Aktion, die im Brainstorming angedacht wird, erhält eine fortlaufende Nummer – unabhängig davon, wann sie im Projekt durchgeführt. Auf dem Zeitplan stehen demnach die Nummern nicht in fortlaufender Reihenfolge (s. Beispiel).

PräSES – Planungsbogen zur Projektauswahl **A1**

Projektthema: APFEL

Ziele des Projekts:

Umgang mit Obst am Beispiel des Apfels, Erkennen von Wachstum, Blüte, Verderben von Obst

Sprachlich:

Wortfeld Obst; spezifische Ausdrücke zu Nahrungsmitteln

Inhaltlich-handelnd:

Umgang mit dem Apfel, Apfelbaum, Baumblüte. Untersuchen von Äpfeln und anderem Obst nach semantischen Merkmalen (Kerne, Schale, ...)

Gruppe: Kinder in der Kita-Eingangsphase

Anzahl der Kinder: 15

Altersgruppe(n): 2 und 3 Jahre

Entwicklungsstand:

Sprachlicher Entwicklungsstand angemessen, allgemeiner Erfahrungsstand teilweise etwas eingeschränkt. Einige Kinder sind noch nicht viel Obst gewöhnt.

Besonderheiten:

1 Kind mag den säuerlichen Beigeschmack von Obst nicht (Information der Mutter)

9

Abb. 9.4a A1 – Planungsbogen zur Projektauswahl (ausgefülltes Beispiel zum Apfelprojekt S. 122)

PräSES – Planungsbogen zur Projektauswahl A2

Interessen und Vorerfahrungen der Kinder (Anknüpfungspunkte):

Äpfel sind häufig Nachmittagsmahlzeit in der Kita
Bekanntes Obst
Viele der Kinder nennen Apfel als ihr Lieblingsobst

Sprachlicher Schwerpunkt des Projekts:

Obstsorten
Adjektive zu Eigenschaften des Apfels
Teilbezeichnungen von Apfel (Schale, Kerngehäuse)

Abb. 9.4b A2 – Planungsbogen zur Projektauswahl (ausgefülltes Beispiel zum Apfelprojekt S. 122)

PräSES – Planungsbogen zum Projektablauf B1

Anzahl der Wochen:

Beginn

Wortgruppen	**Aktionen**

Abb. 9.5 B1 – Planungsbogen zum Projektablauf – Zeitstrahl (Vorlage)

PräSES – Planungsbogen zum Projektablauf

B2

Abb. 9.6 B2 – Planungsbogen zum Projektablauf – Zeitstrahl (Vorlage)

PräSES – Planungsbogen zum Projektablauf B1

Anzahl der Wochen: 1. von 6 Wochen

Beginn

Wortgruppen	Aktionen
Montag	
Apfel und Farben	Sortieren von Äpfeln nach Farben
Dienstag	
Apfel und Birne	Sortieren von Äpfeln und Birnen, probieren von Beidem
Apfelsorten, Apfelfarben	Sortieren nach Farben/Erklärung von „Sorte"
Mittwoch	
Apfelteile	Experiment: Woraus besteht ein Apfel?
Donnerstag	
Apfelbaum	Teile des Baums kennenlernen, wo ist der Apfel am Baum?
Teile des Baums	Apfelbäume suchen
Freitag	
Teile des Baums	Ausflug zu einer Apfelplantage

Abb. 9.7 B1 – Planungsbogen zum Projektablauf – Zeitstrahl (Auszug aus dem Apfelprojekt)

PräSES – Planungsbogen zu den Einzelaktionen

C1

Projektthema:

Aktion/Aktionsnummer:

PLANUNG

Ziele der Aktion:

Sprachlich:

Inhaltlich:

Kinder, an die sich die Aktion wendet:

Wortliste/sprachliches Material:

Abb. 9.8 C1 – Planungsbogen zu den Einzelaktionen (Vorlage)

BEISPIEL

Nummerierung von Einzelaktionen auf dem Zeitstrahl

Das Projektteam plant am 1. September fünf Aktionen, die mit den Ziffern 1–5 durchnummeriert werden. In dieser Reihenfolge finden sich die Aktionen im Projektordner wieder. Auf dem Zeitstrahl werden die Aktionen in der Teamsitzung am 10. September platziert: Aktion 4 wird vom Team als Einstiegsaktion des Projekts angesehen und an den Beginn des Zeitstrahls platziert. Aktion 1 ist sehr schwierig und wandert daher in die letzte Projektwoche. Aktion 2 kann als Fortsetzung von Aktion 4 gesehen werden und schließt so in der 1. Projektwoche an Aktion 4 an. Schließlich wird Aktion 3 in die 2. Woche und Aktion 5 als Abschluss der 3. Woche platziert.

Nachdem die Aktion eindeutig erkennbar gemacht wurde, erfolgt die inhaltliche Planung: Zunächst wird die Zielstellung eingetragen. In der **sprachlichen Zielstellung** soll die Wortgruppe erscheinen (eine Aufzählung der Wörter muss nicht erfolgen) sowie das Lernziel: Sollen die Kinder die Wortgruppe neu erwerben oder geht es um die Festigung bestimmter Wörter?

Zur Bestimmung des Schwierigkeitsgrads der Aktion, der letztendlich zu ihrer Platzierung auf dem Zeitstrahl folgt, ist die Unterscheidung in neue Wörter und bereits bekannte Wörter wichtig. Eine Aktion mit vollständig neuem Wortmaterial ist immer etwas schwieriger als eine gleichwertige Aktion mit bekannten Wörtern. Eine Beispielformulierung für ein sprachliches Ziel wäre: *Die Wortgruppe um die Verben wiegen und messen, erweitert um 4 neue Nomen soll den Kindern in dieser Aktion präsentiert werden. Dabei sollen die Verben gefestigt und die neuen Nomen erworben werden.*

Danach wird die **inhaltliche Zielstellung** besprochen. Gemeint ist hier die konkrete Zielstellung, die mit den Handlungen der Aktion verfolgt wird (inhaltlich-handelnd). Eine Wiederholung des gesamten Projektziels von Planungsbogen A ist nicht notwendig. Wird im Beispielprojekt „Steine" das Ziel verfolgt, dass *Kinder mit diesem Naturstoff bekannter werden sollen, dass sie bewusst mit Steinen als wertvollem Rohstoff umgehen sollen und Wissen über Steine ansammeln sollen,* so steht dieses Ziel auch über allen Einzelaktionen als übergeordnetes Ziel. Trotzdem kann für jede einzelne Aktion ein konkretes Ziel gestellt werden, z.B. *Wahrnehmen von verschiedenen Steinoberflächen* bei einer Aktion in einer Krippegruppe.

Zwischen dem inhaltlichen und dem sprachlichen Aktionsziel sowie dem Projektziel besteht in jedem Fall ein thematischer Zusammenhang.

!

Ziele

Die Ziele der Einzelaktionen finden sich immer unter dem Projektziel wieder, umfassen jedoch einen kleineren Anteil als das übergeordnete Ziel. Die Zielformulierung einer Einzelaktion stellt das Lernziel der jeweiligen Aktion dar. Je konkreter es formuliert wird, desto besser kann der Lernerfolg am Ende der Aktion betrachtet und auf dem Reflexionsbogen beurteilt werden.

Der nächste Punkt bezeichnet die **Kinder, an die sich die Aktion wendet.** An dieser Stelle entscheidet sich, ob die Aktion für (potenziell) die gesamte Gruppe geplant wird, oder ob sie speziell für eine Teilgruppe gedacht ist (z.B. die Vorschulkinder einer altersgemischten Gruppe). Wenn sich ein Projekt nach einiger Zeit in verschiedene Teilprojekte aufspaltet, plant man die Aktionen meist für die gesamte verbleibende Gruppe. Die Beschreibung der Kindergruppe kann die Namen der einzelnen Kinder aufzählen, die teilnehmen sollen.

Folgende Möglichkeiten bestehen, um die Kindergruppe für eine Aktion aufzustellen:

- Den Kindern wird die Teilnahme generell freigestellt.
- Die Aktion wird mit allen Kindern als Gruppenunternehmung durchgeführt.
- Einzelne Kinder werden von der Erzieherin direkt angesprochen, damit sie an der Aktion teilnehmen.

Die Fokussierung auf einzelne Kinder (letzter Aufzählungspunkt) wird vor allem auf Sonderaktionen zutreffen, wenn in ihnen bestimmte Projektinhalte für die schwächeren Kinder nochmals aufgearbeitet werden sollen (die Aktion wäre für die Gesamtgruppe zu einfach).

Das Vorgehen, einige Kinder zur Teilnahme zu verpflichten, steht dem Situationsansatz eigentlich entgegen. Sie wird jedoch als Kompromiss gesehen, um eine Verstärkung der Fördermaßnahme für bestimmte Kindergruppen zu ermöglichen. Es wird ausgeschlossen, dass eine Aktion für ein einzelnes

Kind wiederholt oder geplant wird. Daraus folgt, dass z.B. bei Integrationsgruppen die Aktionen mit geistig behinderten Kindern immer auch die anderen Kinder ansprechen soll und dass an den Aktionen immer eine gemischte Gruppe teilnehmen soll.

Letzter Punkt auf Bogen C1 ist die **Wortliste.** An dieser Stelle werden die Wörter aufgezählt, die in der Aktion eine Rolle spielen werden. Die Wortliste kann in alphabetischer Reihenfolge, in der ihres Erscheinens in der Aktion oder nach ihrem bisherigen Bekanntheitsstand aufgelistet werden. Bereits eingeführte Begriffe und neue Wörter sollten immer unterschiedlich markiert werden. Entweder erfolgt das Unterstreichen einer der beiden Gruppen oder eine farbliche Markierung für neue Wörter etc. Die Markierung sollte allen Mitgliedern des Teams bekannt sein und sich durch das gesamte Projekt ziehen. In ➢ Kap. 6 wird darauf hingewiesen, dass die Kinder pro Projektwoche ungefähr 10–15 neue Projektwörter angeboten bekommen sollten. Dies stellt die Maximalsumme für 3–4 Aktionen dar. So können pro Aktion etwa 3–5 neue Wörter eingeführt werden. Alternativ kann auch eine Aktion pro Woche die Gesamtzahl der neuen Wörter erhalten, die während der restlichen Woche gefestigt werden.

Insgesamt wird es in den Aktionen immer mehr Wörter zur Festigung geben als neu einzuführende Wörter. Gestaltet sich die Wortverteilung in Wortliste auf dem Planungsbogen in dieser Art, ist dies normal.

Auf dem Bogen C2 (➢ Abb. 9.9a) setzt sich die Aktionsplanung fort. Nächster Punkt ist die Auswahl der Methode bzw. der **Methoden.** Diese hängt wesentlich von der Verteilung neu einzuführender und bereits bekannter Wörter ab. Je mehr Wörter zum ersten Mal benutzt werden, desto eher wird die Aktion aus einer strukturierten Inputsituation bestehen bzw. zumindest mit einer strukturierten Inputsituation beginnen. Es ist gewünscht, die Methoden zu kombinieren. Im Buch sind viele Beispiele aufgeführt, wie sich Methoden sinnvoll aneinander anschließen (z.B. auf S. 101).

Eine Methodenkombination beinhaltet immer mehrere Handlungsabschnitte, die nun dargestellt werden. Mit welcher Methode beginnt die Aktion? Wie oben beschrieben, wird eine strukturierte Inputsituation fast immer am Beginn der Aktion stehen. Als Alternative kann diese Methode aber auch als Reflexion am Ende der Aktion stehen. Dies ist bei älteren Kindern sehr schön zu planen, ist jedoch nur dann sinnvoll, wenn die Kindergruppe auch am Ende der Aktion noch die Aufmerksamkeit aufbringt, einer komprimierten Inputsituation zu folgen.

Es genügt, wenn unter dem Stichpunkt Methoden die Bezeichnungen der Methoden aufgeführt werden. Zusätzlich sollte die angestrebte Leistung der Kinder kurz skizziert werden, z.B. *Auswählen:* Die Kinder wählen die Zielsteine aus einer visuell sehr ähnlichen Auswahlmenge → *Leistung:* Abgrenzung aufgrund sehr hoher visueller Ähnlichkeit). Die ausführlichere Darstellung der geplanten Aktion kommt im nächsten Punkt zum Tragen.

Unter dem Punkt **Handlungsablauf** wird die Aktion in ihrem Verlauf beschrieben, in den sprachliche und nichtsprachliche Anteile eingebettet werden sollen. Die Aktion wird in ihren Handlungsabschnitten folgendermaßen beschrieben:

- **Umrahmungsabschnitt:**
  Einstimmungssituation (Vorstellen der Materialien, Präsentation neuer Objekte, Zeigen neuer Handlungen) mit Nennen der Methode
- **Methodische Handlungsabschnitte:**
  - Inputsituation (auf einem Bogen C3 schriftlich vorbereiten ➢ Abb. 9.9b)
  - Erteilung von Arbeitsaufträgen (nach oder anstelle der Inputsituation; Auswählen oder Sortieren); die Arbeitsaufträge werden konkret benannt
  - Erforschungssituation der Kinder, Handlungssituation, Exploration; teilweise mit sprachlicher Begleitung (Sprache spiegeln). Die Situation wird konkret skizziert. Auf einem Extrabogen können Textbausteine (➢ Abb. 9.9b) für die Sprachspiegelung vorbereitet werden.
- **Umrahmungsabschnitt:**
  Reflexions- bzw. Abschlusssituation.

Im Handlungsablauf werden somit mindestens drei Handlungsabschnitte beschrieben, wenn die Aktion z.B. ausschließlich aus einer strukturierten Inputsituation besteht. Mit jedem Arbeitsschritt wird die Aktion komplexer und erhält einen weiteren Handlungsabschnitt im Bereich der methodischen Handlungsabschnitte. Nicht beschrieben wird an dieser Stelle das Material, dies erfolgt im nächsten Abschnitt.

Nächster Punkt der Aktionsplanung ist die Auflistung des **nichtsprachlichen Materials.** Hierzu gehören sowohl die Objekte, die als Nomen auf der Wort-

PräSES – Planungsbogen zu den Einzelaktionen C2

Methoden:

Handlungsablauf:

Nichtsprachliches Material:

Persönliche Vorhaben:

Abb. 9.9a Vorlage zu C2 – Planungsbogen zu den Einzelaktionen.

PräSES – Planungsbogen zu den Einzelaktionen

C3

Sprachmaterial für die strukturierte Inputsituation/Textbausteine:

Abb. 9.9b Vorlage zu C3 – Optionale Ergänzung zu den Planungsbögen zu den Einzelaktionen.

liste stehen (z.B. „Steine", s. Wortliste) als auch die Werkzeuge, die für die Handlungen der Wortliste bzw. für das Erkunden der Merkmale notwendig sind. Darüber hinaus können sich auch aus dem Aktionsverlauf noch Materialien ergeben, die notwendig sind, um die Aktion durchzuführen (z.B. bei einer Sortieraufgabe die Körbe bzw. Teller, Beutel oder Kisten, in denen die sortierten Objekte gesammelt werden) – oder man benötigt u.U. ein Tuch, auf dem besonders schöne Steine oder auch Edelsteine im Foyer der Einrichtung ausgestellt werden.

Bogen C2 schließt mit den **persönlichen Vorhaben** der durchführenden Erzieherin. Die Eintragung hier geht in Richtung des eigenen Weiterentwickelns zu höherer Professionalität. Die Aktion ist auch durchführbar, wenn hier nichts eingetragen wird. Mögliche Einträge sind das *Erproben einer neuen Sprachfördermethode,* wenn das Projekt beginnt oder wenn *Sprache spiegeln* zum ersten Mal eingesetzt wird. Auch das Ziel, die *betreffende Aktion mit einer Gruppe besonders kleiner Kinder durchzuführen,* kann hier verzeichnet werden.

Bogen C3 (➤ Abb. 9.9b) ist eine optionale Ergänzung in der Aktionsplanung. Er ist für die Aktionen gedacht, für die eine strukturierte Inputsituation vorbereitet werden kann. Alternativ kann er auch verwendet werden, um Textbausteine als kommentierende Begleitung einer selbständigen Handlung der Kindergruppe vorzuplanen.

Bei der Planung von strukturierten Inputsituationen sollte die Geschichte bzw. der Text insgesamt aufgeschrieben werden, sodass die Erzieherin auf diesen Bogen in der Aktion direkt zurückgreifen kann.

Ein vollständig ausgefüllter Planungsbogen C (C1, C2, C3) aus dem Apfelprojekt ist in ➤ Abb. 9.10 dargestellt.

9.2 Reflexionsbögen

9.2.1 D – Reflexionsbogen zu den Einzelaktionen

Nach der Durchführung der Einzelaktion soll die Erzieherin kurz reflektieren, was passiert ist, ob das Lernziel erreicht wurde und ob die methodische Umsetzung so realisiert werden konnte, wie es geplant war (➤ Abb. 9.11).

Um die Reflexion in möglichst praktikable Strukturen umzusetzen, ist der Bogen in kurzen Fragen gehalten. Diese fokussieren unterschiedliche Aspekte der Aktion, sodass die Erzieherin durch das Ausfüllen des Bogens D alle wichtigen Faktoren betrachtet. Eine freie Reflexion ist nicht notwendig; diese würde in der Praxis weder Raum noch Zeit haben. Der Bogen wird in Stichsätzen ausgefüllt. Das Benutzen von Stichwörtern wird nicht empfohlen, da diese nach einiger Zeit häufig nicht mehr zu verstehen sind. Gerade wenn der Projektordner und der Zeitstrahl als Qualitätsbeleg der pädagogischen Arbeit gelten sollen, müssen die Reflexionen nachvollziehbar bleiben. Stichsätze oder auch kurze ganze Sätze gewährleisten dies.

Wie interessiert waren die Kinder? fragt, ob die Kinder die Umsetzung des Aktionsziels so ansprechend fanden, dass sie die Aktion durchgehalten haben. Es geht noch nicht um die Frage der eigenaktiven Beteiligung der Kinder; dies erfolgt in der nächsten Frage. Mit dieser Frage wird eher evaluiert, ob das Interesse der Kinder bei der Planung der Aktion vom pädagogischen Team korrekt eingeschätzt wurde.

Ein anderer Punkt, der hier beschrieben wird, ist, ob die Länge der Aktion angemessen war oder ob die Teilnehmerzahl so groß war, dass einige schwächere Kinder ausgestiegen sind.

Wie aktiv waren die Kinder? Anhand dieser Frage soll reflektiert werden, ob die Kinder die Aktion eher konsumiert haben, oder ob sie sie durch Fragen und Handlungen eigenaktiv mit(um)gestalteten. Ist die Aktion eine reine strukturierte Inputsituation, so ist der Handlungsspielraum für die Kinder relativ gering. In der Reflexion wird beschrieben werden, ob die Kinder offensichtlich aufmerksam zuhörten oder ob sie eher abwesend wirkten. In allen anderen Methoden sollen die Kinder eigenaktiv werden – handelnd, nicht unbedingt sprachlich. Dies soll nun betrachtet werden:

- Waren es nur einige Kinder, die die Aktion durchführten und schauten andere nur zu?
- Erprobten viele Kinder die Handlungen und erlitten Misserfolge oder war die Handlung in ihrer Komplexität angemessen?

PräSES – Planungsbogen zu den Einzelaktionen C1

Projektthema:	APFEL
Aktion/Aktionsnummer:	Äpfel sortieren

PLANUNG

Ziele der Aktion: Einführung in das Projektthema, Apfel als Thema für die nächste Zeit kennenlernen

Sprachlich:

Erste Kernwörter in der Wortart Adjektive einführen

Inhaltlich:

Grundlagenwissen um den Apfel aufbauen

Kinder, an die sich die Aktion wendet:

Alle Kinder

Wortliste/sprachliches Material:

Apfel, rot, grün, gelb, groß, klein, glatt

Abb. 9.10a C1 – Planungsbogen zu den Einzelaktionen (Beispiel aus dem Apfelprojekt)

PräSES – Planungsbogen zu den Einzelaktionen C2

Methoden:

Strukturierte Inputsituation
Sortieren

Handlungsablauf:

1. Einführung in das Thema durch die strukturierte Inputsituation
2. Begleitend zur Inputsituation werden die Äpfel aus dem Korb geholt und vorgezeigt
3. Äpfel liegen alle zusammen in der Mitte
4. Kinder malen Farbpunkte auf das Papier und verteilen diese auf die verschiedenen Teller
5. Sortieren der Äpfel nach Farben auf die Teller

Nichtsprachliches Material:

Äpfel in verschiedenen Farben
Korb
Tuch
Farbstifte
Papier
Teller

Persönliche Vorhaben:

Ausprobieren der Methodik, wie fühle ich mich im Eingangsmonolog?

Abb. 9.10b C2 – Planungsbogen zu den Einzelaktionen (Beispiel aus dem Apfelprojekt)

PräSES – Planungsbogen zu den Einzelaktionen C3

Sprachmaterial für die strukturierte Inputsituation/Textbaustein:

Schaut einmal, ich habe hier einen Korb, wir wollen uns anschauen, was ich darin habe. Hat jemand schon eine Idee? Nein? Na, ich schau mal nach. Oh, ich habe hier einen Apfel. Oh, der Apfel ist ganz schön groß! Welche Farbe hat denn der Apfel? Der Apfel ist gelb! Einen gelben Apfel habe ich hier. Wer will den Apfel mal haben?

Ich schau noch einmal in meinen Korb. Oh, da ist noch ein Apfel. Hm, der sieht ja ganz anders aus! Was für eine Farbe hat denn dieser Apfel? Genau, der ist grün! Ein grüner Apfel ist das. Der grüne Apfel ist nicht so groß wie der andere. Wir legen die Äpfel nebeneinander. Der gelbe Apfel ist groß und der grüne ist klein. Diesen Apfel darf ... (Name einfügen) haben. Und den gelben nimmt ... (Name einfügen) zurück.

Habe ich noch einen Apfel? Ich schau noch mal nach. Oh, hier ist noch ein Apfel. Noch ein grüner. Wer nimmt diesen Apfel?
Und hier ist noch ein Apfel. Dieser Apfel ist rot! Der sieht wieder ganz anders aus. Den roten Apfel darf ... (Name einfügen) halten.
Und hier ist noch ein Apfel, der ist gelb.
Jetzt habe ich noch einige Äpfel mehr, die legen wir alle in die Mitte. Schaut einmal, wie viele schöne Äpfel wir haben:
Wir haben rote Äpfel.
Wir haben gelbe Äpfel.
Wir haben grüne Äpfel.

Überleitung zum Malen der Farbpunkte:

Gleich wollen wir die Äpfel nach Farben sortieren. Gelbe Äpfel zusammen, grüne Äpfel zusammen und alle roten zusammen. Dafür brauchen wir Farbpunkte. Hier sind Stifte und Papier. Auf ein Blatt kommen gelbe Punkte, auf ein Blatt rote Punkte und auf ein Blatt grüne Punkte.

Abb. 9.10c C3 – Planungsbogen zu den Einzelaktionen (Beispiel aus dem Apfelprojekt)

PräSES – Reflexionsbogen zu den Einzelaktionen D

Aktion/Aktionsnummer:

Wie interessiert waren die Kinder?

Wie aktiv waren die Kinder?

Wie gingen die Kinder mit dem sprachlichen Input um?

Konnten die Kinder ihre Fragen in einem gemeinsamen Lernprozess beantworten?

Wie flexibel konnte reagiert werden?

Welche Erkenntnisse brachte mir die Aktion?

Sprachlich:
(Wortliste, Methoden)

Inhaltlich:

Abb. 9.11 D – Reflexionsbogen zu den Einzelaktionen (Vorlage)

- Erprobten die Kinder in der Exploration die angewiesene Handlung oder auch Handlungen darüber hinaus?
- Gaben die Kinder spontane Impulse für weitere Aktionen?
- Wurden einige Wörter der Wortliste von einigen Kindern bereits produziert?
- Wie groß war die Differenz der starken und schwächeren Kinder in dieser Aktion?

Es werden nicht immer alle Fragen unter der Hauptfrage zu beantworten sein. Die Aufstellung soll Denkanstöße geben, wie die Aktion unter diesem Aspekt erfolgreich reflektiert werden kann.

Wie gingen die Kinder mit dem sprachlichen Input um? Als Nächstes wendet sich die Reflexion dem Input zu: Es soll überlegt werden, ob die Kinder mit den Wörtern aus dem Input sicher umgingen oder ob sie nicht wussten, welche Lautbilder zu bestimmten Bedeutungsbildern gehörten. In letzterem Fall gelang die Verarbeitung der neuen Wörter nicht, sodass die Kinder sie nicht lernen konnten. Im Folgenden soll stichpunktartig die mögliche Ursache ermittelt werden, z.B. zu schwache Inputverstärkung, keine Inputsituation.

Es soll beantwortet werden, ob die Begriffe, die neu eingeführt wurden, den Kindern unbekannt waren oder ob sie lediglich neue Projektwörter waren. Je kleiner die Kinder sind, die an der Aktion teilnahmen, desto häufiger werden die Projektwörter den Kindern auch noch gar nicht bekannt sein. In diesem Fall ist z.B. nicht zu erwarten, dass die Kinder die Wörter produzieren. Dies könnte sich auch in dem Reflexionspunkt „Wie aktiv waren die Kinder" z.B. in relativ geringer Eigenaktivität niederschlagen. Nach dem erfolgreichen Einführen von unbekannten Wörtern und Objekten sollte ausführliches Explorationsverhalten zu beobachten sein. Die Kinder nehmen den Input gern auf, orientieren sich jedoch in ihrem Verhalten eher auf das Ausprobieren, Untersuchen und Erforschen. Bei etwas geübteren Wortschatzlernern kann es vorkommen, dass die Kinder nochmals nachfragen, wie die neuen Wörter heißen, um das Lautbild abzusichern, bevor sie einen Produktionsversuch starten. Solche Momente sollten z.B. hier festgehalten werden.

Die Kinder werden die Begriffe in der Regel sehr schnell verstehen lernen. Daher sollte eher vermerkt werden, wenn ein Zielwort oder mehrere der Zielwörter nicht verstanden wurden.

Konnten die Kinder ihre Fragen in einem gemeinsamen Lernprozess beantworten? Diese Frage stellt – im Unterschied zu der Frage nach der Eigenaktivität – die Zusammenarbeit der Kinder in den Vordergrund. Jetzt wird reflektiert, ob die Kinder in einen Lernprozess eingestiegen sind. Aspekte wie Peer-Input (➢ S. 43) können eine Rolle spielen. Leiteten einige Kinder andere an? War dies geplant oder spontan? Forschten die Kinder wirklich *zusammen?* Gab es Kinder, die den Lernprozess nur sahen, aber nicht daran teilnahmen? Wie nahm die Gruppe dies wahr? Wurden die Kinder beispielsweise aufgefordert, mitzumachen?

Eine genaue Reflexion dieser Aspekte lässt eine Menge Wissen darüber entstehen, ob die Kindergruppe der Aktion gut zusammengesetzt war: War die Gruppe vielleicht zu groß, sodass nicht alle Kinder erproben konnten? Dies gibt Hinweise auf zukünftige Unterteilungen. Gruppen können aber auch zu klein sein; in diesem Fall stehen die Kinder vor dem Problem und kommen zu keiner Lösung. Ist die Gruppe so groß wie bei einigen anderen Aktionen davor, so kann die Größe kein ausschlaggebender Faktor sein. War die Aktion vielleicht zu schwierig?

Wie flexibel konnte reagiert werden? Diese Frage bedeutet, dass die Erzieherin sich selbst zunächst in ihrer sprachlichen Reaktion auf die Kinder betrachtet. Dies kann vielfältig sein:

- Antwort auf Nachfragen
- Spontane Gabe von erneutem Input (verstärkt oder unverstärkt)
- Anwendung von Sprache spiegeln
- Reflexion über sprachliche Kommentare in einer weitgehend kindergeleiteten Situation (z.B. beim Auswählen und beim Sortieren).

Im nächsten Schritt werden die nichtsprachlichen Reaktionen in ihrer Flexibilität betrachtet. Hier geht es darum, ob die Aktion genau so durchgeführt werden konnte, wie sie geplant war oder ob sie von den Kindern etwas umgestellt wurde. Wie ging die Erzieherin damit um? Konnte sie sich damit arrangieren? Wurde das Lernziel dadurch verändert/erschwert/erleichtert? Diese Betrachtung ist wichtig, da von ihrem Ergebnis abhängt, ob die nachfolgenden Aktionen wie geplant durchgeführt werden oder neu an die Kindergruppe angepasst werden.

Welche Erkenntnisse brachte mir die Aktion? In der letzten Frage des Reflexionsbogens geht es um das persönliche Vorhaben aus Bogen C2. Hat die Erzieherin ihrerseits Erfahrungszuwachs, Wissenszuwachs erreicht? Dies wäre der Optimalfall, wenn beide – Kinder und Erzieherin – durch die Aktion lernen konnten.

Zunächst wird über die **sprachlichen** Anteile reflektiert. Die Wortliste in Bezug auf die Möglichkeiten ihrer Präsentation in der Aktion, die methodischen Umsetzungen – diese Themen sollen betrachtet werden. Konnten die methodischen Vorhaben erreicht werden? Konnte die erste strukturierte Inputsituation so durchgeführt werden, wie man es sich vorher vorgestellt hatte? Wurde der Input so verstärkt, dass die Kinder aufgefangen wurden und zum Lernen kamen?

Die **inhaltlichen** Aspekte sind eher auf die Kinder bezogen. Vielfach lernt die Erzieherin die Kinder ihrer Gruppe auf eine intensivere Weise kennen als in ungeplanteren Aktionen ohne Projekteinbettung. Dieser Wissenszuwachs wird überdacht. Stille Kinder, die sonst scheinbar unsichtbar sind, können nun in den Vordergrund treten und sich profilieren. Starke Kinder sind vielleicht gar nicht so stabil wie man bisher vermutet hatte. Behinderte Kinder machen Entwicklungsschritte, die nicht zu erwarten waren. Dies sollte festgehalten werden.

Ein ausgefüllter Reflexionsbogen D aus dem Apfelprojekt (passend zum Beispiel von ➤ Abb. 9.10) ist in ➤ Abb. 9.12 zu sehen.

9.2.3 E (E1, E2, E3, E4) – Reflexionsbogen zum Projekt

Die Reflexion des Projekts auf dem Reflexionsbogen E beschließt das Projekt im pädagogischen Team. Dieser Bogen sollte gemeinsam ausgefüllt werden, wenn sich das Team nach Ende des Projekts zu einer Abschlusssitzung zusammenfindet. Dazu kann das Team jede Frage direkt diskutieren und gemeinsam ein Ergebnisprotokoll schreiben. Andererseits kann jede Erzieherin die Bögen E zunächst für sich ausfüllen und anschließend mit ihren Kolleginnen im Team die Ergebnisse zusammentragen. Im letzteren Fall sollten sowohl die Einzelbögen als auch das Diskussionsergebnis im Team im Projektordner archiviert werden, um das Projektprozedere bis zum Ende transparent zu halten.

Gleichzeitig schließt Bogen E den Dokumentationszirkel, der im Projektordner das Thema von Themenfindung über Vorbereitung, Verlauf, Feinplanung mit der Reflexion abschließt. Wenn möglich sollte auf die gemeinsame Reflexion des Projekts im pädagogischen Team nicht verzichtet werden. Dieser Bogen ist etwas umfangreicher als die bisher vorgestellten Bögen.

Die folgenden Ausführungen können nur Beispiele beschreiben, die an dieser Stelle vermerkt werden sollten. Die angeführten Fragen und Inhalte orientieren sich an den Projekten, die bis zum aktuellen Zeitpunkt nach dem PräSES-Ansatz durchgeführt und reflektiert wurden. Jeder Aspekt des Bogens E kann erweitert werden.

Bogen E1 (➤ Abb. 9.13) beginnt mit dem **Projektthema,** das nochmals eingetragen wird. Anschließend werden auf dem Bogen drei Themenblöcke mit anschließenden Fragen formuliert, die die Reflexion strukturieren.

Der erste Themenblock beschäftigt sich mit den **Auswirkungen auf die Kinder.** Die erste Frage ermittelt, ob sich das *Sprachverhalten* der Kinder über den Projektzeitraum veränderte. Diese Frage ist ein wesentlicher Schritt auf dem Weg, qualitativ zu bestimmen, ob das Sprachförderprojekt Wirkung gezeigt hat. Optimal wäre, wenn man bei allen oder zumindest bei vielen Kindern eine *Steigerung in der Sprachproduktion* dokumentieren könnte. Es ist aber auch ein positives Merkmal, wenn die Kinder *mehr nachfragen, sich mehr (sprachlich) austauschen* oder länger als sonst bei einem Thema bleiben und dadurch z.B. länger zuhören. Im Modelldurchlauf 2006/2007 im Land Brandenburg wurde von den Erzieherinnen angegeben, dass sie sonst bei den teilnehmenden Kindern nur selten ein so großes Interesse für ein Thema beobachten konnten. Neben der *längeren Aufmerksamkeit pro Aktion* wurde *über den Projektverlauf ein deutlich gesteigertes Interesse* dokumentiert.

Gesteigertes Interesse kann als Maß für eine qualitative Interpretation betrachtet werden:

- Die Aktionen des Projekts sowie das Projektthema waren gut auf die Kinder abgestimmt.
- Bei altersgemischten Gruppen wurde die Zuordnung der Kinder zu den Aktionsniveaus für die Kinder angepasst gelöst.

PräSES – Reflexionsbogen zu den Einzelaktionen

D

Aktion/Aktionsnummer: Äpfel sortieren

Wie interessiert waren die Kinder?

Alle Kinder waren an den Äpfeln interessiert und hielten die Aktion durch. Die zweijährigen Kinder mussten während der Sortieraufgabe neu orientiert werden.

Wie aktiv waren die Kinder?

Deutlicher Unterschied zwischen den zweijährigen und dreijährigen Kindern.
Zweijährige eher konsumierend, viel taktile Untersuchung der Äpfel.

Wie gingen die Kinder mit dem sprachlichen Input um?

Problemlos, bei den Zweijährigen entstand der Eindruck, dass die Farbadjektive noch unbekannt waren.

Konnten die Kinder ihre Fragen in einem gemeinsamen Lernprozess beantworten?

Deutlicher Unterschied zwischen zwei- und dreijährigen Kindern; bei Dreijährigen Lernziel erreicht, Zweijährige benötigen vermutlich eine Wiederholung.

Wie flexibel konnte reagiert werden?

Mit den Zweijährigen wurde die Inputsituation wiederholt, während die Dreijährigen die Farbpunkte malten. Dreijährige konnten allein sortieren, Zweijährige mit Hilfe. Dadurch keine Kommentare von außen, sondern gemeinsame Handlung und Dialog.

Welche Erkenntnisse brachte mir die Aktion?

Sprachlich:
(Wortliste, Methoden)

Wortliste für Zweijährige muss kleiner sein und Fokus auf Wiederholung von Wörtern.

Inhaltlich:

Durch die unterschiedlichen Ansprüche an die Wortliste eventuell Umorganisation von Aktionen in Sonderaktionen für Zwei- und Dreijährige.

9

Abb. 9.12 D – Reflexionsbogen zu den Einzelaktionen (Beispiel aus dem Apfelprojekt)

PräSES – Reflexionsbogen zum Projekt

E1

Projektthema:

1. Auswirkungen auf die Kinder

Veränderte sich das sprachliche Verhalten der Kinder über den Projektzeitraum? Wenn ja, wie?
(Zuhören, Fragen stellen, sprachliche Äußerungen usw.)

Gab es sonstige Veränderungen im Verhalten der Kinder?
(Fähigkeiten/Wissen zum Projektthema, sozial-kommunikatives Verhalten, Aufmerksamkeit usw.)

Welche Besonderheiten waren bezüglich der sprachlich auffälligen Kinder zu beobachten?

Name des Kindes	Besonderheiten

Abb. 9.13 E1 – Reflexionsbogen zum Projekt (Vorlage)

- Die Umsetzung des Projekts schloss sich an das Vorwissen der Kinder an und erbrachte Erfahrungszuwachs.

Alle Punkte sind Schlussfolgerungen, die als Belege für ein gelungenes Projekt gelten können.

Frage 2 auf Bogen E1 fokussiert **Veränderungen im nichtsprachlichen Verhalten** der Kinder. Direkt erreicht werden soll durch das Projekt die Erweiterung des *Weltwissens um das Projektthema.* Dies sollte bei den Kindern offensichtlich sein. Ihr Explorationsverhalten mit den Gegenständen des Projektthemas (z.B. verschiedene Steine) sollte sicher und routiniert sein. Die Handlungen, die während des Projekts erprobt wurden, können auf andere Gegenstände generalisiert werden.

!

Am Ende des Projekts sollen die Kinder um die Merkmale der Gegenstände wissen und diese formulieren können. Erprobungen, z.B., ob Steine schwimmen können, sollten nicht mehr notwendig sein.

Auch auf Steinarten, die die Kinder im Projekt nicht kennenlernten, sollten sie zum Projektende die Merkmale von Steinen zuordnen können. *Aufmerksamkeit* Gegenständen und Handlungen gegenüber ist eine andere Art von Aufmerksamkeit als die oben genannte sprachliche Aufmerksamkeit. Beide Formen gehen Hand in Hand und sollten gut entwickelt sein. In altersgemischten Gruppen oder in gruppenübergreifend durchgeführten Projekten können Veränderungen im sozialen und kommunikativen Verhalten dokumentiert werden, wenn es kindgeleitete Aktionen gab oder wenn ältere Kinder zu Ko-Aktionsleitern wurden, um schwächeren bzw. jüngeren Kindern zu helfen. Während der Projektarbeit können sich neue Freundschaften ergeben: Eng zusammenstehende Kindergruppen gehen vielleicht eigene Wege und suchen neue Bezugspersonen. Ein guter Nebeneffekt eines erfolgreichen Projekts ist die bessere Integration von Kindern, die bisher etwas außerhalb der Gruppe standen.

Einen besonderen Punkt auf Bogen E1 erhalten die **Veränderungen,** die in den **sprachauffälligen Kindern** vorgegangen sind. Auch sprachauffällige Kinder sollten – genau wie alle anderen Kinder – von der Sprachförderung in der Projektarbeit profitieren. *Ein Aufholen bzw. Auflösen der Sprachentwicklungsstörung durch ein Projekt ist jedoch nicht zu erwarten,* d.h. der Erfolg des Projekts kann nicht daran gemessen werden, ob die auffälligen Kinder noch Symptome aufweisen. Eine gute Förderung, die als erfolgreiches Projekt gewertet werden kann, wird möglicherweise folgende Effekte erreichen:

- Sprachauffällige Kinder, die lange keine Veränderung in ihrem Sprachprofil durchlebten, zeigen Dynamik in ihrem sprachlichen Verhalten.
- Kinder, die über einen geringen Wortschatz verfügten, lernen zumindest die Wörter der Kernwortliste verstehen.
- Die Wortproduktionsrate der Kinder steigt.
- Eventuell sind Effekte auf nichtgeförderte Bereiche – wie die grammatische Entwicklung (längere Äußerungen, veränderte Satzstrukturen) – beobachtbar.
- Verbessertes Sprachverhalten in der Gruppensituation: Dialogverhalten und Frageverstehen verändern sich positiv.

!

Sprachförderung in der Kita-Gruppe kann nicht so starke Effekte beim einzelnen Kind erbringen wie eine individuell abgestimmte Sprachtherapie („Abgrenzung Sprachtherapie/Förderung ➤ Kap. 1.2.5).

Die **Besonderheiten** werden für jedes **sprachauffällige Kind** auf Bogen E1 vermerkt. Dies gewährleistet, dass das pädagogische Team jedes dieser Kinder nochmals einzeln betrachtet. Die verschiedenen Kinder mit Sprachentwicklungsstörungen veränderten sich vermutlich nicht alle auf die gleiche Art. Dies gilt weder für den Umfang der Veränderung noch dafür, wie diese sich in der Sprachverwendung des Kindes zeigt. Insofern wäre eine Beurteilung der Gruppe hier nicht zielführend, das Team sollte sich die Zeit nehmen, jedes Kind einzeln durchzugehen.

Neben der Dokumentation für das Projekt ist dieser Punkt des Reflexionsbogens auch wertvoll im Austausch mit Fachtherapeuten (Sprachtherapeuten). An dieser Stelle kann belegt werden, ob und wie ein sprachentwicklungsgestörtes Kind auf eine sehr sanfte sprachliche Stimulierung reagierte (*sanft* wird hier verstanden als kindgerecht und nichtinvasiv).

Die weiteren Bögen E2–E4 beschäftigen sich mit dem Projekt und seinen verschiedenen Reflexionsaspekten. Der erste Fragenblock auf Bogen E2 (➤ Abb. 9.14) beschäftigt sich mit dem **Zeitma-**

PräSES – Reflexionsbogen zum Projekt

E2

2. Das Projekt

Wie viel Zeit nahm das Projekt durchschnittlich pro Tag ein?

Für Vor- und Nachbereitung:

Für die Beschäftigung der Kinder mit dem Projektthema:
(mit Anwendung der sprachfördernden Methoden)

Konnten die Wortlisten und Methoden auch außerhalb geplanter Aktionen umgesetzt werden? Wenn ja, wie?
(z.B. Einbindung in tägliche Rituale)

Wie groß war die Gesamtwortliste und wie viele dieser Wörter wurden den Kindern tatsächlich angeboten?

Abb. 9.14 E2 – Reflexionsbogen zum Projekt (Vorlage)

nagement des Projekts. Es wird angeführt, wie viel Zeit die Erzieherinnen pro Tag einplanen mussten. Hier sind nicht nur die Aktionen gemeint, sondern die **Vor- und Nachbereitung** soll ausdrücklich mit aufgeführt werden. So können auch Tage unter dieser Frage ausgewertet werden, an denen keine Projektaktion durchgeführt wurde, aber einige andere vorbereitet wurden. Die Nachbereitung betrifft u.a. die Reflexion der Einzelaktion (Reflexionsbogen D), die meist wenig zeitaufwendig ist. Hinzu kommen Gespräche mit den Kollegen, Austausch über Verbesserungen im Team, Arbeiten an der Wortliste mit Veränderungen an der Wortauswahl oder an einzelnen Wortgruppen etc.

Wie viel Zeit brauchten die Aktionen an sich? Hier ist eine gewisse Dauer ein Qualitätsmerkmal des Projekts. Es werden nur die Aktionen ausgewertet, in denen sprachförderliche Methoden angewendet wurden. Gab es beispielsweise eine wiederholende Aktion, die unter Kinderleitung stattfand, wird diese auf dem Zeitstrahl erwähnt, gehört jedoch nicht in die Reflexion.

In der Regel werden die Aktionen zwischen Frühstück und Mittagessen am Kita-Vormittag stattfinden und ungefähr 30–90 Minuten dauern. Je jünger die Kinder sind, desto geringer ist die Dauer zu berechnen, ohne dass die Qualität des Projekts niedrig sein muss.

Konnten die Wortlisten und Sprachfördermethoden auch außerhalb der Aktionen eingesetzt werden? Diese Frage ist ein wichtiger Punkt hinsichtlich der Einbettung in den Kita-Alltag: Insbesondere Verben und Adjektive eignen sich dafür; z.B. sind *nass*, *kalt*, *heiß* selbstverständliche Begriffe beim Zähneputzen oder Händewaschen. Handlungen wie *wiegen*, *messen*, *schwimmen* können auch mit anderen Gegenständen als Steinen oder auch mit den Kindern selbst erfolgen. Spezifische Gegenstände/Nomen dagegen sind schwieriger in den Alltag zu übertragen. PräSES hat die Einbettung der Zielwörter in die tägliche Routine zum Ziel: Zielwörter verankern sich breiter und stärker im Wortschatz der Kinder, wenn die Kinder sie auch außerhalb der geplanten Aktionen kennenlernen. Durch dieses Vorgehen wird die Sprachförderung ein grundsätzliches Begleitelement des Kita-Tages (Jampert et al. 2006) und zur Routine für Erzieherinnen und Kinder.

Die **Gesamtwortliste** wird in der nächsten Frage fokussiert. Hier wird reflektiert, wie die geplante Wortliste im Projekt umgesetzt werden konnte. Wurden alle Wörter benutzt? War die Wortliste evtl. zu kurz? Wie war die Verteilung: Gab es Ballungsräume mit vielen neuen Wörtern, die in Zukunft besser verteilt werden könnten? Wie gelang die Zusammenstellung der Wortgruppen?

Exkurs

Verteilung von neuen Wörtern

Die Einführung neuer Wörter orientiert sich an der Erwerbsreihenfolge von Wörtern im natürlichen Wortschatzerwerb (vgl. ➤ S. 37). Dies sind jedoch nur Durchschnittswerte, die nicht die gesamte Dynamik des Wortschatzerwerbens einfangen können. So fiel beim Dokumentieren des Wortschatzerwerbs bei Kindern häufiger auf, dass ein beschleunigtes Anwachsen nicht plötzlich schneller wird, sondern eine Weile braucht, bis das neue Erwerbstempo erreicht ist. Es kann also sein, dass die Kinder zu Beginn des Projekts noch nicht so regelmäßig neue Wörter lernen wie im weiteren Verlauf.

Es wird jedoch so sein, dass in den ersten Projektwochen mehr neue Wörter eingeführt werden als später. Daher muss das Erwerbstempo der Kinder beobachtet, dokumentiert und reflektiert werden. Bei Kindern, die sich erst an das regelmäßige Lernen von Wörtern gewöhnen müssen, wäre es nicht günstig, in den ersten Wochen des Projekts nur neue Wörter einzuführen und diese kaum zu festigen. Ebenso falsch ist das umgekehrte Vorgehen, während der ersten Projekthälfte überhaupt keine neuen Wörter einzuführen.

Optimal wäre, wenn über das Projekt eine grundsätzlich etwa gleiche Menge von Wörtern neu eingeführt würde. Spontan können – je nach Teilthema – einige Wörter dazugenommen werden. Die **Kernwortliste** ist etwa in oder nach der 4., spätestens in der 5. Projektwoche (bei einem achtwöchigen Projekt) abgearbeitet. Verbleibt die Projektarbeit länger bei der Kernwortliste, sollte hierfür auf dem Bogen E2 eine Begründung gefunden werden: War das Projekt zu schwierig? Wurden zu viele neue Wörter angeboten? Oder dämmten einige schwache Kinder die Gesamtgruppe im Voranschreiten ein? Diese Interpretationen sollten vorsichtig formuliert werden.

Zu Beginn des Bogens E3 (➤ Abb. 9.15) werden die **Wortgruppen** betrachtet. Wie bauten sie in den Aktionen aufeinander auf? Hier wird ausgewertet, ob die Reihenfolge des sprachlichen Materials, wie es auf dem Zeitstrahl geplant wurde, günstig war. D.h. die Wörter, die in einer frühen Aktion eingeführt wurden und die in einer späteren Aktion als eingeführte Wörter wiederholt wurden, waren zu diesem Zeitpunkt wirklich schon bekannt. Dies belegt, dass die Wortgruppe in sich gut aufeinander abgestimmt war, dass sie nicht zu groß bzw. zu schwierig war.

Nach Abschluss einer Aktion sollten die meisten Kinder den Großteil der neuen Wörter verstehen. Ausnahmen mögen sprachauffällige Kinder sein. Es können auch sehr junge Kinder unter denen sein, die den Zielwortschatz noch nicht effektiv erwerben. Sowohl bei den sprachauffälligen Kindern mit wenig Wortschatz als auch bei jungen Kindern kann es sein, dass sie neben den eigentlichen Zielwörtern auch noch viele andere Wörter, die in der Aktion verwendet werden, nicht kennen. Es kann daher sein, dass sie andere Wörter während der Aktion gelernt haben und die Zielwörter nicht beachteten. Darüber hinaus ist der Beginn des Wortschatzerwerbs davon geprägt, dass die Kinder langsamer lernen als in späteren Phasen (Wortschatzspurt). Insofern sollte man bei sehr jungen Kindern mit einer etwas weniger hohen Erwerbsquote rechnen.

Der Punkt **Methodenanwendung** orientiert die Reflexion langsam vom Kind zum Verhalten der Erzieherin. Hier wird zunächst vermerkt, welche Methoden wie häufig verwendet wurden. Dies kann mit Vorlieben oder auch mit dem Tempo des Projektfortschritts begründet werden. Je mehr strukturierte Inputsituationen für neue Wörter präsentiert wurden, desto mehr Zielwörter wurden eingeführt. Arbeitete die Erzieherin gern und viel mit *Auswählen* und *Sortieren,* so ergaben sich relativ viele strukturierte Arbeitsaufträge. Eine häufige Anwendung von *Sprache spiegeln* bedeutet, dass sich die Erzieherin den kindlichen Äußerungen gegenüber sehr flexibel zeigte. Sprache spiegeln weist auf ein gut gefestigtes Wortmaterial hin, da die Kinder bereits begonnen hatten, die Zielwörter zu produzieren.

Es existiert keine optimale Methodenverteilung, die andere als weniger gut abwerten würde. Je nachdem, welche Dynamiken zwischen dem Thema, der Erzieherin und den Kindern entstehen, wird sich das Projekt entwickeln. Die Erzieherin fängt die Dynamik ein und setzt sie in konstruktive Projektarbeit um. Dies geschieht im Wesentlichen automatisch und unbewusst. Nach dem Abschluss des Projekts können dieser Prozess und seine Dynamiken über die Methodenverteilung am günstigsten reflektiert werden. Gehen die Methodenwahlen mit gutem Lernverhalten der Kinder einher, so ist die methodische Seite des Projekts erfolgreich zu bewerten.

Die letzte Frage auf Bogen E3 (*War es möglich, das Niveau [der Wortlisten und Methoden] an sprachlich auffällige oder jüngere/ältere Kinder anzupassen?*) gilt den einzelnen Untergruppen der Kinder: den sprachauffälligen, fitten, jungen, alten, starken und schwachen Kindern. Bei sprachauffälligen Kindern ist es häufig notwendig, den Input mehr zu verstärken als bei anderen Kindern. Nun soll reflektiert werden, ob und wie dies gelungen ist. Wie konnten die Methodik und die Wortliste auf die jungen Kinder abgestimmt werden? Wie konnte den Ansprüchen der Vorschulkinder entsprochen werden? Die Komponenten, zwischen denen sich die Reflexion bewegt, sind die ausgewählten Zielwörter auf der Wortliste einerseits und die Methodik andererseits. Schwierige Zielwörter und ein rasches Übergehen zu entwicklungsfestigender Methodik macht eine Aktion schwieriger. Dies könnte beispielsweise einer Niveauanpassung für eine Teilgruppe von Vorschulkindern entsprechen. Andererseits sind das Anbieten konkreter und häufiger benutzter Wörter sowie ein Wiederholen der Zielwörter in strukturierten Inputsituationen Möglichkeiten, die Aktionen zu vereinfachen und sie dadurch für schwächere und jüngere Kinder günstig aufzubereiten. Bei sprachauffälligen Kindern sollte das Lernen vor allem in Hinblick auf die strukturierte Inputsituation betrachtet werden. Die Hauptfrage ist, ob die Kinder auch dann lernten, wenn die Zielwörter in den Inputsituationen für sie *nicht* noch häufiger verwendet wurden als für die Gesamtgruppe. D.h. es wird beurteilt, ob die sprachauffälligen Kinder ohne eine vermehrte Verstärkung des Inputs auch Wortschatz erwerben können.

Bogen E4 (➤ Abb. 9.16) zur Projektevaluation betrachtet in der oberen Hälfte die **Zukunftsfragen.**

PräSES – Reflexionsbogen zum Projekt

E3

Wie gingen Sie mit Wortgruppen um, die in einzelnen Aktionen aufeinander folgten?
(z.B. Verhältnis von schon bekannten Wörtern zu neuen Wörtern)

Welche Methoden wandten Sie an?

Wie regelmäßig wandten Sie die aufgeführten Methoden an?

War es möglich, das Niveau (der Wortlisten und Methoden) an sprachlich auffällige oder jüngere/ältere Kinder anzupassen? Wenn ja, wie erreichten Sie die Anpassung?

Abb. 9.15 E3 – Reflexionsbogen zum Projekt (Vorlage)

PräSES – Reflexionsbogen zum Projekt E4

Was würden Sie im nächsten Projekt anders machen?

In der Planung:

In der Durchführung:

3. Eigenreflexion

Veränderte sich etwas an Ihrer Wahrnehmung in Bezug auf die Kinder? Wenn ja, was?

Veränderte sich Ihr sprachlicher Umgang mit den Kindern? Wenn ja, wie?

Abb. 9.16 E4 – Reflexionsbogen zum Projekt (Vorlage)

Es geht um die Schlussfolgerungen, die aus dem Projekt gezogen werden. Die Frage wird in die Bereiche Planung und Durchführung unterteilt. Zur *Planung* muss der individuelle Prozess des Teams reflektiert werden, wie das Thema gefunden wurde. Beginnend mit der Frage, ob sich das Team auf das richtige Projekt geeinigt hat, sollte der Grundverlauf des Projekts (einzelne Teilprojekte, Gesamtprojekt in Gruppen, aufgelöste Gruppen, freie Projektarbeit) betrachtet werden. War die Planung so, dass sie für die Einrichtung und für die Kinder passte? War eine Kindergruppe in der Planung so in den Vordergrund gerückt, dass andere zurückstehen mussten, ohne dass dies in der Planung erkannt wurde? Auch die Masse der vorgeplanten Aktionen sollte diskutiert werden. Gab es genügend Aktionen? Konnte die Arbeitsbelastung während der Projektphase durch die Vorplanung gemindert werden?

Die Reflexion der *Durchführung* hat den Projektplanungsprozess als Basis und fragt nach der konkreten Umsetzung. Wie waren die geplanten Aktionen, der Projektverlauf auf dem Zeitstrahl in Handlung umzusetzen? War der Zeitstrahl realistisch in der Umsetzung? Wie kamen die Erzieherinnen mit dem zeitintensiven Thema im Kita-Tag-Ablauf zurecht? Wieder werden die einzelnen Kindergruppen während des Projektverlaufs betrachtet: Kann man u.U. aus dem Projekt einen Schluss ziehen, wie man für bestimmte Kindergruppen ein neues, besser abgestimmtes Projekt entwickeln könnte (weniger/mehr Wörter, leichtere/schwierigere Wörter, andere Methodengewichtung).

In der Durchführungsreflexion können bestimmte Aspekte, die gut oder weniger gut gelungen sind, konkret aufgeführt werden. Dies können einzelne Aktionen sein genauso wie einzelne Durchführungsetappen (Struktur einer Projektwoche, ein Teilprojekt). Dabei sollte nicht nur nach negativen Aspekten gesucht werden, sondern auch Positives festgehalten werden, um auch dies in ein neues Projekt übernehmen zu können.

Bogen E schließt mit der **Eigenreflexion** der Erzieherin in Bezug auf den Spracherwerb der Kinder ihrer Gruppe. Hier soll dokumentiert und bewertet werden, wie die Erzieherin die Sprache der Kinder nun wahrnimmt und welche Erkenntnisprozesse sie über die Projektzeit durchlaufen hat. Gab es Veränderungen über die Zeit des Projekts? Gab es Aha-Erlebnisse?

Zuerst wird nach der *Wahrnehmung von Sprache und Spracherwerbszuständen* gefragt. Veränderte sich diese über das Projekt? Die Fokussierung von Sprache – auch wenn sie in einem inhaltlichen Thema stattfindet – führt in der Regel zu einer stärkeren Wahrnehmung dieser Entwicklungsdomäne. Bekam die Erzieherin im Laufe des Projekts bei einigen Kindern Zweifel an ihrer vorherigen Einschätzung? In welche Richtung haben sich solche Überlegungen verändert? Ist die Erzieherin sensibler geworden und kann nun eher Auffälligkeiten erkennen oder ist sie vorher übersensibel gewesen und lässt jetzt mehr Variation zwischen den Kindern geschehen, ohne sich Sorgen zu machen?

Eigenbetrachtungen dieser Art stellen eine gute Distanz zu der eigenen Profession her und können als Beleg für den erfolgreichen Weg der Qualitätsentwicklung und -sicherung gelten. Ein wichtiger Punkt für eine veränderte Wahrnehmung ist erreicht, wenn die Erzieherinnen die sprachliche Kompetenz eines Kindes weitgehend unabhängig von der Dominanz des Kindes in der Kindergruppe sehen können. Auch die stilleren Kinder, die in der Gruppe sprachlich nicht laut und massiv in den Vordergrund treten, können nun als sprachkompetent wahrgenommen werden. Andererseits können sprachliche Probleme auch bei den führenden Kindern der Gruppe erkannt werden, selbst wenn diese Kinder gern und häufig in den Vordergrund treten und kommunikativ sehr aktiv wirken.

Die zweite Frage richtet sich nach einem möglicherweise *veränderten sprachlichen Umgang* mit den Kindern. Die Methodik im PräSES-Ansatz richtet sich an das Verstehen von Sprache, d.h. die rezeptive Sprachentwicklung der Kinder. Hieraus folgt, dass die Erzieherinnen daran gewöhnt werden, sich selbst als Sprachmodell und als Inputgeber zu betrachten: Sie sind *Sprache gebend* und nicht *Sprache fordernd.* Abfragesituationen sind kein Teil des PräSES-Ansatzes und sollten als sprachlicher Umgang zwischen Erzieherin und Kindern in den Hintergrund getreten sein, wenn die Gesamtreflexion des Projekts verfasst wird. Ein anderer Aspekt des veränderten sprachlichen Umgangs ist es, wenn im Laufe des Projekts zwischen Kindern und Erzieherinnen viele Dialoge entstehen (abgesehen von strukturierten Inputsituationen) und die Erzieherin weniger in Monologen spricht.

Diskutiert das Team diese Reflexion und schreibt einen gemeinsamen Bericht in den Bogen E, so werden hier die Eigenreflexionen und Entwicklungen mehrerer Personen festgehalten. Dies kann mit namentlicher Aufzählung geschehen oder durch ein Ergebnisprotokoll der Diskussion. Eine Alternative ist, dass der Bogen E4 von jeder Erzieherin einzeln ausgefüllt wird, auch wenn die Bögen E1, E2 und E3 zuvor mit dem Team gemeinsam diskutiert und ausgefüllt wurden. Auch bei dieser Variante sollte eine mündliche Diskussion folgen, um sich über die eigenen Erfahrungen im Team auszutauschen.

Ein vollständig ausgefüllter Reflexionsbogen E (E1, E2, E3, E4) ist in ➢ Abb. 9.17 dargestellt.

9.3 Beobachtungsbogen

9.3.1 F (F1, F2, F3) – Bogen zur strukturierten Beobachtung sprachauffälliger Kinder

Bogen F steht als Beobachtungsbogen für sprachauffällige Kinder neben den Planungs- und Reflexionsbögen eines Projekts. Für die Durchführung des Projekts ist er nicht notwendig. Ziel dieses Bogens ist es, die Erzieherin für Beratungsgespräche, für Förderbeiräte und -sitzungen mit strukturierten Informationen zu versorgen. Wird der Bogen F sorgsam mit Daten gefüllt, sind die wesentlichen Eckpunkte einer Sprachauffälligkeit ersichtlich und beschreibbar (➢ Abb. 9.18 bis ➢ Abb. 9.20). Ebenso sind anamnestische Daten vorhanden. Die Erzieherin stellt klar, wie sie mit der Störung bisher umging.

9

In Bogen F1 (➢ Abb. 9.18) werden zunächst die **persönlichen Daten des Kindes** zusammengetragen: Vornamen und Name des Kindes sind festzuhalten; ebenso wird vermerkt, wie alt das Kind zum Zeitpunkt der Bogenerstellung ist. Darüber hinaus ist es wichtig, anzugeben, wie lange das Kind die Kita bereits besucht, dies verrät viel darüber, wie viel Wissen die Erzieherin über das betreffende Kind haben kann.

Außerdem wird in Bogen F1 die **Entwicklungsgeschichte des Kindes** – soweit bekannt – in den verschiedenen Entwicklungsdomänen aufgeschrieben. Hinweise geben die Fragen zu Beginn dieses Blocks. Zunächst werden die *sprachliche* und die *motorische Entwicklung* des Kindes (andere Entwicklungsparameter können ergänzt werden, wenn es Informationen dazu gibt) *vor* dem Kita-Eintritt beschrieben. Die Erzieherin stützt sich auf Informationen der Eltern oder anderer Bezugspersonen. Falls unterschiedliche Berichte verschiedener Bezugspersonen vorliegen, wird dies notiert.

Besonders wichtig ist zu beschreiben, auf welchem Entwicklungsstand das Kind bei Kita-Eintritt war. Wie verhielt sich das Kind: War es schüchtern oder eher distanzlos, sehr still oder fehlte ihm tatsächlich der Wortschatz? Wie war das Kind verglichen mit anderen Kindern, die zur selben Zeit in die Kita kamen?

Anschließend wird die *Kita-Zeit* beschrieben. Hierbei soll nicht chronologisch nach dem Jahreszyklus vorgegangen werden. Stattdessen werden eventuelle Entwicklungsstillstände als solche benannt und in ihrer Länge eingeschätzt. Ebenso sollen positive Entwicklungsschritte benannt werden. Dann versucht man zu dokumentieren, wann der letzte sprachliche Entwicklungsschritt stattfand.

Abschließend wird erwähnt, ob die Kinder **nichtsprachliche Fördermaßnahmen** in der Kita erhalten (z.B. Frühförderung/Heilpädagogik, Physiotherapie, Ergotherapie).

Bogen F2 und F3 umreißen die **sprachliche Beobachtung**. In Bogen F2 (➢ Abb. 9.19) wird zunächst aufgezählt, welche Beobachtungsmittel eingesetzt wurden. Hierzu gehören Beobachtungsbögen, Elternfragebögen und auch die freie Beobachtung. Durch diese Nennung erklärt die Erzieherin, dass die folgenden Ausführungen nicht in einer rein subjektiv-interpretativen Beobachtung entstanden sind. Dies ist gerade in einer *interdisziplinären Fördersitzung* wichtig, um das Meinungsgleichgewicht zu den Fachtherapeuten und evtl. Ärzten zu erhalten.

Zunächst werden die Aussprache und der Wortschatz des Kindes dargestellt. Dabei sollte vor allem beschrieben werden, wie der Entwicklungsstand ist. Interpretationen verfälschen das Bild eher. Die Verwendung von Beobachtungsbögen hilft dabei, auf der Ebene der Beschreibung zu bleiben. Ebenso hel-

PräSES – Reflexionsbogen zum Projekt

E1

Projektthema: APFEL

1. Auswirkungen auf die Kinder

Veränderte sich das sprachliche Verhalten der Kinder über den Projektzeitraum? Wenn ja, wie?
(Zuhören, Fragen stellen, sprachliche Äußerungen usw.)

Zweijährige zeigen deutlich mehr Sprachverwendung; Interaktion zwischen den Kindern wird stärker durch Sprache geprägt.
Dreijährige beginnen miteinander zu diskutieren (während der experimentellen Situationen).

Gab es sonstige Veränderungen im Verhalten der Kinder?
(Fähigkeiten/Wissen zum Projektthema, sozial-kommunikatives Verhalten, Aufmerksamkeit usw.)

Kinder mögen Obst nun lieber essen als vorher.
Bestimmte Apfelfarben werden bevorzugt (rot).
Neue Obstsorten werden mit viel Interesse und sprachlichem Weltwissen betrachtet und beurteilt (die Litschii ist viel leckerer und runder als die Banane).

Welche Besonderheiten waren bezüglich der sprachlich auffälligen Kinder zu beobachten?

Name des Kindes	Besonderheiten
J.K.	Hat begonnen, Sprache zu verwenden, nun regelmäßige Einwortäußerungen
A.L.	Deutlichere Aussprache, längere Äußerungen

Abb. 9.17a E1 – Reflexionsbogen zum Projekt (ausgefüllt)

PräSES – Reflexionsbogen zum Projekt **E2**

2. Das Projekt

Wie viel Zeit nahm das Projekt durchschnittlich pro Tag ein?

Für Vor- und Nachbereitung:

Ca. 1 Std.

Für die Beschäftigung der Kinder mit dem Projektthema:
(mit Anwendung der sprachfördernden Methoden)

30 Minuten, manchmal auch 45 bis 60 (dreijährige Kinder)

Konnten die Wortlisten und Methoden auch außerhalb geplanter Aktionen umgesetzt werden? Wenn ja, wie?
(z.B. Einbindung in tägliche Rituale)

Regelmäßig bei den Obstmahlzeiten
Farben bei anderen Aktionen

Wie groß war die Gesamtwortliste und wie viele dieser Wörter wurden den Kindern tatsächlich angeboten?

- Kernwortliste wurde abgearbeitet (4 Wochen bei den Dreijährigen/5 Wochen bei den Zweijährigen)
- Randbereiche der Wortliste bei Zweijährigen in Ansätzen (insgesamt 12 Wörter)
- Bei Dreijährigen wurden 30 Wörter der Randbereiche eingeführt.

Abb. 9.17b E2 – Reflexionsbogen zum Projekt (ausgefüllt)

PräSES – Reflexionsbogen zum Projekt

E3

Wie gingen Sie mit Wortgruppen um, die in einzelnen Aktionen aufeinander folgten?
(z.B. Verhältnis von schon bekannten Wörtern zu neuen Wörtern)

Wortgruppen wurden nach den Erfahrungen der ersten Aktionen für Zwei- und Dreijährige neu eingeteilt (1. Woche).
Wortgruppenreihenfolge blieb über das Projekt pro Altersgruppe dann gleich.
Langsameres Vorgehen bei Zweijährigen führte dazu, dass die eingeführten Wörter beherrscht wurden.

Welche Methoden wandten Sie an?

Strukturierte Inputsituation
Sortieren

Wie regelmäßig wandten Sie die aufgeführten Methoden an?

Regelmäßige Inputsituationen (jede Aktion)
Anschließend optional freie Situationen zum Explorieren oder Sortieraufgaben

War es möglich, das Niveau (der Wortlisten und Methoden) an sprachlich auffällige oder jüngere/ältere Kinder anzupassen? Wenn ja, wie erreichten Sie die Anpassung?

Anpassung an Zweijährige wurde durch verlangsamtes Einführen der neuen Wörter erreicht.

Abb. 9.17c E3 – Reflexionsbogen zum Projekt (ausgefüllt)

PräSES – Reflexionsbogen zum Projekt E4

Was würden Sie im nächsten Projekt anders machen?

In der Planung:

- Zweijährige und Dreijährige von Beginn an deutlicher abgrenzen
- Evtl. gleich in 2 Teilprojekte gehen
- Wortgruppen können gleiche Reihenfolge bekommen, aber unterschiedlich schnelle Einführung

In der Durchführung:

Viele Wiederholungen, gerade die kleinen Kinder mochten die einfache Wiederholung von Aktionen vom Vortag, teilweise auch am gleichen Tag.
Strukturierte Inputsituationen können mit gleichem Input mehrmals vorkommen.

3. Eigenreflexion

Veränderte sich etwas an Ihrer Wahrnehmung in Bezug auf die Kinder? Wenn ja, was?

Man erkennt schneller Kompetenzen und Defizite bei stilleren Kindern. Die stilleren Kinder stehen nun im Vordergrund der Beobachtung.
Bei den jungen Kindern wurde die Differenzierung zwischen fitten und schwächeren Kindern deutlicher.

Veränderte sich Ihr sprachlicher Umgang mit den Kindern? Wenn ja, wie?

- Weniger Fragen, mehr „echte" Dialoge
- Fokus auf sprachauffällige Kinder nimmt die Unsicherheit im Umgang mit diesen Kindern
- Viele Unterhaltungen mit schwachen Kindern

Abb. 9.17d E4 – Reflexionsbogen zum Projekt (ausgefüllt)

PräSES – Bogen zur strukturierten Beobachtung sprachauffälliger Kinder F1

Datum: ____________________

Persönliche Daten:

Name:

Alter (JJ;MM):

Wie lange ist das Kind in der Kita?

Entwicklungsgeschichte des Kindes:

Wie war die sprachliche Entwicklung (soweit bekannt)?

Wie war die motorische Entwicklung?

Wie war der Entwicklungsstand beim Eintritt in den Kindergarten?

Wie kann man die Entwicklung in der Kita-Zeit beschreiben?

Werden in der Kita nichtsprachliche Förderungen durchgeführt? Wenn ja, welche?

Abb. 9.18 F1 – Bogen zur strukturierten Darstellung sprachauffälliger Kinder (Vorlage)

PräSES – Bogen zur strukturierten Beobachtung sprachauffälliger Kinder F2

Sprachliche Beobachtung:

Wurden Beobachtungsbögen eingesetzt? Wenn ja, welche?

Betrachten Sie die sprachlichen Ebenen einzeln:

Was fällt an der Aussprache bzw. zur Deutlichkeit der Aussprache auf?

Beispiele für deutliche/undeutliche Aussprache:

Einschätzung des Wortschatzes

Beispielwörter des Kindes:

Im Alltag häufig benutzte Wörter, die das Kind noch ***nicht*** *kennt:*

Abb. 9.19 F2 – Bogen zur strukturierten Darstellung sprachauffälliger Kinder (Vorlage)

fen die Gliederungspunkte auf dem Bogen F2 dabei, möglichst wenig zu bewerten.
Die einzelnen Beobachtungsinstrumente ergeben unterschiedliche Information. Diese sollte klar abgegrenzt dargestellt werden: Wie viele Wörter hatte das Kind im ELFRA 2 (Grimm und Doil 2000)? Wie sah das Profil der Pragmatik aus? Welche Satzstrukturen wurden im BbGe als typisch für dieses Kind ermittelt? All dies sind einzelne Punkte, die Informationen über das Gesamtprofil des Kindes geben und nacheinander neutral vorgetragen werden sollten. In einem *Elterngespräch* ist die Neutralität ebenfalls wichtig, um den Eltern das Verarbeiten zu erleichtern. Das entstehende Schmerzgefühl kann so von vielen Eltern erfolgreicher bewältigt werden und in konstruktives Mitdenken umgesetzt werden.

Im weiteren Verlauf des Bogens F2 sollen pro sprachliche Ebene *Beispiele* für das typische Verhalten des Kindes gegeben werden. Ist eine Ebene nicht von der Sprachentwicklungsstörung betroffen, so wird sie als nicht betroffen ausgefüllt.

Auf Bogen F3 (➢ Abb. 9.20) werden die grammatischen Äußerungen des Kindes bewertet. Hier geht es um die Frage, wie lang die Äußerungen des Kindes im Allgemeinen sind und wie die innere Struktur der Sätze ist. Hierfür ist der Beobachtungsbogen zur Grammatikentwicklung (➢ Abb. 4.2, ➢ Abb. 4.3) hilfreich. Wurde dieser Bogen durchgeführt, kann er an dieser Stelle kurz zusammengefasst werden. Bei einer freieren Beobachtung sollte zuerst die Länge der Äußerungen bedacht werden:

- Hat das Kind Wortkombinationen?
- Bestehen diese aus zwei Wörtern, drei Wörtern oder mehr?
- Gibt es korrekt formulierte Sätze?

Die innere Struktur behandelt vor allem die Frage, ob es Verben in den Sätzen gibt und wo die Verben stehen:

- keine Verben
- Verben stehen allein in Einwortäußerungen
- Verben stehen hinten in den Äußerungen
- Verben stehen in der richtigen Position

In ➢ Abb. 9.21 ist ein ausgefüllter Bogen mit den Daten eines Kindes abgebildet, das auf allen sprachlichen Ebenen Auffälligkeiten zeigt. Die Leitsymptomatik dieses Kindes liegt auf der lexikalischen Ebene.

In ➢ Abb. 9.22 ist der gesamte Bogen F nochmals zusammengefasst. Diese Vorlage kann als Kurzanleitung zum Ausfüllen des Bogens F dienen. Hier ist kein Kind dargestellt, stattdessen finden sich hier unter den entsprechenden Überschriften Hinweise darauf, was an den einzelnen Stellen des Bogens vermerkt werden sollte, um ein sprachauffälliges Kind adäquat zu beschreiben.

PräSES – Bogen zur strukturierten Beobachtung sprachauffälliger Kinder F3

Sprachliche Beobachtung (Fortsetzung):

Einschätzung der Grammatik

Beispiele für den Satzbau des Kindes:

Abb. 9.20 F3 – Bogen zur strukturierten Beobachtung sprachauffälliger Kinder (Vorlage)

PräSES – Bogen zur strukturierten Beobachtung sprachauffälliger Kinder F1

Datum: *1.1.2010*

Persönliche Daten:

Name: *A.L.*

Alter (JJ;MM): *02;08*

Wie lange ist das Kind in der Kita? *8 Monate*

Entwicklungsgeschichte des Kindes:

Wie war die sprachliche Entwicklung (soweit bekannt)?

Kind sprach bei Eintritt in die Kita nicht; Mutter sagte, dass sie sich an einzelne Situationen erinnere, in denen „so etwas" wie Wörter zu erkennen waren. Entsprechende Situationen gab es in der Kita bis zum Projektbeginn 2x; einmal äußerte A.L. deutlich „Mama", als die Mutter durch die Tür kam, das andere Mal sagte sie „da", als sie ein neues Spielzeug haben wollte.
Das erste Wort sprach A.L. mit 1;10 Jahren. Die Mutter gab an, dass es das Wort „aua" war. Grundsätzlich zeigen sich Wörter bei A.L. ein- bis zweimal und verschwinden dann wieder.

Wie war die motorische Entwicklung?

unauffällig

Wie war der Entwicklungsstand beim Eintritt in den Kindergarten?

Sprachliche Entwicklung siehe oben
Ansonsten war ein aufmerksames, spielerisch etwas schwaches Kind zu beobachten. Die Erzieherin beschreibt: das Spiel mit A.L. ist wie das Spielen mit anderen Zweijährigen, wobei manchmal Situationen auftreten, in denen man das Gefühl hat, jetzt müsste eigentlich eine sprachliche Äußerung von A.L. kommen, die jedoch ausbleibt.

Wie kann man die Entwicklung in der Kita-Zeit beschreiben?

Die anderen Kinder nehmen sie gut an. Jedoch wird sie aufgrund ihrer nicht vorhandenen Sprachproduktion häufig wie ein Baby behandelt bzw. in den Rollenspielen der Größeren in diese Rolle gedrängt. Sprachliche Entwicklung ist kaum zu beobachten gewesen.

Werden in der Kita nichtsprachliche Förderungen durchgeführt? Wenn ja, welche?

nein

Abb. 9.21a F1 – Bogen zur strukturierten Beobachtung sprachauffälliger Kinder (ausgefüllt)

PräSES – Bogen zur strukturierten Beobachtung sprachauffälliger Kinder F2

Sprachliche Beobachtung:

Wurden Beobachtungsbögen eingesetzt? Wenn ja, welche?

ELFRA 2, BbGe

Betrachten Sie die sprachlichen Ebenen einzeln:

Was fällt an der Aussprache bzw. zur Deutlichkeit der Aussprache auf?

Das Kind spricht nur sehr wenig. Daher ist die Aussprache nicht gut zu bewerten. Die Wörter, die A.L. produziert, sind zu verstehen.

Beispiele für deutliche/undeutliche Aussprache:

Mama, da

Einschätzung des Wortschatzes

Beispielwörter des Kindes:

Mama, da, aua, Auto, haben, Aje (Eigenbezeichnung), Oma, hallo, bitte, auf, nochmal

*Im Alltag häu□g benutzte Wörter, die das Kind noch **nicht** kennt:*

Namen der Familie und der Kinder/Erzieherin
Zu, auch, weg, bei
Alltägliche Nomen
Verben

Abb. 9.21b F2 – Bogen zur strukturierten Beobachtung sprachauffälliger Kinder (ausgefüllt)

PräSES – Bogen zur strukturierten Beobachtung sprachauffälliger Kinder F3

Sprachliche Beobachtung (Fortsetzung):

Einschätzung der Grammatik

Beispiele für den Satzbau des Kindes:

Einwortäußerungen

Zum Beobachtungszeitpunkt gibt es keine Anzeichen für Wortkombinationen.

Ziel einer Förderung wäre bei A.L., zu einer regelmäßigen Einwortebene zu gelangen. Wortkombinationen sind noch nicht zu erwarten.

Abb. 9.21c F3 – Bogen zur strukturierten Beobachtung sprachauffälliger Kinder (ausgefüllt)

PräSES – Bogen zur strukturierten Beobachtung sprachauffälliger Kinder

F1

Datum: ____________________

Persönliche Daten:

Name:

Alter (JJ;MM):

Wie lange ist das Kind in der Kita?

Entwicklungsgeschichte des Kindes:

Wie war die sprachliche Entwicklung (soweit bekannt)?

Wie war die motorische Entwicklung?

Wie war der Entwicklungsstand beim Eintritt in den Kindergarten?

- ganzheitliche Beschreibung des Kita-Einstiegs, Kennzeichnung von Fremdbefunden
- Erinnern der Eltern an den Entwicklungsstand von damals

Wie kann man die Entwicklung in der Kita-Zeit beschreiben?

- Sprachentwicklung über die Zeit (Zeit des Kita-Einstiegs) beschreiben
- Wie verhält sich das Kind? Beobachten vor Interpretieren: Zeitpunkte der Entwicklungsveränderungen angeben (chronologisch); Entwicklungsstillstände versprachlichen

Werden in der Kita nichtsprachliche Förderungen durchgeführt? Wenn ja, welche?

- Förderungen in der Kita-Zeit (durch die Kita durchgeführt) aufzählen
- Eigenes Engagement belegen, Gesamtförderbedarf klarstellen

Abb. 9.22a F1 – Bogen zur strukturierten Darstellung sprachauffälliger Kinder (Strukturvorlage)

PräSES – Bogen zur strukturierten Beobachtung sprachauffälliger Kinder F2

Sprachliche Beobachtung:

Wurden Beobachtungsbögen eingesetzt? Wenn ja, welche?

- Beobachtungsbögen nennen, Ergebnisse darstellen

Betrachten Sie die sprachlichen Ebenen einzeln:

- Staffelung: gute Bereiche zu Beginn aufzählen, stark gestörten Bereiche danach
- Als erste Beschreibung im einzelnen Bereich das aktuelle Störungs- und Fähigkeitsbild (Status Quo)
- Von da aus Rückblick auf vergangene Entwicklung oder Stillstand (wie lange besteht schon dieses Bild?)
- Trennung der Bereiche zeigt Fähigkeiten und Defizite im Kontrast auf → Verständnis der Auffälligkeit beim Zuhörer wird gefördert : Profil
- Einschätzung Entwicklungsalter

Was fällt an der Aussprache bzw. zur Deutlichkeit der Aussprache auf?

Beispiele für deutliche/undeutliche Aussprache:

- Lispeln
- Lautverwechselungen regelmäßig/unregelmäßig
- Lautersetzungen regelmäßig/unregelmäßig
- Position der falschen Laute im Wort
- Lautauslassungen (bestimmten Positionen)
- Silbenauslassungen (typischerweise unbetonte Vorsilben)
- Additionen

Einschätzung des Wortschatzes

Beispielwörter des Kindes:

*Im Alltag häufig benutzte Wörter, die das Kind noch **nicht** kennt:*

- Aufzählen von alltäglichen Wörtern, die das Kind noch nicht kennt: alltagsrelevante Wörter zuerst

Abb. 9.22b F2 – Bogen zur strukturierten Darstellung sprachauffälliger Kinder (Strukturvorlage)

PräSES – Bogen zur strukturierten Beobachtung sprachauffälliger Kinder F3

Sprachliche Beobachtung (Fortsetzung):

Einschätzung der Grammatik

Beispiele für deutliche/undeutliche Aussprache:

- Verbendstellung
- Fehlende Satzglieder/unvollständige Sätze
- Fehlende Fragen (keine W-Fragen)
- Verkürzte Sätze, sehr einfache kurze Sätze

Logik der Symptome (bestimmte Dinge sind in der Sprache des Kindes nicht zu beobachten oder das Kind macht Fehler):

Abb. 9.22c F3 – Bogen zur strukturierten Darstellung sprachauffälliger Kinder (Strukturvorlage)

KAPITEL

10 Das Steine-Projekt

Zur Einführung in das PräSES-Konzept wurde das Steine-Projekt in Beispielen im gesamten Buch immer wieder erwähnt. In diesem Kapitel werden die strukturellen Teile des Projekts nun so zusammengestellt, dass das Projekt durchgeführt werden kann. Das Steine-Projekt bietet ein Thema, mit dem PräSES ausprobiert werden kann, auch wenn vielleicht noch die eine oder andere Aktion hinzugenommen werden müsste. Das Thema wird meist in zwei Teilgruppen vorgestellt: mit einer Gruppe jüngerer (3-jähriger) und mit einer Gruppe älterer (5-jähriger) Kinder, damit die Anpassung des Sprachangebots für altersspezifische Gruppen deutlich wird.

10.1 Auswahl des Steine-Projekts

Das pädagogische Team hat sich für das Steine-Projekt entschieden (➤ Abb. 10a, b). Anhand der Checkliste aus ➤ Kap. 6.2, ➤ Abb. 6.1) wird das Projekt auf seine Umsetzbarkeit geprüft.

Insgesamt stehen 27 Einzelaktionen zur Verfügung, die in ihrem Schwierigkeitsgrad variieren. Hiermit können sechs Projektwochen ausgefüllt werden. Die Handlungsanregungen können für kleine (ca. 3-jährige) Kinder und Vorschulkinder angepasst werden. Die Sortierung der Einzelaktionen (s. Aktionsindex im ➤ Anhang) ermöglicht eine systematische Steigerung der Anforderungen, sodass die Kinder ständig neue Erfahrungen sammeln können.

Um die Kinder möglichst schnell in eigenständiges und forschendes Lernen zu führen, werden in die Wortliste viele Handlungen und Merkmale aufgenommen, die im ersten Projektteil im Vordergrund stehen. Hierdurch wird die Wahrnehmung von Steinformen, -oberflächen und -arten geschult. Die verschiedenen Handlungen fördern die Kreativität, da die Kinder häufig in eigenständigen Explorationssituationen arbeiten, in denen sie die Merkmale prüfen und die Handlungen erproben. In diesen Situationen kommentieren die Erzieherinnen lediglich. Die Einführung der Wörter wird in strukturierten Inputsituationen stattfinden, die Absicherung der bereits eingeführten Wörter jedoch nicht. Ziel ist, möglichst rasch zur Methode Sprache spiegeln voranzuschreiten. Diese Methode wird in allen selbständigen Erprobungs- und Explorationssituationen verwendet.

Die Ideen der Kinder können zu den Zeitpunkten in das Projekt aufgenommen werden, die als freie Aktionen im Zeitstrahl markiert sind. Es wird teilweise mit Doppelaktionen gearbeitet, sodass die eigenen Ideen der Kinder koordiniert platziert werden müssen. Um dafür genügend Raum zu haben, werden pro Woche ein bis zwei Aktionen offen gelassen. Ergeben sich keine Aktionsideen vonseiten der Kinder, werden Aktionen erweitert oder wiederholt.

Das Steine-Projekt eignet sich besonders gut für gemischte Altersgruppen. Mit Steinen sind sehr vielfältige Handlungen möglich, die Kinder unterschiedlichen Alters ansprechen. Für die Kinder steht im Vordergrund, die Unterschiede zwischen Steinen und zu anderen Materialien wahrzunehmen. Gerade die jungen Kinder bleiben bei diesen zentralen Themen und lernen verschiedene Steine kennen. Auch einfache künstlerische Fertigkeiten – wie Muster legen oder mit Steinen zeichnen – werden vermittelt. Die Stufe, Unterschiede zwischen Steinen wahrzunehmen, überwinden die älteren Kinder rasch. Sie beschäftigen sich meist intensiv mit den Themen „Bauwerke“ und „Bearbeitung von Steinen“.

Wichtig ist, dass die Kindergruppen durchmischt bleiben können. Wie weit Wahrnehmungsaspekte, künstlerische und naturwissenschaftliche Aspekte bei den Kindern voranschreiten, kann innerhalb der Gruppe variieren. Eine grundlegende Trennung zwi-

PräSES – Planungsbogen zur Projektauswahl

A1

Projektthema: Steine

Ziele des Projekts:

Sprachlich:

Erwerb der Kernwortliste mit Steinarten, Handlungen, die mit Steinen durchgeführt werden können, Merkmale von Steinen gegenüber anderen Naturmaterialien kennenlernen und erproben

Inhaltlich-handelnd:

Kompetenzerwerb Eigenständigkeit: Merkmale von Naturmaterialien selbständig explorieren lernen, Weltwissen um die Vielfältigkeit eines im Alltag kaum wahrgenommenen Rohstoffs erweitern, Wahrnehmung und Wertschätzung des Rohstoffs „Steine"

Gruppe:

Anzahl der Kinder: 24

Altersgruppe(n): 3–5 Jahre

Entwicklungsstand:

Breit gefächerte Entwicklung: Unter den dreijährigen Kindern (insgesamt zehn Kinder) befinden sich drei Kinder mit starkem sprachlichem Defizit. Bei einem der drei Kinder liegt zusätzlich eine geistige Behinderung vor. Die vierjährigen Kinder (sechs Kinder) sind kognitiv sehr weit entwickelt. Unter den acht Vorschulkindern befinden sich zwei Kinder, die bereits in Ansätzen lesen können. Drei Kinder sind relativ weit zurück und könnten u. U. auch eine Sprachentwicklungsstörung bzw. eine kombinierte umschriebene Entwicklungsstörung haben, die nicht bekannt ist.

Besonderheiten:

Die 24 Kinder mit unterschiedlichen Nationalitäten (Deutsch, Türkisch, Chinesisch) hören in der Kita Deutsch, benutzen zu Hause unterschiedlich häufig die deutsche Sprache.
Das chinesische Kind ist buddhistisch, die türkischen Kinder sind Moslems.
Ein weiteres Kind sitzt im Rollstuhl.

Abb. 10.1a A1 – Planungsbogen zur Projektauswahl: Steine

PräSES – Planungsbogen zur Projektauswahl

A2

Interessen und Vorerfahrungen der Kinder (Anknüpfungspunkte):

Die Steinsammlung einer Kindergruppe in der Natursandkiste führte zu der Idee, das Steineprojekt auszuarbeiten.

Sprachlicher Schwerpunkt des Projekts:

Steinarten kennenlernen

Merkmale von Steinen

Abgrenzen: Steine – andere natürliche und künstliche Materialien

Abb. 10.1b A2 – Planungsbogen zur Projektauswahl: Steine

schen jüngeren und älteren Kindern erfolgt in den Beispielaktionen nicht.

Eine Kurzvorstellung des Steine-Projekts und die Beschreibung einer fiktiven Kindergruppe finden sich in ➢ Kap. 6.2.2.

10.2 Gesamtwortliste

In ➢ Tab. 10.1 ist die Gesamtwortliste des Beispielprojekts aufgelistet. Um bei einer Anwendung als Erprobung von PräSES flexibel genug zu sein, beinhaltet die Wortliste eine ganze Reihe von Wörtern, die nicht in den 27 Aktionen vorkommen. Aus diesen zusätzlichen Wörtern könnten noch weitere Aktionen geschaffen werden, die die Beispielaktionen ergänzen. Dies ist im Rahmen eines solchen Beispielprojekts angemessen, muss jedoch nicht unbedingt für ein neues, eigenes Projekt im Planungsprozess gelten.

Die Gesamtwortliste für das Beispielprojekt Steine umfasst Steinsorten ebenso wie Wörter für Funktionen von Steinen (Bauwerke, Bearbeitungen von Steinen). Je nachdem, in welche Richtung sich das Projekt entwickelt, rücken Funktionen oder Sorten in den Vordergrund.

Da sich unter den Steinsorten eine große Anzahl spezifische Begriffe befinden, wurde die Wortliste in ➢ Tab. 10.1 in Nomen und zusammengesetzte Hauptwörter (Komposita) aufgeteilt. Generell sind Komposita komplexer zu verarbeiten als einfache Nomen. Wird in einem anderen Thema deutlich, dass es kaum Komposita auf der Wortliste gibt, braucht diese Aufteilung nicht übernommen zu werden.

Tab. 10.1 Gesamtwortliste „Steine"

Nomen	Komposita	Verben	Adjektive
Ausstellung	Ablagerungsgestein	einpacken	alt
Bank	Backofen	(be)träufeln	bauchig
Berg	Baustoff	abladen	bizzar
Beton	Befestigungsstein	abwerfen	brennbar
Block	Bernstein	anmalen	dick
Boden	Bimsstein	aufladen	dünn

Tab. 10.1 Gesamtwortliste (Forts.)

Nomen	Komposita	Verben	Adjektive
Brunnen	Bordstein	balancieren	eckig
Burg	Denkmal	bauen	felsig
Dach	Donnerkeile	bearbeiten	flach
Diamant	Edelstein	behauen	fleckig
Erde	Eintopf	bemalen	gerundet
Felsen	Eiszeit	beschweren	glatt
Festung	Endstein	brechen	glitschig
Findling	Erinnerungsstein	brennen	groß
Fossilien	Feldstein	erfinden	hart
Geröll	Feldweg	erkunden	heiß
Gerölle	Feuerstein	experimentieren	hoch
Gewicht	Flipstein	Feuer schlagen	kalt
Gipfel	Flussbett	filmen	kantig
Gips	Flusskiesel	finden	klein
Glas	Gallenstein	fliegen	kostbar
Granit	Gehweg	fotografieren	kurz
Grenze	Gipfelkreuz	fühlen	lang
Haus	Glücksstein	glänzen	laut
Höhle	Goldader	glätten	lebendig
Kachel	Grabstein	herumliegen	leicht
Kandis	Grenzstein	klopfen	links
Kette	Grundstein	laufen	mehlig
Kiesel	Handschmeichler	leuchten	porig
Klippen	Hinkelstein	mauern	rau
Kohle	Holzfiguren	mikroskopieren	rechts
Korallen	Hühnergott (Stein mit Loch)	ordnen	rund
Körnchen	Kalkschwämme	polieren	scharf
Kreide	Kalkstein	reiben	schwer
Kreise	Kieselschwämme	riechen	spannend
Kristall	Kieswerk	ritzen	spitz
Labyrinth	Kirschstein (-kern)	rollen	staubig

10

Tab. 10.1 Gesamtwortliste (Forts.)

Nomen	Komposita	Verben	Adjektive
Lawine	Kletterstein	sammeln	steinalt
Linie	Königsstein (Stadt)	schieben	steinern
Marmor	Kopffüßler	schmecken	still
Mauer	Leckstein	schwimmen	tief
Maurer	Legostein	setzen	tot
Mehl	Lesestein	sinken	unter
Mosaik	Meilenstein	splittern	versteinert
Muster	Mosaikstein	stauben	verstorben
Platte	Mühlstein	stemmen	viele
Puck (Eishockey)	Nierenstein	suchen	vulkanisch
Pyramide	Pflasterstein	tauschen	weich
Quarz	Pflaumenstein	umwerfen	wenige
Reihe	Salzkristall	verkaufen	
Riff	Sandstein	verschenken	
Sand	Schamottstein	versenken	
Schale	Schleifstein	verstecken	
Schatz	Schmiergelpapier	verwittern	
Schiefer	Schreibkreide	verzieren	
Schloss	Speerspitze	wachsen	
Skulptur	Spielstein	wandern	
Stein	Sprichwort	werfen	
Strand	Stadtmauer	wiegen	
Straße	Steilufer	wischen	
Struktur	Steinader	zählen	
Ton	Steinadler	zeichnen	
Treppe	Steinbeißer (Fisch)	zermahlen	
Trog	Steinblock	zerschlagen	
Turm	Steinbrocken	ziehen	
Vulkan	Steinbruch		
Wall	Steineiche		
Wand	Steinesammlung		
Ytong	Steinfiguren		
Zucker	Steingarten		

Tab. 10.1 Gesamtwortliste (Forts.)

Nomen	Komposita	Verben	Adjektive
	Steinhauer		
	Steinhaufen		
	Steinkauz		
	Steinkreis		
	Steinmarder		
	Steinmaske		
	Steinmehl		
	Steinmetz		
	Steinmörser		
	Steinobst		
	Steinpilz		
	Steinplatte		
	Steinschlag		
	Steinschmälzer (Vogel)		
	Steinspiele		
	Steintopf		
	Steintor		
	Steintreppe		
	Steinwerkzeuge		
	Steinzeit		
	Straßenpflaster		
	Taufbecken		
	Tigerauge		
	Torbogen		
	Tropfstein		
	Tropfsteinhöhle		
	Tuffstein		
	Versteinerung		
	Vulkanstein		
	Weinstein		
	Wetterstein (Berg)		
	Wetzstein		
	Windkanter		
	Wurfstein		
	Zahnstein		
	Zauberstein		

10.2.1 Kernwortliste

Für das Beispielprojekt wurde die Kernwortliste (➢ Tab.10.2) auf sprachliche Merkmale kontrolliert, die das Einsteigen in das Thema erleichtern können. Diese Kriterien können auf andere Projektthemen übertragen werden.

- **Nomen**: hochfrequente Wörter (häufig vorkommend, oft benutzt); keine zusammengesetzten Hauptwörter
- **Verben**: einfache, alltagsrelevante Wörter; keine zusammengesetzten Verben
- **Adjektive**: Gegensatzpaare (rund/eckig); Eigenschaften, die selbständig exploriert werden können (möglichst wenig abstrakte Eigenschaften).

Tab. 10.2 Kernwortliste „Steine"

Nomen	Verben	Adjektive
Diamant	bauen	alt
Felsen	finden	eckig
Geröll	fühlen	flach
Gips	klopfen	glatt
Granit	mauern	glitschig
Kiesel	ordnen	heiß
Kohle	rollen	kalt
Koralle	sammeln	kantig
Kreide	schwimmen	kostbar
Kristall	sinken	leicht
Marmor	suchen	rau
Sand	versenken	rund
Schatz	verwittern	scharf
Schiefer	werfen	schwer
Stein	wiegen	spitz
Ton	zählen	versteinert
Vulkan		

10.2.2 Randbereiche

Die Randbereiche der Wortliste sind als Gesamtliste (➢ Tab. 10.3) für die älteren (5-jährigen) Kinder gedacht. Im Anschluss an diese Liste findet sich eine Wortauswahl für die jüngeren (3-jährigen) Kinder (➢ Tab. 10.4). Nach Abschluss der Kernwortliste sollen sich die jüngeren Kinder mit spezifischen Unterthemen des Steine-Projekts beschäftigen. Hierfür konzentrieren sie sich auf bestimmte Anteile der Randbereiche der Wortliste und behalten die Kernwortliste stärker im Alltagsfokus als die älteren Kinder.

Tab. 10.3 Randbereiche: Wortliste für ältere (5-jährige) Kinder „Steine"

Nomen	Komposita	Verben	Adjektive
Ausstellung	Ablagerungsgestein	(be)träufeln	bauchig
Bank	Backofen	abladen	brennbar
Berg	Baustoff	abwerfen	bunt
Beton	Befestigungsstein	anmalen	dick
Block	Bernstein	aufladen	dünn
Boden	Bimsstein	balancieren	einfarbig
Brunnen	Bordstein	bearbeiten	felsig
Burg	Denkmal	behauen	fleckig
Dach	Donnerkeile	bemalen	gerundet
Erde	Edelstein	beschweren	groß
Festung	Eiszeit	brechen	hart
Findling	Endstein	einpacken	hoch
Fossilien	Erinnerungsstein	erfinden	klein
Geröll	Feldstein	erkunden	kurz
Gewicht	Feldweg	experimentieren	lang
Gipfel	Feuerstein	filmen	laut
Glas	Flipstein	fliegen	lebendig
Granit	Flussbett	fotografieren	links
Grenze	Flusskiesel	glänzen	mehlig
Haus	Gallenstein	glätten	porig
Höhle	Gehweg	herumliegen	rechts
Holz	Gipfelkreuz	laufen	rund
Kachel	Glücksstein	leuchten	spannend
Kandis	Goldader	mikroskopieren	staubig
Kette	Grabstein	polieren	steinalt
Klippen	Grenzstein	reiben	steinern
Körnchen	Grundstein	riechen	still
Kreise	Handschmeichler	ritzen	tief

Tab. 10.3 Randbereiche: Wortliste für ältere (5-jährige) Kinder (Forts.)

Nomen	Komposita	Verben	Adjektive
Kristall	Hinkelstein	schieben	unter
Labyrinth	Hühnergott (Stein mit Loch)	schmecken	versteinert
Lawine	Kalkstein	setzen	verstorben
Linien	Kieselschwamm	splittern	(verwitte-rungsbe-ständig)
Mauer	Kieswerk	stapeln	vulkanisch
Maurer	Kirschstein (-kern)	stauben	wackelig
Mehl	Kletterstein	stemmen	weich
Mosaik	Königsstein (Stadt)	tauschen	
Muster	Leckstein	umwerfen	
Platte	Legostein	verkaufen	
Puck (Eis-hockey)	Lesesteine	verschen-ken	
Pyramide	Meilenstein	verstecken	
Quarz	Mosaikstein	verzieren	
Reihen	Mühlstein	wachsen	
Riff	Pflasterstein	wandern	
Schale	Pflaumenstein	wischen	
Schloss	Salzkristall	zeichnen	
Skulptur	Sandstein	zermahlen	
Strand	Schleifstein	zerschlagen	
Straße	Schmiergelpapier	ziehen	
Struktur	Schreibkreide		
Treppe	Speerspitze		
Trog	Spielstein		
Turm	Stadtmauer		
Wall	Steilufer		
Wand	Steinader		
YTONG	Steinbeißer (Fisch)		
Zucker	Steinblock		
	Steinbrocken		
	Steinbruch		
	Steineiche		
	Steinesammlung		
	Steinfigur		

Tab. 10.3 Randbereiche: Wortliste für ältere (5-jährige) Kinder (Forts.)

Nomen	Komposita	Verben	Adjektive
	Steingarten		
	Steinhauer		
	Steinhaufen		
	Steinkauz		
	Steinkreis		
	Steinmarder		
	Steinmaske		
	Steinmehl		
	Steinmetz		
	Steinmörser		
	Steinobst		
	Steinpilz		
	Steinplatte		
	Steinschlag		
	Steinschmälzer (Vogel)		
	Steinspiel		
	Steintopf		
	Steintor		
	Steintreppe		
	Steinwerkzeug		
	Steinzeit		
	Straßenpflaster		
	Taufbecken		
	Tigerauge		
	Torbogen		
	Tropfstein		
	Tropfsteinhöhle		
	Tuffstein		
	Versteinerung		
	Vulkanstein		
	Wetterstein (Berg)		
	Wetzstein		
	Windkanter		
	Wurfstein		
	Zahnstein		
	Zauberstein		

Tab. 10.4 Randbereiche: Wortliste für jüngere (3-jährige) Kinder „Steine"

Nomen	Komposita	Verben	Adjektive
Ausstellung	Ablagerungsgestein	anmalen	bauchig
Bank	Baustoff	aufladen	bunt
Berg	Befestigungsstein	bearbeiten	dick
Beton	Bernstein	behauen	dünn
Block	Bimsstein	bemalen	einfarbig
Boden	Bordstein	beschweren	felsig
Brunnen	Denkmal	(be)träufeln	fleckig
Burg	Donnerkeil	brechen	gerundet
Dach	Edelstein	einpacken	groß
Erde	Erinnerungsstein	erkunden	hart
Festung	Feldstein	fliegen	hoch
Findling	Feldweg	glänzen	klein
Fossilien	Feuerstein	glätten	kurz
Geröll	Flipstein	herumliegen	lang
Gewicht	Flussbett	laufen	laut
Gipfel	Flusskiesel	leuchten	links
Glas	Gehweg	polieren	mehlig
Granit	Glücksstein	reiben	rechts
Grenze	Grabstein	riechen	rund
Haus	Grenzstein	ritzen	staubig
Höhle	Handschmeichler	schieben	steinern
Holz	Hinkelstein	schmecken	still
Kachel	Hühnergott (Stein mit Loch)	setzen	tief
Kandis	Kalkstein	splittern	versteinert
Kette	Kirschstein (-kern)	stapeln	wackelig
Klippe	Kletterstein	stauben	weich
Körnchen	Leckstein	tauschen	
Kreis	Legostein	umwerfen	
Labyrinth	Mosaikstein	verkaufen	
Lawine	Mühlstein	verschenken	
Linie	Pflasterstein	verstecken	
Mauer	Pflaumenstein	verzieren	
Maurer	Salzkristall	wachsen	

Tab. 10.4 Randbereiche: Wortliste für jüngere (3-jährige) Kinder (Forts.)

Nomen	Komposita	Verben	Adjektive
Mehl	Sandstein	wandern	
Mosaik	Schleifstein	wischen	
Muster	Speerspitze	zeichnen	
Platte	Spielstein	zermahlen	
Puck (Eishockey)	Stadtmauer	zerschlagen	
Pyramide	Steinblock	ziehen	
Quarz	Steinbrocken		
Reihe	Steinbruch		
Riff	Steinesammlung		
Schale	Steinfiguren		
Schloss	Steingarten		
Skulptur	Steinhaufen		
Strand	Steinkreis		
Straße	Steinmetz		
Struktur	Steinmörser		
Treppe	Steinobst		
Trog	Steinplatte		
Turm	Steinschlag		
Wall	Steinspiele		
Wand	Steintopf		
YTONG	Steintor		
Zucker	Steintreppe		
	Steinwerkzeug		
	Straßenpflaster		
	Taufbecken		
	Tigerauge		
	Torbogen		
	Tropfstein		
	Tropfsteinhöhle		
	Tuffstein		
	Versteinerung		
	Vulkanstein		
	Wetzstein		
	Zauberstein		

10.3 Zeitstrahl

In ➤ Kap. 10.1 wurde beschrieben, dass das Steine-Projekt sich besonders gut für altersgemischte Gruppen eignet. Steine bieten so vielfältige Möglichkeiten zur Betrachtung, dass sie für Kinder auf jedem Entwicklungsniveau interessant sind. Im Verlauf des Steine-Projekts (➤ Abb. 10.2a, b) spalten sich die Interessen der jungen von denen der älteren Kinder ab. Die ersten beiden Wochen gestalten alle Kinder gemeinsam: In dieser Zeit wird die Kernwortliste bearbeitet. Die 3. und die 4. Projektwoche sind Übergangswochen von der Kernwortliste zu den Randbereichen der Wortliste. In dieser Zeit sind die Kinder noch in einer Gruppe, die Aktionen können jedoch auf Teilgruppen zugeschnitten werden. Dann teilen sich die Kindergruppen in zwei unabhängige Teilprojekte. Die älteren Kinder beschäftigen sich noch zwei Wochen mit *Steinen als Baumaterial* und mit der *Bearbeitung von Steinen.* Die jungen Kinder bleiben länger bei dem grundlegenden Thema, neue *Steine kennenzulernen und zu differenzieren.*

Bei der Erprobung des Steine-Projekts kann die Teilung des Projekts in der 5. und 6. Woche vollzogen werden. Alternativ kann auch nur ein Teil durchgeführt werden oder das pädagogische Team entscheidet sich dafür, die beiden Projektanteile nacheinander zu bearbeiten. In letzterem Fall würde das Teilprojekt der jüngeren Kinder in der 5. und 6. Woche des Projekts stattfinden, das der älteren Kinder würde in der 7. und 8. Woche erfolgen. Der Zeitstrahl in ➤ Abb. 10.2 ist lediglich beispielhaft für eine Projektdurchführung. Die einzelnen Aktionen können verändert oder vertauscht werden. Das Projekt sollte an die aktuelle Kindergruppe angepasst werden. So entsteht – trotz der Anwendung des Beispielprojekts – eine individuelle Version, die auf die Pädagogik der jeweiligen Einrichtung und die Kinder dieser Kita abgestimmt ist.

10.4 Nummerierte Einzelaktionen

(➤ Abb.10.3 bis ➤ Abb. 10.28)

Die Nummerierung der Einzelaktionen entspricht dem Brainstorming des pädagogischen Teams. Sie sind in einem Index am Ende des Buches zusammengefasst (➤ Anhang) und finden sich in ihrer Realisierungsabfolge im Projekt auf dem Zeitstrahl in ➤ Kap. 10.3; ➤ Abb. 10.2.

Zusätzlich zu den Inhalten der Einzelaktionen können Lieder oder Reime in das Projekt aufgenommen werden. Für den Projektteil „Bauwerke“ und „Steine als Baumaterial“ eignet sich z.B. das Lied „Wer will fleißige Handwerker sehen“. Für kleine Krippenkinder wäre das Fingerspiel „Der Turm wackelt“ angemessen. Auf diese Weise können die Inhalte des Projekts in die musischen Bereiche überführt werden (➤ S. 206).

PräSES – Planungsbogen zum Projektablauf

B1

Beginn

	Wortgruppen	Aktionen
1. Projektwoche		
Montag:	*Steine sammeln 1*	*9*
Dienstag:	*Steine sammeln 2*	*20*
Mittwoch:	*Keine Aktion*	*–*
Donnerstag:	*Kristall*	*6*
Freitag:	*Kantig*	*2*
2. Projektwoche		
Montag:	*Glatte Steine*	*4*
Dienstag:	*Steinbild*	*17*
Mittwoch:	*Freie Aktion nach Vorschlägen der Kinder*	☺
Donnerstag:	*Steine im Wasser*	*19*
Freitag:	*Keine Aktion*	*–*

Übergang zu Randbereichen

	Wortgruppen	Aktionen
3. Projektwoche		
Montag:	*Besondere Steine kennenlernen*	*11*
Dienstag:	*Bunt/einfarbig*	*5*
Mittwoch:	*Keine Aktion*	*–*
Donnerstag:	*Freie Aktion nach Vorschlägen der Kinder*	☺
Freitag:	*Lochsteine*	*1*

Kernwortliste Ende

	Wortgruppen	Aktionen
4. Projektwoche		
Montag:	*Keine Aktion*	*–*
Dienstag:	*Malsteine*	*3*
Mittwoch:	*Steine fühlen*	*18*
Donnerstag:	*Glatt und kantig 1*	*7*
Freitag:	*Freie Aktion nach Vorschlägen der Kinder*	☺

Abb. 10.2a B1 – Planungsbogen zum Projektablauf: Zeitstrahl für das Steine-Projekt

PräSES – Planungsbogen zum Projektablauf

B2

Aufteilung in Teilprojekte

	Wortgruppen	Aktionen
	Vorschulkinder	
5. Projektwoche		8
Montag:	Echte Steine	10
Dienstag:	Glatt und kantig 2	15
Mittwoch:	Wackelturm	14
Donnerstag:	Baumaterial	–
Freitag:	Keine Aktion	
6. Projektwoche		21
Montag:	Steine wiegen	22
Dienstag:	Bauwerke	23
Mittwoch:	Steine bearbeiten 1	23
Donnerstag:	Steine bearbeiten 2 oder Ausflug zu einer Werkstatt	24
Freitag:	Projektabschluss	
	Junge Kinder	
5. Projektwoche		12
Montag:	Feuerstein/Flussstein 1	13
Dienstag:	Flussstein 2	☺
Mittwoch:	Freie Aktion nach Vorschlägen der Kinder	16
Donnerstag:	Echte Steine klein	–
Freitag:	Keine Aktion	
6. Projektwoche		25
Montag:	Wo Steine sind	?
Dienstag:	???	–
Mittwoch:	Keine Aktion	?
Donnerstag:	???	24
Freitag:	Projektabschluss	

Ende

Abb. 10.2b B2 – Planungsbogen zum Projektablauf: Zeitstrahl für das Steine-Projekt

Beispiel

Liedtext „Wer will fleißige Handwerker sehen" (aus www.gitarro-beginner.de)

C G7
Wer will fleißige Handwerker seh'n, der muß zu uns Kindern geh'n.
G7 C F G7 yG
Stein auf Stein, Stein auf Stein, das Häuschen wird bald fertig sein.

C G7
Wer will fleißige Handwerker seh'n, der muß zu uns Kindern geh'n.
G7 C F G7 yG
O wie fein, o wie fein, der Glaser setzt die Scheiben ein.

C G7
Wer will fleißige Handwerker seh'n, der muß zu uns Kindern geh'n.
G7 C F G7 yG
Tauchet ein, tauchet ein, der Maler streicht die Wände fein.

C G7
Wer will fleißige Handwerker seh'n, der muß zu uns Kindern geh'n.
G7 C F G7 yG
Zisch, zisch, zisch, zisch, zisch, zisch, der Tischler hobelt glatt den Tisch.

C G7
Wer will fleißige Handwerker seh'n, der muß zu uns Kindern geh'n.
G7 C F G7 yG
Poch, poch, poch, poch, poch, poch, der Schuster schustert zu das Loch

C G7
Wer will fleißige Handwerker seh'n, der muß zu uns Kindern geh'n.
G7 C F G7 yG
Stich, stich, stich, stich, stich, stich, der Schneider näht das Kleid für mich.

C G7
Wer will fleißige Handwerker seh'n, der muß zu uns Kindern geh'n.
G7 C F G7 yG
Trapp, trapp, drein, trapp, trapp, drein, jetzt geh'n wir von der Arbeit heim.

BEISPIEL

Fingerspiel „Der Turm wackelt"

Zwei bis vier Kinder sitzen am Tisch. Sie machen ihre Hände zu Fäusten und stellen sie auf dem Tisch auf. Dann wird der Daumen der Hände senkrecht hochgereckt. Ein Kind stellt seine Faust in der Mitte zwischen den Kindern auf. Sein Nachbar greift mit seiner Faust um den Daumen und reckt den eigenen Daumen hoch. Das nächste Kind greift wieder mit seiner Faust und so weiter. Haben alle Kinder eine Hand in den Turm eingebaut, kommen die anderen Fäuste der Kinder an die Reihe, bis beide Hände aller Kinder den Turm gebaut haben. Dann wackeln sie hin und her mit dem Spruch: „Der Turm, der wackelt, der Turm, der wackelt, die oberste Spitze bricht ab." Daraufhin nimmt das Kind, dessen Faust das „Dach" des Turms bildet, seine Hand weg. Der Spruch wird wiederholt und wieder wird die oberste Hand weggenommen. Das Spiel wiederholt sich so lange, bis sich nur noch eine Faust auf dem Tisch befindet. Dann ist der Turm kaputt.

PräSES – Planungsbogen zu den Einzelaktionen

C1

Projektthema:	Steine
Aktion/Aktionsnummer:	1

PLANUNG

Ziele der Aktion:

Sprachlich:

Wortgruppe: Lochsteine

- Einführung von 3 neuen Steinsorten und dem Wort „Hühnergott" für Lochstein
- Festigung von Adjektiven und Verben

Inhaltlich:

Die Kinder sollen die unterschiedlichen Formen der Steine wahrnehmen (Festigung). Neu ist das Loch als Merkmal eines Steins. Die Kinder untersuchen, wie sich die Löcher anfühlen, wie sie aussehen und in welchen Steinen sie zu finden sind.

Kinder, an die sich die Aktion wendet:

Junge Kinder und schwächere Kinder der älteren Jahrgänge

Wortliste/sprachliches Material:

Nomen: Feuerstein, Hühnergott (Stein mit natürlicherweise ausgewaschenem Loch), Kieselstein, Loch

Verben: (an)fühlen, klopfen

Adjektive: glatt, kalt, leicht, rund, schwer, spitz

Abb. 10.3a Aktion 1

10

PräSES – Planungsbogen zu den Einzelaktionen

C2

Methoden:

- Strukturierte Inputsituation (s. C3)
- Sortieraufgabe nach den äußeren Merkmalen:
    - mit Loch
    - ohne Loch
    - glatte Steine
    - spitze Steine

Handlungsablauf:

Die Erzieherin bringt verschiedene Steine für die Kinder mit, allerdings sind diese noch in einem großen Stoffbeutel versteckt. Die Erzieherin sammelte die Steine für die Kinder und möchte den Kindern nun ihren tollen Fund vorführen. Manche Steine haben ein Loch, andere nicht.
Mit der strukturierten Inputsituation (s. C3) erfolgt die Einführung ins Thema.
Die Erzieherin leert den Sack; die verschiedenen Steine werden von den Kindern nach Hühnergott, Kieselstein und Feuerstein sortiert und jeweils in Körbe verstaut.
→ Die Erzieherin kommentiert die Handlungen der Kinder. Dabei wiederholt sie die Namen der Steine und deren Eigenschaften.

Nichtsprachliches Material:

- 4 Hühnergötter, 5 Feuersteine unterschiedlicher Größe und Form, 3–6 Kieselsteine unterschiedlicher Größe
- Körbe zum späteren Sortieren

Persönliche Vorhaben:

Ausprobieren der Methodenkombination (sprachlicher Input und Sortieren), wobei sich die Erzieherin aus der Sortiersituation langsam zurückzieht

Abb. 10.3b Aktion 1

PräSES – Planungsbogen zu den Einzelaktionen

C3

Sprachmaterial für die strukturierte Inputsituation/Textbaustein:

Erzieherin: Seht mal, Kinder, was ich mitgebracht habe! Ich habe eine Überraschung für euch:
Ich habe euch was mitgebracht: einen Sack. Seht mal her, der ist ganz schwer! Richtig schwer! In diesem Sack sind nämlich Steine drin und Steine sind richtig schwer, nicht so leicht wie Bälle!
Ich habe also Steine dabei. Aber wie sehen die denn aus? Soll ich euch mal die Steine zeigen? Es sind ganz viele verschiedene Steine: Manche sind sehr schwer, andere etwas leichter und dann sehen sie auch ganz unterschiedlich aus!
Vielleicht kann einer von euch einen Stein aus dem schweren Sack holen!

... (Name einfügen) greift in den Stoffsack und holt einen Kieselstein heraus.

Erzieherin: Oh, ... (Name einfügen)! Einen Kieselstein hast du aus dem Sack geholt. Der ist ja hübsch! Weißt du eigentlich, wie schön sich die Kieselsteine anfühlen? Probier das doch mal aus!

... (Name einfügen) fasst den Kieselstein an. Andere Kinder probieren auch, wie sich der Kieselstein anfühlt.

Erzieherin: Habt ihr gefühlt, wie schön rund dieser Kieselstein ist? Früher habe ich immer Kieselsteine gesammelt, weil die sich so schön rund und glatt anfühlen! Rund wie ein Brötchen und ganz glatt ist der Kieselstein.
Aber nicht alle Steine sind so glatt und rund wie der Kieselstein. Ich habe da noch ganz andere Steine gefunden.

Die Erzieherin holt einen Feuerstein aus dem Sack.

Erzieherin: Guckt mal, das ist kein glatter, runder Stein! Das ist nämlich ein Feuerstein und der ist richtig spitz! Seht mal her, der hat eine richtige Spitze. Mit so einem spitzen Feuerstein muss man vorsichtig sein, damit man sich nicht verletzt.

Die Kinder fassen den Feuerstein an und vergleichen ihn mit dem anderen Stein, dem Kieselstein.

Erzieherin: Also, da haben wir ja jetzt ganz verschiedene Steine. Spitz ist der Feuerstein hier und der Kieselstein ist schön glatt und rund. Aber ich habe noch einen anderen Stein dabei. Der ist ganz besonders toll!

Sie holt einen Hühnergott aus dem Stoffsack und gibt ihn verdeckt einem Kind. Das Kind zeigt allen den Hühnergott.

Erzieherin: Oh – das ist ja ein Hühnergott! Sogar einen Hühnergott habe ich gefunden! Das ist ja toll!
Ja, und seht mal her: Das Besondere an dem Hühnergott ist nämlich, dass er immer ein Loch hat. Sonst wäre es kein Hühnergott. Hühnergötter haben immer ein Loch! Durch das Loch kann man sogar durchschauen. Seht mal her!

Die Kinder schauen sich den Hühnergott genauer an und sehen durch das Loch.

Erzieherin: Oh, da haben wir ja ganz viele verschiedene Steine:
Einen Hühnergott, der hat ein Loch in der Mitte und ist auch recht spitz – ja, und hier den spitzen Feuerstein. Da liegt der runde glatte Kieselstein. Lasst uns mal die anderen Steine anschauen; mal sehen, wie viele Kieselsteine, Hühnergötter und Feuersteine hier noch drin sind.

Abb. 10.3c Aktion 1

PräSES – Planungsbogen zu den Einzelaktionen

C1

Projektthema:	Steine
Aktion/Aktionsnummer:	2

PLANUNG

Ziele der Aktion:

Sprachlich:

Wortgruppe: kantig
- Festigung des Wortes kantig und Erprobung des sprachlichen Merkmals an verschiedenen Steinen
- Abgrenzung von kantig gegenüber ähnlichen Adjektiven wie rau, eckig

Inhaltlich:

Die Kinder sollen die unterschiedlichen Formen der Steine wahrnehmen (Festigung). Sie lernen, die Form kantig besser zu erkennen und abzugrenzen.
Ein weiteres Ziel ist, in Zukunft vorsichtig mit entsprechenden Steinen umzugehen. In späteren selbständigen Explorationssituationen muss ein routinierter Umgang mit scharfen Kanten an Steinen gewährleistet sein.

Kinder, an die sich die Aktion wendet:

Alle Kinder

Wortliste/sprachliches Material:

Einführen:

Nomen: Kiesel, Kreide, Kristall, Schiefer, Stein

Adjektive: eckig, glatt, kantig, rau, rund, scharf

Abb. 10.4a Aktion 2

PräSES – Planungsbogen zu den Einzelaktionen

C2

Methoden:

Auswahlaufgabe: Steine mit dem Merkmal kantig

Handlungsablauf:

Die Erzieherin zeigt den Kindern einen Stein mit einer scharfen Kante. Sie fährt mit dem Finger auf der Kante entlang und demonstriert, dass die Kante auch wehtun kann. Dann zeigt sie einen anderen Stein, der nicht kantig ist. Diesen legt sie in die Menge zurück.
Anschließend erfolgt die Arbeitsaufgabe, aus der Auswahlmenge alle Steine herauszusuchen, die eine Kante oder sogar eine scharfe Kante haben.

Nichtsprachliches Material:

- *verschiedene Kieselsteine, grober Sandstein, Feuerstein mit scharfer Kante (läuft unter der Bezeichnung „Stein"; auf spontane Nachfrage der Kinder kann er als Feuerstein benannt werden)*
- *verschiedene Stücke Steinkreide; glatte, scharf abgebrochene Schieferstück*

Persönliche Vorhaben:

Die Kinder sollen routinierten Umgang mit dem Merkmal entwickeln.
Vorbereitung von Situationen, aus denen sich die Erzieherin zurückziehen möchte.

Abb. 10.4b Aktion 2

PräSES – Planungsbogen zu den Einzelaktionen C3

Sprachmaterial für die strukturierte Inputsituation/Textbaustein:

Erzieherin: Heute habe ich euch wieder Steine mitgebracht. Einige kennt ihr schon, andere sind neu. Hier den glatten Stein, den kennt ihr schon. Das ist der Kiesel, der so schön glatt und rund ist. Den lege ich hier auf unser Tuch in die Mitte. Dann haben wir noch den Feuerstein, der ist spitz. Den legen wir neben den runden, glatten Kiesel. Heute wollen wir einen kantigen Stein kennenlernen, dieser Schiefer ist kantig. Ich kann die Kanten gut fühlen, ich kann das Kantige sogar mit geschlossenen Augen erfühlen. Wer möchte auch mal diesen kantigen Stein in den Händen halten?
Die Erzieherin wählt eines der Kinder aus und legt ihm den Schiefer in die Hand.

Erzieherin: Nun kannst du den kantigen Schiefer mit beiden Händen erfühlen. Schließe deine Augen und versuche das Kantige mit geschlossenen Augen zu erfühlen. Zum Vergleich gebe ich dir den glatten runden Kiesel.
Die Erzieherin gibt dem Kind den Kieselstein im Wechsel mit dem Schieferstein in die Hand.

Erzieherin: Wer möchte jetzt als nächster raten?
Die Erzieherin wählt ein Kind aus.

Erzieherin: So ... (Name einfügen), ich gebe dir jetzt einen Stein in die Hand und du fühlst mit geschlossenen Augen, ob er kantig ist. Ist er kantig, dann hast du einen Schieferstein erfühlt. Es kann aber auch sein, dass der Stein nicht kantig ist, dann sagst du nein. Los geht's!
... (Name einfügen), ist der Stein kantig?
... (Name einfügen): Nein. Der fühlt sich glatt an.

Erzieherin: Richtig ... (Name einfügen), dies ist ein Kieselstein und kein kantiger Schieferstein.
Jetzt wollen wir mal sehen, ob du den zweiten Stein auch erfühlst.
Die Erzieherin gibt allen Kinder hintereinander einen Stein in die Hand und fragt sie, ob der Stein kantig ist. Die Antwort der Kinder begleitet die Erzieherin jedes Mal mit den Zuschreibungen der Steine (Feuerstein – spitz, Schieferstücke – kantig und Kieselstein – glatt und rund).

Abb. 10.4c Aktion 2

PräSES – Planungsbogen zu den Einzelaktionen

C1

Projektthema: Steine

Aktion/Aktionsnummer: 3

PLANUNG

Ziele der Aktion:

Sprachlich:

Wortgruppe: Malsteine

Der Fokus liegt auf der Erprobung der Handlung „Malen mit Steinen", die verschiedenen Steine sind Träger der Handlung. Malen ist jedoch kein Zielwort auf der Wortliste: Es ist allen Kindern bekannt und muss nicht eingeführt werden. Die Zielwörter der Wortgruppe Malsteine sind Steinsorten, mit denen die Handlung umgesetzt wird. Das Verb malen wird auf diese Weise in seiner Bedeutung erweitert. Die Nomen (Steinsorten) erhalten das Merkmal, ob man mit ihnen malen kann oder nicht.

Inhaltlich:

Die Kinder erproben eine Handlung, die ihnen mit anderem Material vertraut ist (Stifte/Papier). In dieser Aktion sollen sie diese Handlung mit Materialien ausprobieren, für die die Handlung ungewöhnlich ist. Sie sollen erproben,

- wie gut man mit Steinen malen kann.
- wie sehr man sich anstrengen muss, damit ein Strich auf dem Boden entsteht.
- ob man auch auf Papier oder Pappe mit Steinen malen kann oder nur auf dem Boden etc.

Kinder, an die sich die Aktion wendet:

Junge Kinder

Wortliste/sprachliches Material:

Einführen:

Nomen: Bimsstein, Mosaikstein, Edelstein, LEGO Stein, Feuerstein

Festigen:

Nomen: Kreide, Kohle, Schiefer, Gips

Adjektive: spitz

Abb. 10.5a Aktion 3

PräSES – Planungsbogen zu den Einzelaktionen

C2

Methoden:

- Explorationssituation; die Erzieherin spiegelt Sprache während der Exploration
- Ergebnis der Erprobung führt zum Auswählen der Steine, mit denen man malen kann

---

Handlungsablauf:

Die Erzieherin zeigt den Kindern, wie man mit einem Stein malen kann. Dann fordert sie die Kinder auf (s. C3), mit den anderen Steinen auszuprobieren, ob man mit diesen ebenfalls malen kann.

Nichtsprachliches Material:

- verschiedene Kieselsteine, Feuersteine, Bimsstein
- verschiedene Stücke Steinkreide, verschiedene Stücke Kohle, Schieferstücke, Brocken trockener Gips
- Mosaiksteinchen
- einige Legosteine

Persönliche Vorhaben:

Die Kinder sollen routinierten Umgang mit dem Merkmal entwickeln.
Vorbereitung von Situationen, aus denen sich die Erzieherin zurückziehen möchte.

Abb. 10.5b Aktion 3

PräSES – Planungsbogen zu den Einzelaktionen

C3

Sprachmaterial für die strukturierte Inputsituation/Textbaustein:

Erzieherin: Heute wollen wir malen, zum Malen nehmen wir immer unsere Farben sowie unsere Stifte oder Fingerfarbe. Heute wollen wir mit den Steinen malen. Ja, mit Steinen kann man malen. Manche Steine malen, andere nicht.

Die Erzieherin stellt die mitgebrachten Steine vor. Sie lädt die Kinder ein, auf dem Papier und draußen auf dem Boden wie auch auf Schieferplatten die Steine auszuprobieren. Hat ein Kind einen Stein, mit dem man malen kann, nimmt sie dies sprachlich auf.

Erzieherin: Schaut mal her, ... (Name einfügen) hat einen Stein, der ganz weiß malt. Das ist der Kreidestein, die Kreide wird auch zum Malen an der Tafel benutzt. Die Kreide malt besonders gut, da sie so ein weicher Stein ist. Wer hat noch einen Stein, mit dem man malen kann, gefunden?

Versuchsergebnisse werden zusammengetragen und erklärt.

Abb. 10.5c Aktion 3

PräSES – Planungsbogen zu den Einzelaktionen

C1

Projektthema:	Steine
Aktion/Aktionsnummer:	4

PLANUNG

Ziele der Aktion:

Sprachlich:

Wortgruppe: glatt/nicht glatt

- Einführung von glatten und nicht glatten Steinsorten
- Untersuchung der Steinsorten, nach dem Merkmal der Wortgruppe (glatt)

Inhaltlich:

Die Kinder untersuchen ein gut wahrnehmbares Merkmal (glatt), um in die Merkmalsbetrachtung eingeführt zu werden. Die Steine, die in dieser Sortieraufgabe verwendet werden, sind noch nicht alle mit spezifischen Namen belegt; dies ist nicht die Zielstellung der Aufgabe. Es können auch unbenannte Steine auf das Merkmal untersucht werden.

Kinder, an die sich die Aktion wendet:

Alle Kinder

Wortliste/sprachliches Material:

Nomen: Diamant, Felsen, Gips, Kiesel, Koralle, Kreide, Schiefer, Stein

Adjektive: glatt

Abb. 10.6a Aktion 4

PräSES – Planungsbogen zu den Einzelaktionen

C2

Methoden:

Sortieraufgabe mit Exploration: Die Kinder untersuchen das Merkmal und sortieren in zwei Körbe: glatt – nicht glatt

---

Handlungsablauf:

Die Erzieherin fordert die Kinder auf (s. C3), die Steine herauszusuchen, die eine glatte Oberfläche haben. Glatte Steine dürfen in einen Korb, in dem schon ein glatter Stein liegt. Dieser dient als Vergleichsobjekt, wenn die Kinder sich nicht sicher sind, ob der kritische Stein glatt ist oder nicht. Die Erzieherin zieht sich aus der Sortieraufgabe möglichst zurück und unterstützt die Kinder bei ihrer Entscheidung durch Input mit Wörtern aus der Kernwortliste.

Nichtsprachliches Material:

- *Kieselsteine in verschiedenen Formen und Größen, verschiedene raue Steine in unterschiedlicher Größe (die nicht weiter benannt werden), ein besonders glatter Stein*
- *Schieferstücke, Gipsbrocken, Kreidestücke*
- *Diamant/Edelsteine, Korallenstück*
- *Korb für glatte Steine; Kiste oder Beutel für die unspezifische Gruppe (nicht glatte Steine)*

Persönliche Vorhaben:

In einer Sortieraufgabe sollen die Kinder befähigt werden, ohne Handlungsvorbild (nur durch verbale Anweisung) die Arbeitsanweisung auszuführen.

Abb. 10.6b Aktion 4

PräSES – Planungsbogen zu den Einzelaktionen C3

Sprachmaterial für die strukturierte Inputsituation/Textbaustein:

Erzieherin: Heute wollen wir alle Steine sortieren. Ich habe euch einen Korb mitgebracht, in diesen Korb kommen alle glatten Steine. Die Steine, die nicht glatt sind, bleiben draußen liegen. Jeder von euch darf sich nacheinander einen glatten Stein aussuchen und in den Korb legen. Wer möchte anfangen?

Gut ... (Name einfügen), du möchtest dir einen glatten Stein aussuchen? Ja, der sieht glatt aus, der kommt in den Korb.

Nacheinander werden mehr und mehr glatte Steine in den Korb gefüllt, bis nur noch die nicht glatten Steine übrig bleiben. Die Erzieherin begleitet das Sortieren der Steine sprachlich.

Beispiele für weitere Sortieraufgaben (Fortsetzung von C3):

1. Sortieren auf den verschiedenen Komplexitätsebenen

Entscheiden über 2 Merkmale ohne Rest

Auswahlmenge: Kieselstein, Steinkreide, Schieferstück, grober Sandstein, Feuerstein mit scharfer Kante, glatter, runder Stein, Mauerstein

Merkmal: einfarbig oder bunt

Durchführung: Die Kinder diskutieren bei jedem Stein, in welchen Korb er kommt. Beide Körbe sind gleichberechtigt im Fokus der Kinder.

- *Die Steine sind wie beim Auswählen Träger der Merkmale.*
- *Alle Gegenstände werden klassifiziert; es entstehen zwei spezifische Gruppen: einfarbige Steine und bunte Steine.*

Entscheiden über 2 Merkmale mit Rest

Auswahlmenge: Kieselstein, Steinkreide, Schieferstück, grober Sandstein, Feuerstein mit scharfer Kante, glatter, runder Stein, Mauerstein

Merkmal: glatt oder kantig

Durchführung: Die Kinder diskutieren bei jedem Stein, ob er in einen der Körbe kommt und in welchen Korb er kommt. Beide Körbe sind gleichberechtigt im Fokus der Kinder. Die Restgruppe wird zur Seite oder in einen „Restkorb" gelegt.

- *Die Steine sind wie beim Auswählen Träger der Merkmale.*
- *Alle Gegenstände werden klassifiziert; es entstehen zwei spezifische Gruppen: glatte Steine und kantige Steine sowie eine unspezifische Restgruppe, in der sich Steine befinden, die keines der beiden fokussierten Merkmale aufweisen (z.B. raue Steine).*

Steigerung des Schwierigkeitsgrads: Hinzunahme eines 3. Merkmals; Entscheiden über 3 Merkmale ohne Rest bzw. mit Rest

Abb. 10.6c Aktion 4

PräSES – Planungsbogen zu den Einzelaktionen

C3

2. Kombination aus Auswählen und Sortieren mit Nomen als sprachlichem Zielmaterial

Auswählen
Im Vorfeld muss eine Auswählsequenz in Hinblick auf das zu verwendende Wortmaterial vorbereitet werden. Ausgehend von den in den strukturierten Inputsituationen neu eingeführten Wörtern werden die zu verwendenden Ziel- und Ablenkerwörter gewählt und es wird dazu passendes visuell-taktil wahrnehmbares Material ausgesucht.

Wortmaterial: Flussstein, Feuerstein, Hühnergott (Stein mit natürlicherweise ausgewaschenem Loch), Kieselstein, Edelstein

Ziel: Festigung der Wörter

Handlung: Auf die verbale Fragestellung der Erzieherin hin wählen die Kinder den passenden Stein aus.

Verbale Fragestellung:
- Indirekt: Wer kann mir denn den Feuerstein zeigen?
- Direkt: ... (Name einfügen), zeig mir doch mal den Feuerstein!

Es folgt das Auswählen und das gemeinsame Besprechen, ob dieser Stein ein Feuerstein ist. Wichtig ist hier die Verwendung einer konkreten Frage nach einem Wort. Eine allgemeine Frage, ob ein Wort zum Thema gehört (Ist dies auch ein Stein?) bringt den Kindern keine Wissenserweiterung.

Steigerung des Schwierigkeitsgrads:
- Größe der Auswahlmenge (1–5)
- Bedeutungsnähe des Ablenkers zum Zielwort

Sortieren
Wortmaterial: Feuerstein, Flussstein

Ziel: Festigung und Ausdifferenzierung der Wörter, Verdeutlichung der charakteristischen Merkmale

Handlung: Die Erzieherin hat verschiedene Fluss- und Feuersteine in einem Korb und möchte sie gemeinsam mit den Kindern in einen Korb für Flusssteine und in einen anderen Korb für Feuersteine sortieren.

Verbale Fragestellung: Welche der Steine sind Flusssteine, welche sind Feuersteine? Woran kann man das erkennen?

Abb. 10.6d Aktion 4

10

PräSES – Planungsbogen zu den Einzelaktionen

C1

Projektthema:	Steine
Aktion/Aktionsnummer:	5

PLANUNG

Ziele der Aktion:

Sprachlich:

Wortgruppe: bunte Steine
- Kinder grenzen bunt gegen einfarbig ab

Inhaltlich:

Die Farben von Steinen werden in der reizstarken Umwelt der Kinder häufig nicht als bunt bzw. farbig wahrgenommen. Daher soll die Aufmerksamkeit der Kinder darauf gelenkt werden. Die Sortieraufgabe beinhaltet bekannte und unbekannte Steine.

Kinder, an die sich die Aktion wendet:

Alle Kinder

Wortliste/sprachliches Material:

Nomen: Edelstein, Feuerstein, Mosaikstein, Kristall, Legostein, Pflasterstein, Stein

Adjektive: bunt, einfarbig

Abb. 10.7a Aktion 5

PräSES – Planungsbogen zu den Einzelaktionen

C2

Methoden:

- Sortieraufgabe (bunt vs. einfarbig) mit Exploration
- Einführung durch eine kurze strukturierte Inputsituation (s. C3)

Die Kinder untersuchen das Merkmal und sortieren in zwei Körbe (bunt vs. einfarbig).
Es gibt keinen Rest.

Handlungsablauf:

Die Erzieherin sortiert bunte und einfarbige Steine. Dabei gibt sie eine kurze Inputsituation (s. C3), in der sie die Merkmale bunt und einfarbig hervorhebt. Anschließend übergibt sie die Untersuchung des Materials an die Kindergruppe. Die Kinder untersuchen das Merkmal und sortieren in zwei Körbe (bunt vs. einfarbig). Beide Körbe sind gleichberechtigt wichtig, jeder Stein wird einem der Körbe zugeordnet.

Nichtsprachliches Material:

- Kieselsteine in verschiedenen Formen und Größen, verschiedene Steine in unterschiedlicher Größe (die nicht weiter benannt werden) mit bunten Einlagen, Feuerstein, Pflasterstein, Schiefer, Kreide, Kristall, Diamant/Edelsteine, Mosaikstein, Legostein
- 2 Körbe für bunt und einfarbig

Persönliche Vorhaben:

Abb. 10.7b Aktion 5

C3

PräSES – Planungsbogen zu den Einzelaktionen

Sprachmaterial für die strukturierte Inputsituation/Textbaustein:

Erzieherin: Ich werde jetzt die Steine hier sortieren, wer macht mit?

Die Kinder versammeln sich.

Erzieherin: Heute wollen wir schauen, ob Steine verschiedene Farben haben. Sie sind ja nicht so bunt wie ein Filzstift oder wie ein Wachsmalstift, oder? Sie haben ganz andere Farben. Aber sie sind trotzdem bunt, schaut mal!

Die Erzieherin zeigt einen Stein mit andersfarbigen Einlagen.

Erzieherin: Steine haben manchmal ganz viele Farben, die wie kleine Punkte oder Flecken auf ihrer Oberfläche liegen. Bei einigen Steinen sind die Flecken größer und bei anderen kleiner. Wenn ein Stein solche Punkte oder Flecken hat, dann ist das ein bunter Stein. Wenn er keine hat, ist er einfarbig.
Hier habe ich einen Mosaikstein. Mosaiksteine sind immer farbig. Aber sind sie denn auch bunt? Nein, der hier ist nur ganz rot. Er hat eine Farbe. Der Mosaikstein ist einfarbig. Ich lege den Mosaikstein nun in den Korb für einfarbige Steine. Ein Mosaikstein hat eine Farbe. Ein bunter Stein hat viele Farben. Darum ist der Mosaikstein nicht bunt.
Wie ist es denn mit diesem Edelstein hier? Der leuchtet ja schön! So ein Edelstein hat immer sehr schöne Farben. Und manchmal ist er bunt. Wie ist das denn mit diesem Edelstein? Wie viele Farben finden wir denn hier? Also ich glaube, dieser Edelstein ist weiß. Er hat auch nur eine Farbe.
Und nun habe ich hier so einen großen Stein. Er ist ganz grau. Aber da ist ein Punkt und da auch. Er ist gar nicht so hübsch wie der Edelstein oder der Mosaikstein, nicht wahr? Aber schaut mal, hier ist er weiß, da ist er grau und da ist er ein bisschen gelblich. Er ist bunt.
So, wer findet nun noch einen bunten Stein?

– Die restlichen Wörter der Wortliste werden als Kommentar gegeben, wenn die Kinder über die Steine diskutieren.

Textbausteine für die Kommentare:

Legosteine sind immer ganz schön farbig, nicht? Aber sie haben immer nur eine Farbe. Legosteine sind einfarbig.
Legosteine sind nicht bunt. Darum legen wir die Legosteine in den Korb mit den einfarbigen Steinen.

Das ist ein Pflasterstein. Der Pflasterstein ist sehr groß und schwer. Wie viele Farben seht ihr denn auf dem Pflasterstein? Ich sehe grau, weiß und ein bisschen silbern. Findet ihr das Silber auch auf dem Pflasterstein? Dann kommt er in den Korb für bunte Steine.

Diesen Stein nennt man Kristall. Er ist ganz empfindlich, wir müssen sehr vorsichtig sein. Kristalle sind manchmal aus Salz, dieser hier ist es auch. Der Kristall ist ganz weiß. Darum kommt der Kristall in den Korb mit den einfarbigen Steinen.

Abb. 10.7c Aktion 5

PräSES – Planungsbogen zu den Einzelaktionen

C1

Projektthema:	Steine
Aktion/Aktionsnummer:	6

PLANUNG

Ziele der Aktion:

Sprachlich:

Wortgruppe: Kristall

Inhaltlich:

Die Kinder legen Kristalle zum Wachsen an. Sie sollen beobachten, was mit Salz im Wasser passiert, wie aus Salz Kristalle werden.

Kinder, an die sich die Aktion wendet:

Alle Kinder

Wortliste/sprachliches Material:

Einführen:

Nomen: Kristall

Verben: schwimmen, sinken

Adjektiv: spitz, kantig

Abb. 10.8a Aktion 6

10

PräSES – Planungsbogen zu den Einzelaktionen

C2

Methoden:

Strukturierte Inputsituation mit gemeinsamer Handlung (s. C3)

Handlungsablauf:

Die Erzieherin führt mit einer strukturierten Inputsituation in die Situation ein. Während des Abschlusses und anschließend stellen die Kinder mit der Erzieherin gemeinsam die Salzlösung her und füllen die Glasschälchen ein. Diese werden auf eine sonnige Fensterbank gestellt.

Nichtsprachliches Material:

- Glasschälchen mit geradem Boden, Gläser zum Herstellen der Salzlösung
- Holzstäbchen/Löffel zum Umrühren der Lösung
- Salz, Wasser
- fertige Salzkristalle zum Zeigen

Persönliche Vorhaben:

Abb. 10.8b Aktion 6

PräSES – Planungsbogen zu den Einzelaktionen

C3

Sprachmaterial für die strukturierte Inputsituation/Textbaustein:

In unserem Projekt wollen wir Kristalle wachsen lassen. Das braucht aber eine ganze Zeit, darum fangen wir heute damit an und schauen in den nächsten Tagen und Wochen immer wieder nach, was mit den Kristallen schon passiert ist. Schaut mal, hier habe ich einen. Wir müssen ganz vorsichtig sein, die sind spitz und kantig! Aber vielleicht können wir noch viel größere Kristalle wachsen lassen. Passt auf, das geht so: Jeder bekommt ein Glas mit Wasser. Wir schütten jetzt ganz viel Salz in das Wasser. Das Salz schwimmt im Wasser und sinkt dabei langsam auf den Boden. Schaut mal nach, schwimmt das Salz oben oder sinkt es runter? Genau, es schwimmt nur ganz kurz, dann sinkt es auf den Boden. Das Salz sinkt immer nach unten auf den Boden. Und wenn wir das Salz umrühren? Dann steigt es wieder hoch, ein bisschen hoch und bleibt oben, so lange wir rühren. Wer kann denn gut rühren? Oh, bei ... (Namen des Kindes ergänzen), da schwimmt das Salz ganz toll im Wasser. So, und nun hören wir einmal auf und schauen zu, wie das Salz wieder nach unten sinkt. Es sinkt ganz langsam wieder auf den Boden, könnt ihr das sehen?
Wir müssen aber noch weiterrühren. Wir müssen so lange rühren, bis gar kein Salz mehr zu sehen ist. Es löst sich jetzt langsam im Wasser auf.
So, jetzt ist das ganze Salz aufgelöst. Das Wasser sieht wieder ganz normal aus, oder? Aber man kann es nun nicht mehr trinken, es schmeckt ganz schrecklich. Das ist ja kein richtiges Wasser mehr, das ist jetzt unser Salzwasser für unsere Kristalle. Als Nächstes schütten wir ganz vorsichtig das Salzwasser in die Glasschälchen. Da muss überall ein wenig Wasser rein.
Und die Glasschälchen stellen wir jetzt auf die warme Fensterbank. Und ihr könnt jeden Tag nachschauen kommen, was hier passiert. Wenn das Wasser verdunstet, wenn die Sonne und die Heizung das Wasser aus den Glasschälchen ziehen, dann wird das Salz zu Kristall. Die Kristalle werden ganz klein und spitz. Das können wir sehen und spüren, wenn es soweit ist.

Abb. 10.8c Aktion 6

PräSES – Planungsbogen zu den Einzelaktionen

C1

Projektthema:	Steine
Aktion/Aktionsnummer:	7

PLANUNG

Ziele der Aktion:

Sprachlich:

Wortgruppe: kantig und glatt

Inhaltlich:

Die Kinder sollen nun zwei Merkmale gleichzeitig diskutieren. Sie entscheiden pro Stein, in welchen Korb er kommt. Es kann aber auch sein, dass der Stein in gar keinen Korb passt. Dies erhöht den Schwierigkeitsgrad und fördert die Flexibilität zwischen Merkmal und Objekt.

Kinder, an die sich die Aktion wendet:

Alle Kinder

Wortliste/sprachliches Material:

Einführen:

Nomen: Pflaumenstein, Donnerkeil, Bernstein, Mauerstein

Festigen:

Nomen: Feuerstein, Hühnergott, Kieselstein, Kristall, Sandstein, Schieferstück, Steinkreide

Adjektiv(e): glatt, rund

Abb. 10.9a Aktion 7

C2

PräSES – Planungsbogen zu den Einzelaktionen

Methoden:

Sortieren

Handlungsablauf:

Die Erzieherin gibt einen verbalen Arbeitsauftrag (s. C3). Die Kinder diskutieren bei jedem Stein, ob er in einen der Körbe kommt und in welchen Korb er kommt. Beide Körbe sind gleichberechtigt im Fokus der Kinder. Die Restgruppe wird zur Seite oder in einen „Restkorb" gelegt.

Nichtsprachliches Material:

- mehrere Kieselsteine, Sandsteine, Feuersteine, Mauersteine, Hühnergötter; glatte, runde Steine, Donnerkeile, Steinkreidestücke, Schieferstücke, Kristalle, Bernsteine, Pflaumensteine
- 3 Körbe mit Symbolen für glatt und kantig
- Symbol für „Rest" (z.B. ein Foto von einer Kiste mit vielen verschiedenen Dingen)

Persönliche Vorhaben:

Abb. 10.9b Aktion 7

PräSES – Planungsbogen zu den Einzelaktionen

C3

Sprachmaterial für die strukturierte Inputsituation/Textbaustein:

Erzieherin: Ich habe euch heute zwei Körbe mitgebracht, damit ihr die Steine sortieren könnt. In diesen Korb kommen alle glatten Steine rein. So wie dieser Kieselstein, der ganz glatt ist. In den anderen Korb kommen alle kantigen Steine rein. So wie dieser kantige Schieferstein. Es gibt aber auch Steine, die passen in keinen der beiden Körbe. Wir wollen mal sehen, wie viele Steine wir in die Körbe legen können.

Die Steine werden der Reihe nach betrachtet und dann entscheiden die Kinder, ob der Stein in einen Korb gelegt werden kann oder nicht. Die Kinder sollen vorrangig selbstständig entscheiden. Die Erzieherin begleitet sprachlich und dabei gibt sie Hilfestellungen und benennt die Steine, um die Namen zu festigen.

Abb. 10.9c Aktion 7

PräSES – Planungsbogen zu den Einzelaktionen

C1

Projektthema:	Steine
Aktion/Aktionsnummer:	8

PLANUNG

Ziele der Aktion:

Sprachlich:

Wortgruppe: echte Steine
- Festigung dieser Wortgruppe insgesamt
- als optionaler Zusatz können selten benutzte Wörter eingeführt werden

Inhaltlich:

Die Kinder sollen anhand von Bildern die Merkmale eines Steins zuordnen können. Sie erkennen, dass nicht der Name darüber entscheidet, ob es sich bei einem Objekt um einen Stein handelt.

Kinder, an die sich die Aktion wendet:

Vorschulkinder

Wortliste/sprachliches Material:

Festigen:

Nomen: Bimsstein, Mauer, Mosaik, Edelstein, Feuerstein, Spielstein, Legostein, Hühnergott, Donnerkeil, Pflasterstein, Pflaumenstein, Bernstein

Einführen:

Nomen: Findling, Leckstein, Steineiche, Steinadler, Steinkreis, Steinkauz, Gipfelkreuz, Steinmarder, Mühlstein, Grabstein, Straßenpflaster, Steinpilz, Tropfsteinhöhle, Wetterstein, Königsstein, Sperrspitze, Stadtmauer, Steinbeißer, Steinschmälzer, Bordstein/Kantstein

Abb. 10.10a Aktion 8

PräSES – Planungsbogen zu den Einzelaktionen

C2

Methoden:

Sortieraufgabe in zwei Körbe ohne Rest

Handlungsablauf:

Die Erzieherin gibt eine Arbeitsanweisung (s. C3), die Kinder diskutieren über die einzelnen Objekte auf den Bildern. Um die Anforderung gleich zu halten, werden von allen Objekten Bilder benutzt, auch wenn einige in der Kita vorhanden sind. Die Kinder sollen die Merkmale von „Ist-Stein" erkennen.

Anschließend werden die Merkmale von der Erzieherin und den Kindern zusammengetragen:

- lebt nicht
- gibt es in der Natur
- kann bearbeitet werden/ist aber nicht vom Menschen hergestellt
- kann man nicht essen
- ist schwer und kalt
- liegt still

Nichtsprachliches Material:

- Steine: Findling, Bimsstein, Leckstein, Steinkreis, Mauer, Mosaik, Edelstein, Gipfelkreuz, Mühlstein, Grabstein, Feuerstein, Legostein, Hühnergott, Straßenpflaster, Donnerkeil, Tropfsteinhöhle, Pflasterstein, Wetterstein, Königsstein, Pflaumenstein, Bernstein, Sperrspitze, Stadtmauer, Bordstein/Kantstein
- Tiere: Steinkauz, Steinadler, Steinmarder, Steinbeißer, Steinschmälzer,
- Pflanzen: Steineiche, Steinpilz
- 2 Körbe mit Symbolen für „ist Stein" und „ist nicht Stein"

Persönliche Vorhaben:

Abb. 10.10b Aktion 8

PräSES – Planungsbogen zu den Einzelaktionen C3

Sprachmaterial für die strukturierte Inputsituation/Textbaustein:

Erzieherin: Ich habe viele Bilder von Steinen und Nicht-Steinen mitgebracht. Ich werde euch ein Bild zeigen und sagen, was ihr seht. Ihr sollt dann entscheiden, ob das Bild einen Stein zeigt oder nicht. Alle Steine legen wir auf die eine Seite und bei den anderen Nicht-Steinen schauen wir mal, was das ist. Hier habe ich einen Bimsstein. Was meint ihr, ist das ein Stein?

- Kinder entscheiden sich für Stein.

Erzieherin: Ja richtig, der Bimsstein gehört zu den Steinen. Und jetzt dieses Bild, das ist ein Steinmarder. Was denkt ihr, gehört der Steinmarder zu den Steinen?

- Kinder entscheiden sich für nein.

Erzieherin: Sehr gut. Der Steinmarder heißt Steinmarder, aber er ist kein Stein, sondern ein Tier, das lebt.
Gehört der Legostein zu den Steinen?
Kinder entscheiden sich für die Kategorie Stein.
Die Erzieherin erläutert den Kindern, dass ihre Entscheidung richtig ist, doch dass es Steine gibt, die aus der Natur kommen und welche, die von den Menschen hergestellt werden.

Erzieherin: Auf diesem Bild seht ihr einen Steinpilz. Gehört der Steinpilz zu den Steinen?
Kinder entscheiden sich für nein.
Die Erzieherin bestätigt diese Entscheidung und erklärt, dass es sich bei einem Steinpilz um eine Pflanze handelt, die man sogar essen kann.
In dieser Form werden alle Bilder mit den Objekten einzeln begutachtet und sortiert.

Abb. 10.10c Aktion 8

PräSES – Planungsbogen zu den Einzelaktionen

C1

Projektthema:	Steine
Aktion/Aktionsnummer:	9

PLANUNG

Ziele der Aktion:

Sprachlich:

Wortgruppe: Steine sammeln 1

Inhaltlich:

Die Kinder sammeln auf dem Kita-Gelände Steine.

Kinder, an die sich die Aktion wendet:

Alle Kinder/junge Kinder

Wortliste/sprachliches Material:

Stein, Sand, Kiesel, finden, versenken, sammeln, glitschig, kalt, schwer, leicht, kantig, suchen

Abb. 10.11a Aktion 9

PräSES – Planungsbogen zu den Einzelaktionen

C2

Methoden:

Gemeinsame Handlung ohne direkte methodische Umsetzung.

Handlungsablauf:

Erzieherinnen und Kinder suchen gemeinsam nach Steinen. Die Steine werden an einem Ort gesammelt, an dem die Erzieherin die Eigenschaften der Steine benennt und sie den Kindern zeigt. Die Verben suchen, finden, sammeln werden während der Handlung immer wieder genannt (s. C3).

Nichtsprachliches Material:

Sammelkörbe

Persönliche Vorhaben:

An dieser Aktion kann die relativ spontane Gabe von strukturiertem Input gut trainiert werden.

Abb. 10.11b Aktion 9

PräSES – Planungsbogen zu den Einzelaktionen

C3

Sprachmaterial für die strukturierte Inputsituation/Textbaustein:

Jetzt gehen wir alle los und suchen Steine. Wir wollen heute ganz verschiedene Steine sammeln. Jeder von uns kann Steine suchen und auch welche finden. Die Steine, die wir gefunden haben, legen wir in unsere Körbe. Wir können unsere Steine auch schon anschauen.

Jetzt haben wir schon ein paar Steine gefunden. Die Steine sind kalt. Manche Steine sind schwer, andere sind leichter. Finden wir noch mehr leichte Steine? Jetzt haben wir ja schon ein paar ganz schwere Steine. Lasst uns noch leichte Steine suchen!

Die Steine, die im Wasser liegen, sind ganz kalt! Und manchmal sind sie auch glitschig. Habt ihr schon mal einen glitschigen Stein angefasst? Der ist ganz schwer in die Hand zu nehmen, er rutscht immer wieder raus! Glitschige Steine sind auch nass. Sie sind auch kalt. Wenn die Steine trocken werden, sind sie nicht mehr glitschig. Wenn wir sie mit in den Kindergarten nehmen, werden sie trocken und dann sind sie vielleicht auch nicht mehr so kalt, oder?

Das sind Kiesel. Sie liegen im Sand auf dem Boden. Der Sand ist auch aus Stein, wenn man ganz genau hinschaut, kann man sehen, dass Sand aus ganz, ganz kleinen Steinen besteht. Ein Sandkorn ist ganz leicht, aber ein Stein kann sehr schwer sein! Wir suchen aber heute Steine und keinen Sand. Den lassen wir heute hier. Wir haben ja Sand in unserer Sandkiste. Steine haben wir da nicht drin, darum wollen wir noch Steine sammeln.

Abb. 10.11c Aktion 9

PräSES – Planungsbogen zu den Einzelaktionen

C1

Projektthema:	Steine
Aktion/Aktionsnummer:	10

PLANUNG

Ziele der Aktion:

Sprachlich:

Wortgruppe: glatt und kantig

- Die Merkmale glatt und kantig sollen abgesichert werden.
- Als Steigerung zu Aktion 7 (s. Abb. 10.9) werden sie nun gemeinsam bei einem Objekt geprüft.

Inhaltlich:

Die Merkmale glatt und kantig sollen bei verschiedenen Steinen wiedererkannt werden und die Kinder sollen darüber entscheiden, ob sie in den einen Korb kommen oder in den anderen. Dieses Mal müssen beide Merkmale vorliegen, so dass sich eine Gruppe mit zwei Merkmalen und eine Gruppe ohne diese Merkmale ergibt bzw. Gruppen mit nur einem der beiden Merkmale.

Kinder, an die sich die Aktion wendet:

Vorschulkinder

Wortliste/sprachliches Material:

Festigen:

Nomen: Feuerstein, Kieselstein, Mauerstein, Sandstein, Schieferstück, Steinkreide

Adjektive: glatt, kantig

Abb. 10.12a Aktion 10

PräSES – Planungsbogen zu den Einzelaktionen

C2

Methoden:

Sortieren nach zwei Merkmalen – kein Merkmal (bei der Restgruppe liegt ein Merkmal vor, das andere nicht. Sie passen daher in keinen der beiden Körbe).

Handlungsablauf:

Den Kindern liegen Steine vor und sie diskutieren bei jedem Stein, ob er in einen der Körbe kommt und in welchen Korb er kommt. Dabei stehen beide Körbe (zwei Merkmalen, kein Merkmal) gleichberechtigt im Aufmerksamkeitsfokus der Kinder. Die Restgruppe (nur ein Merkmal) kommt zur Seite oder in einen Restkorb.

Es werden alle Steine klassifiziert; es entstehen zwei spezifische Gruppen (glatte und kantige Steine/kein Merkmal) sowie eine Restgruppe, in der sich Steine befinden, die eines der Merkmale aufweisen (z.B. raue Steine).

Nichtsprachliches Material:

- verschiedenste Formen und Größen von Kieselsteinen, Sandsteinen, Feuersteinen, Mauersteinen; glatte, runde Steine
- Steinkreidestücke, Schieferstücke
- 3 Körbe

Persönliche Vorhaben:

Abb. 10.12b Aktion 10

PräSES – Planungsbogen zu den Einzelaktionen

C3

Sprachmaterial für die strukturierte Inputsituation/Textbaustein:

Erzieherin: Heute wollen wir uns die Steine hier anschauen und entscheiden, welcher von ihnen glatt und kantig ist.

Wir haben hier den Kieselstein, die Steinkreide, das Schieferstück, den Sandstein, den Feuerstein, den Mauerstein und einen glatten, runden Stein. Manche sind glatt so wie der Kiesel oder kantig wie der Feuerstein. Es gibt aber auch Steine, die sind nicht glatt und nicht kantig. Diese werden in einen Korb sortiert. In diesen Korb hier kommen die Steine, die kantig und glatt sind. Zur Seite legen wir die Steine, die nur kantig oder nur glatt sind.

Ich suche mir diesen Stein hier aus, welchen nehmt ihr? Jedes Kind darf sich einen Stein aussuchen und in die Hand nehmen, um zu fühlen, ob er glatt und kantig ist. Und manche sind auch nicht glatt oder nicht kantig. Und manche sind nur glatt oder nur kantig.

Die Kinder sortieren. Die Erzieherin kommentiert und spiegelt die kindliche Sprachproduktion während der Aufgabe. Auch werden einzelne Kinder persönlich angesprochen und sprachlich begleitet.

Erzieherin: Ja, ..., (Namen einfügen) du hast ja einen ganz kantigen Stein ausgesucht. Seht einmal ... (Namen einfügen) Stein ist ganz kantig. Ist der Stein auch glatt? Ja, er ist ganz glatt. Der Stein kommt in die Kiste mit den kantigen und glatten Steinen hier. Ja, da liegen schon einige kantige und glatte Steine drin, sieh mal, so wie dein Stein, so kantig und gleichzeitig so glatt.

Nachdem alle Steine sortiert sind, wird von der Erzieherin nochmals jeder Korb „vorgestellt".

Erzieherin: Hier sind die glatten und kantigen Steine drin. Ja, die sind sofort zu erkennen, die sind wirklich sehr glatt und kantig und sehen auch anders aus als die hier, die sind rau oder länglich. Was hat denn der 3. Korb für Steine? Ja, die sind entweder nur glatt, so wie dieser hier, oder nur kantig, wie dieser Stein hier.

10

Abb. 10.12c Aktion 10

PräSES – Planungsbogen zu den Einzelaktionen

C1

Projektthema:	*Steine*
Aktion/Aktionsnummer:	*11*

PLANUNG

Ziele der Aktion:

Sprachlich:

Wortgruppe: besondere Steine kennenlernen
– Einführung neuer Steinnamen (erste Begriffe der Randbereiche der Wortliste)
– Festigung bereits eingeführter Wörter (Merkmalsbegriffe)

Inhaltlich:

Die Kinder sollen verschiedene Steine und ihre Eigenschaften kennenlernen (Wissenserweiterung).

Kinder, an die sich die Aktion wendet:

Alle Kinder, v.a. schwächere Kinder

Wortliste/sprachliches Material:

Einführen:
Nomen: Feuerstein, Hühnergott, Kieselstein

Festigen:
Nomen: Loch
Verben: (an)fühlen, klopfen
Adjektive: glatt, kalt, leicht, rund, schwer, spitz

Abb. 10.13a Aktion 11

PräSES – Planungsbogen zu den Einzelaktionen

C2

Methoden:

- Strukturierte Inputsituation
- Sortierübung

Handlungsablauf:

Die Erzieherin bringt einen Sack voller Kieselsteine, Feuersteine und Hühnergötter mit. Nacheinander werden die verschiedenen Steine herausgeholt, ertastet und betrachtet sowie sprachlich beschrieben in ihren Besonderheiten (Kieselstein: rund und glatt; Feuerstein: spitz; Hühnergott: mit Loch zum Durchschauen).

Nichtsprachliches Material:

- etliche Feuersteine, Hühnergötter, Kieselsteine in einem Sack
- Kisten, Beutel oder Körbe zum Sortieren
- Bänder als Halsketten

Persönliche Vorhaben:

Abb. 10.13b Aktion 11

PräSES – Planungsbogen zu den Einzelaktionen C3

Sprachmaterial für die strukturierte Inputsituation/Textbaustein:

Schaut einmal, was ich heute habe. Hier ist ein Stein mit einem Loch! Wie kann denn das gehen? Dieser Stein liegt im Wasser. In einem Meer oder in einem Fluss. Und da ist Sand, und der reibt ganz lange an dem Stein. Irgendwann ist dann ein Loch im Stein, das dauert aber richtig lange. Solche Steine nennt man Hühnergott.

Einen Hühnergott kann man als Kettenanhänger um den Hals hängen! Wollen wir das mal machen?

– Handlungsunterbrechung –

Jetzt haben wir Hühnergötter um den Hals! Huhu, das ist kalt auf der Haut, oder? Aber ein Hühnergott fühlt sich schön an, ganz glatt und rund.

Was haben wir denn noch für Steine? Oh, schaut mal, dieser hier ist auch ganz rund und kalt. Er ist weiß und manchmal haben solche Steine kleine Punkte. Man nennt sie Kieselsteine. Kieselsteine können ganz klein sein und auch größer. Ich habe ganz viele Kieselsteine dabei, die können wir gleich raussuchen. Oh, und dann sind hier noch ganz raue und kantige Steine! An denen kann man sich sogar wehtun! Wir müssen vorsichtig sein. Diese Steine sind ganz anders gefärbt, sie sind dunkel und haben weiße Flecken. Sie heißen Feuersteine. Feuersteine sind ganz anders als Kieselsteine und Hühnergötter, seht ihr das? Sie sind eine ganz eigene Art Steine.

Jetzt haben wir schon drei Sorten Steine kennengelernt: Hühnergötter, Feuersteine, Kieselsteine.

Abb. 10.13c Aktion 11

PräSES – Planungsbogen zu den Einzelaktionen

C1

Projektthema:	*Steine*
Aktion/Aktionsnummer:	*12*

PLANUNG

Ziele der Aktion:

Sprachlich:

Wortgruppe: Natursteine
- Erwerb von zwei Unterbegriffen von Stein
- Einführung in die Unterbegriffsebene

Inhaltlich:

Erkennen der Steine Feuerstein und Flussstein
Zur Differenzierung bestimmter Steintypen wird der Begriff Stein in Unterbegriffe aufgespalten

Kinder, an die sich die Aktion wendet:

Junge Kinder

Wortliste/sprachliches Material:

Festigen:
Nomen: Feuerstein, Flussstein

Abb. 10.14a Aktion 12

PräSES – Planungsbogen zu den Einzelaktionen

C2

Methoden:

- Strukturierte Inputsituation
- Anschließend Kombination Auswählen und Sortieren
- Feedback-Methoden (Sprache spiegeln) können angewendet werden, wenn die Kinder die entsprechenden Begriffe bei der Handlung anbieten.

Handlungsablauf:

Umrahmungsabschnitt 1:

Die Erzieherin hat einen Korb gefüllt mit Fluss- und Feuersteinen und möchte sie gemeinsam mit den Kindern in einen Korb für Flusssteine und in einen Korb für Feuersteine sortieren. Hierzu dürfen alle Kinder nacheinander einen Stein aus dem Korb nehmen und diesen zuordnen. Dabei unterstützt die Erzieherin Kinder, die noch unsicher sind, in der Auswahl (auch mit Merkmalsbeschreibungen).

Methodischer Handlungsabschnitt: Strukturierte Inputsituation (s. C3)

Jedes Kind kommt an die Reihe, bis alle Steine verteilt sind. Weitere Methoden wie korrektives Feedback, Alternativfragen oder auch positive Verstärkung beim Sortieren können zum Einsatz kommen.

Umrahmungsabschnitt 2 (s. C3):

Nach der Sortierung fasst die Erzieherin die Aktion nochmals zusammen.

Nichtsprachliches Material:

- Korb mit Fluss- und Feuersteinen
- 2 weitere Körbe
- Aquarium mit Wasser für die Flusssteine

Persönliche Vorhaben:

Abb. 10.14b Aktion 12

PräSES – Planungsbogen zu den Einzelaktionen

C3

Sprachmaterial für die strukturierte Inputsituation/Textbaustein:

Mein schwerer Korb ist heute gefüllt mit Fluss- und Feuersteinen. Die Flusssteine sehen besonders schön aus, wenn sie nass sind. Feuersteine aber nicht. Wir wollen alle Flusssteine von den Feuersteinen sortieren, denn die Flusssteine legen wir danach ins Wasser und schauen, wie sie dann aussehen. Ich habe hier zwei Körbe: einen für die Flusssteine und einen für die Feuersteine. Komm ... (Namen ergänzen), du darfst anfangen: Such dir einen Stein aus und schau mal, ob das ein Flussstein ist oder ein Feuerstein.

Textbaustein für den Umrahmungsabschnitt 2:

Schön, dass wir jetzt alle Feuersteine und Flusssteine sortiert haben. Jetzt haben wir zwei Körbe mit den Steinen: Hier sind alle Flusssteine drin und hier alle Feuersteine. Ihr habt so gut sortiert. Dann können wir morgen etwas nur mit Flusssteinen machen. Diese Feuersteine nehmen wir dann ein anderes Mal.

Abb. 10.14c Aktion 12

PräSES – Planungsbogen zu den Einzelaktionen

C1

Projektthema:	Steine
Aktion/Aktionsnummer:	13

PLANUNG

Ziele der Aktion:

Wortgruppe: Flussstein 2

Sprachlich:

- Festigung der Wörter Hühnergott, Kieselstein, Edelstein, Feuerstein, Flussstein
- Abgrenzung dieser Begriffe gegen andere Steinarten

Inhaltlich:

Erkennen der Steine Feuerstein und Flussstein usw.

Die Kinder sollen die äußerlichen Merkmale zur Auswahl innerhalb einer Gruppe Steine benutzen.

Kinder, an die sich die Aktion wendet:

Junge Kinder

Wortliste/sprachliches Material:

Festigen:

Flusstein, Feuerstein

Einführen:

Nomen: Edelstein, Hühnergott, Kieselstein

Adjektive: kantig, glatt, groß, mit Loch

Abb. 10.15a Aktion 13

PräSES – Planungsbogen zu den Einzelaktionen C2

Methoden:

Sprache spiegeln
Sortieren

Handlungsablauf:

Die Erzieherin breitet verschiedene Steine auf einem Tuch vor den Kindern aus.
Auf die verbale Fragestellung der Erzieherin hin wählen die Kinder den passenden Stein aus.

Nichtsprachliches Material:

- verschiedene Fluss- und Feuersteine in möglichst vielen Größen und Formen
- Hühnergott, Kieselstein, Edelstein
- Tuch

Persönliche Vorhaben:

Abb. 10.15b Aktion 13

PräSES – Planungsbogen zu den Einzelaktionen

C3

Sprachmaterial für die strukturierte Inputsituation/Textbaustein:

Kind: Da ist der Feuerstein! Den finde ich richtig schön.
Erzieherin: Ja, das ist ein schöner Stein. Das ist ein Hühnergott. Guck mal, der hat ein Loch in der Mitte, der Hühnergott.

Kind: Das ist ein edler Stein.
Erzieherin: Genau, ein ganz edler Stein ist das: ein Edelstein.

Kind: Ein Flussstein! Ein ganz großer!
Erzieherin: Ja, genau, das ist ein Flussstein.

Abb. 10.15c Aktion 13

PräSES – Planungsbogen zu den Einzelaktionen

C1

Projektthema: Steine

Aktion/Aktionsnummer: 14

PLANUNG

Dies ist der 1. Teil einer Doppelaktion (2. Teil ist Aktion 15; > Abb. 10.17).

Ziele der Aktion:

Sprachlich:

Wortgruppe: Baumaterial
- Einführung in das Thema: Steine als Baumaterial

Inhaltlich:

Die Kinder fangen an, Steine als Baumaterial zu erforschen.

Kinder, an die sich die Aktion wendet:

Vorschulkinder

Wortliste/sprachliches Material:

Festigen:
Nomen: Gips, Turm
Verben: bauen, mauern

Einführen:
Nomen: Burg, Stadtmauer, Steinhaufen
Verben: stapeln, zermahlen
Adjektive: mehlig, staubig, wackelig

Abb. 10.16a Aktion 14

PräSES – Planungsbogen zu den Einzelaktionen

C2

Methoden:

- Strukturierte Inputsituation mit gemeinsamer Handlung
- Anschließend gemeinsame Handlung

Handlungsablauf:

Die Kinder bauen mit flachen Kieselsteinen Türme auf.
Da diese Türme sehr wackelig sind (eher Haufen als Türme), beginnen sie Material zum Zusammenkleben herzustellen (Gips mahlen).

Nichtsprachliches Material:

- Etliche flache (auch größere) Steine
- faustgroße Steine zum Zermahlen
- Steinplatten als Unterlage für das Zermahlen
- Gips
- Schüsseln mit Wasser

Persönliche Vorhaben:

Abb. 10.16b Aktion 14

PräSES – Planungsbogen zu den Einzelaktionen

C3

Sprachmaterial für die strukturierte Inputsituation/Textbaustein:

Erzieherin: Heute bauen wir Türme. Hier sind ganz viele Steine dafür. Wer kann einen Turm bauen? Wir probieren das mal alle zusammen. Jeder nimmt sich einen Stein und noch einen und dann legt ihr einen Stein auf den anderen. Wir stapeln die Steine und dann wird daraus ein Turm.

Die Kinder probieren, aus den Steinen einen Turm zu bauen, das muss nicht unbedingt sofort funktionieren.

Erzieherin: Oh, das ist ja schwierig. Wer hat es geschafft? Ah, hier sind ein paar kleine Türme. Schaffen wir noch einen Stein? Dann wäre der Turm noch höher. Oh je, da muss man aber genau aufpassen, was? Sonst fällt alles wieder um! Wenn der Turm umfällt, haben wir einen Steinhaufen und keinen Turm mehr! Die Türme sind ganz wackelig. Was meint ihr, wie haben denn die Bauarbeiter früher die großen Türme gebaut? Die echten Türme sind ja gar nicht wackelig! Wie geht das wohl? Die Türme einer Stadtmauer sind ganz sicher. Und die Türme einer Burg auch. Was ist daran denn anders als an unseren Türmen?

Die Kinder diskutieren.

Erzieherin: Genau, da ist noch was zwischen den Steinen. Die Bauarbeiter mauern die Türme. Wir haben einfach Steine gestapelt. Das geht nicht so gut.
So, jetzt räumen wir die Steine wieder in eine Kiste. Wir müssen also etwas anders machen, wenn wir einen Turm aus den Steinen bauen wollen.
Morgen wollen wir auch einen Turm mauern. Zum Mauern nehmen wir Gips. Den müssen wir heute aber erst mal herstellen. Gips muss zermahlen werden. Schaut mal, hier ist Gips.

Die Erzieherin zeigt den Kindern einen Gipsklumpen.

Erzieherin: Der Gips muss mit den Steinen hier ganz doll gemahlen werden. Der Gips wird dann immer kleiner. Irgendwann ist er wie Mehl. Ganz mehlig und staubig. Dann ist er richtig für morgen. Dann können wir ihn morgen zum Bauen benutzen.

Abb. 10.16c Aktion 14

PräSES – Planungsbogen zu den Einzelaktionen

C1

Projektthema: Steine

Aktion/Aktionsnummer: 15

PLANUNG

Dies ist der 2. Teil einer Doppelaktion (1. Teil ist Aktion 14; > Abb. 10.16).

Ziele der Aktion:

Sprachlich:

Wortgruppe: Baumaterial
- Einführung neuer Verben
- Festigung der Bauwerke und deren Materialen

Inhaltlich:

In dieser Aktion wird aus Steinen und Gips ein Turmmodell gebaut.
Im Teilprojekt „Steine als Baumaterial" wird durch den Turmbau die Verwendung von Steinen verdeutlicht. Die Kinder bauten im ersten Teil der Doppelaktion mit flachen Kieselsteinen Türme auf, die wackelig waren und wieder umkippten. Dann erlebten sie eine Aktion, in der Gips gerieben wurde und man Pulver erhielt.

Kinder, an die sich die Aktion wendet:

Vorschulkinder

Wortliste/sprachliches Material:

Einführen:
Nomen: Dach, Mauer, Maurer
Verben: anrühren, bearbeiten, verzieren, mauern

Festigen:
Nomen: Gips, Turm, Wasser
Verben: bauen

Abb. 10.17a Aktion 15

PräSES – Planungsbogen zu den Einzelaktionen

C2

Methoden:

Strukturierte Inputsituation mit gemeinsamer Handlung

Handlungsablauf:

Nun soll eine Aktion durchgeführt werden, in der Gips angerührt wird und mit Steinen ein Turm gebaut wird, der sich als haltbarer erweisen soll. Der Begriff mauern wird neu eingeführt.
Die strukturierte Inputsituation wird einleitend und begleitend (s. C3) zum Bauen genutzt.
Währenddessen bauen mehrere Kinder gemeinsam Türme, die getrocknet zum Spielen genutzt werden können.

Nichtsprachliches Material:

- flache (auch größere) Steine
- Gips, Wasser
- Löffel zum Rühren; Eimer oder Schüsseln
- kleine bunte Steine, Mosaiksteine oder Holzstücke zum Verzieren der Türme

---

Persönliche Vorhaben:

Abb. 10.17b Aktion 15

PräSES – Planungsbogen zu den Einzelaktionen

C3

Sprachmaterial für die strukturierte Inputsituation/Textbaustein:

Erzieherin: Hier ist unser Gips von gestern. Den Gips habt ihr so gut klein gerieben, dass er jetzt Pulver geworden ist. Heute wollen wir das Pulver mit Wasser anrühren, einen Brei aus Gips und Wasser rühren. Schaut mal her. Ich habe alles vorbereitet...

Die Erzieherin rührt den Brei aus Gips und Wasser an.

Erzieherin: Wer rührt jetzt mit? Wir müssen den Brei so anrühren, dass er nicht zu dünn ist. Es muss Wasser in das Gipspulver und nun rühren wir weiter. Wir rühren jetzt Gips an, mit dem wir die Steine im Turm zusammenkleben. So können wir einen Turm bauen.

Nach dem Anrühren erfolgt das Turmbauen mit strukturiertem Input.

Erzieherin: Ich nehme einen Stein und gebe ein bisschen Gipsbrei drauf. So, jetzt kann ich den nächsten Stein drauf kleben und einen Turm bauen. Ich mauere so den Stein fest. Und dann kommt wieder etwas vom Gipsbrei und jetzt darfst du ... (Namen ergänzen) einen Stein mauern und der Turm wird größer. Wir bauen den Turm immer weiter. So wird gemauert; wir mauern einen Turm aus Steinen. Und der Gips ist der Klebstoff. So können wir einen Turm oder eine Mauer bauen. Wer macht mit?

Wenn der Turm fortgeschritten ist:

Erzieherin: Jetzt fehlt für unseren Turm noch das Dach. Wer mag das Dach noch bauen? Alle anderen können den Turm noch verzieren oder die Mauern bearbeiten. Der Turm kann noch höher gemauert werden, die Mauern können verziert werden und je mehr wir den Turm bearbeiten, desto schöner wird er!

Abb. 10.17c Aktion 15

PräSES – Planungsbogen zu den Einzelaktionen

C1

Projektthema:	Steine
Aktion/Aktionsnummer:	16

PLANUNG

Ziele der Aktion:

Sprachlich:

Wortgruppe: echte Steine (klein)

- Bedeutungsmerkmale von echten Steinen und hergestellten Spielsteinen erfahren und verstehen.
- Die Merkmale sollen zur Differenzierung von Naturstein und hergestelltem Stein genutzt werden.

Inhaltlich:

Unterscheidung von Steinmaterial gegenüber Holz, Glas, Plastik

Kinder, an die sich die Aktion wendet:

Jüngere Kinder

Wortliste/sprachliches Material:

Einführen:
Nomen: Glas, Holz
Adjektive: steinern

Festigen:
Nomen: Edelstein, Feuerstein, Granit, Kieselstein, Kristall, Marmor, Stein

Abb. 10.18a Aktion 16

10

PräSES – Planungsbogen zu den Einzelaktionen

C2

Methoden:

- Strukturierte Inputsituation
- Sortieraufgabe

Handlungsablauf:

Die Kinder sollen nach der Einführung mittels strukturierter Inputsituation Steine nach dem Merkmal echter Stein oder Spielstein (nichtnatürlicher Stein) unterscheiden und sortieren.

Die Handpuppe Ernie hat beim Aufräumen alles, was Stein heißt, in eine Kiste geräumt.

Nichtsprachliches Material:

- verschiedene natürliche Steine in möglichst unterschiedlichen Formen und Farben
- Bausteine aus Holz, Legosteine, Muggelsteine und andere Spielsteine
- Kiste für Steine; Beutel für Holz, Legosteine und Muggelsteine (alternativ können die Gegenstände, die nicht aus Stein sind, auch in eine gemeinsame Kiste geräumt werden)

Persönliche Vorhaben:

Abb. 10.18b Aktion 16

PräSES – Planungsbogen zu den Einzelaktionen

C3

Sprachmaterial für die strukturierte Inputsituation/Textbaustein:

Erzieherin: Oje, jetzt hat der Ernie alle Steine in eine Kiste geräumt! Aber wir wollen nur die echten Steine in dieser Kiste haben. Die Steine, die steinern sind! Manche Steine, die so heißen, sind gar keine echten Steine, wisst ihr das schon? Schaut mal, hier ist ein Legostein! Das ist kein echter Stein. Echte, steinerne Steine sind aus der Natur. Wir haben draußen ja auch schon Steine gesucht, die lagen da ja einfach herum, erinnert ihr euch? Echte Steine können wir draußen finden. So, und nun müssen wir wohl aufräumen. Der Ernie, der ist ja einer. Kommt, helft mir mal. In diesen Kasten kommen nur die echten Steine. So wie dieser Kiesel hier, das ist ein echter Stein, der soll in die Kiste. Die Steine, die gar keine echten Steine sind, sortieren wir hier rein. Mal sehen, was wir alles hier finden.

Weitere Kommentare der Erzieherin während des Sortierens könnten sein:

- *Echte Steine fühlen sich kühl an.*
- *Ein Legostein wird von Menschen hergestellt; er ist aus Plastik und kein echter Stein.*
- *Dieser Spielstein ist aus Holz.*
- *Und die Muggelsteine sind auch nicht echt, die sind aus Glas.*

Nach erfolgreichem Sortieren:

Erzieherin: Wunderbar, jetzt sind alle echten Steine in dieser Kiste. Und die Spielsteine und Legosteine und Muggelsteine sind auch sortiert.

Abb. 10.18c Aktion 16

PräSES – Planungsbogen zu den Einzelaktionen

C1

Projektthema:	Steine
Aktion/Aktionsnummer:	17

PLANUNG

Ziele der Aktion:

Sprachlich:

Wortgruppe: Steinbild

- Festigung der Steinnamen Kiesel, Schiefer, Kreide
- Vertiefen der Eigenschaften als Merkmale: rund, weiß, glatt, flach, schwarz; man kann damit malen

Inhaltlich:

Kennenlernen neuer Steinarten

Die bekannten –(häufiger vorkommenden) – Steinsorten umrahmen das Bild, welches die Handlung dieser Aktion darstellt (siehe dort). Dafür werden Kiesel, Schiefer und Kreide aus der Auswahlgruppe herausgefiltert und von den anderen Steinen abgegrenzt.

Kinder, an die sich die Aktion wendet:

Alle Kinder

Wortliste/sprachliches Material:

Einführen:

Nomen: Quarz

Festigen:

Nomen: Kiesel, Schiefer, Kreide

Feuerstein (dieses Wort stammt bereits aus der Randbereichsliste), (Berg-)Kristall

Adjektive: rund, glatt, leicht, kalt, schwer, kostbar

Abb. 10.19a Aktion 17

PräSES – Planungsbogen zu den Einzelaktionen

C2

Methoden:

- Strukturierte Inputsituation
- Auswählen und Sortieren

Handlungsablauf:

In dieser Aktion gibt es vier Handlungsstränge (1. – 4.)

Umrahmungshandlung 1: Strukturierte Inputsituation (Einführung durch die Erzieherin)

Methodische Handlung:

Kinder suchen die neu eingeführten Steine, Kristall und Quarz. Mit den gefundenen Steinen legen sie ein Muster auf ein Tuch.

Dann wird ein Rahmen mit Kieseln um das Steinbild gelegt.

Außerdem werden Schieferstücke zusammengelegt, auf denen gemalt werden soll.

Zum Bemalen der Schieferstücke werden noch Kreidesteine gesammelt.

Umrahmungshandlung 2: Zum Abschluss dürfen die Kinder entweder aus Kieselsteinen den Rahmen um das Muster legen oder mit der Kreide auf dem Schiefer malen.

Nichtsprachliches Material:

Kiesel, Feuerstein – Schiefer, Kreide – Kristall,

Quarz – Sand – großes Tuch

Persönliche Vorhaben:

Abb. 10.19b Aktion 17

PräSES – Planungsbogen zu den Einzelaktionen

C3

Sprachmaterial für die strukturierte Inputsituation/Textbaustein:

Erzieherin: Heute habe ich wieder neue Steine mitgebracht. Wir wollen heute ein Steinbild legen. Dafür habe ich besonders schöne Steine ausgesucht. Aber ich habe sie mit unseren Steinen gemischt! Wir müssen sie nachher sortieren, sonst geht ja alles durcheinander. Ich zeige euch mal einen von meinen neuen Steinen.
Schaut her, so sieht ein Bergkristall aus, der kommt aus den Alpen. Den habe ich dort beim Wandern gefunden.

Alle Kinder befühlen und bestaunen den Kristall.

Erzieherin: Hier ist noch ein Kristall. Der sieht wieder anders aus als der eben. Schaut ihn euch gut an, er ist besonders schön. Und so sieht ein Quarz aus.

Erzieherin: Wir wollen mit den neuen Steinen und mit ein bisschen Sand und unseren schönen Kieselsteinen ein Sand- und Steinbild legen. Aber im Moment liegen alle Steine hier auf einem Haufen! Und da müssen wir erst einmal sortieren.

Textbausteine für die Handlung:

1. Handlung:
- *Kristalle haben verschiedene Farben. Sie sind sehr hübsch, oder?*
- *Kristalle sind spitz und kantig.*
- *Quarz ist auch kantig.*
- *Quarz sieht aber ganz anders aus als Kristall. Er ist weniger schön als der Kristall, oder?*

2. Handlung:
- *Kieselsteine sind rund und weiß.*
- *Die meisten Kiesel fühlen sich glatt an.*
- *Wenn ein Kiesel klein ist, fühlt er sich leicht an, aber er ist trotzdem ein Stein.*
- *Ein Steinchen ist auch ein Stein ...*

3. Handlung:
- *Schiefer ist ganz glatt und flach.*
- *Früher haben alle Kinder in der Schule auf Schiefertafeln geschrieben und gemalt.*
- *Schiefer ist auch ein Stein, auch wenn er nicht rund ist.*
- *Schiefer ist schwarz oder dunkelgrau, „anthrazit" sagen manche dazu.*

4. Handlung:
- *Wenn ihr nicht sicher seid, dann probiert das Malen aus.*
- *Mit Kreide kann man auf Platten und Fußwegen malen.*
- *Kreide malt weiß.*
- *Kreide ist nicht so kühl wie andere Steine, sie fühlt sich in der Hand wärmer an ...*

Abb. 10.19c Aktion 17

PräSES – Planungsbogen zu den Einzelaktionen C1

Projektthema: Steine

Aktion/Aktionsnummer: 18

PLANUNG

Ziele der Aktion:

Sprachlich:

Wortgruppe: Steine im Sand fühlen

Eine Reihe bekannter Steine soll anhand ihrer semantischen Merkmale erkannt werden, ohne dass der Stein gleichzeitig betrachtet werden kann.

Inhaltlich:

Die Kinder sollen in der Sandkiste Steine ertasten und die Merkmale erfahren, bevor sie die Steine ans Tageslicht holen.

Kinder, an die sich die Aktion wendet:

Jüngere Kinder oder entwicklungsauffällige Kinder

Wortliste/sprachliches Material:

Festigen:

Spitz, flach, glatt, kalt, kantig, rau, rund, scharf, schwer

Einführen:

finden, fühlen, suchen

Abb. 10.20a Aktion 18

PräSES – Planungsbogen zu den Einzelaktionen

C2

Methoden:

Strukturierte Inputsituation

Handlungsablauf:

Alle Kinder versammeln sich um einen Sandhaufen, der in einer Kiste steht (alternativ kann dies draußen im Sommer in der Sandkiste durchgeführt werden).

Es folgt die strukturierte Inputsituation.

Im Anschluss an die strukturierte Inputsituation wird die Handlung von den Kindern möglichst selbstständig ausgeführt.

Nichtsprachliches Material:

Sandhaufen drinnen oder draußen mit verschiedenen versteckten Steinen, die gut fühlbar sind. Die Steine sollen sich vor allem durch ihre Form unterscheiden. Visuelle Aspekte, wie die Farbgebung der Steine, sind in dieser Aktion unerheblich.

Persönliche Vorhaben:

Abb. 10.20b Aktion 18

PräSES – Planungsbogen zu den Einzelaktionen

C3

Sprachmaterial für die strukturierte Inputsituation/Textbaustein:

Erzieherin: Hier ist Sand, ein ganz großer Haufen Sand. Oh, aber unser großer Sandhaufen hat etwas, was wir nicht sehen können. Im Sand ist etwas versteckt! Wie kommen wir da wohl dran? Wir wollen im Sand danach tasten. Wir suchen mit unseren Fingern im Sand nach Steinen. Ich stecke meine Hand nun in den Sand und erzähle euch, wie sich ein Stein anfühlt.

Ein Stein fühlt sich nämlich so an: Er ist ganz hart und fest. Dieser hier ist glatt und flach. Er ist nicht spitz, ich kann mich an ihm nicht pieksen. Kanten hat er auch nicht, er ist nicht kantig.

Die Erzieherin zieht den Stein heraus.

Erzieherin: Ich gebe diesen Stein jetzt herum und ihr spürt einmal, wie er sich anfühlt. Nehmt den Stein in beide Hände und spürt ihn. Er ist ganz kalt. Kalt und fest und glatt.

Ein Kind nimmt den Stein.

Erzieherin: Hast du den Stein gut gespürt? Wir geben ihn noch weiter. Wie fühlt er sich jetzt an? Ist er immer noch kalt? Ist er immer noch nicht spitz? Er sieht immer noch glatt und flach aus.

Alle Kinder haben den Stein gefühlt.

Erzieherin: Ja, dann geht es jetzt los mit dem Suchen. Wer will zuerst im Sand tasten und einen Stein finden? … (Name eines Kindes) darf als Erste(r) im Sand fühlen und nach einem Stein suchen. Also los!

Das Kind sucht im Sand nach einem Stein, holt ihn heraus und zeigt ihn den anderen Kindern.

Erzieherin: Ah, dieser Stein ist gar nicht glatt, oder? Der hat Ecken und Kanten. Der ist bestimmt kantig und spitz. Wer fühlt das? Piekst der Stein? Wer hat noch den Stein angefühlt und holt den nächsten heraus?

Alle Kinder suchen im Sand nach den versteckten Steinen.

Abschluss:

Erzieherin: Dann wollen wir jetzt mal sehen, wie viele Steine wir gesucht haben. Zeigt mal her und legt die Steine in eine Reihe, alle hintereinander. Ich fange an. So, dann will ich zählen, alle Steine zählen, so viele: 1, 2, 3 …

Abb. 10.20c Aktion 18

PräSES – Planungsbogen zu den Einzelaktionen

C1

Projektthema: Steine

Aktion/Aktionsnummer: 19

PLANUNG

Ziele der Aktion:

Sprachlich:

Wortgruppe: Steine im Wasser
Die Kinder sollen die Wörter, die mit untergehen und sinken in Verbindung stehen, erwerben und absichern.

Inhaltlich:

Es sollen Erfahrungen zu den Tätigkeiten schwimmen und untergehen gemacht werden sowie Erklärungen dazu gefunden werden, warum dies so ist.

Kinder, an die sich die Aktion wendet:

Alle Kinder

Wortliste/sprachliches Material:

Einführen:
Nomen: Koralle,
Verben: schwimmen, sinken, versenken
Adjektive: glitschig

Festigen:
Nomen: Sand, Stein Kiesel
Adjektive: kalt, leicht, schwer

Abb. 10.21a Aktion 19

PräSES – Planungsbogen zu den Einzelaktionen

C2

Methoden:

- Strukturierte Inputsituation
- Explorationssituation

Handlungsablauf:

Es wird ein Experiment mit Stein und Wasser durchgeführt. Zunächst führt die Erzieherin in das Experiment ein. In der strukturierten Inputsituation stellt die Erzieherin alle Einzelheiten vor und lenkt den Aufmerksamkeitsfokus der Kinder auf die Wanne mit dem Wasser und den Steinen. Dann dürfen die Kinder dies weiter verfolgen und ausprobieren, was mit den Steinen im Wasser passiert. Dabei wird die Frage verfolgt, ob alle Steine untergehen oder ob einige doch schwimmen können. Dazu werden Steine verschiedener Größe und Schwere benutzt.

Die Erzieherin begleitet sprachlich (s. C3) die Ereignisse und gibt Erklärungen dazu, warum ein Stein wohl nicht schwimmt.

Nichtsprachliches Material:

- Steine
- gröberer Sand als „Steinchen"
- große Wanne mit Wasser

Persönliche Vorhaben:

Durch die wiederholende Handlungssequenz wird die Präsentation von Input geübt, auch wenn keine schriftliche Vorlage vorhanden ist.

Abb. 10.21b Aktion 19

PräSES – Planungsbogen zu den Einzelaktionen

C3

Sprachmaterial für die strukturierte Inputsituation/Textbaustein:

Erzieherin: Schaut mal, hier ist eine Wanne mit Wasser. Das Wasser ist ganz schön tief! Ich muss meinen Arm ganz tief ins Wasser stecken, um nach unten zu kommen. So tief ist es. Ich frage mich nun: Können unsere Steinen schwimmen? Wenn man schwimmt, ist man oben im Wasser, man liegt auf dem Wasser.
Wer von euch kann denn schon ein bisschen schwimmen?
Und Steine? Können Steine schwimmen? Oder nur manche? Das wollen wir jetzt probieren. Ich nehme mir mal einen unserer Steine. Mal sehen, ob der schwimmt ... oh, dieser Stein geht unter, schwupp schon ist der weg, bis ganz unten. Na, der war ja auch ganz schön groß. Ob der kleine Stein hier auch untergeht? Oh, ja! Und ganz schnell ist der unten. Nun nehme ich den Kiesel, der ist noch kleiner als der andere Stein eben. Was meint ihr, geht der Kiesel auch unter oder schwimmt der? Wer mag das ausprobieren und ihn aufs Wasser legen, damit wir das sehen können?

Ein Kind legt den Kiesel ins Wasser.

Erzieherin: Oh, schaut, der geht auch unter. Welchen Stein nehmen wir als Nächstes? Diesen ganz großen hier vielleicht? Was meint ihr, ob der schneller untergeht als die kleinen Steine? Oder ob der schwimmt? Lasst uns mal sehen. Wer legt den aufs Wasser?

Ein Kind legt den großen Stein ins Wasser.

Erzieherin: Wir haben noch keinen Stein gefunden, der schwimmen kann. Ob es wohl überhaupt einen Stein gibt, der das kann? Was meint ihr? Ich schlage vor, wir probieren das jetzt alle zusammen aus. Hier sind unsere Steine und ihr habt alle Platz an unserer Wanne mit Wasser.

Abb. 10.21c Aktion 19

PräSES – Planungsbogen zu den Einzelaktionen

C1

Projektthema: Steine

Aktion/Aktionsnummer: 20

PLANUNG

Ziele der Aktion:

Sprachlich:

Wortgruppe: Steine sammeln 2

Inhaltlich:

Die Kinder sammeln auf dem Kita-Gelände Steine.

Kinder, an die sich die Aktion wendet:

Alle Kinder/junge Kinder

Wortliste/sprachliches Material:

Festigen:
Nomen: Kiesel, Sand, Stein
Verben: finden, sammeln, suchen
Adjektive: kalt, kantig, leicht, schwer

Einführen:
Verben: versenken
Adjektive: glitschig, nass

Abb. 10.22a Aktion 20

PräSES – Planungsbogen zu den Einzelaktionen

C2

Methoden:

Gemeinsame Handlung ohne direkte methodische Umsetzung

Handlungsablauf:

Erzieherinnen und Kinder suchen gemeinsam nach Steinen. Die Steine werden an einem Ort gesammelt, an dem die Erzieherin die Eigenschaften der Steine benennt und sie den Kindern zeigt.
Die Verben suchen, finden, sammeln werden während der Handlung immer wieder genannt (s. C3).

Nichtsprachliches Material:

Sammelkörbe

Persönliche Vorhaben:

An dieser Aktion kann relativ gut trainiert werden, spontan strukturierten Input zu geben.

Abb. 10.22b Aktion 20

PräSES – Planungsbogen zu den Einzelaktionen

C3

Sprachmaterial für die strukturierte Inputsituation/Textbaustein:

Jetzt gehen wir alle wieder los und suchen Steine. Wir wollen heute wieder ganz verschiedene Steine sammeln. Jeder von uns kann Steine suchen und auch welche finden. Die Steine, die wir gefunden haben, legen wir in unsere Körbe. Wenn wir fertig sind, schauen wir unsere Steinsammlung an.

Abb. 10.22c Aktion 20

PräSES – Planungsbogen zu den Einzelaktionen C1

Projektthema: Steine

Aktion/Aktionsnummer: 21

PLANUNG

Ziele der Aktion:

Sprachlich:

Wortgruppe: Steine wiegen
Neue Steinsorten werden anhand eines neuen Merkmals eingeführt.

Inhaltlich:

Das unterschiedliche Gewicht von Steinen wird bestimmt und dokumentiert. Dabei wird der Bezug zur Größe des Steins hergestellt: Sind größere Steine auch immer schwerer als kleinere Steine?

Kinder, an die sich die Aktion wendet:

Vorschulkinder

Wortliste/sprachliches Material:

Einführen:

Nomen: Edelstein, Feldstein, Feuerstein, Kieselstein, Pflasterstein, Sand, Sandstein, Schiefer, Steinbrocken

Verben: messen, wiegen

Abb. 10.23a Aktion 21

PräSES – Planungsbogen zu den Einzelaktionen

C2

Methoden:

- Strukturierte Inputsituation
- Explorationssituation

Handlungsablauf:

Die Erzieherin gibt eine strukturierte Inputsituation in Form einer Geschichte, in der eine Handpuppe darüber schimpft, dass Steine so schwer sind. Sie stellt fest, dass sie einige mit einer Hand, andere mit beiden Händen und wieder andere gar nicht hochheben kann. Wie kann man der Handpuppe helfen?

Die Aufgabe der Kinder ist es nun, auf einer Waage die Steine zu wiegen und mit anderen Steinen die andere Waagschale auszubalancieren (z.B. ein Feldstein braucht 5 Kieselsteine, um die Waage ins Gleichgewicht zu bringen).

Nichtsprachliches Material:

- Kieselsteine, Feuerstein, Feldstein, Pflasterstein, Sandstein, Schiefer, Steinbrocken
- Edelsteine
- Sand
- Waage (Man benutzt am besten eine Waage mit Gewichten. Anstelle der Gewichte werden Steine verwendet, sodass die Kinder vergleichen können, wie viele Steine sie brauchen, um einen bestimmten Stein auszuwiegen. Eine Waage mit Zahlen ist nur sinnvoll, wenn die Gruppe die Zahlen schon beherrscht; i.d.R. Vorschulgruppe)
- Handpuppe
- Steine als Gewichte für die Waage
- großes Papier, auf das die gewogenen Steine und die Gewichtssteine aufgereiht werden. Auf das Papier wird eine Waage aufgemalt, auf der einen Seite werden die gewogenen Steine aufgereiht, auf der anderen die Gewichtssteine.

Persönliche Vorhaben:

Abb. 10.23b Aktion 21

10

PräSES – Planungsbogen zu den Einzelaktionen

C3

Sprachmaterial für die strukturierte Inputsituation/Textbaustein:

Mara: Hallo Kinder, ich bin die Mara! Ich wollte auch etwas mit den schönen Steinen von euch machen. Da habe ich versucht, die Steine zu tragen, aber puh, die sind vielleicht schwer. So schwer. Viel zu schwer für mich! Ich kann immer nur einen Stein tragen! Einmal habe ich sogar geschafft, zwei Steine in einer Hand zu tragen. Schaut mal, diese hier. Aber dann war ich ganz müde davon. Und schaut euch mal diesen Stein hier an, den hier, den Pflasterstein: Den habe ich gar nicht hochheben können, so schwer ist der. Aber der Sand, der ja aus ganz vielen kleinen Steinen ist, den kann ich gut heben. Der bleibt bloß gar nicht in meiner Hand, der rutscht immer wieder raus …

Erzieherin: Wir wollen Mara heute helfen. Wir wollen die Steine hier, den … und den …, alle wiegen und schauen, wie schwer die denn sind. Dann können wir sehen, welche Steine Mara vielleicht tragen kann und welche nicht.
Schauen wir uns das an: Der Feldstein sieht sehr schwer aus und der Edelstein ganz leicht. Dazu habe ich euch eine Waage mitgebracht. So sieht eine Waage aus. Wer kennt denn so eine Waage?
Mit einer solchen Waage können wir die Steine wiegen. Wir wiegen mal den Kieselstein. Seht mal, der Kieselstein kommt hierher auf diese Seite und hoppla, da geht die Waage ja runter. Da müssen wir zum Wiegen auch auf der anderen Seite Steine, andere Steine reinlegen. Welche nehmen wir denn? Einen kleinen Stein? Oder viele kleine Steine? Wir können vielleicht die Edelsteine reinlegen. So können wir wiegen, die Edelsteine und die Kiesel. Oder die Kieselsteine und den Feldstein …
Jetzt ist die Waage im Gleichgewicht. Nun wissen wir, dass dieser Stein so viel wiegt, wie … (Anzahl ergänzen) der kleinen Steine. Jetzt können wir den Stein auf das Papier legen, und auf die andere Seite kommen die kleinen Steine, mit denen wir ihn gewogen haben.

Zum Abschluss:

Erzieherin: Heute haben wir aber viel geschafft: Wir kennen neue Steine, den … (Namen des Steins ergänzen) und den … (Namen des Steins ergänzen), und wir haben die Steine gewogen mit unserer Waage. Jetzt wissen wir viel über das Gewicht der Steine, und wir können es sogar den Anderen zeigen, was diese Steine wiegen. Wir haben es ja alles auf dem Papier zurechtgelegt.

Abb. 10.23c Aktion 21

PräSES – Planungsbogen zu den Einzelaktionen

C1

Projektthema:	*Steine*
Aktion/Aktionsnummer:	*22*

PLANUNG

Ziele der Aktion:

Sprachlich:

Wortgruppe: Bauwerke
Die Wörter der Wortgruppe werden anhand von Bildern vorgestellt.

Inhaltlich:

Die Kinder lernen verschiedene Bauwerke kennen, die aus Steinen hergestellt werden. Dies geschieht anhand von Bildern und Bilderbüchern.

Kinder, an die sich die Aktion wendet:

Vorschulkinder

Wortliste/sprachliches Material:

Nomen: Bank, Brunnen, Burg, Dach, Festung, Haus, Mauer, Pyramide, Stadtmauer, Schloss, Steinkreis, Steintor, (Stein-)Treppe, Straße, Straßenpflaster, Turm

Abb. 10.24a Aktion 22

PräSES – Planungsbogen zu den Einzelaktionen

C2

Methoden:

Selbstständige Erforschungssituation mit der Erzieherin als Kommentatorin

Handlungsablauf:

Die Erzieherin legt Bilder und Bilderbücher für die Kindergruppe zurecht. Die Erzieherin gibt eine Arbeitsanweisung an die Kinder. Danach arbeiten die Kinder in kleinen Gruppen oder alle zusammen in einer Gruppe. Die Erzieherin begleitet mit Textbausteinen (s. C3).

Nichtsprachliches Material:

- Bilderbücher
- Bilder mit den verschiedenen Bauwerken (z.B. aus Kindersachbüchern), aber auch mit Holzhäusern, Iglu etc., um einen Kontrast herzustellen

Persönliche Vorhaben:

An dieser Aktion kann trainiert werden, strukturierten Input im Rahmen einer kommentierenden Begleitung der kindlichen Handlungen zu geben. Anstelle eines Texts zum Vorlesen bestehen Textbausteine, die je nach Handlung der Kinder angewendet werden.

Abb. 10.24b Aktion 22

PräSES – Planungsbogen zu den Einzelaktionen

C3

Sprachmaterial für die strukturierte Inputsituation/Textbaustein:

Arbeitsanweisung:

Versucht mal, so viele Bauwerke und Gebäude wie möglich zu finden, die aus Steinen gebaut werden. Wir wollen mal schauen, was alles aus Steinen gemacht werden kann.

Textbausteine:

Häuser sind ganz häufig aus Stein. Dann sind die Mauern der Häuser aus Steinen gebaut, das Dach ist aus Stein und der Fußboden auch. Es gibt aber auch Häuser aus Holz. Dann sind die Wände nicht aus Stein, sondern aus Holz.

Türme sind meistens aus Stein. Sie sind sehr hoch und müssen gut halten. Türme können allein stehen, wie z.B. ein Leuchtturm, der allein im Meer steht und den Schiffen leuchtet. Aber auch Burgen und Festungen haben Türme. Da kann man hochklettern und weit ins Land sehen. Burgen und Festungen sind auch immer aus Stein. Sie müssen sehr sicher sein, denn sie sollten die Menschen, die in ihnen wohnten, ja schützen.

Das ist eine Pyramide. Pyramiden werden schon lange nicht mehr gebaut. Es gab in der Wüste mal ein Volk, das Pyramiden gebaut hat. In den Pyramiden haben die Menschen ihre Könige begraben, wenn die gestorben sind. Pyramiden sind immer aus Steinen gebaut, aus ganz, ganz viel Steinen. Sie sind riesig groß und sehen aus wie ein riesiger Steinhaufen.

Eine Straße ist auch oft aus Steinen. Aus Pflastersteinen, die kennen wir ja schon. Die Pflastersteine werden in die Erde gelegt, sodass man nur noch eine Seite von ihnen sehen kann. Und wenn dann ganz viele davon nebeneinander liegen, kann man darauf laufen.

Abb. 10.24c Aktion 22

PräSES – Planungsbogen zu den Einzelaktionen

C1

Projektthema: Steine

Aktion/Aktionsnummer: 23

PLANUNG

Ziele der Aktion:

Sprachlich:

Wortgruppe: Steine bearbeiten
Die letzte neue Wortgruppe wird erworben und mit Bedeutung und Handlungen verbunden.

Inhaltlich:

„Steine als Baumaterial" werden nun in eigenständige künstlerische Aktionen der Kinder umgesetzt.

Wird die Aktion Steine bearbeiten 2 x durchgeführt, so wird die Bearbeitung des Materials weitergeführt. Eventuell kann eine sprachliche Einführung noch einmal wiederholt werden. Findet ein Ausflug statt, so entfällt die Fortsetzung.

Kinder, an die sich die Aktion wendet:

Vorschulkinder

Wortliste/sprachliches Material:

Nomen: Denkmal, Diamant, Edelstein, Gipfelkreuz, Grabstein, Skulptur, Steinfigur

Verben: bearbeiten, behauen, bemalen, polieren, verzieren

Abb. 10.25a Aktion 23

PräSES – Planungsbogen zu den Einzelaktionen

C2

Methoden:

- Strukturierte Inputsituation
- Anschließend selbstständige Erprobung der Verbbedeutungen in Handlungen

Handlungsablauf:

Die Erzieherin erzählt den Kindern von verschiedenen Möglichkeiten der Steinbearbeitung und zeigt Bilder/Fotos. Sie sortieren gemeinsam aus, was man in der Kita probieren kann und was nicht. Anschließend machen sich die Kinder an die eigenständige Bearbeitung von Steinen.

Nichtsprachliches Material:

- Fotos/Bilder mit verschiedenen Steinfiguren, Skulpturen bzw. Gipfelkreuz und Grabsteinen
- Werkzeug für die Bearbeitung von Steinen: Pinsel, Farbe, Lack, Öl
- Tuschkittel, Handschuhe für die Kinder
- Hammer, Meißel
- kleine Dinge zum Aufkleben auf die Steine
- Beispiel für einen bemalten Stein

Persönliche Vorhaben:

Abb. 10.25b Aktion 23

PräSES – Planungsbogen zu den Einzelaktionen

C3

Sprachmaterial für die strukturierte Inputsituation/Textbaustein:

Wir haben gestern gesehen, dass man mit Steinen Häuser, Burgen und Festungen bauen kann. Steine sind Baumaterial. Heute wollen wir noch was Neues probieren, wie man auch mit Steinen arbeiten kann. Es gibt Leute – Künstler, die machen aus Steinen Figuren oder auch Denkmäler. Eine Steinfigur heißt auch Skulptur. Schaut einmal, hier ist eine. Die ist aus einem Stein herausgehauen worden. Da muss man ganz vorsichtig sein, sonst kann man sich ganz schön doll wehtun. Ein Denkmal ist größer, das hat meistens mehrere Steinfiguren drin. Hier ist ein Denkmal. Da sind mehrere Leute und auch Tiere drauf.

Steine kann man auch polieren und verzieren, da haben wir hier ein Foto. Das sind Steine, die auf Gräbern stehen: Grabsteine nennt man die. Da schreibt man oft auch was drauf.

Steine kann man auch anmalen, sie können Gesichter kriegen und man kann ihnen Hände und Füße malen. Das wollen wir nun einmal ausprobieren. Wer will was machen? Wir haben hier ein paar Steine, die man behauen kann. Hier sind Steine, die man bemalen kann. Hier sind die Werkzeuge und die Pinsel und die Farbe. Los geht's!

Abb. 10.25c Aktion 23

PräSES – Planungsbogen zu den Einzelaktionen

C1

Projektthema:	*Steine*
Aktion/Aktionsnummer:	*24*

PLANUNG

Ziele der Aktion:

Sprachlich:

Wortgruppe: Wo Steine sind
Erwerb und Differenzierung der Begriffe

Inhaltlich:

Die Kinder gehen der Frage nach, wo Steine überall zu finden sind.

Kinder, an die sich die Aktion wendet:

Junge Kinder

Wortliste/sprachliches Material:

Boden, Meer, Fluss, Flusskiesel, Kieselstein, Sand, nass, glitschig, kalt, Berg

Abb. 10.26a Aktion 24

PräSES – Planungsbogen zu den Einzelaktionen

C2

Methoden:

Abschlussaktion

Handlungsablauf:

Die Kinder und die Erzieherinnen gehen durch ihre gesammelten Aktionen, die Produkte, Bilder und Ausstellungsstücke. Sie betrachten, was sie in den letzten Wochen gelernt haben. Anschließend können sie die Lieder des Projektes noch einmal singen und das Projekt dann gemeinsam beenden. Dazu erklärt die Erzieherin, dass sie ab nächste Woche neue Themen entdecken wollen. Die Kinder können einige Steinprodukte heute mit nach Hause nehmen (z.B. die bemalten Steine).

Nichtsprachliches Material:

das gesammelte Material der letzten 6 Wochen

Persönliche Vorhaben:

Reflexion des Projektes mit den Kindern gemeinsam

Abb. 10.26b Aktion 24

PräSES – Planungsbogen zu den Einzelaktionen

C1

Projektthema:	Steine
Aktion/Aktionsnummer:	25

PLANUNG

Ziele der Aktion:

Sprachlich:

Wortgruppe: Unter den Steinen

Inhaltlich:

Die Kinder gehen der Frage nach, was alles unter einem Stein zu finden ist.

Kinder, an die sich die Aktion wendet:

Junge Kinder

Wortliste/sprachliches Material:

Einführen:

Nomen: Assel, Getier, Lupe, Regenwurm, Tausendfüßler, Versteck, Vegetarier, Vogel

Verben: eingraben

Abb. 10.27a Aktion 25

PräSES – Planungsbogen zu den Einzelaktionen

C2

Methoden:

Strukturierte Inputsituation (s. C3)

Handlungsablauf:

Die Erzieherin zeigt ein Bild von kleinen Tieren, die unter den Steinen leben und liest eine Geschichte vor über die Welt unter dem Stein.
Anschließend werden Steine auf einer Wanderung umgedreht und untersucht.

Nichtsprachliches Material:

Bilder von Kleingetier

Persönliche Vorhaben:

Abb. 10.27b Aktion 25

PräSES – Planungsbogen zu den Einzelaktionen

C3

Sprachmaterial für die strukturierte Inputsituation/Textbaustein:

Hallo liebe Kinder,

hu, hier ist aber alles ganz hell und die Sonne sticht. Was ist passiert?

Meine Welt ist doch sonst so anders, so dunkel und still. Ich werde mir schnell ein schattiges Plätzchen suchen. Wo ist der nächste Stein, unter den ich kriechen kann?

Ich bin ein Tausendfüßler und lebe hier unter dem Stein, immer in der Dunkelheit und feucht ist es hier auch. Das gefällt mir besonders gut. Meine Nachbarn sind die Asseln, auch Kellerasseln genannt. Die sehen ganz anders aus als ich: Die haben nur wenige Beine. Schaut euch meine Beine an, so viele. Die kann ich selbst kaum zählen. Meine Nachbarin, die Frau Assel, die grüße ich immer nett, wenn ich ihr begegne. Die Assel und ich mögen eigentlich kein Sonnenlicht, wir lieben das Dunkle und Feuchte unter dem Stein. Selten, eigentlich gar nicht kommen wir hervor. Nur wenn jemand den Stein zur Seite rollt oder wegnimmt, dann sieht man uns. Und wir haben große Mühe, schnell wieder ein dunkles Versteck zu finden. Unser Versteck ist wichtig, damit die Vögel uns nicht finden. Denn wir sind ein Leckerbissen für Vögel, sie picken uns auf und fressen uns. Wir dagegen sind Vegetarier und fressen nur Moose, Flechten, Algen und kleine Wurzeln. Also alles Grüne, was noch unter einem Stein wächst. Das essen wir besonders gern. Unter dem Stein hervor kommen wir eigentlich gar nicht, auch unsere Eier legen wir hier und den Winter verbringen wir ebenfalls hier unter dem Stein. Dazu graben wir uns tief in die Erde ein. Deckt uns doch bitte wieder zu und – schön, dass ihr uns besucht habt!

Abb. 10.27c Aktion 25

PräSES – Planungsbogen zu den Einzelaktionen

C1

Projektthema:	Steine
Aktion/Aktionsnummer:	26

PLANUNG

Ziele der Aktion:

Sprachlich:

Wortgruppe: Bernstein, das „Gold der Ostsee"

Inhaltlich:

Die Kinder lernen, wie Bernstein entsteht und wo er herkommt.

Kinder, an die sich die Aktion wendet:

Alle Kinder

Wortliste/sprachliches Material:

Einführen:

Nomen: Bernstein, Blasen, Harz, Kette, Schmuckstück, Versteinerung

Verben: durchbohren

Adjektive: glänzend, hellbraun, honigfarben, matt

Abb. 10.28a Aktion 26

PräSES – Planungsbogen zu den Einzelaktionen

C2

Methoden:

Strukturierte Inputsituation (s. C3)

Handlungsablauf:

Die Erzieherin erzählt über eine besondere Steinsorte: den Bernstein, das „Gold der Ostsee".
Bernsteine werden betrachtet.

Nichtsprachliches Material:

- Bernsteine
- Bildmaterial von Bernsteinen, Ostsee, Fliege im Harz

Persönliche Vorhaben:

Abb. 10.28b Aktion 26

PräSES – Planungsbogen zu den Einzelaktionen

C3

Sprachmaterial für die strukturierte Inputsituation/Textbaustein:

Erzieherin: Heute möchte ich euch das „Gold der Ostsee" zeigen. Kennt ihr die Ostsee? Die Ostsee ist ein Meer. Wer war denn schon mal am Meer?

Austausch mit den Kindern über ihre Erfahrungen mit dem Meer

Erzieherin: Und an diesem Meer, da gibt es eine besondere Art von Steinen. Die heißen Bernsteine. Als ich das letzte Mal am Meer war, an der Ostsee, da habe ich einen langen Spaziergang am Strand entlang gemacht und habe tatsächlich einen Bernstein gefunden. Ein Bernstein ist ein besonderer Stein, der im Sand unter dem Meer liegt. Bei Sturm und Wind und hohen Wellen wird der Bernstein aufgewühlt und an den Strand gespült. Die Wellen wirbeln den Bernstein hin und her und zum Schluss liegt er dann auf dem Sand am Strand.
Da der Bernstein so wunderschön glänzt und leuchtet, möchten viele Menschen so einen Bernstein finden und mit nach Hause nehmen.
Meinen Bernstein, den ich gefunden habe, habe ich seitdem als Glücksbringer in meiner Tasche. Er fühlt sich so warm in meiner Hand an.
Bernsteine sind wunderschöne Gesteine und sehen sehr unterschiedlich aus: Es gibt sogar Bernsteine, in denen kleine Tiere, Insekten wie Ameisen, Läuse oder Spinnen, eingeschlossen sind. Wie kommt denn die Ameise in den Bernstein?
Bernstein war früher das Harz des Baumes. Harz ist das Blut von dem Baum, es fließt aus der Rinde, wenn der Baum eine schwere Verletzung hat. Dieses Harz mögen die kleinen Tiere, die auf dem Baum leben, gerne trinken. Also kommt so eine Ameise und trinkt am Harz und dann kann es passieren, dass sie dort verklebt und gefangen wird. Auch Mücken werden so eingeschlossen.
Wenn der Baum umfällt, viele, viele Jahre später, tausende von Jahren später, gibt es den Baum schon lange nicht mehr und sein Harz ist fest geworden und unter dem Sand des Meeres begraben. Dann ist in dem Harz immer noch die kleine Ameise darin erhalten, dabei ist der Harz fest geworden wie ein Stein. Und dann ist so eine kleine Ameise in einem Bernstein viele tausend Jahre alt und sieht fast aus wie lebendig.
Also das Harz der Bäume wird über lange, lange Zeit im Sand unter dem Meer zu diesen schönen Bernsteinen. Deshalb wird der Bernstein das „Gold der Ostsee" genannt, da er dort am Strand gefunden wird. Und so wunderschön honiggolden glänzt.
So jetzt will ich euch meinen Bernstein zeigen.
Die meisten Bernsteine sind so groß wie Murmeln oder sogar kleiner. Aber es gibt auch größere und daraus werden Ketten und anderer Schmuck gefertigt. Vielleicht hat eure Oma ja sogar so eine Bernsteinkette.

Abb. 10.28c Aktion 26

Anhang

PräSES – Planungsbogen zur Projektauswahl

A1

Projektthema:

Ziele des Projekts:

Sprachlich:

Inhaltlich-handelnd:

Gruppe:

Anzahl der Kinder:

Altersgruppe(n):

Entwicklungsstand:

Besonderheiten:

Interessen und Vorerfahrungen der Kinder (Anknüpfungspunkte):

Sprachlicher Schwerpunkt des Projekts:

Anzahl der Wochen:

Beginn

Wortgruppen | **Aktionen**

Planungsbogen B1

Ende

Planungsbogen B2

Projektthema:

Aktion/Aktionsnummer:

PLANUNG

Ziele der Aktion:

Sprachlich:

Inhaltlich:

Kinder, an die sich die Aktion wendet:

Wortliste/sprachliches Material:

Methoden:

Handlungsablauf:

Nichtsprachliches Material:

Persönliche Vorhaben:

Sprachmaterial für die strukturierte Inputsituation/Textbausteine:

PräSES – Reflexionsbogen zu den Einzelaktionen

D

Aktion/Aktionsnummer:

Wie interessiert waren die Kinder?

Wie aktiv waren die Kinder?

Wie gingen die Kinder mit dem sprachlichen Input um?

Konnten die Kinder ihre Fragen in einem gemeinsamen Lernprozess beantworten?

Wie flexibel konnte reagiert werden?

Welche Erkenntnisse brachte mir die Aktion?

Sprachlich:
(Wortliste, Methoden)

Inhaltlich:

Projektthema:

1. Auswirkungen auf die Kinder

Veränderte sich das sprachliche Verhalten der Kinder über den Projektzeitraum? Wenn ja, wie?
(Zuhören, Fragen stellen, sprachliche Äußerungen usw.)

Gab es sonstige Veränderungen im Verhalten der Kinder?
(Fähigkeiten/Wissen zum Projektthema, sozial-kommunikatives Verhalten, Aufmerksamkeit usw.)

Welche Besonderheiten waren bezüglich der sprachlich auffälligen Kinder zu beobachten?

Name des Kindes	Besonderheiten

2. Das Projekt

Wie viel Zeit nahm das Projekt durchschnittlich pro Tag ein?

Für Vor- und Nachbereitung:

Für die Beschäftigung der Kinder mit dem Projektthema:
(mit Anwendung der sprachfördernden Methoden)

Konnten die Wortlisten und Methoden auch außerhalb geplanter Aktionen umgesetzt werden? Wenn ja, wie?
(z.B. Einbindung in tägliche Rituale)

Wie groß war die Gesamtwortliste und wie viele dieser Wörter wurden den Kindern tatsächlich angeboten?

Wie gingen Sie mit Wortgruppen um, die in einzelnen Aktionen aufeinander folgten?
(z.B. Verhältnis von schon bekannten Wörtern zu neuen Wörtern)

Welche Methoden wandten Sie an?

Wie regelmäßig wandten Sie die aufgeführten Methoden an?

War es möglich, das Niveau (der Wortlisten und Methoden) an sprachlich auffällige oder jüngere/ältere Kinder anzupassen? Wenn ja, wie erreichten Sie die Anpassung?

Was würden Sie im nächsten Projekt anders machen?

In der Planung:

In der Durchführung:

3. Eigenreflexion

Veränderte sich etwas an Ihrer Wahrnehmung in Bezug auf die Kinder? Wenn ja, was?

Veränderte sich Ihr sprachlicher Umgang mit den Kindern? Wenn ja, wie?

Datum: ____________________

Persönliche Daten:

Name:

Alter (JJ;MM):

Wie lange ist das Kind in der Kita?

Entwicklungsgeschichte des Kindes:

Wie war die sprachliche Entwicklung (soweit bekannt)?

Wie war die motorische Entwicklung?

Wie war der Entwicklungsstand beim Eintritt in den Kindergarten?

Wie kann man die Entwicklung in der Kita-Zeit beschreiben?

Werden in der Kita nichtsprachliche Förderungen durchgeführt? Wenn ja, welche?

Sprachliche Beobachtung:

Wurden Beobachtungsbögen eingesetzt? Wenn ja, welche?

Betrachten Sie die sprachlichen Ebenen einzeln:

Was fällt an der Aussprache bzw. zur Deutlichkeit der Aussprache auf?

Beispiele für deutliche/undeutliche Aussprache:

Einschätzung des Wortschatzes

Beispielwörter des Kindes:

*Im Alltag häufig benutzte Wörter, die das Kind noch **nicht** kennt:*

Sprachliche Beobachtung (Fortsetzung):

Einschätzung der Grammatik

Beispiele für den Satzbau des Kindes:

Äußerungsformen des Kindes: ______________

Datum: ______________ Alter des Kindes: ______________

Äußerung aus einem Wort	Äußerung aus zwei Wörtern	Äußerung mit Verb am Ende	Hauptsatz/-frage mit korr. Verb
[ ]	[ ] [ ]	[ ] [ ] Verb	[ ] Verb [ ] [ ]

Beobachtungsbogen für die Grammatikentwicklung

Analysebogen

Mögliches Projektthema: ______________________________

1. Es sind ausreichend viele Aktionsideen mit neuen Handlungsanregungen für mindestens 6 Wochen vorhanden. ☐

2. Die Handlungsideen sind für alle teilnehmenden Kinder interessant und bieten für sie neue Erfahrungen. ☐

3. Die neuen Erfahrungen lassen sich auf einem Zeitstrahl über die Projektzeit systematisch im Schwierigkeitsgrad steigern. ☐

4. Es sind Ideen vorhanden, die Erfahrungsmöglichkeiten der Kinder in forschendes und eigenständiges Lernen umzusetzen. ☐

5. Es sind genügend thematische Breite und Zeit vorhanden, Ideen der Kinder aufzugreifen und in die Projektphase einzuarbeiten. ☐

Checkliste für die Projektauswahl

Aktionsindex

Beispielprojekt Steine

Aktion 1 Lochsteine (Steinformen wahrnehmen)

Aktion 2 Kantige Steine (Wahrnehmen der Steinoberfläche)

Aktion 3 Malsteine (Steine mit Funktion)

Aktion 4 Glatte Steine (Wahrnehmen und Sortieren der Steinoberfläche)

Aktion 5 Bunte Steine (Einordnen nach zwei Merkmalen)

Aktion 6 Kristalle wachsen lassen (Steine herstellen)

Aktion 7 Kantige und glatte Steine 1 (Unterschiede feststellen)

Aktion 8 Über echte Steine entscheiden (Einordnen von Steinarten)

Aktion 9 Steine sammeln 1 (Fundorte)

Aktion 10 Kantige und glatte Steine 2 (Unterscheiden von zwei Merkmalen vertiefen)

Aktion 11 Besondere Steine kennenlernen (Steinarten entdecken)

Aktion 12 Feuerstein/Flussstein (Natursteine)

Aktion 13 Flussstein 2 (Sprache spiegeln)

Aktion 14 Turm aus Steinen bauen (Spiele mit Steinen, Wackelturm)

Aktion 15 Turm aus Gips und Steinen bauen (Baumaterial herstellen)

Aktion 16 Echte Steine (von Plastik-, Holz- und Glassteinen abgrenzen)

Aktion 17 Steinbild (Gestalten mit Steinen)

Aktion 18 Steine im Sand ertasten (Fühlen von Steinen)

Aktion 19 Steine gehen unter (Schwerkraft von Steinen)

Aktion 20 Steine sammeln 2 (Suchaktion)

Aktion 21 Steine wiegen (Gewicht von Steinen)

Aktion 22 Bauwerke (Steine wiedererkennen)

Aktion 23 Steine bearbeiten 1/2 (Gestalten)

Aktion 24 Wo Steine sind (Berge)

Aktion 25 Unter den Steinen (Steinumgebung)

Aktion 26 Bernstein (Entstehung)

Literatur

Adler Y (2005). Was Hänschen nicht lernt. Frühe sprachliche Förderung in Kinderkrippe und Kindergarten. In: Arnoldy P, Traub B (Hrsg.). Sprachentwicklungsstörungen früh erkennen und behandeln, 10–17. von Loeper, Karlsruhe

Aslin RN, Jusczyk P, Pisoni DB (1998). Speech and auditory processing during infancy: constraints on and precirsors to language. In: Damon W. (Ed.), Handbook of child psychology: Vol.2: Cognition, perception, and language, 147–198. Wiley, New York

Bayerisches Staatsministerium für Arbeit und Sozialordnung, Familie und Frauen (Hrsg.) (2006). Der Bayerische Bildungs- und Erziehungsplan für Kinder in Tageseinrichtungen bis zur Einschulung. Beltz, Weinheim/Basel

Becker-Textor I (2000). Maria Montessori – der pädagogische Ansatz. In: Fthenakis WE, Textor MR (Hrsg.). Pädagogische Ansätze im Kindergarten, 30–41. Beltz, Weinheim/Basel

Bernegg E, Brandstötter G. Niedriger sozioökonomischer Status als Einflussfaktor auf die Sprachentwicklung. L.O.G.O.S. Interdisziplinär (2009), 17, 4–13

Bishop DVM. How does the brain learn language? Insights from the study of children with and without language impairment. Developmental Medicine and Child Neurology (2000), 42, 133–142

Bishop DVM. Genetic influences on language impairment and literacy problems in children: same or different? Journal of Child Psychology and Psychiatry (2001), 42, 189–198

Bloom P (2000). How the children learn the meaning of words. MIT Press/Bradford Book, Cambridge (MA)

Bockmann A-K, & Kiese-Himmel C (2006). ELAN – Eltern antworten. Göttingen: Hogrefe

Carey S (1978). The child as a word learner. In: Halle M, Bresnan J, Miller GA (Eds.). Linguistic theory and psychological reality, 264–293. MIT Press, Cambridge (MA)

Chomsky N (1988). Language and the problems of knowledge. The Managua lectures. MIT Press, Cambridge (MA)

Clahsen H. Der Erwerb von Kasusmarkierungen in der deutschen Kindersprache. Linguistische Berichte (1984), 89 1–31

Clahsen H (1988). Normale und gestörte Kindersprache. Benjamins, Amsterdam

Conti-Ramsden G, Botting N. Classification of children with specific language impairment: longitudinal considerations. Journal of Speech, Language, and Hearing Research (1999), 42, 1195–1204

Dannenbauer FM (1994). Zur Praxis der entwicklungsproximalen Intervention. In: Grimm H, Weinert S (Hrsg.). Intervention bei sprachgestörten Kindern, 83–104. Gustav Fischer, Stuttgart/Jena/Lübeck/Ulm

Dannenbauer FM, Künzig A (1991). Aspekte der entwicklungsproximalen Sprachtherapie und des Therapeutenverhaltens bei entwicklungsdysphasischen Kindern. In: Grohnfeldt M (Hrsg.). Handbuch der Sprachtherapie. Bd. 4. Störungen der Grammatik, 167–190. Marhold, Berlin

Der Senator für Arbeit, Frauen, Gesundheit, Jugend und Soziales – Freie Hansestadt Bremen (2004). Rahmenplan für Bildung und Erziehung im Elementarbereich – Frühkindliche Bildung in Bremen. Scharnhorst & Reincke, Bremen

Dollaghan CA. Fast mapping of normal and language-impaired children. Journal of Speech and Hearing Disorders (1987), 52, 218–222

Dürscheid, C. (2009). Grammatische Theorien. Sprache, Stimme, Gehör, 33, 89–97.

Dykens EM. Measuring behavioral phenotypes: provocations from „new genetics". American Journal on Mental Retardation (1995), 99, 522–532

Elschenbroich D (2001). Weltwissen der Siebenjährigen: Wie Kinder die Welt entdecken können. Goldmann, München

Evans JL. An emergent account of language impairments in children with SLI: implications for assessment and intervention. Journal of Communication Disorders (2001), 34, 39–54

Fellinger J (2006). Hörstörungen. In: Siegmüller J, Bartels H (Hrsg.). Leitfaden Sprache Sprechen Stimme Schlucken, 148–157. Elsevier, Urban & Fischer, München/Jena

Fox AV (2004). Kindliche Aussprachestörungen. Schulz-Kirchner, Idstein

Fox AV, Dodd BJ. Der Erwerb des phonologischen Systems in der deutschen Sprache. Sprache – Stimme – Gehör (1999), 23, 183–191

Fried L (2006). Sprachförderung. In: Fried L, Roux S (Hrsg.). Pädagogik der frühen Kindheit, 173–178. Beltz, Weinheim/Basel

Fröhling A (2006). Mutismus. In: Siegmüller J, Bartels H (Hrsg.). Leitfaden Sprache Sprechen Stimme Schlucken, 205–208. Elsevier, Urban & Fischer, München/Jena

Fthenakis WE. Der Bildungsauftrag in Kindertageseinrichtungen: ein umstrittenes Terrain. Klein und Groß (2002), 1, 24–27

Fthenakis WE (2003). Zur Neukonzeptualisierung von Bildung in der frühen Kindheit. In: Fthenakis WE (Hrsg.). Elementarpädagogik nach PISA. Wie aus Kindertagesstätten Bildungseinrichtungen werden. 18–37. 5. Aufl. Herder, Freiburg

Fthenakis WE, Berwanger D, Reichert-Garschhammer E (2007). Bildung von Anfang an – Bildungs- und Erziehungsplan für Kinder von 0 bis 10 Jahren in Hessen. Hessisches Sozialministerium & Hessisches Kultusministerium (Hrsg.). Bonifatius, Paderborn

Fthenakis WE, Oberhuemer P (2004). Frühpädagogik international – Bildungsqualität im Blickpunkt. Leske + Budrich, Opladen

Garvey C (1977). Play. Harvard University Press, Cambrigde (MA)

Gasteiger Klicpera B, Klicpera C (2004). Lese-Rechtschreib-Schwäche. In: Lauth GW, Grünke M, Brunstein JC (Hrsg.). Intervention bei Lernstörungen, 46–54. Hogrefe, Göttingen

Glück CW (1998). Kindliche Wortfindungsstörungen. Peter Lang, Frankfurt am Main
Gray S. Word learning by preschools with specific language impairment: what predicts success. Journal of Speech, Language, and Hearing Research (2003), 46, 56–67
Grimm H (2000). Entwicklungsdysphasie: Kinder mit spezifischer Sprachentwicklungsstörung. In: Grimm H. Sprachentwicklung. Enzyklopädie der Psychologie, Bd. 3, 603–640. Hogrefe, Göttingen
Grimm H, Aktas M, Jungmann T, Peglow S, Stahn D, Wolter E. Sprachscreening im Vorschulalter: Wie viele Kinder brauchen tatsächlich eine Sprachförderung? Frühförderung Interdisziplinär (2004), 23, 108–117
Grimm H, Doil S. (2000). ELFRA 2 – Elternfragebogen für zweijährige Kinder. Göttingen, Hogrefe
Groot-Wilken B (2008). Portfolioarbeit leicht gemacht. Cornelsen, Berlin
Guasti MT (2002). Language acquisition – the growth of grammar. MIT Press/Bradford, Cambridge (MA)
Guralnick M. Effectiveness in early intervention for vulnerable children: a developmental perspective. American Journal on Mental Retardation (1998), 102, 319–345
Hänsch, S, Wensky, G (2003). PeP – Projekte entwickeln für die Praxis: Steine und Kristalle. Freiburg: Herder.
Hansen D (1996). Spracherwerb und Dysgrammatismus. UTB, München
Harley TA (2008). The psychology of language. 3. Aufl. Psychology Press, Hove
Häuser D (2003). Ein Konzept zur Förderung von sprachentwicklungsauffälligen Vorschulkindern in der Kita. In: Häuser D, Jülisch BR (Hrsg.). Sprachverhalten und Sprachförderung in der Kita. Ergebnisse eines Modellprojektes des Landes Brandenburg, 28–30
Häuser D (2006). Das kompensatorische Sprachförderprogramm. Ministerium für Bildung, Jugend und Sport des Landes Brandenburg, Potsdam
Häuser D, Jülisch BR (2006). Handlung und Sprache – das Sprachförderprogramm. Märkisch-Oderland Werkstätten Strausberg, Berlin
Hedge MN, Maul CA (2006). Language disorders in children – an evidence-based approach to assessment and treatment. Pearson, Boston/New York
Hennon E, Hirsh-Pasek K, Michnick Golinkoff R (2000). Die besondere Reise vom Fötus zum spracherwerbenden Kind. In: Grimm H. (Hrsg.) Sprachentwicklung. Enzyklopädie der Psychologie, Bd. 3, 41–103. Hogrefe, Göttingen
Heubrock D, Petermann F (2000). Lehrbuch der Klinischen Kinderneuropsychologie. Hogrefe, Göttingen
Hirsh-Pasek K, Michnick Golinkoff R (2004). Einstein never used flash cards. Rodale, Emmaus
Höhle B, Weissenborn J (1998). Sensitivity for closed-class elements in preverbal children. In: Greenhill A, Hughes M, Littlefield H, Walsh H. (Hrsg.) Proceedings of the 22nd Annual Boston Conference on Language Development, Vol. 1, 348–359. Cascadilla Press, Somerville (MA)
Hoff E, Naigles LG. How children use input to acquire the lexicon. Child Development (2002), 73, 418–433
Jampert K (2002). Schlüsselsitutation Sprache. Leske + Budrich, Opladen
Jampert K (2006). Sprachliche Förderung als Aufgabe der vorschulischen Bildung. In: Deutscher Bundesverband für Logopädie e.V. (dbl) (Hrsg.). Sprachentwicklung in Deutschland, 32–38. Dokumentation des Symposiums „Sprachförderung – Sprachtherapie“, Frechen/Köln
Jampert K, Best P, Guadatiello A, Holler D, Zehnbauer A (2007). Schlüsselkompetenz Sprache: Sprachliche Bildung und Förderung im Kindergarten. 2. Aufl. verlag das netz, Weimar
Jampert K, Leuckefeld K, Zehnbauer A, Best P (2006). Sprachförderung in der Kita. verlag das netz, Weimar
Jugendamt der Landeshauptstadt Stuttgart (2005). Einstein in der Kindertageseinrichtung. infans, Stuttgart
Jusczyk P (1997). The discovery of spoken language. MIT Press, Cambridge (MA)
Jusczyk P. Narrowing the distance to language: one step at a time. Journal of Communication Disorders (1999), 32, 207–222
Karmiloff K, Karmiloff-Smith A (2001). Pathways to language. Harvard University Press, Cambridge (MA)
Kastner-Koller U, Deimann P, Konrad C, Steinbauer B (2004). Entwicklungsförderung im Kindergartenalter. Praxis der Kinderpsychologie und Kinderpsychiatrie, 53, 145–166
Kauschke C (2000). Der Erwerb des frühkindlichen Lexikons. Gunter Narr, Tübingen
Kauschke C (2006). Late Talker. In: Siegmüller J, Bartels H (Hrsg.). Leitfaden Sprache Sprechen Stimme Schlucken, 65–68. Elsevier, Urban & Fischer, München/Jena
Kauschke C (2007a). Sprachentwicklungsstörungen im Spannungsfeld von Erbe und Umwelt. In: de Langen-Müller U, Maihack V (Hrsg.). Früh genug – aber wie? Sprachförderung auf Erlass oder Sprachtherapie auf Rezept?, 50–71. ProLog, Köln
Kauschke C. Sprache im Spannungsfeld von Erbe und Umwelt. Die Sprachheilarbeit (2007b), 52, 4–16
Kauschke C (2008). Distinguishing difference from disorder – (wie) lassen sich „spracharme“ und sprachgestörte Kinder unterscheiden? 1. Rostocker Symposium (ROSY I) 21./22. Juni 2008 (Beitrag)
Kauschke C, Siegmüller J. Prävention – Förderung – Intervention: Ein Plädoyer für die störungsspezifische Einzeltherapie aus der Sicht des patholinguistischen Ansatzes. Die Sprachheilarbeit (2005), 50, 286–292
Kauschke C, Siegmüller J (2010). PDSS – Patholinguistische Diagnostik bei Sprachentwicklungsstörungen. 2. Aufl. Elsevier, Urban & Fischer, München
Klann-Delius G (1999). Spracherwerb. J.B. Metzler, Stuttgart/Weimar
Knauer R. Partizipation. KiTa spezial (2005), 3
Kluge N (2006). Das Bild des Kindes in der Pädagogik der frühen Kindheit. In: Fried L, Roux S (Hrsg.). Pädagogik in der frühen Kindheit, 22–33. Beltz, Weinheim/Basel
Kouri TA. Lexical training through modeling and elicitation procedures with late talkers who have specific language

impairment and developmental disorders. Journal of Speech, Language, and Hearing Research (2005), 48, 157–171

Krenz A (2004). Der „Situationsorientierte Ansatz" im Kindergarten. Freiburg: Herder

Kultusministerium – Freistaat Thüringen (2006). Thüringer Bildungsplan für Kinder bis 10 Jahre (Erprobungsfassung)

Kunze HR, Gisbert K (2005). Förderung lernmethodischer Kompetenzen in Kindertageseinrichtungen. In: Fthenakis WE, Gisbert K, Griebel W, Kunze HR, Niesel R, Wustmann C (Hrsg.). Auf den Anfang kommt es an. Perspektiven für eine Neuorientierung frühkindlicher Bildung, 15–118. Bundesministerium für Bildung und Forschung (BMBF), Referat Publikationen, Berlin

Küspert P, Schneider W (2003). Hören, lauschen, lernen. Sprachspiele für Vorschulkinder – Würzburger Trainingsprogramm zur Vorbereitung auf den Erwerb der Schriftsprache. Vandenhoeck & Ruprecht, Göttingen

Laewen HJ (2002). Grenzsteine der Entwicklung. infans, Berlin

Laewen HJ, Andres B (2002). Bildung und Erziehung in der frühen Kindheit – Bausteine zum Bildungsauftrag von Kindertageseinrichtungen. Beltz, Weinheim/Basel

Lahey M, Edwards J (1999). Naming errors of children with Specific Language Impairment. Journal of Speech, Language, and Hearing Research, 42, 195–205

Largo R (1993). Verhaltens- und Entwicklungsauffälligkeiten: Störungen oder Normvarianten. Monatsschrift für Kinderheilkunde 141, 698–703. Springer-Verlag Berlin, Heidelberg, New York

Leonard LB (1998). Children with specific language impairment. MIT Press, Cambridge (MA)

Leu HR (2006). Beobachtung in der Praxis. In: Fried L, Roux S (Hrsg.). Pädagogik in der frühen Kindheit, 232–243. Beltz, Weinheim/Basel

Lueger D (2007). Beobachtung leicht gemacht. Beobachtungsbögen zur Erfassung kindlichen Verhaltens und kindlicher Entwicklung. Cornelsen, Berlin

McGregor KK, Appel A. On the relation between mental representation and naming in a child with specific language impairment. Clinical Linguistics & Phonetics (2002), 16, 1–20

McGregor KK, Newman RM, Reilly RM, Capone NC. Semantic representation and naming in children with Specific Language Impairment. Journal of Speech, Language, and Hearing Research (2002), 45, 998–1014

McLean LK, Woods Cripe J (1997). The effectiveness of early intervention for children with communication disorders. In: Guralnick MJ (Ed.). The effectiveness of early intervention, 349–428. Paul Brooks, Baltimore

Mehler J, Jusczyk P, Lambertz G, Halsted N. A precursor of language acquisition in young infants. Cognition (1988), 29, 144–178

Menyuk P (2000). Wichtige Aspekte der lexikalischen und semantischen Entwicklung. In: Grimm H. (Hrsg.) Sprachentwicklung, Enzyklopädie der Psychologie Bd. 3 171–192. Hogrefe, Göttingen

Mervis C, Bertrand J (1997). Developmental relations between cognition and language. In: Adamson LB, Romski MA (Eds.). Communication and language acquisition, 75–106. Paul Brooks, Baltimore

Michaelis R. (2004): Das „Grenzsteinprinzip" als Orientierungshilfe für die pädiatrische Entwicklungsbeurteilung. In: Schlack HG. (Hrsg.) Entwicklungsneurologie. Marseille, München.

Michnick Golinkoff R, Hirsh-Pasek K (2000). Word learning: icon, index, or symbol? In: Michnick Golinkoff R, Hirsh-Pasek K, Bloom L, Smith LB, Woodward AL, Akhtar N, Tomasello M, Hollich G (Eds.). Becoming a word learner. A debate on lexical acquisition, 3–18. University Press, Oxford

Ministerium für Bildung, Frauen und Jugend, Referat Kindertagesstätten – Rheinland-Pfalz. (Hrsg.) (2004). Bildungs- und Erziehungsempfehlungen für Kindertagesstätten in Rheinland-Pfalz. Mainz

Ministerium für Bildung, Kultur und Wissenschaft – Saarland (Hrsg.) (2006). Bildungsprogramm für Saarländische Kindergärten. verlag das netz, Weimar

Ministerium für Bildung, Wissenschaft, Forschung und Kultur – Schleswig-Holstein (Hrsg.). (2004). Erfolgreich starten – Leitlinien zum Bildungsauftrag von Kindertageseinrichtungen. Landesregierung Schleswig-Holstein, Kiel

Ministerium für Kultus, Jugend und Sport – Baden-Württemberg (Hrsg.) (2006). Orientierungsplan für Bildung und Erziehung für die baden-württembergischen Kindergärten – Pilotphase. Beltz, Weinheim/Basel

Ministerium für Schule, Jugend und Kinder – Nordrhein-Westfalen (Hrsg.). (2003). Bildungsvereinbarung NRW – Fundament stärken und erfolgreich starten (Handreichung). Düsseldorf; www.bildungsportal.nrw.de

Ministerium für Soziales und Gesundheit Mecklenburg-Vorpommern (Hrsg.). (2005). Rahmenplan für die zielgerichtete Vorbereitung von Kindern in Kindertageseinrichtungen auf die Schule. Schwerin

Murphy GL (2002). The big book of concepts. Bradford Book, MIT, Cambridge (MA)

Newman RS, German DJ. Effects of lexical factors on lexical access among typical language-learning children and children with word-finding difficulties. Language and Speech (2002), 43, 285–317

Niedersächsisches Kultusministerium (Hrsg.). (2005). Orientierungsplan für Bildung und Erziehung im Elementarbereich niedersächsischer Tageseinrichtungen für Kinder. Schlütersche Verlagsgesellschaft, Hannover

Oerter R (2008). Kindheit. In: Oerter R, Montada L (Hrsg.), Entwicklungspsychologie, 225–270. 6. Aufl. Beltz, Weinheim/Basel

Palinscar AS. Social constructivist perspectives on teaching and learning. Annual Review of Psychology (1998), 49, 345–375

Paul R (2007). Language disorders. 3. Auflage. Mosby Year Books, St. Louis

Penner Z (2000). Phonologische Entwicklung: Eine Übersicht. In: Grimm H. (Hrsg.) Sprachentwicklung. Enzyklopädie der Psychologie. Bd. 3, 105–139. Hogrefe, Göttingen

Penner Z. Forschung für die Praxis: Neue Wege der Intervention bei Kindern mit Spracherwerbsstörungen. Forum Logopädie (2004), 18, 6–13

Penner Z, Kölliker Funk M (1998). Therapie und Diagnose von Grammatikstörungen: Ein Arbeitsbuch. Edition SZH/SPC, Luzern

Penner Z, Krügel C (2007). Sprache und frühkindliche Bildung. Bildungsverlag EINS, Troisdorf

Penner Z, Weissenborn J (1996). Strong continuity, parameter setting and trigger hierarchy. On the acquisition of the DP in Bernese Swiss German and High German. In: Clahsen H (Ed.). Generative perspectives on language acquisition, 161–200. John Benjamin, Amsterdam

Pinker S. Rules of language. Science (1991), 253, 530–535

Pinker S (1999). Wörter und Regeln. Spektrum Akademischer Verlag, Heidelberg

Pinker S (2000). Why the child holded the baby rabbit. In: Gleitman LR, Liberman M (Eds.). An invitation to cognitive science. Vol. 1. Language, 107–133. MIT Press, Cambridge (MA)

Preissing C (Hrsg.) (2003). Qualität im Situationsansatz, Qualitätskriterien und Materialien für die Qualitätsentwicklung in Kindertageseinrichtungen. Beltz, Weinheim/Basel

Preissing C (2005). Die Hamburger Bildungsempfehlungen für die Bildung und Erziehung von Kindern in Tageseinrichtungen. Freie und Hansestadt Hamburg, Behörde für Soziales und Familie – Abteilung Kinderbetreuung

Rice ML, Buhr JC, Nemeth M. Fast mapping word-learning abilitites of language-delayed preschoolers. Journal of Speech and Hearing Disorders (1986), 55, 33–42

Rice ML, Woodsmall L. Lessons from television: children's word learning when viewing. Child Development (1988), 59, 420–429

Ritterfeld U (2000). Welchen und wieviel Input braucht das Kind? In: Grimm H (Hrsg.). Sprachentwicklung. Enzyklopädie der Psychologie. Sprachentwicklung? Bd. 3 403–432. Hogrefe, Göttingen

Rothweiler M (1999). Neue Ergebnisse zum Fast Mapping bei sprachnormalen und bei sprachentwicklungsgestörten Kindern. In: Meibauer J, Rothweiler M. (Hrsg.) Das Lexikon im Spracherwerb Francke (UTB), München

Rothweiler M, Kauschke C (2008). Lexikalischer Erwerb. In: Schöler H, Welling A (Hrsg.). Handbuch der Pädagogik und Psychologie bei Behinderungen – Förderschwerpunkt Sprache. Bd. 3. Hogrefe, Göttingen

Rothweiler M, Kroffke S (2006). Bilingualer Spracherwerb. In: Siegmüller J, Bartels H (Hrsg.). Leitfaden Sprache Sprechen Stimme Schlucken, 44–49. Elsevier, Urban & Fischer, München/Jena

Rothweiler M, Kroffke S, Bernreuter M. Grammatikerwerb bei mehrsprachigen Kindern mit einer spezifischen Sprachentwicklungsstörung: Voraussetzungen und Fragen. Die Sprachheilarbeit (2004), 49, 25–31

Sachse S (2006). Frühe Erkennung von Störungen der Sprachentwicklung. In: Deutscher Bundesverband für Logopädie e.V. (dbl) (Hrsg.), Sprachentwicklung in Deutschland – Dokumentation des Symposiums Sprachförderung – Sprachtherapie, 24–31. Deutscher Bundesverband für Logopädie e.V. (dbl), Frechen

Sächsisches Staatsministerium für Soziales und Verbraucherschutz (Hrsg.) (2007). Der Sächsische Bildungsplan – ein Leitfaden für pädagogische Fachkräfte in Krippen, Kindergärten und Horten sowie für die Tagespflege

Sandhop U, Schröders C, Otto M, Herzog-Meinecke C, Siegmüller J (2009). Einfluss der Inputstärke auf den Worterwerb bei Late-Talkern: Vergleich von zwei Einzelfällen. 38. dbl-Kongress, Mainz (Poster)

Schäfer GE (2005). Bildungsprozesse im Kindesalter – Selbstbildung, Erfahrung und Lernen in der frühen Kindheit. 3. Aufl. Juventa, Weinheim/München

Schäfer GE (2006). Der Bildungsbegriff in der Pädagogik der frühen Kindheit. In: Fried L, Roux S (Hrsg.). Pädagogik der frühen Kindheit, 33–44. Beltz, Weinheim/Basel

Schäfer GE (2007). Was ist frühkindliche Bildung? In: Schäfer GE (Hrsg.), Bildung beginnt mit der Geburt, 15–74. Cornelsen, Berlin

Schmidt-Denter U (2008). Vorschulische Förderung. In: Oerter R, Montada L (Hrsg.). Entwicklungspsychologie, 719–734. 6. Aufl. Beltz, Weinheim/Basel

Schnitzler CD (2006). Störungen der phonologischen Bewusstheit. In: Siegmüller J, Bartels H (Hrsg.). Leitfaden Sprache Sprechen Stimme Schlucken, 130–138. Elsevier, Urban & Fischer, München/Jena

Schrey-Dern D (2007). Leistungsbeschreibung Sprachförderung. Deutscher Bundesverband für Logopädie e.V. (dbl), Frechen

Schuster KM (2006). Rahmenpläne für die Bildungsarbeit. In: Fried L, Roux S (Hrsg.). Pädagogik der frühen Kindheit, 145–157. Beltz, Weinheim/Basel

Senatsverwaltung für Bildung, Jugend und Sport (Hrsg.). (2004). Das Berliner Bildungsprogramm für die Bildung, Erziehung und Betreuung von Kindern in Tageseinrichtungen bis zu ihrem Schuleintritt. verlag das netz, Berlin

Siegmüller J. Entwicklung, Störungen und Diagnostik semantischer Prozesse – Begriffsklassifikation. Sprache – Stimme – Gehör (2003), 27, 101–109

Siegmüller J (2006). Genetische Syndrome. In: Siegmüller J, Bartels H (Hrsg.). Leitfaden Sprache Sprechen Stimme Schlucken, 174–177. Elsevier, Urban & Fischer, München/Jena

Siegmüller J (2008). Spezifische Sprachentwicklungsdiagnostik bei Kindern mit Mehrfachbehinderungen. In: Giel B (Hrsg.). Sprachtherapie und Mehrfachbehinderung – ICF als Chance. Prolog, Köln

Siegmüller J (2008a). Alltagsintegrierte Sprachförderung als Modell für die Kita-Gruppe in Abgrenzung zur Einzelsituation in der Sprachtherapie – Fokussetzung und Ziele. 1. Rostocker Symposium (ROSY 1) 21./22. Juni 2008 (Vortrag)

Siegmüller J (2008b). Bericht über die interne Evaluationsuntersuchung des Projektes PräSES. Schriftenreihe des Logopädischen Instituts für Forschung, Potsdam/Rostock

Siegmüller J (2008c). Therapie von kindlichen Wortfindungsstörungen nach dem Patholinguistischen Ansatz. 37. Jahreskongress des dbl. 22.–24. Mai 2008, Aachen (Beitrag)

Siegmüller J, Heide J (2006). Erworbene Störungen bei Kindern. In: Siegmüller J, Bartels H (Hrsg.). Leitfaden Sprache Sprechen Stimme Schlucken, 266–282. Elsevier, Urban & Fischer, München/Jena

Siegmüller J, Kauschke C (2006). Patholinguistische Therapie bei Sprachentwicklungsstörungen. Elsevier, Urban & Fischer, München/Jena

Siegmüller J, Otto M, Herzog-Meinecke C, Schröders C, Sandhop U (2009). Variationen der Stärke von Inputspezifizierungen zur Optimierung des Erwerbs des frühen Lexikons bei Kindern mit allgemeinen Entwicklungsstörungen. 2. Rostocker Symposium (ROSY II) 9./10. Mai 2009 (Poster)

Siegmüller J, Schröders C, Sandhop U, Otto M, Herzog-Meinecke C. Erwerbsverhalten von Late Talkern und Kindern mit kombinierten umschriebenen Entwicklungsstörungen und Late-Talker-Sprachprofil in der inputorientierten Wortschatztherapie. Forum Logopädie (2010), 42 1 , 16–23

Siegmüller J, von der Heide B (2006). Störungen des Lesens und Schreibens bei Kindern. In: Siegmüller J, Bartels H (Hrsg.). Leitfaden Sprache Sprechen Stimme Schlucken, 139–145. Elsevier, Urban & Fischer, München/Jena

Sozialministerium Mecklenburg-Vorpommern (Hrsg.) (2005). Rahmenplan für die zielgerichtete Vorbereitung von Kindern in Kindertageseinrichtungen auf die Schule in der Fassung vom 1. August 2004. 2. Aufl. Schwerin.

Spitzer M (2005). Nervensachen. 4. Aufl. Suhrkamp, Frankfurt

Stamer-Brandt P (2005). Projektarbeit in KiTa und Kindergarten. Herder, Freiburg

Steiner J, Braun W. Früherfassung der Sprache als Arbeitsteilung zwischen Logopädinnen und Fachpersonen im Frühbereich. L.O.G.O.S. Interdisziplinär (2009), 17, 199–208

Straßburg HM, Dacheneder W, Kreß W (2003). Entwicklungsstörungen bei Kindern. 3. Aufl. Elsevier, Urban & Fischer, München/Jena

Straßmeier W (2002). Frühförderung konkret. 5. Aufl. Ernst Reinhardt, München/Basel

Szagun G. Langsam oder gestört? Variabilität und Normalität im frühen Spracherwerb (Theorie und Praxis). Forum Logopädie (2007), 21, 2

Szagun G., Stumper B., & Schramm S. A. (2009). FRAKIS – Fragebogen zur frühkindlichen Sprachentwicklung. Frankfurt am Main: Pearson

Textor MR. Projektarbeit im Kindergarten. Kinderzeit (1999), 3/4, 13–17

Ulich M, Mayr T (2004). Sismik – Sprachverhalten und Interesse an Sprache bei Migrantenkindern in Kindertageseinrichtungen. Herder, Freiburg

van der Lely HKJ. Language and cognitive development in a grammatical SLI boy: modularity and innateness. Journal of Neurolinguistics (1997), 10, 75–107

Vargha-Khadem F, Watkins RV, Alcock K, Fletcher P, Passingham R. Praxic and nonverbal cognitive deficits in a large familiy with a genetically transmitted speech and language disorder. Proc. Natl. Acad. Sci. USA (1995), 92, 930–933

Viernickel S (2006). Zur Bedeutung der Peer-Kultur. In: Fried L, Roux S (Hrsg.). Pädagogik der frühen Kindheit, 65–74. Beltz, Weinheim/Basel

von Suchodoletz W, Sachse S (2008). SBE-2-KT – Sprachbeurteilung durch Eltern – Kurztest für die U7; http://www.kjp.med.uni-muenchen.de/sprachstoerungen/SBE-2-KT.php

Weinert S (2006). Sprachstörung – Kontinuum oder Ausdruck beeinträchtigter Verarbeitungsprozesse? In: Deutscher Bundesverband für Logopädie e.V. (dbl) (Hrsg.). Sprachentwicklung in Deutschland, 7–23. Dokumentation des Symposiums „Sprachförderung – Sprachtherapie", Frechen/Köln

Weiss A, Nakamura M. Children with normal language skills in preschool classrooms for children with language impairments: differences in modeling styles. Language, Speech, and Hearing Services in Schools (1992), 23, 64–70

Weissenborn J (2000). Der Erwerb von Morphologie und Syntax. In: Grimm H (Hrsg.). Sprachentwicklung. Enzyklopädie der Psychologie, Bd. 3, 139–167. Hogrefe, Göttingen

Whitehurst GJ, Fischel JE (2000). Reading and language impairments in conditions of poverty. In: Bishop D, Leonard LB (Eds.). Speech and language impairments in children: causes, characteristics, intervention and outcome, 53–77. Psychology Press, Philadelphia

Zehnbauer A, & Jampert K (2007). Sprachliche Bildung und Sprachförderung im Rahmen einer ganzheitlichen Elementarpädagogik. In K Jampert, P Best, A Guadatiello, D Holler, Zehnbauer A (Hrsg.), Schlüsselkompetenz Sprache (pp. 33–37). Weimar, Berlin: 2. Aufl., Verlag das Netz.

Zimmer J (2000). Das kleine Handbuch zum Situationsansatz. Beltz, Weinheim/Basel

Zollinger B. (1994). Die Entdeckung der Sprache. Bern: Haupt Verlag.

Zollinger B (2000). „Spätzünder" oder „es kommt schon noch" – Eine Einführung in die frühe Sprachtherapie. In: Zollinger B (Hrsg.). Wenn Kinder die Sprache nicht entdecken – Einblick in die Praxis der Sprachtherapie, 9–22. Haupt, Bern/Stuttgart/Wien